«Esta mirada teológicamente rica, cálida y perso[...] es una obra maestra. El alcance del vasto interé[...] con el encanto irresistible de su personalidad, r[...] riador de la iglesia, teólogo y amigo cercano. Stephen Nichols es la mejor opción, tal como lo demuestra su relato. Ha escrito una historia que verdaderamente revela a R. C.; un relato que destila al hombre que amamos como nuestro maestro y amigo. Habrá otras biografías de R. C., pero no puedo imaginar ninguna que se acerque a esta».

John MacArthur, pastor, Iglesia Grace Community, Sun Valley, California; canciller emérito, universidad y seminario The Master's University and Seminary

«Este libro merece tu tiempo, porque celebra a un hombre que vale la pena recordar. R. C. fue un teólogo magistral que podía extraer dulzura con facilidad de lo que otros consideraban doctrina seca. Sus sermones y libros adornaron con belleza el evangelio, pero su vida también lo hizo. Es lo que me encanta de la destacada obra de Stephen Nichols. Nos lleva detrás de escena para revelar las verdaderas cualidades de este gran santo del siglo xx, por qué sus palabras perduran y por qué nos vemos inexorablemente atraídos a su carácter de vida a lo grande. Siempre admiré a R. C. Sproul por su mente aguda; ahora, con esta biografía, me ha quedado impreso en el corazón. Gracias, Stephen Nichols, por ayudar al lector a enamorarse de este león humano, mi amigo, el buen doctor Sproul».

Joni Eareckson Tada, fundadora, Joni and Friends International Disability Center

«No podía soltar este libro, porque no solo cuenta la fascinante historia de una vida bien vivida; te lleva por la travesía misma de R. C. En él, verás de dónde venía el fuego. A través de él, experimentas la emoción de absorber su pasión por el evangelio de Cristo, la verdad bíblica y la belleza de Dios y Su santidad. Pero lo que espero de este libro no es que proporcione una linda reunión para aquellos de nosotros que conocimos y amamos a R. C.; mi oración es que el Señor lo use para inspirar reformadores más fieles, personas que teman a Dios y defiendan y proclamen la fe, más como R. C. Sproul».

Michael Reeves, presidente y profesor de teología, Union School of Theology, Reino Unido

«Recuerdo que una vez escuché a R. C. Sproul predicar sobre el Salmo 51, y después le pregunté cuánto tiempo le había llevado preparar su sermón ese día. Me sonrió y dijo: "Unos cinco minutos… y treinta años". No me cabe duda de que generaciones futuras se beneficiarán del ministerio prolífico de R. C. dentro de 200 años, si el Señor se tarda. Stephen Nichols nos ha dado un regalo con este libro. Cualquiera cuya vida haya sido marcada, como la mía, por la vida y el ministerio de R. C., atesorará poder conocerlo mejor mediante estas páginas».

Bob Lepine, copresentador, *FamilyLife Today*; pastor didáctico, Iglesia Redeemer Community, Little Rock, Arkansas

«Doy gracias por esta biografía accesible de R. C. Sproul por Stephen Nichols. Su manera clara y sencilla de escribir es sin duda adecuada en la biografía de un hombre que siempre buscó comunicar la teología gloriosa de la Escritura de una manera clara y sencilla».

Burk Parsons, pastor principal, Saint Andrew's Chapel, Sanford, Florida; editor, *Tabletalk*

«Stephen Nichols ha escrito una biografía fantástica sobre una de las mentes más grandiosas y uno de los maestros más increíbles de nuestra época. Este libro destaca la teología, la integridad bíblica, el valor, el carácter y la pericia intelectual de uno de los gigantes recientes de la iglesia moderna; un hombre que peleó la buena batalla y tuvo el honor de terminar bien la carrera puesta delante de él por su Señor, al cual amó, reverenció y adoró toda su vida. R. C. reconocía de inmediato cuando el evangelio estaba en juego, y aplicaba su mente aguda para defenderlo, a veces con un alto costo. Fue un privilegio y un placer leer sobre R. C. Sproul, uno de los tres hombres que más han influenciado mi forma de pensar respecto al carácter de Dios en general y a Su santidad penetrante en particular. Estoy en deuda con él de muchas maneras».

Miguel Núñez, pastor principal, Iglesia Bautista Internacional, Santo Domingo, República Dominicana; presidente fundador, Wisdom and Integrity Ministries

«Aunque el nombre de R. C. Sproul quedará en los anales de la historia de la iglesia como uno de los teólogos más grandes de los siglos xx y xxi, pocas personas conocen su vida, su carrera, sus luchas, sus victorias y sus ministerios. Este libro te dará el contexto histórico y espiritual de las series, los libros y los sermones más importantes de R. C. Podrás entender el poder de la gracia de Dios en la vida de R. C., el dominio de R. C. en todas las áreas de la teología sistemática, y su capacidad de entender y enseñar el texto bíblico de una forma sencilla y clara. Conocer al hombre te ayuda a entender mejor al predicador. Stephen Nichols me ha ayudado a comprender mejor al hombre que Dios usó para bendecir mi ministerio».

Augustus Nicodemus Lopes, pastor asistente, Primera Iglesia Presbiteriana, Recife, Brasil; vicepresidente, concejo supremo, Iglesia Presbiteriana de Brasil

«Este libro trata de un hombre proveniente de un pueblito a las afueras de Pittsburgh que fue elegido por Dios para enseñar, predicar y comunicar el evangelio a millones de personas en todo el mundo. El Señor usó a este discípulo de Jesucristo de una forma poderosa. Su capacidad para comunicar la Palabra de Dios de maneras simples pero poderosas y su amor y su bondad para con el resto de los seres humanos fueron evidentes en toda su vida. Su ministerio didáctico, sus libros y lecciones han enseñado a muchísimos sobre la verdad y la santidad de Dios. Lo extrañamos, pero peleó la buena batalla, terminó la carrera y mantuvo la fe como un siervo de nuestro santo Dios».

Robert M. Wohleber, director financiero jubilado, Kerr-McGee

«Stephen Nichols, un erudito extraordinario e investigador exhaustivo, hace un excelente trabajo a la hora de representar a un hombre de inteligencia, capacidad comunicativa y amor que dedicó su vida a Jesucristo al enseñar y predicar sobre la inspiración y la inerrancia de la Escritura, la santidad de Dios y las *solas*. R. C. se dedicó a mantener la pureza y la lógica del evangelio y a hacer que fuera comprensible para los laicos. El Espíritu Santo usó el tiempo, la paciencia, el ingenio y la lógica de R. C. sin comprometer jamás la doctrina bíblica y guio a este abogado "pagano" y a muchísimos otros a Jesucristo. Como ilustra claramente Nichols en esta biografía de un titán de la fe cristiana, el ministerio de R. C. seguirá "contando para siempre" para muchos, mientras viven *coram Deo*».

Guy T. Rizzo, abogado

«Stephen Nichols es meticuloso, equilibrado y teológicamente observador en su biografía de R. C. Sproul. Escribe de la manera en que R. C. vivió y enseñó. Los lectores de R. C. y los que aman la Reforma apreciarán esta historia del líder del avivamiento reformado para una nueva generación».

Russ Pulliam, columnista, *Indianapolis Star*

R.C. SPROUL

Una vida

R.C. SPROUL

Una vida

STEPHEN J. NICHOLS

B&H
ESPAÑOL
NASHVILLE, TN

R. C. Sproul: Una vida

B&H Publishing Group
Nashville, TN 37234

Diseño de portada: Jordan Singer
Imagen de portada: ©Ligonier Ministries

Director editorial: Giancarlo Montemayor
Editor de proyectos: Joel Rosario
Coordinadora de proyectos: Cristina O'Shee

Clasificación Decimal Dewey: B
Clasifíquese: SPROUL R. C./ CLERO-BIOGRAFÍA

ISBN: 978-1-0877-4079-9

Impreso en EE. UU.
1 2 3 4 5 * 25 24 23 22

Para Vesta.
Desde primer y segundo grado,
siempre fueron R. C. y Vesta.

CONTENIDO

PRÓLOGO

El gran escape

R. C. SPROUL SE PASEABA y rugía cuando predicaba. Pero sobre el final de su vida, tenía que sentarse en un taburete. Dependía de su oxígeno portátil, que lo acompañaba a todas partes. Luchaba con los efectos de la EPOC. Ya hacía mucho tiempo que había sacrificado sus rodillas en el campo deportivo. Los años, pero en especial los kilómetros, habían hecho estragos. Sin embargo, a los 78 años, seguía yendo a trabajar. Cuando se colocaba frente al púlpito, el deportista que solía ser salía a la superficie. Con pasión, estaba listo para el juego. El taburete giraba. Él se aferraba a los bordes del púlpito, se impulsaba hacia delante y se inclinaba hacia su congregación. De alguna manera, se las arreglaba para seguir paseándose mientras predicaba. De alguna forma, su voz encontraba fuerza. Seguía rugiendo. Durante 30 minutos, volvía a ser el mariscal de campo, haciendo jugadas. Estaba en los últimos nueve hoyos, con las pelotas de golf a su merced.

Su ingenio —¿de dónde venía?— dispensaba sabiduría y humor con liberalidad. Todo aquello a lo cual la gente, con el correr de los años, se había acostumbrado tanto a escuchar de él. Hacía que todo pareciera tan fácil. Sin esfuerzo. Sin ninguna nota, podría predicar un sermón sobre cualquier texto o dar una conferencia sobre las perspectivas epistemológicas de los filósofos modernos. Ya fuera que estuviera frente a una multitud de miles de personas o alrededor de una mesa para cenar, sencillamente querías escucharlo. Querías ver su sonrisa traviesa y tan amplia como el cielo. Querías escuchar lo que tenía para decir.

Dicen que a los antiguos corredores de la Universidad de Cambridge nunca se los veía entrenar. No llegaban temprano a una carrera ni hacían todos los rituales de estiramiento y calentamiento como todos los demás. Se los veía despreocupados. Simplemente llegaban al estadio, entraban a la pista y esperaban que se disparara la pistola. Entonces salían, pura belleza en movimiento. Hacían que pareciera tan fácil. Es como la violinista de concierto que ocupa su lugar en un escenario vacío. Tranquila y serena, acomoda el violín, prepara el arco y procede. Perfección. Y todo parece sin esfuerzo. Pero el deportista, el músico y el predicador, todos saben lo que yace detrás de la apariencia. El trabajo, la disciplina y el perfeccionamiento constante de la habilidad. Es un arte.

R. C. era un comunicador. No solo sabía qué decir; sabía cómo decirlo. Precisión, pasión, poder. En este domingo en particular, su texto era Hebreos 2:1-4. Llamó a su sermón «Una salvación tan grande».[1] Podría haberlo llamado «El gran escape».

R. C. siempre les había dicho a sus alumnos de homilética: «Encuentren el drama en el texto. Después, prediquen el drama». Encontró el drama en Hebreos 2:1-4. «¿Cómo escaparemos?». Cuando pensamos en un escape, R. C. dijo que pensamos en una prisión; pensamos en una fuga. Transportó a la congregación de la Saint Andrew's Chapel [Capilla de San Andrés] a la «más temible de todas las prisiones francesas: Château d'If», y a las páginas de su segunda novela favorita, *El conde de Montecristo,* el relato desgarrador de Edmond Dantes, a quien le tendieron una trampa y lo arrojaron a la temida prisión injustamente.

---

1   R. C. Sproul, «Una salvación tan grande», sermón sobre Heb. 2:1-4, Saint Andrew's Chapel, Sanford, FL, 26 de noviembre, 2017. Puedes encontrar una transcripción editada de este sermón al final del libro, en las páginas 317-323.

Edmond Dantes había hecho lo imposible. Se había escapado de la prisión de la cual era imposible escapar.

Sin embargo, hay una prisión más espantosa que Château d'If. «Es imposible cavar por debajo de ella. No se puede saltar. No hay ningún guardia al cual sobornar. La sentencia no se puede mejorar ni reducir». No hay escape del infierno… excepto mediante la salvación, una gran salvación en Cristo. R. C. se hizo eco del ruego del autor de Hebreos: «No descuiden una salvación tan grande» (ver 2:3). Una vez dijo que esto era lo que lo mantenía despierto a la noche, que pudieran haber cristianos profesantes pero que no poseyeran a Cristo en la congregación de Saint Andrew's. El celo por proclamar la santidad de Dios y el evangelio de Cristo lo impulsó a dedicar su vida a enseñar, predicar, viajar y escribir. Lo mantuvo en pie hasta cerca de los 80 años de edad, y a pesar de lo que había sufrido y de los kilómetros recorridos. Oró y trabajó en pro de un avivamiento.

Al final de su sermón, R. C. había llevado a la audiencia junto con él hacia un momento ferviente. Era un momento sagrado. Cuando este sermón en particular terminó, no había nada de humor ni ligereza. Había puro celo, pasión. R. C. estaba comunicando la verdad más importante, la verdad del evangelio. Rogaba a todo el que escuchara el sonido de su voz que no rechazara una salvación tan grande. Era palpable.

Cuando terminó el sermón, esta fue la última frase: «Entonces, oro con todo mi corazón para que Dios nos despierte a cada uno de nosotros a la dulzura, el atractivo y la gloria del evangelio declarado por Cristo».

Esta última frase de su último sermón revela su corazón, su pasión. *Dulzura* es una palabra que había aprendido de Jonathan Edwards, el cual a su vez la aprendió de Calvino, el cual a su vez la aprendió de Agustín, el cual a su vez la aprendió del salmista. Puedes leer sobre la dulzura de la miel. Puedes escuchar la experiencia que los demás tuvieron al probar la miel. O la puedes probar por tu cuenta. La dulzura es la comprensión de la verdad.

El *atractivo* es aquella categoría a veces olvidada de la belleza. R. C. solía observar que, aunque a menudo defendemos la verdad y luchamos por lo que es correcto, solemos descuidar la belleza. Dios es un Dios de belleza. Esa palabra, *belleza,* rebalsa de las páginas de la Escritura. Eso fue suficiente como para que R. C. quisiera buscarla, desearla.

Gloria es esa palabra elusiva que representa la luminosidad trascendente y pura. Pertenece a la órbita de las palabras que R. C. pronunciaba tan a menudo, las palabras *santidad, esplendor, majestad, refulgencia.*

Dulzura, atractivo, gloria… estas son las palabras que describen a Dios, a Cristo, al evangelio. Tienen un poder transformador. En estas palabras medita una mente renovada. Además, en esta última frase de su sermón, se encuentra la palabra *despierte.* Antes de que la mente pueda ser renovada, debe despertar. Estamos muertos; somos un árbol caído que se pudre en el bosque. Necesitamos una «luz divina y sobrenatural», como diría Edwards. O como Jesús le dijo a Pedro: «No te lo reveló carne ni sangre». No, no, fue «mi Padre que está en los cielos» (Mat. 16:17). Jesús dijo que Pedro era bienaventurado. La verdad asombrosa de que Jesús mismo le dijera a alguien: «Bienaventurado eres» llenaba todo el ser de R. C. de un verdadero gozo. Quería que todos lo experimentaran. Cuánto anhelaba R. C. un despertar. Fue su última frase de su sermón sobre Hebreos 2:1-4.

Cuando la pronunció, R. C. ofreció una oración breve y ferviente, y después un suspiro audible. Se deslizó del taburete, afirmó sus pies y, con ayuda, empezó a descender del púlpito.

R. C. Sproul predicó este sermón el 26 de noviembre de 2017. El martes siguiente, contrajo un resfrío, que fue empeorando cada día. El sábado, le costaba tanto respirar que tuvieron que llevarlo al hospital. Allí se quedó. El 14 de diciembre de 2017, mientras Vesta y la familia estaban reunidos en la sala del hospital, R. C. pasó a la presencia dulce, atractiva y gloriosa del Señor. Último sermón: «Una salvación tan grande». Última frase: «Entonces, oro con todo mi corazón para que Dios nos despierte a cada uno de nosotros a la dulzura, el atractivo, la gloria del evangelio declarado por Cristo». Después, salida del escenario. Y fue en el año del quingentésimo aniversario de la Reforma. Poesía pura.

La historia de la vida de R. C. Sproul termina en 2017 en el centro de Florida. Había sido su hogar, o su base de operaciones, durante 33 años. La historia empieza en Pittsburgh en 1939. El mundo estaba por ir a la guerra.

PITTSBURGH

*Puedes sacar a un hombre de Pittsburgh, pero no
se puede sacar a Pittsburgh de un hombre.*

R. C. SPROUL

EL RÍO ALLEGHENY CORRE DESDE el norte. El Monongahela corre desde el este. Cuando confluyen, empieza el río Ohio. Los tres ríos convergen para formar un punto. Allí cerca, en 1754, los franceses construyeron Fort Duquesne, un fuerte y base central durante la guerra de los Siete Años. Los británicos marcharon hacia él en noviembre de 1758. Los franceses sabían que estaban ampliamente superados en número. Reunieron sus provisiones, hicieron explotar el fuerte y se retiraron por el río Ohio. Cuando tomaron el lugar donde había estado el fuerte, se construyó un nuevo fuerte llamado Fort Pitt, en honor a William Pitt, «el Viejo». En los siglos siguientes, una ciudad, Pittsburgh, crecería sobre esta meseta triangular con su suave pendiente hacia el oeste y colinas pronunciadas que la rodean, parte de los montes Allegheny, de la cordillera de los Apalaches. No era una cuenca del río para agricultura, sino un lugar para la industria.

Entre los muchos inmigrantes que se instalaron en Pittsburgh a través de los siglos estaban los Sproul, del Condado de Donegal en Irlanda, que emigraron en 1849. Hicieron su hogar al sur, al otro lado del

Monongahela, en el monte Washington. Ahora, hay un teleférico que asciende a la pendiente pronunciada. Otra familia de inmigrantes, los Yardis de Croacia, se instalaron al norte de la ciudad cerca de los picos Troy Hill y German Hill. Escoceses irlandeses que hablaban inglés al sur. Inmigrantes del continente europeo al norte. Administración de la clase media al sur. Mano de obra de la clase obrera al norte.

Los Sproul eran de la clase de gerencia y, con el tiempo, establecieron «R. C. Sproul e Hijos», una empresa contable que se especializaba en la bancarrota. Pittsburgh había visto varios ciclos, varias reinvenciones de la ciudad, lo suficiente como para que una empresa contable especializada en bancarrota se mantuviera ocupada y próspera.

Los Yardis eran mano de obra. Mayre Ann Yardis empezó su vida laboral de adolescente como secretaria. Aprendió el oficio en la Casa Sarah Heinz, establecida por el hijo de inmigrantes alemanes, H. J. Heinz. Con el tiempo, empezó a trabajar en la empresa contable R. C. Sproul e Hijos.

El R. C. Sproul en la empresa contable era Robert C. Sproul (1872-1945), el abuelo de R. C. Los «hijos» eran Robert Cecil Sproul (1903-1956), el padre de R. C., y su hermano Charles Sproul, el tío de R. C. Las oficinas estaban ubicadas en la calle Grant, en el corazón de la ciudad. Mayre trabajaba para Robert Cecil Sproul como secretaria. Se casaron. La clase dirigente de Pittsburgh se casó con la mano de obra de Pittsburgh.[1]

Número Cinco

Robert Cecil y Mayre Sproul se establecieron en la calle McClellan, en el distrito de Pleasant Hills, al sur de la ciudad. El 13 de febrero de 1939, Mayre Ann Sproul dio a luz a su segundo hijo, Robert Charles Sproul. La familia estaba llena de personas con la abreviatura R. C., Roberts y Bobs. También había varias Robertas. La hermana mayor

---

1   *Sproul Memoirs*, sesión 1, grabada en noviembre de 2010, Ministerios Ligonier, Sanford, Florida.

de R. C., que nació en 1936, era una de las Robertas. Desde el día en que R. C. llegó a su casa desde el hospital, lo apodaron «Sonny». Los periódicos escribirían sobre sus hazañas deportivas durante sus últimos años de escuela secundaria. En estas columnas, siempre lo mencionaban como «Sonny» Sproul.

Con algo de orgullo, R. C. diría que fue el primer bebé en nacer en Pleasant Hills. Como el lugar había sido incorporado como distrito en 1939, el nacimiento de R. C. lo transformó en el primer residente en nacer en aquella comunidad recién forjada de Pleasant Hills. Antes de ser Pleasant Hills, se la conocía como Número Cinco, para abreviar la Mina Número Cinco del amplio yacimiento de carbón de Pittsburgh.[2]

A fines del siglo XIX y la mayor parte del siglo XX, Pittsburgh estuvo a la cabeza de la nación en cuanto a la producción de carbón y coque, los cuales junto con el mineral de hierro y la mano de obra son los ingredientes necesarios para la industria del acero. Estados Unidos dominaba el mercado mundial del acero, y Pittsburgh tenía una función fundamental. Andrew Carnegie fue un pionero de la industria metalúrgica en esa región. Con el tiempo, su empresa se consolidó con otras para formar United States Steel, la cual en un momento produciría el 30 % del acero del mundo. Pittsburgh era la «Ciudad de acero». Sus puentes de acero que entrecruzan los ríos hacen alarde de su producción local. Pittsburgh, e incluso todo el oeste de Pensilvania, tiene una resistencia similar a la del producto que exportaba a todo el mundo. Tanto la mano de obra como la administración de Pittsburgh tienen esa resistencia y dureza.

Toda esa excavación de carbón y coque también implicaba que Pittsburgh y las ciudades lindantes estaban establecidas sobre una red de minas y túneles y subterráneos, como Número Cinco. Encima de la superficie, Número Cinco era la sede de unos 4000 habitantes de clase media en la década de 1940.

---

2 Stephen Nichols con R. C. Sproul, entrevista personal, 24 de marzo de 2017.

Los primeros recuerdos de R. C. de vivir en Pleasant Hills giran en torno a su padre. Uno de ellos es sobre su papá cuando llegó un día a casa con una caja de cartón. Dejó la caja en el estudio, que estaba dos escalones más abajo que el resto de las habitaciones de la planta baja en la casa. Dentro de la caja, había un cachorro de perro salchicha. Su papá le puso por nombre Soldier [Soldado]. El segundo recuerdo es caminar de la mano con su papá a la parada de autobús, con su padre vestido con uniforme militar. Como pilar de la comunidad, Robert Cecil Sproul servía como jefe del centro de reclutamiento. Un día, llegó a casa con su uniforme de oficial de la Fuerza Aérea. Le dijo a su esposa que ya no podía enviar autobuses llenos de jóvenes a la guerra mientras él se quedaba en casa. Con 39 años y superada ya la edad de reclutamiento, igualmente sintió el deber de ir en persona. Se dirigió a entrenarse a Westover Field, ahora la Base de Reserva Aérea de Westover, a las afueras de Springfield, Massachusetts. El cachorro acompañaría a R. C. mientras su papá no estaba.

Charlie, «el pistolero»

El papá de R. C. empezó su servicio militar como capitán. Después del entrenamiento, llegó a Casablanca en Nochebuena de 1942. Apenas un mes atrás, las fuerzas aliadas habían sacado a los alemanes de Casablanca. Fue un punto de inflexión en la escena del norte de África que auguró la progresiva contención de los alemanes y las potencias del Eje, y su eventual derrota tres largos años más tarde.

En la guerra, Robert Cecil Sproul sirvió como contador, tal como era su ocupación como civil. Más adelante, le diría a la gente: «En la guerra, piloteé un escritorio». Estuvo en Casablanca, después en Algiers, en Sicilia y en toda Italia. A medida que la guardia avanzada iba cubriendo más territorio, su pelotón iba detrás, garantizando que tuvieran todo lo que necesitaban y que todo estuviera registrado y en orden. Lo promovieron al rango de mayor.

De regreso en casa, la guerra dominaba todos los aspectos de la vida. Las familias encendían sus radios Philco y RCA para escuchar el informe de los fallecidos y las actualizaciones, esperando y orando. El jabón, el azúcar, la manteca, la gasolina, casi todos los productos fueron sometidos a racionamiento. Por todas partes, había carteles que rogaban: «Arréglense con menos, para que ellos tengan lo suficiente» y «Compre bonos de guerra», para recordar a todos los civiles que hicieran su parte en el esfuerzo que significaba la guerra. Las fábricas transformaron sus líneas de montaje para fabricar lo que se necesitara para el esfuerzo de guerra. Las plantas siderúrgicas de Pittsburgh funcionaban las 24 horas del día, produciendo unas impactantes 95 millones de toneladas de acero.

La guerra también dominaba todo en la infancia de R. C. Extrañaba a su padre. Cuando tenía cuatro años, se escapó de su casa y llegó hasta la esquina, o quizás hasta la manzana siguiente, hasta que se encontró con uno de los vecinos. Cuando le preguntaron qué hacía allí, R. C. contestó que se dirigía a Italia a ver a su papá.

Antes de que abriera el Aeropuerto Internacional de Pittsburgh, el Aeropuerto del Condado de Allegheny atendía a la región. La aerovía pasaba directamente por encima de la casa de los Sproul. A veces, pasaban aviones a no más de 40 o 50 pies (12 a 15 metros) por encima de la casa. Como vimos, R. C. no tenía demasiada idea de la geografía en ese momento. Cuando era pequeño, se sentía aterrado cuando esos aviones pasaban volando durante un apagón. Pensaba que estaba en medio de un bombardeo, como los que había escuchado en la radio.

La guerra era una realidad siempre presente, día y noche. R. C. ayudaba a su madre y su hermana en el huerto de guerra en el patio. Les sacaba las etiquetas a las latas, las aplastaba y las preparaba para reciclar. De la ventana de su hogar en la calle McClellan, colgaba una bandera que señalaba que era el hogar de un soldado. Se podían ver banderas similares por toda la calle y en todo el vecindario. Los Sproul, como todos los demás, habían instalado cortinas negras que cerraban cuando sonaban las sirenas de ataque aéreo.

A la vuelta de la esquina y en la manzana siguiente, había un comercio. Las ventanas estaban llenas de fotografías de hombres uniformados de Pleasant Hills que servían en la guerra. R. C. buscaba entre las fotos hasta que encontraba la de su padre.

Su madre asumió responsabilidades extras en la empresa contable para compensar el salario reducido que recibía su padre de la Fuerza Aérea. Antes de partir para la guerra, su padre quiso asegurarse de que la familia tuviera un hombre en la casa, así que hizo arreglos para que la hermana de su esposa, su esposo alemán y su hija fueran a vivir con ellos en la calle McClellan. R. C. se sentaba en la falda de su madre y la ayudaba a mecanografiar «cartas de la victoria» para su padre. Este es uno de los primeros recuerdos de R. C. de su mamá. Las cartas de la victoria eran un formulario de una sola carilla que el ejército les daba a las familias. Una vez que la familia escribía o mecanografiaba la carta en el formulario, las cartas se enviaban primero a Washington, D. C., donde los censores las revisaban, y luego se transferían a microfilm. El microfilm viajaba en avión y las cartas individuales se imprimían a su llegada, para entregar a los soldados las cartas del tamaño de una mano. De los más de 550 millones de cartas de la victoria que se cruzaron entre los soldados y sus familias, Mayre Ann y Robert Cecil fueron responsables de cientos de ellas. Robert Cecil escribía a mano. Su esposa mecanografiaba.

Tenía una máquina de escribir eléctrica bastante sofisticada para la época. R. C. se sentaba en su falda mientras ella escribía. Cuando terminaba, le tocaba a R. C. Él llenaba la última línea con letras X y O, para trasmitir besos y abrazos. Era su primera vez mecanografiando.

Robert Cecil le escribía a menudo a R. C. Las cartas son juguetonas y cálidas, llenas de humor y bondad. Le recordaba a R. C. que fuera un buen hijo y cuidara a su madre, a su hermana mayor y a Soldier, el perro. Lo llamaba «Sonny» o «Charlie, "el pistolero"», o algún apodo cariñoso como «Bichito». Le decía que lo extrañaba y que volvería pronto a casa. Aquí tienes una carta que envió desde Sicilia, en junio de 1945, pocos meses antes de que terminara la guerra, y cuando R. C. recibió su diploma del jardín de infantes:

Mi hermoso niño grande:

Recibí tu carta el 18 de junio y me alegró muchísimo enterarme de que te estás portando tan bien, tomando mucho sol y bebiendo tu leche. Me alegra que te estés divirtiendo en el patio, y espero que esta guerra termine rápido para poder ir a jugar contigo. Me enorgullece que vayas a recibir un diploma, y te enviaré un lindo regalo. Me encantaría ver tu corte de pelo de soldado. Sé bueno con Soldier y cuida mucho a mami y a Bobby Anne.

Con amor, papá.

Los recuerdos más tempranos de R. C. de su hermana mayor, Roberta «Bobby» Anne, también eran de los años de la guerra. Recordaba que su hermana tenía una casa de muñecas. Su padre le enviaba muñecas desde Europa. Cada vez que el ejército lo movilizaba, buscaba muñecas para mandarle. R. C. también recuerda haber recibido un triciclo que Roberta ya no usaba. Era demasiado grande para él, y tenía unas ruedas enormes. R. C. lo describía como una bicicleta de tres ruedas, de tamaño adulto. Lo más probable es que necesitara uno o dos años más para llegar con suerte a caber en el triciclo. Sin embargo, era el único medio de transporte disponible para él. Eligió la movilidad por encima de la incomodidad. Subía y bajaba las colinas de la comunidad con aquel triciclo, muchas veces incapaz de llegar con los pies a los pedales, o de seguir la rápida rotación. Era un espectáculo digno de verse.

En 1945, a Mayre Ann le devolvieron a su esposo y R. C. recuperó a su papá. Después de haber dado tanto al esfuerzo de guerra «allá», era hora de ocuparse de las cuestiones en el hogar. Al igual que el resto del país, los Sproul estaban listos para volver a las rutinas normales de la vida.

R. C. + V. V.

Cuando R. C. entró a la escuela primaria, su mundo constaba de un radio de pocos kilómetros. Cerca de la calle McClellan, se encontraba el comercio que ya mencionamos, completo con un dispensador de refrescos y una persona que lo operaba. La preferida de R. C. siempre era la malteada. Estaban la zapatería y el lugar donde se reparaban radios y televisores. En una esquina, se encontraba la escuela primaria con su jardín. Subiendo y bajando algunas colinas, y a unas pocas cuadras de distancia, estaba el parque, en la cima de una colina y sede de un nuevo campo para jugar a la pelota. R. C. jugó en el partido de inauguración.

Si trazamos una línea recta desde la casa de R. C. nueve millas (catorce kilómetros) al noroeste, llegamos a la oficina contable de R. C. Sproul e Hijos en la calle Grant. No muy lejos de allí, se encontraba el parque de béisbol Forbes Field. (Hoy, los Pittsburgh Pirates juegan en PNC Park, y los Steelers juegan en Heinz Field. Antes, ambos equipos compartían el estadio Three Rivers. Y antes de eso, jugaban en Forbes Field). R. C. nunca se perdía un día de inauguración de los Pittsburgh Pirates. Faltaba a la escuela, hacía dedo y miraba el partido... todo con la aprobación de sus padres. Podía recordar, jugada a jugada, el primer partido que vio. Los Pirates 5, los Reds 3. R. C. estaba en las gradas de Forbes Field cuando Roberto Clemente usó su camiseta con el número 13 en la inauguración de la temporada en 1955. Y vio cómo Clemente anotaba su primer jonrón. Las décadas de 1940 y 1950 no fueron las mejores para ser un fanático de los Pirates. En total, perdieron la misma cantidad de partidos que ganaron. Eso no evitó que R. C. fuera un fanático dedicado. Si en algún momento en esa época le preguntabas qué quería ser cuando creciera, él respondía que sería beisbolista. Y no había ningún uniforme que quisiera usar que no fuera el negro y dorado de los Bucs.

La madre y el padre de R. C. iban a la oficina todos los días. El pequeño se daba cuenta de lo inusual que era esto. Pocas madres trabajaban fuera del hogar en esa época. A R. C. le encantaban los días en que podía ir al trabajo con sus padres. Se sentaba junto a la ventana y miraba el ajetreo de la ciudad. Jugaba con sus autitos y juguetes debajo de algún escritorio en las oficinas. En especial, le encantaba la época de Navidad. Todos los escaparates de las tiendas tenían exhibiciones maravillosas que cautivaban a R. C. Con los ojos desorbitados, se quedaba mirando asombrado.

Las oficinas tenían los mejores asientos para ver los desfiles que pasaban. Pittsburgh iba a toda marcha en los años de posguerra, y R. C. tenía una vista privilegiada de todo, tanto a la distancia, encaramado en su casa en las colinas del sur, y también desde cerca, de las ventanas en la oficina de la calle Grant.

Años más tarde, cuando la empresa cerró, el edificio se vendió y lo derribaron. En aquel mismo lugar, se levantó el edificio de 64 pisos de acero de Estados Unidos, conocido como la Torre de Acero de Estados Unidos. Durante años, hubo un restaurante en el piso 62 al cual apodaron «La cima del triángulo». R. C. solía tener almuerzos y cenas de trabajo allí. Cuando iba, le volvían recuerdos de su infancia jugando allí y sus padres trabajando a unos 800 pies (240 metros) más abajo.

En 1945, se levantó una estructura nueva cerca del hogar de R. C. en la calle McClellan. Junto a la escuela primaria, abrió sus puertas la iglesia presbiteriana unida Pleasant Hills Community Church.

El padre de R. C. siempre había sido miembro de la iglesia metodista Mount Washington. De hecho, el abuelo de R. C. había sido uno de los miembros fundadores. El papá de R. C. era pastor laico a veces y enseñaba en forma regular en la escuela dominical. A R. C. lo bautizaron cuando era bebé en aquella iglesia metodista. Durante los años de guerra, su familia iba todos los domingos a la iglesia. Pero cuando abrió la iglesia Pleasant Hills, la familia se hizo presbiteriana. Según R. C. recuerda, era una iglesia liberal… muy liberal. Sin embargo, dejó una huella indeleble en él con su alta liturgia, la cual R. C. decía que era bastante episcopal. Su pastor era partidario de un servicio formal, de un sermón bien elaborado e incluso dramático. El edificio original era una estructura pequeña, que ahora tiene las oficinas de la iglesia. Un santuario mucho más grande se construyó más adelante. El suelo era de ladrillo por una cuestión de acústica. El exterior tenía un estilo de renacimiento colonial, con ladrillos rojos, columnas blancas y un imponente chapitel. El interior era el rectángulo presbiteriano tradicional, con el púlpito puesto de manera prominente del lado corto y luego estaba la nave larga. Afuera, la piedra angular llevaba una inscripción en latín.

El traspaso a una iglesia presbiteriana marcaría el futuro de R. C. Con el tiempo, asistiría a una universidad y un seminario presbiterianos. Lo ordenarían pastor presbiteriano. Defendería los Estándares de Westminster (la confesión doctrinal de la iglesia presbiteriana). El paso al presbiterianismo también le brindó un vínculo importante con su pasado. A R. C. le gustaba entretener a sus oyentes con la historia del primer ministro ordenado por el reformador escocés John Knox.

Los Sproul habían migrado desde el condado de Donegal, en Irlanda. Sin embargo, Sproul no es un apellido irlandés. Es de las Tierras Bajas. Aquí es donde entran la Reforma y John Knox a la historia. Knox, un sacerdote escocés que se encontró en desacuerdo con su iglesia y su corona, primero cumplió una sentencia en una galera y luego un tiempo de exilio. Terminó en la Ginebra de Calvino, mientras reinaba María Tudor, «la reina sangrienta» durante la década de 1550. Inspirado por todo lo que había logrado Ginebra bajo el liderazgo de Calvino, por gracia de Dios, Knox regresó a su Escocia natal decidido a reformar todo el país. «Dame a Escocia o me muero», le rogó a Dios.

El primer paso para la reforma fue establecer una iglesia nueva, dada la profundidad de la corrupción en la iglesia del momento. Esta nueva iglesia sería la Iglesia de Escocia «The Kirk». El primer pastor ordenado por Knox en esta nueva iglesia fue un escocés de las Tierras Bajas llamado Robert Campbell Sproul. Más adelante, Knox despachó al reverendo Sproul a Irlanda. Uno de sus descendientes, llamado John, aparentemente en honor a John Knox, sirvió como anciano y comisionado en la Iglesia Presbiteriana Raphoe en el condado de Donegal, en Irlanda, desde 1672 a 1700.[3]

El bisabuelo de R. C. fue a Estados Unidos desde aquel mismo lugar durante la gran hambruna irlandesa en medio del siglo xix. R. C. escribió lo siguiente sobre su bisabuelo:

> Durante la gran hambruna irlandesa del siglo xix, mi bisabuelo Charles Sproul huyó de su tierra nativa para buscar refugio en América. Dejó su cabaña de techo de paja y suelo de barro en un pueblito del norte de Irlanda y se abrió paso a pie hasta Dublín, al muelle desde donde partió para Nueva York. Después de registrarse como inmigrante en la isla Ellis, se dirigió a Pittsburgh, donde se había establecido una gran colonia de escoceses e irlandeses. Ese lugar los había atraído debido a las plantas siderúrgicas lideradas por el escocés Andrew Carnegie.[4]

Este inmigrante irlandés luchó por la Unión en el SS Grampus. Uno de sus hijos, el abuelo de R. C., llevó a la familia a la iglesia metodista en el monte Washington. Cuando Robert Cecil Sproul, el padre de R. C., cambió su membresía de la iglesia metodista a la presbiteriana en 1945, estaba llevando a su familia a casa.

En 1946, la familia Voorhis se mudó al vecindario, a unas pocas casas de distancia de la iglesia. Ellos tenían una hija. La familia se mudó en mayo desde New Castle, Pensilvania. El señor William Voorhis trabajaba como comprador nacional para G. C. Murphy Co., una de las cadenas de tiendas de variedades. Pasaba una semana al mes en Nueva York para reunirse con fabricantes y mayoristas.

En esa época, R. C. estaba en primer grado en la escuela primaria de Pleasant Hills. Vesta Voorhis estaba en segundo grado. R. C.

3 William M. Mervine, «Scottish Settlers in Raphoe, County Donegal, Ireland: A Contribution to Pennsylvania Genealogy», *Pennsylvania Magazine of History and Biography*, vol. 36, n.° 3 (1912), 272.

4 R. C. Sproul, «All Truth Is God's Truth», *Tabletalk*, 1 de julio de 2008.

recuerda como si fuera ayer cuando la vio por primera vez y, cuando lo hizo, supo con claridad que se casaría con ella. Al parecer, ella no pensaba lo mismo. Vesta estaba muy ocupada con sus nuevas amigas en el patio de juegos. Los niños estaban en el campo de béisbol. Las niñas, en el patio de juegos. Pasaron algunas semanas de clases y llegaron las vacaciones de verano. R. C. diría más adelante que, durante sus años de escuela primaria y secundaria, lo único que tenía en mente eran los deportes. Probablemente eran dos cosas: los deportes y Vesta. Si fueras a ver la mayoría de los árboles que bordean la antigua calle Clairton y la calle McClellan, verías cuatro iniciales talladas: «R. C. + V. V.». Después de ese primer encuentro, pasaron algunos años más antes de que R. C. y Vesta empezaran su noviazgo intermitente. En última instancia, la historia de R. C. sería la historia de R. C. y Vesta.

La tía, el tío y la prima se quedaron a vivir con ellos seis o siete años más después de la guerra. La casa estaba siempre ocupada, siempre llena de familia. La familia extendida solía reunirse en el hogar en la calle McClellan. R. C. recordaba: «Me encantaba. Solía pararme en la esquina, a la espera de que llegaran los autos que traían a nuestros parientes a estas reuniones. Nuestra familia era todo. La familia era muy importante para mí. Siempre lo fue, y lo sigue siendo».[5]

La mayoría de las noches, R. C. se acostaba en el suelo con Soldier y escuchaba la radio Philco. Durante el día, las ondas radiales se llenaban de radioteatros, pero a la noche, empezaban los programas de aventuras. *The Falcon* [El halcón], *Suspense* [Suspenso], *Escape* y, su favorita, *El llanero solitario*; estos eran los programas que cautivaban la imaginación de R. C. Los sábados y la mayoría de los domingos después de la iglesia, R. C. Iba al cine para ver una doble presentación. Las películas de Frankenstein y Drácula, con Lon Cheney y Bela Lugosi, eran sus preferidas en la gran pantalla.

5 *Sproul Memoirs*, sesión 1.

Al igual que la mayoría de los niños, R. C. soñaba con el momento en que el final de la escuela daba paso a los meses de verano. Las vacaciones familiares incluían viajes al norte, al lago Muskoka en Ontario, Canadá. Era un punto popular para los famosos en cabañas de verano, y para los jugadores de *hockey* del equipo Toronto Maple Leaf. Los Sproul se hospedaban junto a un barrio cerrado donde se alojaban ellos. Los jugadores se encariñaron con R. C., y le enseñaron a zambullirse desde un trampolín en un muelle, además de darle toda clase de consejos y técnicas de *hockey*. A los diez años, eran las mejores vacaciones. Los jugadores le regalaron una hermosa chaqueta de cuero con un gran emblema bordado. Era un talle pequeño de adulto, y las mangas le quedaban demasiado largas. Él posaba con orgullo y felicidad con su chaqueta junto a la costa del lago Muskoka.

Entre vacaciones de verano, R. C. esperaba con ansias la Navidad. La época de Navidad era especialmente «extraordinaria», según R. C. Durante los años de guerra, el tío de R. C. empezó una tradición a la cual llamaban «la plataforma navideña». Se trataba de un arreglo elaborado, que se construía en el estudio, de montañas de papel maché con esquiadores que salpicaban las pendientes y un salto de esquí, autos que se movían en una cinta transportadora a través de una calle principal, un carrusel y juegos de tren.

La Navidad de 1950 fue memorable para R. C. Pittsburgh estaba sepultada bajo casi 3 pies (1 m) de nieve aquel año. Fue el momento ideal para el regalo que recibió: un trineo. Al día siguiente, R. C. salió, junto con dos amigos, a hacer el viaje inaugural. Fueron a la colina más alta de la ciudad. En la base de la colina, había un arroyo, con una pared de roca que rodeaba la orilla. La primera vez que se deslizaron, el trío se detuvo cerca del arroyo después de un paseo extraordinario. La segunda vez, los muchachos ejercieron todas sus habilidades de ingeniería y pusieron al más grande adelante. Además, en el primer descenso, habían acumulado mucha nieve, así que la segunda vez, bajaron a toda velocidad y se estamparon contra la pared de roca. R. C. se lastimó la espalda. Uno de los chicos se quebró el dedo del pie. Y el tercero se hizo trizas la pierna. Se las arreglaron para ponerlo a salvo en el trineo, que R. C. después arrastró por su cuenta por la nieve hasta la primera casa a la que llegaron, a poco menos de ½ milla (1 km) de distancia. Durante el resto del año escolar, R. C. fue a visitarlo a su casa, mientras el muchacho permanecía sentado con apoyo y se recuperaba. Para ambos, fue el último paseo en trineo.

Otros recuerdos de Navidad eran mucho más felices. R. C. recordaba especialmente los servicios de Nochebuena a la luz de las velas, que empezaban a las once de la noche y terminaban cuando el reloj daba las doce. Cantaban «Santa la noche» a capela. Y después, estaba la Nochebuena de 1952. Ese fue el año en que R. C. y Vesta empezaron a salir juntos… con bastante continuidad. Antes de la reunión en la iglesia a la luz de las velas, R. C. estuvo en la casa de Vesta para pasar Nochebuena.

R. C. y Vesta estaban en el coro juntos en la escuela y la iglesia, dirigidos por la misma persona. La iglesia pagaba un organista y un director de coro. Como ya mencioné, la iglesia también tenía una liturgia formal. Todo esto significa que el coro de niños era algo serio. Túnicas, cuellos almidonados… parecían un verdadero coro de niños de una catedral. Y a R. C. le encantaba. Hablaba sobre cómo la predicación de la iglesia carecía de buena teología y contenido bíblico, pero sí cantaban himnos clásicos. Más adelante, R. C. diría: «La mayor parte del conocimiento que tenía de cualquier contenido cristiano venía de la música que cantábamos».[6]

R. C. también recordaba el sacramento de la Cena del Señor. El pastor, el doctor Paul Hudson, había entrenado a los ancianos para que, una vez que se habían distribuido los elementos, se adelantaran en una formación de fila india perfectamente sincronizada. Los pasos sonaban de manera rítmica en el piso de ladrillo y hacían eco por el santuario.

---

6   Stephen Nichols con R. C. Sproul, entrevista personal, 17 de abril de 2017.

Pero en cuanto a la teología, la precisión no era igual. El pastor catequizaba a los niños; sin embargo, en lugar de seguir el Catecismo Menor de Westminster, el estándar confesional de la iglesia presbiteriana, escribía sus propias preguntas en las cuales quería que los niños se concentraran:

Pregunta: ¿Quién es el cristiano más grande que jamás vivió?
Respuesta: Albert Schweitzer.

Albert Schweitzer habrá sido un gran humanitario y sin duda era un genio con doctorados en teología, filosofía, música y medicina. Pero era abiertamente liberal. Fue una figura clave en la supuesta búsqueda del «Jesús histórico», los esfuerzos de eruditos alemanes por encontrar la semilla de verdad histórica escondida entre las cascarillas de los cuatro Evangelios.

El doctor Hudson aplicaba a sus sermones lo que había aprendido de los eruditos de la alta crítica. El milagro de la alimentación de los 5000 era un milagro del ejemplo abnegado del niño. La gente en la multitud había llevado comida, pero no quería admitirlo, por las dudas de que la obligaran a compartirlo. Cuando el pequeño dio generosamente lo que tenía, esto inspiró a la multitud a sacar sus bolsas de comida de entre los pliegues de sus túnicas. Un milagro. Cada Pascua, a R. C. le enseñaban que la resurrección de Jesucristo significaba que cada día, él también podía levantarse con frescura para enfrentar los desafíos del día.

R. C. no aprendió su teología de la Iglesia de Pleasant Hills. Tampoco aprendió allí sus estudios bíblicos. Estos campos, que se transformarían en su profesión más tarde en la vida, no le interesaban demasiado en su juventud.

Sonny Sproul al bate

Los deportes le interesaban mucho más al joven R. C. Jugaba al béisbol, al baloncesto y al fútbol americano. Probablemente era mejor en béisbol, pero era igual de competitivo en los tres. El deporte que más disfrutaba era el *hockey,* aunque, según él mismo, era la disciplina en la que menos se lucía. R. C. y sus amigos inundaban el campo en Mowry Park y creaban una pista de patinaje, y también jugaban en una cantera. Tenían su propia versión de una pulidora de hielo. Tenían barrenas, y hacían cinco o seis perforaciones en el hielo. Durante la noche, el agua se filtraba por los agujeros y formaba una capa lisa y suave sobre la cual podían jugar.

Además de los deportes, la escritura fue una parte importante de la vida temprana de R. C. Tenía una maestra llamada Srta. Graham, hasta que se casó con otro maestro y se transformó en la Sra. Gregg. Enseñaba lengua, y R. C. la tuvo como maestra en la escuela primaria y otra vez al inicio de la secundaria. Los maestros de arte de la escuela primaria solían publicar de manera prominente en un tablero al mejor estudiante de arte. R. C. recordaba que siempre quería pero nunca veía sus obras de arte en el lugar de honor. Pero una vez, la Sra. Gregg puso un ensayo descriptivo de R. C. en el tablero de exhibición de arte. Era una obra de arte. Más adelante, cuando R. C. estaba en octavo grado, ella le dijo, y él nunca lo olvidó: «Nunca permitas que te digan que no puedes escribir».

En sexto grado, R. C. jugó al béisbol para un equipo patrocinado en una liga vecinal. La mayoría de los jugadores estaban en la escuela secundaria, algunos incluso tenían más de 20 años. Y ahí estaba R. C., por encima de su liga como estudiante de sexto grado. Era un principiante. Más adelante, lo cambiaron. El anuncio incluso salió en el periódico local. Lo cambiaron por tres jugadores, todos mayores que él. El periódico decía que a los tres los habían cambiado por el «brillante jugador defensivo Sonny Sproul [...] al cual le faltaba un bate».

Eso fue suficiente para inspirar a R. C. En el próximo juego, se enfrentó a un lanzador de 21 años de edad. La primera vez al bate, R. C. anotó una carrera impecable. La segunda vez, arrojó la pelota por encima de la valla y anotó un jonrón. Ahora sí que Sonny Sproul tenía un bate.

R. C. disfrutó mucho de sus primeros años de escuela secundaria. Se destacaba en los deportes. Todos sus compañeros lo amaban. Era el capitán del equipo de baloncesto, presidente del consejo estudiantil y se había ganado el segundo puesto académico entre todos los alumnos. Todo esto marca un profundo contraste con sus demás años de escuela secundaria. Cuando R. C. estaba en noveno grado, su papá tuvo una apoplejía, seguida de varias más.

R. C. idolatraba a su padre, el cual siempre usaba una camisa blanca impecable y una corbata. R. C. recuerda muy pocas veces de haberlo visto con ropa informal. Como contador, su papá también disfrutaba de estudiar y hablar de economía. No era muy habilidoso con las manos, pero también había sido deportista. Lo aceptaron en Princeton, pero nunca asistió. En cambio, su padre, el abuelo de R. C., lo lanzó directo al negocio familiar. Estudió por su cuenta para el examen de contador público y aprobó. Además, sirvió como presidente de la empresa contable. Tenía la aptitud y las habilidades, y podía guiar y administrar. Aquella primera apoplejía lo dejó sumamente debilitado, y ya no pudo seguir trabajando. Robert Cecil Sproul arrastraba las palabras, no podía ver bien y ya no podía caminar solo. Pasaba la mayor parte de sus días sentado en una silla en el estudio. R. C. lo recuerda leyendo su Biblia con una lupa. A la noche, R. C. lo ayudaba a levantarse de la silla, se ponía las manos de su padre alrededor del cuello y lo arrastraba hasta la mesa del comedor. Desde que era pequeño, R. C. recordaba a su papá sentado a la mesa de la cena siempre con su camisa blanca almidonada y su corbata. Eso no cambió después de la apoplejía. Después de la cena, R. C. arrastraba a su papá a la cama.

Esto hizo estragos en la familia. La mamá de R. C. amaba a su esposo. Era su príncipe azul. R. C. dijo sencillamente: «Mi mamá adoraba a mi padre».[7]

Poco tiempo antes de la apoplejía, el papá de R. C. le aconsejó a su hijo que dejara el fútbol y se concentrara en el baloncesto y el béisbol. Así lo hizo, a pesar del desagrado de su entrenador de fútbol. Ese

---

7 *Sproul Memoirs*, sesión 1.

entrenador presionó al de baloncesto para que mantuviera en el banco a R. C., que había sido el jugador con mejor puntuación del equipo. R. C. tenía un agudo sentido de la justicia y el juego limpio. Ninguna de estas cosas le cayó bien. Además, fue la experiencia opuesta que había tenido con otros entrenadores. Sus entrenadores de equipo infantil y del inicio de la escuela secundaria habían sido verdaderos mentores, y habían tenido una gran influencia en aquel momento y siguieron teniendo un impacto en su vida décadas más tarde.

Esta experiencia no opacó por completo su espíritu competitivo. R. C. podía concentrarse en el juego. Siguió jugando en ligas comunitarias y hasta jugó en un equipo de fútbol americano semiprofesional durante un tiempo. Todo esto llamó la atención de cazatalentos de departamentos deportivos universitarios.

Sin embargo, la etapa de la escuela secundaria fue tediosa. A R. C. lo llevaban en autobús a la escuela secundaria Clairton. Él siempre había querido mucho a sus maestros de la escuela primaria de Pleasant Hills y la escuela intermedia de allí. Decía que sabía que sus maestros lo apoyaban. Este no era el caso en Clairton. R. C. se sentía algo perdido en este nuevo ambiente.

Debido a la enfermedad de su padre, tomó un trabajo de medio tiempo en la tienda de reparación de televisores cercana a su casa. En una época, sabía casi todo lo que una persona necesitaba saber sobre los tubos de televisor (cuando los televisores tenían tubos). Dormía poco y se abrió paso trabajosamente por sus años de escuela secundaria. En su novela, R. C. escribe sobre Scooter, el personaje principal, como alguien que «dominaba el arte de dormir en la parte trasera de un salón de clases con un libro apoyado frente a él».[8] La mayor parte de esa novela es ficción, pero algunas frases son directamente una autobiografía.

En esos años, hubo momentos buenos. Por supuesto, estaba Vesta. Lo otro bueno era el mejor amigo de R. C., Johnny Coles. Johnny sería

---

8   R. C. Sproul, *Thy Brother's Keeper: A Novel* (Brentwood, TN: Wolgemuth & Hyatt, 1988), 39.

uno de los personajes principales de una novela posterior. Esos eran dos puntos positivos. Un tercero fue un auto.

Cuando aprendió a conducir, R. C. usaba el auto de la familia, un enorme Oldsmobile. Antes de su último año de escuela secundaria, tuvo su propio auto. No era cualquier auto. Un Ford Fairlane 500 negro y rojo descapotable de capota dura con dos carburadores de cuatro bocas, dos tubos de escape y un exceso de cromo. Sí, un auto deportivo con aspecto «musculoso». En la década de 1950, Detroit sabía cómo hacer un auto. Este era uno de ellos.

Justo antes de que Vesta partiera para la universidad (era un año mayor que él), la relación dejó de ser intermitente. A partir de allí, y hasta la muerte de R. C., serían R. C. y Vesta. Eran una pareja sólida y nada se interpondría jamás entre ellos. Desde el teléfono familiar en el estudio, R. C. la llamaba todas las noches mientras cursaba su último año en la escuela secundaria y ella el primer año en la Universidad de Wooster en Ohio. R. C. diría más adelante que no tenía idea de por qué ella se había quedado junto a él durante aquella época miserable, pero lo hizo.

Una noche, mientras R. C. arrastraba a su padre desde la mesa de la cena a la cama, su papá le pidió que se detuviera un momento y lo colocara en el sofá. Tenía algo que decirle. Arrastrando las palabras, le dijo: «He peleado la buena batalla de la fe, he acabado la carrera, he guardado la fe». R. C., sin saber que su padre estaba citando la Escritura, le respondió: «No digas eso, papá». Después, arrastró a su padre hasta la habitación y lo puso en la cama. Un rato más tarde, R. C. escuchó un golpe. Encontró a su padre en el suelo. Había entrado en un coma. Durante un día y medio, R. C. se sentó a su lado. Entonces, de repente, su papá se enderezó, se volvió a acostar y murió. Tenía 53 años. R. C. tenía 17.

Al igual que su madre, R. C. adoraba a su padre. Nunca lo escuchó quejarse durante su enfermedad. Tan solo lo había conocido como un hombre bondadoso y gentil. Sabía que era un hombre de honor.

Y ahora, ya no estaba. Décadas más tarde, R. C. recordó todo el incidente en su libro de 1983, *The Hunger for Significance* [La sed de tras-
cendencia]. Sus palabras extendidas fueron las siguientes:

Recuerdo las últimas palabras de mi padre... ¿cómo podría olvidarlas?
Pero lo que me persigue es lo último que yo le dije.

La muerte a menudo deja una carga de culpa sobre los sobrevi-
vientes, llenos de recuerdos de cosas que quedaron sin decir o hacer,
o de heridas causadas a los fallecidos. Mi culpa reside en las palabras
insensibles —no, necias—, que le dije a mi padre. Dije algo incorrecto e inmaduro, para lo cual la muerte no me dio la posibilidad
de decir: «Lo lamento».

Anhelo la oportunidad de volver a representar esa escena, pero
ya es demasiado tarde. Tengo que confiar en el poder del cielo para
curar la herida. Lo que se hizo se puede perdonar, se puede aumentar,
disminuir y, en algunos casos, reparar. Pero no se puede deshacer.

Hay ciertas cosas que no se pueden retirar: la bala acelerada de
una pistola, la flecha lanzada desde el arco, la palabra que escapa de
nuestros labios. Podemos rogar que la bala falle o que la flecha caiga
sin hacer daño al suelo, pero no podemos mandarles que regresen en
medio de su vuelo.

¿Qué fue lo que dije que me hace maldecir mi lengua? No fueron
palabras de rebeldía ni gritos de mal carácter; fueron palabras de
negación... un rechazo a la hora de aceptar la última afirmación de
mi padre. Sencillamente, dije: «No digas eso, papá».

En sus últimos momentos, mi padre intentó dejarme un legado
según el cual vivir. Intentó superar su propia agonía para alentarme.
Fue heroico; y yo rehuí sus palabras acobardado. No podía enfrentar
lo que él tenía que enfrentar.

Alegué ignorancia, ya que solo entendí lo suficiente de sus palabras
como para retroceder lejos de ellas. Él dijo: «Hijo, he peleado la buena
batalla, he terminado la carrera, he guardado la fe».

Estaba citando las palabras finales del apóstol Pablo a su amado discípulo Timoteo. Pero yo no me di cuenta. Nunca había leído la Biblia… No tenía ninguna fe que guardar, ninguna carrera por terminar.

Mi padre hablaba desde una postura de victoria. Sabía quién era y adónde se dirigía. Sin embargo, lo único que yo podía escuchar en esas palabras era que se iba a morir.

Qué impertinencia de mi parte responder: «¡No digas eso!». Reprendí a mi padre en el momento más valeroso de su vida. Pisoteé su alma con mi propia incredulidad.

Nunca más cruzamos otra palabra. Puse sus brazos paralizados alrededor de mi cuello, levantando parcialmente su cuerpo inútil del suelo y apoyándolo en mi espalda y mis hombros, y lo arrastré hasta su cama. Salí de la habitación y empecé a pensar en mis tareas escolares.

Una hora más tarde, mis estudios se vieron interrumpidos por el sonido de un golpe estruendoso desde una parte distante de la casa. Salí corriendo a investigar. Encontré a mi padre desparramado en el suelo, con sangre que le salía del oído y la nariz.

Permaneció un día y medio en coma, antes de que el cascabel de la muerte marcara el final. Cuando su respiración agitada se detuvo, me incliné y le besé la frente.

No lloré. Hice el papel de hombre, mostrando calma a lo largo de los próximos días de visitas a casas funerales y el entierro en la tumba. Pero, por dentro, estaba destrozado.

¿Cuánto valor tenía mi padre para mí en aquel entonces? Habría hecho cualquier cosa, dado todo lo que tenía, para traerlo de vuelta. Nunca antes había experimentado una derrota tan final, ni perdido algo tan precioso.[9]

9   R. C. Sproul, *In Search of Dignity* (Ventura, CA: Regal, 1983), 91-92. Republicado como *The Hunger for Significance*, nueva ed. (Phillipsburg, NJ: P&R, 2020). Utilizado con permiso de P&R Publishing Co., PO Box 817, Phillipsburg, NJ 08865.

En aquella época, R. C. no tenía una fe que lo ayudara a seguir adelante.

A medida que se acercaba la graduación de la escuela secundaria, tenía tres opciones. Lo invitaron a hacer una prueba para una de las ligas menores que dependían de los Pittsburgh Pirates. Le ofrecieron una beca de béisbol para la Universidad de Pittsburgh. Y le ofrecieron una beca deportiva, para baloncesto y fútbol americano, en el Westminster College en New Wilmington, Pensilvania, a una hora de viaje hacia el norte de Pittsburgh.

Él mismo dice que fue una decisión sencilla. Nunca se anotó en Pittsburgh ni en ninguna otra universidad. «Me enamoré de aquella universidad», testificó R. C.[10] Ese mismo otoño, estaba en New Wilmington.

El momento y el lugar

Muchas décadas más tarde, después de haber estado viviendo algún tiempo en el centro de Florida, a R. C. lo invitaron a hablar en un aniversario por el pastorado de un viejo amigo y excolega del centro de estudio Ligonier Valley Study Center en Pittsburgh. No pudo asistir, pero escribió unas palabras para leer en esa ocasión. En su típica cursiva sobre papel amarillo, la cual más tarde tipeaba su secretaria, escribió:

> Puedes sacar a un hombre de Pittsburgh, pero no se puede sacar a Pittsburgh de un hombre. Mis raíces están en Pittsburgh, y hasta el día de hoy, amo cada árbol, cada hoja de césped y cada bache en el burgo.

Hace falta haber experimentado de primera mano las calles de Pittsburgh para apreciar plenamente el comentario sobre los baches. Pittsburgh era el lugar. La Segunda Guerra mundial y la década de 1950 eran el momento. Este lugar y este momento formaron a R. C. Sproul. En la radio o en una conferencia, aquel distintivo acento del

---

10 Stephen Nichols con R. C. Sproul, entrevista personal, viernes, 7 de abril de 2017.

oeste de Pennsylvania dejaba entrever cuánto lo había formado ese lugar en particular.

Pittsburgh siguió siendo un lugar importante en su vida, en especial hasta que se mudó al centro de Florida a mediados de la década de 1980. Robert Carro, escritor de la monumental biografía aún sin terminar de Lyndon Baynes Johnson, ha observado: «En el mundo de la ficción, se suele aceptar la importancia de un sentido de lugar. Quisiera que eso también fuera cierto en la biografía y la historia».[11] Sin duda, la vida de R. C. Sproul se entiende mejor contra el telón de fondo de este lugar y momento.

Mientras que Pittsburgh fue el lugar de sus primeros años, la Segunda Guerra Mundial fue el factor significativo y determinante de la época. La ausencia de su padre en el ejército fue, según el mismo R. C., «muy formativa». Su padre pertenecía a aquella «generación grandiosa», y en realidad fue uno de los miembros más antiguos de esta historiada generación. La naturaleza impredecible de la guerra abrió paso a una sociedad ordenada de posguerra: la farmacia del vecindario, el almacén del vecindario y el reparador del vecindario. Esta era proporcionó la solidez y la seguridad de la vida dentro de una circunferencia a distancia de pie: la escuela, la iglesia, el parque, el campo de béisbol, la casa de la novia. Había ciertos ritmos: escuela, juego, deportes, una película. La enfermedad del padre de R. C. perturbó esos ritmos. Ir en autobús a la escuela rompió la circunferencia. Pero este lugar y momento estaban llenando el fondo del retrato que se transformaría en R. C. Sproul.

En las primeras páginas de *Classical Apologetics* [Apologética clásica], R. C., escribiendo sobre el secularismo cada vez mayor, llama la atención a dos palabras en latín: *saeculum* y *mundum*, traducidas como «tiempo» y «lugar».[12] Las palabras latinas *chronos* y *tempus* también denotan tiempo. El matiz distintivo de *saeculum* en este grupo de

---

11 Robert A. Carro, *Working: Researching, Interviewing, Writing* (Nueva York: Knopf, 2019), 141.

12 R. C. Sproul, *Classical Apologetics* (Grand Rapids, MI: Zondervan, 1984), 6.

palabras es que denota «era». Estuvo la década de 1940, y después la era de la Segunda Guerra Mundial. Estuvo la década de 1950, y después la «era dorada de la televisión». No se trata tan solo del momento, sino de la textura y la particularidad del momento, del *ethos* que rodea al momento.

Lo mismo sucede con *mundum*. *Topos* también significa lugar, como el lugar en un mapa. Pero *mundum,* que denota topografía y geografía, también capta el detalle granular de un lugar, el *ethos* que rodea el punto en un mapa. Lo mismo sucede con Pittsburgh. El *ethos* es una dureza similar al apodo «Ciudad de acero». El *ethos* es la gestión en las colinas del sur, la mano de obra en las colinas del norte… todos vecindarios de inmigrantes. Hay ríos que separan y puentes que conectan. Las minas de carbón y coque debajo de la superficie, las plantas siderúrgicas arriba. Este era un antiguo puesto fronterizo. Nadie juega en defensa como los Steelers. Hay montañas. Hay baches.

En 1957, R. C. se dirigió al norte, al Westminster College, pero no se alejó demasiado de Pittsburgh. En cierto sentido, nunca lo hizo.

ECLESIASTÉS 11:3

Creo que soy la única persona de la historia
que se convirtió por ese versículo.

R. C. SPROUL

A R. C. LE LLEVÓ alrededor de una hora conducir hacia el norte directamente desde su casa en Pittsburgh hasta el Westminster College en New Wilmington, Pensilvania. Fundado por presbiterianos en 1852, Westminster todavía tenía marcas de su identidad cuando R. C. llegó un siglo y cinco años más tarde. Había un departamento bíblico. Los estudiantes de primer año debían tomar cursos básicos de Biblia en los semestres de otoño y primavera. Tenían servicios de capilla. Pero sin duda, el lugar no mostraba abiertamente su identidad religiosa. Además, los vestigios de religión que quedaban no reflejaban un conservadurismo teológico ni fidelidad bíblica. El confesionalismo presbiteriano con raíces en Westminster ya no estaba tan arraigado. Sin embargo, R. C. no fue a Westminster a recibir religión. O eso pensaba.

En realidad, lo aterraba la perspectiva de la universidad. Después de atravesar la escuela secundaria en piloto automático, no se sentía preparado para el desafío académico que tenía por delante. No fue de mucha ayuda que, durante la orientación, el director les pidiera a cada uno de los nuevos estudiantes que miraran a la persona que tenían a la derecha. Después, les dijo: «Uno de ustedes no llegará más allá del primer semestre». R. C. empezó como estudiante de historia, y participó de los campamentos de entrenamiento deportivo en preparación para las temporadas que vendrían. Primero, vendría el fútbol americano, después, la larga temporada de baloncesto que se extendía durante los semestres, y luego el béisbol. R. C. tenía una beca deportiva, pero eso no le garantizaba un lugar en ninguno de esos equipos. Calculó que tenía una buena oportunidad con el fútbol, pero probablemente no con el baloncesto en su primer año (Westminster se jactaba de tener equipos dignos de campeonato), y el béisbol estaba demasiado lejos como para considerarlo. Todo esto para decir que, ya fuera en lo académico como en los deportes, R. C. sabía que tenía mucho trabajo por delante.

Pero lo que no esperaba era lo que sucedería un fin de semana de septiembre poco tiempo después de empezar la universidad.

El compañero de cuarto de R. C. era su amigo de la infancia, Johnny. El padre de Johnny era una leyenda en Westminster, un deportista que había recibido la máxima distinción en cuatro deportes y que se transformaría en un exitoso empresario. Johnny entró como estudiante de legado, no por mérito de sus propias calificaciones. Al igual que R. C., temblaba al pensar en las tareas que tenían por delante. Pero era el fin de semana.

Algo gracioso sucedió camino a Youngstown

R. C. y Johnny tenían intención de dirigirse al oeste por el río Allegheny a Youngstown, Ohio. Una ciudad dura como el acero, a Youngstown se la conocía por sus bares, todos con una reputación de no revisar identificaciones a la entrada, lo cual la transformaba en un lugar favorito para los estudiantes jóvenes de Westminster. Cuando entraron en el auto, Johnny y R. C. se dieron cuenta de que se les habían acabado los cigarrillos. Salieron de un salto y volvieron al vestíbulo de la residencia estudiantil para comprar un paquete de Lucky Strikes de la máquina expendedora. La moneda de R. C. cayó en la ranura y salió el paquete.

Cuando se inclinó a tomarlo, vio a dos muchachos sentados a una mesa. Les hicieron señas a él y a Johnny para que se acercaran. R. C. los reconoció enseguida, ya que uno era la estrella del equipo de fútbol americano. Por supuesto, R. C. y Johnny respondieron al llamado de inmediato. Los dos estudiantes de cursos superiores estaban encorvados sobre un libro.

«¿Qué están haciendo?», les preguntó la estrella de fútbol. «Nada», vaciló R. C., sin intenciones de confesar sus planes. Así que los invitaron a que se sentaran con ellos. Los bares en Youngstown tendrían que esperar. Los dos estudiantes mayores estaban haciendo un estudio bíblico. R. C. había visto a su padre leer la Biblia a diario, pero era la primera vez que presenciaba un estudio bíblico. Los muchachos mayores hablaron del cristianismo y de las cosas de Dios y de la Biblia durante más de una hora, todo territorio nuevo para R. C. Después, uno de ellos giró la Biblia en dirección a R. C. y le pidió que mirara. Era Eclesiastés 11:3. La segunda parte de este versículo dice:

> Si el árbol cayere al sur, o al norte,
> en el lugar que el árbol cayere, allí quedará.

Esto partió a R. C. a la mitad. Interpretó que él era aquel árbol. Se veía en un estado de aletargada parálisis, caído, pudriéndose y en descomposición. Dejó la mesa y regresó a su habitación. Cuando entró, no encendió la luz. Sencillamente, se arrodilló junto a su cama y oró a Dios, pidiéndole que perdonara sus pecados.

R. C. nunca llegó a Youngstown aquel viernes por la noche. Dios tenía otros planes para su vida.

Eclesiastés 11:3 no es el primer versículo que uno consideraría para evangelizar. R. C. diría: «Creo que probablemente sea la única persona en la historia de la iglesia que se convirtió a Cristo con ese versículo».[1]

1   R. C. Sproul, *R. C. Sproul's Awakening to the Christian Faith*, 13 de septiembre de 2017, https://www.ligonier.org/blog/rc-sprouls-awakening-christian-faith/.

Me parece que podemos sacar tranquilamente el «probablemente» de su evaluación. Aunque no es un versículo típico ni que se use para evangelizar, encaja bastante bien. Tiene textura, imágenes y un toque de drama. Aunque R. C. no se consideraba calvinista ni abrazaría el calvinismo por varios años más, el versículo también es calvinista. Mejor aún, uno podría decir que es paulista.

Dios usó ese versículo para mostrarle a R. C. el verdadero estado de su alma y su vida. Él se había sentido muerto. Ahora, sabía que su verdadera condición espiritual era la muerte. Se había considerado cristiano. Después de todo, iba a la iglesia. Ahora, sabía de qué se trataba verdaderamente el cristianismo.

60 años más tarde, en septiembre de 2017, en lo que serían los últimos meses de R. C., Ministerios Ligonier registró un recuerdo de R. C. sobre su conversión:

Estoy llegando al sexagésimo aniversario de mi conversión a la fe cristiana. Fue en septiembre de 1957, y jamás lo olvidaré. Creo que soy la única persona en la historia de la iglesia que se convirtió con un versículo particular que Dios usó para abrir mi corazón y mis ojos a la verdad de Cristo. Vino del libro de Eclesiastés, donde el autor describe, en términos metafóricos, un árbol que cae en el bosque, y donde cae, allí se queda. Dios despertó mi alma al considerar este pasaje, y me vi como el árbol que se caía, se pudría y se estropeaba. Esa era la descripción de mi vida. Allí me encontraba. Nadie tuvo que decirme que era un pecador, yo lo sabía. Me resultaba sumamente claro.

Pero cuando fui a mi habitación aquella noche y me puse de rodillas, experimenté un perdón trascendente. Y me abrumó la tierna misericordia de Dios, la dulzura de Su gracia y el despertar que me dio para mi vida. Y mi oración es que cualquiera de ustedes que no haya experimentado un despertar a la realidad de Cristo tenga esa experiencia en su vida. Que busque cuidadosamente en la Escritura y la Palabra de Dios, y que esa Palabra sea usada con poder para estimular su alma y su espíritu, de manera que también pueda despertar a la plenitud de la gloria, la paz y el gozo que es suyo en Cristo.[2]

Johnny también se sintió afectado por aquella conversación con los dos estudiantes mayores. Esa noche, también oró pidiendo perdón.

A la mañana siguiente, el sábado, R. C. se despertó como un hombre diferente. Anhelaba hablar con Johnny sobre lo que había sucedido y lo que vendría a continuación. En cambio, Johnny no parecía recordar demasiado lo sucedido. No quería hablar al respecto. Sencillamente siguió adelante como si nada hubiera pasado. Lo único que quería era llegar a Youngstown esa noche. Pero R. C. realmente había sido apartado de su pecado y dirigido hacia Dios.

R. C. nunca había leído la Biblia. Ahora, la leyó de tapa a tapa en un par de semanas. Se la devoró. Dedicó tanta atención a leer la Biblia y explorar todo lo que podía sobre el cristianismo que no le quedó mucho tiempo para otra cosa. Se obsesionó.

Había entrado a la universidad para especializarse en historia. En su clase de primer año de historia, se dio cuenta de que no tenía un marco de referencia para entender la historia. La clase empezó explorando las grandes civilizaciones. R. C. no tenía un andamiaje geográfico ni cronológico donde ponerlas. Era hora de cambiar su especialidad.

De manera coherente con su nueva fe, el único tema que le interesaba era la Biblia. En la secretaría, cambió su especialización a religión.

La conversión de R. C. tuvo un impacto significativo e inmediato. También tuvo impactos a largo plazo y de por vida. Al menos tres impactos de por vida surgen de su conversión. Primero, R. C. diría más adelante: «Le debo a todo ser humano que conozco el hacer todo lo que pueda para comunicarle el evangelio». Esa dedicación llevó a R. C.

---

2   Sproul, *R. C. Sproul's Awakening.*

a dedicar su vida a la enseñanza. Segundo, como mencionamos, R. C. devoró su Biblia en aquellas primeras semanas después de convertirse. Ese estudio intenso de la Biblia seguiría toda su vida y, con el tiempo, abordaría la producción de una Biblia de estudio. Cuando se imprimió la edición revisada de la Biblia de estudio de la Reforma en 2015, R. C. dijo: «La llamamos la Biblia de estudio de la Reforma, pero en realidad, esperamos que produzca una reforma en el estudio bíblico». A menudo decía que no alcanza con leer la Biblia; somos llamados a estudiarla. El tercer impacto de por vida tiene que ver con su comprensión del autor de la Biblia. Testificó sobre cómo su lectura original y virginal de la Biblia lo dejó con una comprensión abrumadora: el Dios de la Biblia es un Dios que no se detiene ante nada. Vale la pena observar que R. C. empezó por el Antiguo Testamento, lo leyó completo, y luego pasó al Nuevo. Apodó al Antiguo Testamento «la autobiografía personal de Dios».[3]

La vida de R. C. se caracterizó por el celo, incluso por una determinación obstinada. Sin duda, logró muchas cosas entre su conversión en 1957 y su muerte en 2017. Ese impulso surgía de su deseo, de una pasión profundamente arraigada de conocer a Dios y darlo a conocer. La semilla para eso fue plantada en septiembre de 1957.

Esos fueron los impactos de la conversión de R. C. que duraron toda su vida. Además, hubo repercusiones más inmediatas. Tenía que contarle lo sucedido a Vesta, su novia. Varios meses después de su conversión, y como Vesta ya sabía bien lo que había pasado, la muchacha visitó a R. C. en Westminster College desde su universidad, Wooster, en Ohio. No era algo habitual. En general, él hacía el viaje de cuatro horas para ir a verla. Pero esta vez, R. C. la había invitado a venir a verlo. Ella tomó el autobús y llegó al campus. Después, él la llevaría de regreso en auto. Sin embargo, le pidió si podía asistir a una reunión de oración antes de que ambos partieran

---

3   Stephen Nichols con R. C. Sproul, entrevista personal, viernes, 20 de octubre de 2017.

para Pleasant Hills. En aquella reunión de oración en febrero, Vesta, convencida de su propio pecado y su necesidad de un Salvador, se hizo cristiana. Ahora, recuerda que pensaba que era lindo que R. C. se hubiera hecho cristiano. Después de salir de sus años difíciles de escuela secundaria y de superar la muerte de su padre, pensaba que hacerse cristiano sería algo bueno para él. Lo acompañó gustosa a esta reunión de oración.

Hubo un breve devocional y después empezaron a orar. Vesta pensó: «Si mis amigas de la universidad pudieran verme, se morirían de la risa». Pero durante ese tiempo de oración, tuvo una impresión repentina y clara, «como una corriente eléctrica». Entonces, supo que el Espíritu Santo es real, que el Espíritu convierte y que obra en las vidas de las personas. Vesta exclamó: «Ahora sé quién es el Espíritu Santo».[4] R. C. añadió: «Por supuesto, ella había asistido a la iglesia durante años. Había escuchado hablar del Espíritu Santo [...]. En su conversión, pasó de entender el cristianismo en un sentido abstracto a comprenderlo como una relación personal con Dios».[5] El Espíritu Santo obró en su vida aquella noche de febrero. Cuando salieron, le dijo a R. C. que se había convertido. Él estaba emocionado. R. C. y Vesta, con tantos recuerdos, lugares y momentos compartidos ya, tenían un nuevo lugar y recuerdo significativo en común. Ambos se habían convertido en el campus del Westminster College.

La bendición de los grandes maestros

La respuesta más extraña e inusual a la conversión de R. C. vino por parte de su pastor. R. C. estaba entusiasmado por contarle. Y así lo hizo. Después de escuchar el testimonio de su conversión, el pastor le dijo: «Si crees en la resurrección física de Cristo, eres un tremendo tonto».[6]

---

4   Vesta Sproul, citada in R. C. Sproul, *Who Is the Holy Spirit?* (Sanford, FL: Reformation Trust, 2012), 3.

5   Sproul, *Who Is the Holy Spirit?*, 5.

6   *Sproul Memoirs*, sesión 3, registrada en enero de 2011, Ministerios Ligonier, Sanford, Florida.

R. C. había estado rodeado por el liberalismo toda su vida. Ahora, del otro lado de su conversión y conociendo la realidad y la verdad del cristianismo, vio el liberalismo por la fuerza insidiosa que es.

Al poco tiempo de darse cuenta de que este pastor no sería su mentor, R. C. conoció al Dr. Thomas Gregory, que sí ocuparía ese lugar. La cantidad de alumnos de primer año en el Westminster College requería quince sectores del curso introductorio requerido de Biblia. Esto superaba la capacidad del departamento de Biblia. Todos los años, dependían de un profesor del departamento de filosofía, Thomas Gregory, para que se encargara de uno de estos sectores. Después de obtener su título en la Universidad Temple, el Dr. Gregory recibió su Máster en Divinidad en el Seminario Teológico de Westminster en Filadelfia. Allí, estudió con Ned Stonehouse, E. J. Young, John Murray y Cornelius Van Til. Después del seminario, el Dr. Gregory obtuvo una licenciatura y un doctorado en filosofía en la Universidad de Pensilvania. Era un erudito, y era absolutamente conservador en su teología. Enseñaba filosofía en el Westminster College. A los alumnos les asignaban un profesor para su curso introductorio de Biblia. No se podía elegir. De todos los profesores que enseñaban las secciones del curso, el Dr. Gregory era el único conservador teológico, el único comprometido con una visión elevada de la autoridad de la Escritura. A R. C. lo asignaron a la sección del Dr. Gregory.

R. C. se aplicó con diligencia al curso introductorio de Biblia. En el campus, tenía una reputación como cristiano. Después de su conversión temprana en el semestre, le hablaba a cualquiera que lo escuchara sobre Cristo y sobre la Biblia. En consecuencia, R. C. tenía el compromiso autoimpuesto de aprender todo lo que pudiera sobre la Biblia. No quería que pareciera que no sabía algo. No se le escapaba ningún detalle bíblico. Era un hombre que tenía al alcance de la mano prácticamente todas las estadísticas imaginables de los Pirates, desde la creación del equipo. Tenía muchísima capacidad para dominar los detalles, y la utilizó para dominar la Santa Escritura. Estaba preparado para cualquier pregunta o prueba. Mientras tanto, R. C. estaba bajo la tutela del Dr. Gregory.

R. C. predicó su primer sermón en el primer año de la universidad y a menos de un año de su conversión. Lo tituló «Con fe como la de un niño» y lo predicó en una iglesia de la Christian and Missionary Alliance, cerca del campus de Westminster. El segundo sermón llegó el mismo año. Lo predicó en New Castle Rescue Mission. R. C. era parte de un equipo de evangelización. Había música, un sermón y un llamado al altar. R. C. se había convertido; esto cambió toda su perspectiva y le dio un nuevo rumbo a su vida.

En cuanto a los deportes mientras estaba en la universidad, R. C. tuvo algunos contratiempos. Su vida escolar multideportiva en la escuela secundaria le habían afectado las rodillas. R. C. era la clase de deportista que dejaba todo en la cancha, y se arrastraba agotado a su casa después de casi todos los partidos. Le drenaban fluidos en forma habitual, y un cirujano ortopédico de Pittsburgh le inyectaba un líquido en las rodillas. Después de estas visitas, R. C. recuerda que oía el líquido dentro de sus rodillas mientras caminaba. Durante un partido de baloncesto informal en su ciudad un fin de semana, le pegaron un codazo en la sien. Volvió conduciendo a la universidad, 60 millas (95 km) al norte. Como no se sentía bien, fue a la enfermería. El doctor del campus lo envió de regreso a un hospital del centro de Pittsburgh. R. C. condujo otras 60 millas (95 km) al sur. Allí, lo examinó un neurólogo. Como R. C. estaba solo, el neurólogo le preguntó cómo había llegado al hospital. Él respondió que había conducido. El neurólogo replicó: «Eso no es posible». R. C. había sufrido un traumatismo severo. Había conducido no una sino dos veces, un total de 120 millas (190 km). Le ordenaron que se quedara en casa varias semanas, durante las cuales estuvo sumamente angustiado y dolorido.[7]

---

7   Stephen Nichols con R. C. Sproul, entrevista personal, 7 de abril de 2017.

En aquella época, Westminster tenía la política de que, si te admitían con una beca deportiva y luego te lesionabas, retenías esa beca mientras fueras alumno. R. C. nunca usó un uniforme de Westminster en un partido. Westminster también tenía la política de que, si tenías una beca deportiva, tenías una calificación excelente en educación física. Eso, junto con su calificación excelente en los cursos introductorios de Biblia, evitaron que a R. C. lo suspendieran durante su primer año en la universidad.

Una ironía de su primer año tuvo que ver con su curso de oratoria. A R. C. lo eligieron entre todos los alumnos de oratoria de primer año para que se dirigiera a toda la universidad; algo muy importante. Por un lado, no es ninguna sorpresa. A R. C. se lo conocía como orador nato. Por otro lado, y aquí está la ironía, su calificación en oratoria era pésima.

La segunda conversión

Al comenzar su segundo año en la universidad, R. C. estaba decidido a volver a estudiar con el Dr. Gregory. Esta vez, era una clase de introducción a la filosofía. Tal vez recuerdes que R. C. no escuchaba sermones edificantes desde el púlpito de la iglesia presbiteriana de la comunidad de Pleasant Hills. Como sustituto, R. C. consiguió varios libritos de sermones de Billy Graham. Quizás también recuerdes que, en la escuela secundaria, R. C. había dominado el arte de sostener un libro frente a él mientras dormía en clase. En la universidad, modificó aquel talento. Se sentaba en la mayoría de sus clases con el libro de texto abierto frente a él como cubierta, mientras detrás leía los sermones de Billy Graham.

No obstante, estaba entusiasmado con la clase del Dr. Gregory. El primer día, la clase se trató sobre *Investigación sobre el entendimiento humano*, la obra de David Hume. *Qué aburrido* —pensó R. C.—, *cuántas tonterías*. Y volvió a un sermón de Billy Graham. Después, un día, el Dr. Gregory empezó a disertar sobre el concepto de Agustín de la creación *ex nihilo*, que Dios creó todas las cosas de la nada. Agustín había creado este término, la creación *ex nihilo,* el cual se refería a la naturaleza y la esencia misma de Dios. Más adelante, R. C. testificaría: «Mi comprensión de la naturaleza de Dios había explotado». En realidad, fue tan solo el principio de la explosión.

Lo primero que R. C. hizo después de aquella disertación fue volver a la secretaría para cambiar su especialidad. Ya la había cambiado de historia a religión. Ahora, la cambió de religión a filosofía. No habría más cambios. Se graduaría del Westminster College como especialista en filosofía. Vesta comentó una vez sobre aquel cambio de especialidad en su segundo año de universidad, observando que había tenido un gran impacto en la futura enseñanza, escritura y ministerio de R. C.[8]

Cambiar su especialidad fue lo primero que hizo R. C. Lo segundo fue hacer su caminata a medianoche hasta la capilla del campus de Westminster College. Sin embargo, según lo cuenta R. C., no solo fue algo que hizo. Fue algo que se sintió impulsado a hacer. En las primeras páginas de *La santidad de Dios,* escribe sobre este momento, el cual llamó su «segunda conversión». También cuenta la historia en el primer episodio de *Renewing Your Mind* [Renueva tu mente], que salió al aire el 3 de octubre de 1994. R. C. recuerda la caminata nocturna de esta manera:

Si miras atrás en tu vida, estoy seguro de que podrás identificar algunas crisis, momentos que cambiaron para siempre el rumbo de tu vida. Cuando pienso en mi propia vida, siempre vuelvo a un momento en el año 1958, que ocurrió al final del invierno durante mis años en la universidad.

Una noche, estaba acostado en la cama con el cuerpo cansado, pero no podía dormir. Tenía la mente aceleradísima. Sentí una necesidad abrumadora de salir de la cama. Me sentí impulsado a salir de la habitación. Era un llamado profundo e innegable. Salí de la

8   Nichols con Sproul, entrevista personal, 7 de abril de 2017.

cama, me vestí y salí a la oscuridad de la noche. Era una noche de muchísimo frío. Lo recuerdo como si fuera ayer. Había nevado todo el día y hasta avanzada la tarde. Pero ahora, cerca de la medianoche, el cielo se había abierto. Había luna llena. Las estrellas brillaban en el cielo. Era uno de esos momentos fantasmagóricos en una zona rural después de una nevada, donde la noche estaba en silencio y quietud, y había un hermoso manto de nieve que cubría el suelo y colgaba de las ramas de los árboles.

Empecé a caminar por el campus. No había nadie más afuera. El silencio era espeluznante. Podía escuchar cómo el hielo crujía bajo mis pies mientras caminaba por la calle. Me dirigí deliberadamente a la capilla de la universidad, que estaba junto al edificio de administración. Se llamaba Old Main. Y Old Main estaba adornada con una inmensa torre, y en la torre había un reloj enorme como el Big Ben. Acostumbraba escuchar las campanadas y contarlas cada vez, para asegurarme de que el reloj estuviera en lo correcto. En el silencio de la noche, pude escuchar los engranajes del reloj a medida que empezaron a girar y encajar en su lugar. Después, vinieron los cuatro repiques musicales que señalaban la hora en punto, seguidos por las campanadas. Esa noche, en ese momento, conté doce campanadas. Medianoche. Después, abrí la puerta de entrada a la capilla. Era una puerta inmensa de roble bajo un arco gótico, que llevaba a un nártex y más allá, la capilla, una catedral en miniatura. Abrí la puerta chirriante, sintiendo su peso. Cada sonido se veía acentuado por el silencio. La puerta se cerró detrás de mí. Tuve que permanecer parado en el nártex para permitir que mis ojos se acostumbraran a la oscuridad. La única luz venía de los rayos reflejados de la luna que se filtraban por los vitrales.

Empecé a caminar por el pasillo central de la capilla y mis pisadas parecían las de las botas con clavos de los soldados alemanes que marchaban por las calles empedradas. Escuchaba cómo resonaban por toda la capilla. Por fin, llegué al antealtar. Me arrodillé en aquel lugar y tuve una sensación de horrible soledad. Percibí que estaba completamente solo. Y después, casi al instante, me abrumó la sensación de otra presencia. Hasta casi podía tocarla. Era como si pudiera extender la mano y tocar la inmensa presencia de Dios. Me quedé allí arrodillado, disfrutando de esta sensación de estar en la presencia de Dios.

Sentía el conflicto interior de dos sentimientos que chocaban en mi corazón. Por un lado, sentía un temor espantoso. Tenía la sensación, un escalofrío que empezaba en la base de mi espina dorsal y me corría por la espalda hasta los dedos, y tenía piel de gallina. Claramente, me asustaba la sensación de la presencia de Dios, pero al mismo tiempo, me sentía atraído a saborear y disfrutar de ese momento. Percibía una paz abrumadora que me inundaba el alma. Fue una de esas experiencias que uno quiere que duren para siempre. No me quería mover.

Hacía poco más de un año que era cristiano y, hasta este momento, mi conversión a Cristo había sido sin duda el momento más drástico de inflexión en mi vida. Me había enamorado de Jesús, y mi vida se había dado vuelta. Mis amigos creían que me había vuelto loco. No podían superar esta transformación y esta preocupación que había marcado mi personalidad. Aquel año, estaba obsesionado con aprender la Biblia. Pero aquella noche en la capilla, tuve una epifanía repentina de la magnificencia, la singularidad, la majestad de Dios. Lo que sucedió fue casi como una segunda experiencia de conversión para mí. Había pasado por una conversión a Cristo. Me había enamorado de Jesús, la segunda persona de la Trinidad. Pero en esta ocasión, de repente tenía una comprensión nueva del carácter de Dios Padre. En aquel momento supe que había bebido del santo grial. En mi interior, había una nueva sed que jamás podría satisfacerse del todo en este mundo.

Sé que Dios no está confinado a los límites del edificio de una iglesia, pero un santuario tiene algo que lo transforma en tierra santa. La puerta de entrada a una iglesia tiene algo que la transforma en el umbral de lo profano a lo sagrado, de lo secular a lo santo. Incluso en Israel, en el tabernáculo y el templo, había un lugar dentro del santuario que se llamaba el lugar santo, y aun el lugar santo estaba separado con un velo inmenso del santuario interior, llamado *sanctus sanctorum:* el lugar santísimo, donde solo el sumo sacerdote podía entrar, y tan solo después de complicados rituales de limpieza ceremonial y una vez al año nada más. Estaba buscando un lugar así. Por eso tuve que responder aquel llamado y salir de la cama. Y por eso tuve que caminar por el frío y a través de la nieve para llegar a esa capilla. Encontré refugio, un lugar seguro, un santuario donde pudiera estar quieto y saber que Él era Dios. Un Dios santo.[9]

Este momento marcó la búsqueda de R. C. de la santidad de Dios que duró toda su vida. R. C. la resumió en una frase: «Tuve un despertar al concepto bíblico de Dios que cambió toda mi vida después de eso».[10]

Juan Calvino empezó su magistral *Institución de la religión cristiana* con esta frase: «Casi toda la sabiduría que poseemos, que es sabiduría sana y verdadera, consta de dos partes: el conocimiento de Dios y el conocimiento de nosotros mismos».[11] La primera y la segunda conversión de R. C. ilustran esto a la perfección. Su primera conversión testifica del conocimiento que R. C. tuvo de sí mismo como árbol muerto. Impotente. Inútil. En descomposición. Muerto y en decadencia. Su segunda conversión testifica sobre quién es Dios en Su ser trascendente. Vivo. Eterno. Todopoderoso. Santo.

Estos dos polos, quién es Dios y quiénes somos nosotros, introdujeron un tercer tema teológico clave, el de la necesidad de un sustituto. A medida que la teología de R. C. se desarrolló —y que empezaron

---

9   R. C. Sproul, «The Otherness of God», *Renewing Your Mind*, 3 de octubre de 1994, transcripción editada. Ver también su relato en *The Holiness of God* (1985; reimpr., Carol Stream, IL: Tyndale, 1998), 3-7.

10   Nichols con Sproul, entrevista personal, viernes, 20 de octubre de 2017.

11   Juan Calvino, *Institutes of the Christian Religion*, ed. John T. McNeill, trad. Ford Lewis Battles (Filadelfia: Westminster Press, 1960), 1.1.1.

su enseñanza y su ministerio—, surgieron tres temas que se pueden expresar con proposiciones sencillas y directas:

1. Dios es santo.
2. Nosotros no lo somos.
3. Necesitamos un sustituto.

Estas tres proposiciones sirvieron como fundamento de su enseñanza y como sus mayores contribuciones a la tradición cristiana y al pensamiento y la vida evangélicos y reformados de los siglos xx y xxi. Lo que es importante ver en este punto crítico de la vida de R. C. es la construcción del cimiento para estos énfasis y contribuciones. Ese cimiento constaba de lo siguiente: un estudio bíblico asiduo, en especial del Antiguo Testamento; una reflexión teológica profunda, en especial de la tradición clásica reformada; y una atención a la historia y las consecuencias de las ideas, en especial la historia de la filosofía. Además, R. C. tenía muchas dotes de comunicación. Las palabras de su maestra de primaria, «Nunca permitas que te digan que no puedes escribir», resonaban cada vez con más fuerza a medida que se abría paso por sus clases universitarias. Podríamos añadirle a un joven R. C.: «Nunca permitas que te digan que no puedes hablar».

Más hábil que el vendedor ambulante

Durante la universidad, R. C. vivió en un departamento de la era de la guerra civil, en el segundo piso. Exigente desde temprana edad, le gustaba mantener limpio el lugar. Durante una de sus limpiezas, se dio cuenta de que necesitaba una mopa. Había una ferretería al otro lado de la calle. Estaba lloviendo, así que se puso una chaqueta y unas botas, y cuando estaba por abrir la puerta que llevaba a las escaleras externas, escuchó que golpeaban la puerta. Era un vendedor de productos de limpieza. Le preguntó a R. C. si necesitaba algo. R. C. respondió: «Me vendría bien una mopa».

Mientras se sacaba el abrigo y las botas ya que no iba a mojarse, el vendedor que estaba afuera en la lluvia bajó los escalones para buscar una mopa de su auto, y luego volvió a subir hasta el departamento de R. C. Empezaron a hablar, y R. C. mencionó que él también era vendedor para una empresa editorial, la Presbyterian & Reformed Publishing Company de Samuel Craig, que en esa época se encontraba en Filadelfia, Pensilvania. Presbyterian & Reformed, abreviado en 1992 a tan solo P&R, publicó textos importantes de los partidarios fieles de la Reforma de fines del siglo XIX y principios del siglo XX. Publicaron los escritos de B. B. Warfield, Oswald T. Allis, Cornelius Van Til, Marcellus Kik y Geerhardus Vos. Presbyterian & Reformed alistó a estudiantes de distintos campus para que vendieran sus libros. Este equipo de ventas estudiantil recibía un ejemplar de toda la lista de la editorial y ganaba un porcentaje por cada libro vendido. R. C. empezó a contarle las virtudes de los libros de esta editorial al vendedor de artículos de limpieza. Cuando R. C. había terminado, el vendedor bajó por los escalones de la era de la Guerra Civil con los brazos llenos de libros. Gastó mucho más en libros de lo que R. C. había pagado por la mopa. R. C. decía que probablemente era el único hombre en Estados Unidos que le había ganado en una venta a un vendedor de Fuller Brush.

R. C. también dominaba la máquina de pinball en el café local. Si sumabas cierta cantidad de puntos, la máquina de pinball despedía unos vales que se podían canjear por comida en el lugar o incluso por dinero en efectivo. La mayoría de los clientes perdían dinero en la máquina. Ponían una moneda y no podían llegar al nivel para obtener la recompensa. Pero R. C. se las había ingeniado para dominar el juego. Canjeaba sus vales por más monedas, las cuales le conseguían más vales, las cuales a su vez le generaban dinero para alimentos y monedas para llamar a cierta residencia estudiantil en el Wooster College en Ohio. A veces, el cajero, que había llegado a conocer a R. C., le adelantaba la primera monera. Varios juegos más tarde, R. C. pagaba la inversión inicial, pedía comida y hasta se iba con algo de dinero extra.

Como ahorraba algo de ese cambio y unos dólares aquí y allá, R. C. por fin tuvo lo suficiente para comprar un anillo de compromiso. Entonces, emprendió el viaje a Wooster. Estaban caminando por un parque cuando R. C. sacó la caja de su bolsillo y se la entregó a Vesta. Vesta abrió la caja y vio el anillo. R. C. no recuerda que le haya dicho que sí. En cambio, recuerda que le dijo: «Tengo que volver a la residencia a mostrárselo a las chicas».[12] El *Pittsburgh Press* informó: «En una celebración, el 21 de diciembre, el Sr. y la Sra. W. R. Voorhis de Pleasant Hills anunciaron el compromiso de su hija, Vesta Ann, con Robert C. Sproul».[13] A R. C. siempre le había gustado la época de Navidad.

A principios de junio de 1960, Vesta se graduó de la universidad; después, el 11 de junio de 1960, ella y R. C. se casaron en la Iglesia Presbiteriana Unida de la Comunidad de Pleasant Hills. El Dr. Paul Hudson y el Dr. Thomas Gregory realizaron la ceremonia. La pareja se fue a Bermuda para su luna de miel, un regalo de un amigo de la familia Voorhis. R. C. terminó el verano trabajando en un hospital. Hicieron su primer hogar en aquel departamento cerca del campus de Westminster. A R. C. todavía le faltaba un año en la universidad. Vesta aceptó un trabajo como telefonista para la universidad. Si 1960 estaba siendo un buen año para R. C., el 13 de octubre se puso aún mejor.

R. C. y Vesta estaban en las gradas de Forbes Field cuando Bill Mazeroski anotó el jonrón que terminó con el partido de los Pirates al final de la novena entrada y ganó la Serie Mundial contra los Yankees. Fue la única vez que eso sucedió en una Serie Mundial. La última vez que los Pirates habían ganado una Serie Mundial había sido en 1925. Todo Pittsburgh celebró. Los recién casados, el Sr. y la Sra. R. C. y Vesta Sproul también.

Ese semestre de primavera, R. C. escribió su tesis de grado. Su especialización era en filosofía, pero también había llegado a disfrutar de la

---

12 Nichols con Sproul, entrevista personal, 7 de abril de 2017.
13 *Pittsburgh Press*, 5 de enero de 1959, pág. 11.

literatura estadounidense. Esto tenía mucho que ver con un profesor que era un erudito de Melville. R. C. había tomado su clase sobre Herman Melville y Mark Twain. Combinó estos dos intereses, la filosofía y la literatura, para su tesis de grado, y la tituló: «Las repercusiones existenciales de la obra de Melville, *Moby Dick*». En la portada, se identificaba como «Robert Sproul». Al leer esta tesis, era fácil predecir que un tal Robert Sproul se dirigía directo a una profesión como teólogo, un teólogo cautivador y perspicaz.

R. C. entreteje comentarios sobre nociones e ideas existencialistas junto con un análisis de los personajes y los giros en la trama de la novela de Melville. El existencialismo lucha con el tema de la existencia, intensificado por la amenaza constante de la muerte. El joven erudito Sproul trae a colación a Martin Heidegger: «Heidegger explica que la única manera en que un hombre tenga una verdadera existencia; es decir, un verdadero ser, es que tenga una actitud auténticamente existencial hacia la muerte».[14] Después, Sproul declara: «Melville parece haber entendido el meollo mismo de este concepto existencial». Además de la existencia auténtica y el tema de la muerte, el existencialista lucha apasionadamente con el problema del mal.

El existencialismo hace hincapié en el individuo sin afirmar el egocentrismo. El individuo está solo a la hora de confrontar las cuestiones más importantes sobre la verdad, las cuestiones más importantes sobre la existencia. En las páginas de su tesis, R. C. contrasta a dos individuos, dos personajes principales, Ismael y el capitán Ahab. El último sucumbe al egocentrismo y, por lo tanto, lleva una vía poco auténtica, un «hombre sin "personalidad"». R. C. llega a la conclusión de que Ahab «no alcanzó un ser verdaderamente existencial» y termina, según las palabras de Melville, como un absoluto lunático.[15]

---

14 Robert [R. C.] Sproul, *The Existential Implications of Melville's Moby Dick*, tesis de grado inédita, Westminster College, New Wilmington, PA (1961), 4.

15 Sproul, *Existential Implications*, 7.

Por supuesto, el personaje bíblico del rey Acab le da forma y vida al personaje del capitán Ahab de Melville. Lo mismo sucede con el Ismael de la Escritura. En la trama bíblica, Ismael es un marginado, un nómade, un solitario. En los primeros párrafos de *Moby Dick,* este es exactamente el personaje que encontramos. Y al final de la novela, Ismael se queda solo. Está flotando en un ataúd vacío, con la amenaza de la muerte siempre cerca. La última palabra de la novela magistral de Melville es *huérfano.*

Sin embargo, el personaje principal que captó la atención de R. C. fue la ballena, la ballena blanca. R. C. afirmó que, indudablemente, *Moby Dick* es la gran novela estadounidense, y es probable que sea la mejor de las novelas. Añadió que el capítulo 42, «La blancura de la ballena», tal vez sea el capítulo más grandioso que se haya escrito jamás, después de la Santa Escritura.

Vale la pena considerar los últimos dos párrafos de ese capítulo. Estos intrigaban al estudiante de último año R. C. Sproul, y estoy convencido de que yacen detrás de lo que se transformaría en su clásico texto *La santidad de Dios,* de 1985. Al narrar, el Ismael de Melville nos dice que la blancura de la ballena lo «horrorizaba», dando a entender que hubiera preferido no pensar ni hablar al respecto, pero después, añade que tiene que explicar el efecto de la blancura de la ballena, porque si no, «todos estos capítulos no serán nada». Para expresarlo de otra manera, la «blancura de la ballena» se transforma en la llave hermenéutica para desentrañar *Moby Dick.* Y así termina el relato de Ismael en los últimos dos párrafos del capítulo 42:

> Pero todavía no hemos explicado el encantamiento de esta blancura, ni hemos descubierto por qué apela con tal poder al alma: más extraño y mucho más portentoso; por qué, como hemos visto, es a la vez el más significativo símbolo de las cosas espirituales, e incluso el mismísimo velo de la Deidad cristiana, y, sin embargo, que tenga que ser, como es, el factor intensificador en las cosas que más horrorizan a la humanidad.

¿Será que por su naturaleza indefinida refleja los vacíos e inmensidades sin corazón del universo, y así nos apuñala por la espalda con la idea de la aniquilación cuando observamos las blancas honduras de la Vía Láctea? ¿O será que, dado que, por su esencia, la blancura no es tanto un color cuanto la ausencia visible de color, y al mismo tiempo la síntesis de todos los colores, por esa razón es por lo que hay semejante vacío mudo, lleno de significado, en un ancho paisaje de nieve; un incoloro ateísmo de todos los colores, ante el que nos echamos atrás? Y si consideramos esa otra teoría de los filósofos de la naturaleza, de que todos los demás colores terrenales —toda decoración solemne o deliciosa, los dulces tintes de los cielos y bosques del poniente; sí, y los dorados terciopelos de las mariposas, y las mejillas de mariposa de las muchachas—, todos ellos, no son sino engaños sutiles, que no pertenecen efectivamente a las sustancias, sino que solo se les adhieren desde fuera, de tal modo que toda la naturaleza deificada se pinta como la prostituta cuyos incentivos no recubren sino el sepulcro interior; y si seguimos más allá y consideramos que el místico cosmético que produce todos sus colores, el gran principio de la luz, sigue siendo para siempre blanco o incoloro en sí mismo, y que si actuara sin un medio sobre la materia, tocaría todos los objetos, aun los tulipanes y las rosas, con su propio tinte vacío; al pensar todo esto, el universo paralizado queda tendido ante nosotros como un leproso; y, como los tercos viajeros por Laponia que rehúsan llevar en los ojos gafas coloreadas y coloreadoras, así el desdichado incrédulo mira hasta cegarse el blanco sudario monumental que envuelve toda perspectiva ante él. Y de todas estas cosas, la ballena albina era el símbolo. ¿Les asombra entonces la ferocidad de la caza?[16]

Ismael consideraba que la ballena blanca era compleja y ambigua. No solo lo intrigaba, sino que también lo aterrorizaba. Este no era el caso

---

16   Herman Melville, *Moby Dick: Or, The Whale* (1851; reimpr., Norwalk, CT: Easton Press, 1977), 206-7.

del capitán Ahab. Él circunscribía a la ballena y, por lo tanto, pensaba que podía controlarla, incluso matarla. R. C. lo explica: «Ahab cree que "conoce" a la deidad. Sigue el rumbo de la ballena; conoce sus movimientos y sus conductas; sin embargo, no entiende su significado supremo. Al igual que el antiguo rey malvado, Ahab reduce la multiplicidad de la deidad a una unidad concreta. El "Baal" del capitán Ahab se transforma en la gran ballena blanca». R. C. lleva esto un paso más allá cuando añade que el uso de Melville de la deidad domesticada de Ahab «parece ser un ataque contra las perspectivas religiosas superficiales de la humanidad».[17]

A la visión religiosa superficial se opone Ismael. Una vez más, Ismael ve a la ballena como «enigmática, imposible de conocer en su totalidad».[18] Melville hace que Ismael declare: «No la conozco, y jamás la conoceré». Es más, cuando Ismael se encuentra cara a cara con la ballena blanca, se percibe en toda su «fragilidad y finitud humanas».[19]

Esta confrontación entre Ismael y Ahab refleja, según R. C., la confrontación entre Dios e Isaías en los primeros versículos del capítulo 6 del libro del profeta. La tesis de grado de R. C. presagia su futura obra, *La santidad de Dios*. En la presencia del Dios tres veces santo, Isaías se desarma.[20]

De regreso a la tesis de grado, R. C. observa cómo Ahab, y todos los que subestimaron por completo a la ballena blanca, encuentran su fin en la confrontación: «Todos estos hombres que han reducido la deidad a algo "insignificante" no pueden permanecer en la presencia de la poderosa ballena».[21] Solo Ismael sobrevive.

En eso estaba trabajando R. C. durante el semestre de primavera en su último año. Mientras tanto, Vesta atravesaba un embarazo difícil y

---

17 Sproul, *Existential Implications*, 20.
18 Sproul, *Existential Implications*, 21.
19 Sproul, *Existential Implications*, 21.
20 Sproul, *Holiness of God*, 32-38.
21 Sproul, *Existential Implications*, 21.

estaba en reposo por órdenes del médico. R. C. recuerda un momento desgarrador cuando Vesta había perdido muchísima sangre. La sacó en brazos del departamento y la llevó hasta el hospital. Pensó que perdería a su esposa y a su bebé.

En mayo de ese año, R. C. se graduó como licenciado en filosofía. Ese verano, trabajó como asistente de un electricista en un hospital. Y en aquel hospital, en agosto, nació Sherrie Lee Sproul. Con un nuevo bebé, R. C. y Vesta dejaron su primer departamento en New Wilmington y se dirigieron al sur, de regreso a su ciudad, al Seminario Teológico de Pittsburgh.

3

ESTUDIANTE, PROFESOR, PASTOR, MAESTRO

Los grandes maestros que son fieles a la Palabra de Dios
son una bendición para la iglesia de Dios.

R. C. SPROUL

OBTENER UN TÍTULO EN DIVINIDADES del Seminario Teológico de Pittsburgh no era lo que R. C. Sproul tenía en mente como primera elección para su educación de posgrado. Al igual que su profesor universitario, el Dr. Thomas Gregory, él quería hacer un doctorado en filosofía. R. C. se había anotado y lo habían aceptado en el programa de doctorado en filosofía en la Universidad de Edinburgh. La filosofía ha sido una parte importante de Edinburgh desde que se estableció por estatuto real en 1582. En la década de 1960, era una de las principales instituciones y departamentos del mundo. Pero el Dr. Gregory le sugirió a R. C. que primero hiciera una licenciatura en teología.

Mientras estaba en el segundo año en Westminster College, R. C. visitó el Seminario Teológico de Westminster en Filadelfia. Asistió a una clase y almorzó con algunos profesores y estudiantes en el comedor de Machen Hall. Se sentó frente al Dr. Robert Donald Knudsen, profesor de apologética y teología sistemática. El Dr. Knudsen le preguntó al posible alumno: «Dígame, joven, ¿es Dios trascendente o inmanente?». R. C. acababa de empezar a beber su sopa, y a duras penas logró no escupirla. Es decir, no entendió la pregunta, mucho menos la respuesta. Hacía poco que era cristiano y nunca había asistido a una clase de teología.

Como el seminario estaba a 60 millas (95 km) de distancia, los profesores del Seminario Teológico de Pittsburgh solían visitar el Westminster College para hablar en la capilla y dar alguna clase como invitados. A R. C. lo impresionó el presidente, el Dr. Addison Leitch. Leitch era un erudito de primera clase. Con un título del Seminario Teológico de Pittsburgh-Xenia, Leitch hizo un doctorado en la Universidad de Cambridge. Antes de unirse al cuerpo docente en Pittsburgh, había enseñado en Pikeville College y Grove City College y durante un tiempo, había servido como presidente del seminario. Además de ser un buen erudito y un excelente comunicador, Leitch también tenía esa cualidad que uno no siempre encontraba en el presbiterio de Pittsburgh y en el campus del Seminario de Pittsburgh: Leitch era un conservador teológico.

Limpiar la mancha

R. C. también había escuchado al otro conservador teológico del Seminario Teológico de Pittsburgh mientras estaba en Westminster College, el inigualable Dr. John Gerstner. R. C. lo escuchó «dar una conferencia sobre la predestinación». Después, añadió: «me pareció horrible». Aclaró que lo que le parecía horrible era la doctrina. Pero tampoco se sentía demasiado cautivado por Gerstner. Después de la conferencia de Gerstner, R. C. se le acercó y le hizo una pregunta. El Dr. Gerstner se la respondió. Entonces, R. C. le dijo: «No es lo que quise preguntar». Este intercambio siguió durante un rato, hasta que el Dr. Gerstner declaró: «Jovencito, tiene que aprender a pensar en lo que dice y a decir lo que piensa». En palabras de R. C.: «No fue una buena presentación con Gerstner».[1]

---

1   Todas estas citas son de Stephen Nichols con R. C. Sproul, entrevista personal, 12 de mayo de 2017.

R. C. tuvo una presentación más positiva con el decano del Seminario Teológico de Pittsburgh (PTS, por sus siglas en inglés). El decano había ido a hablar en la capilla, y después había quedado varado en el campus por la nieve. Dejó allí su auto y encontró a alguien que lo llevara a casa. A R. C. le asignaron la tarea de regresar el auto del decano al campus del seminario. R. C. recuerda que era un Saab, «o alguna clase de auto extranjero que no funcionaba bien». No le resultó nada fácil conducirlo. Esto le ganó el cariño del decano, el cual fue muy amable con él a partir de entonces. R. C. descubrió que, en realidad, el decano era uno de los principales liberales en el seminario, y que no le agradaba Gerstner debido a su teología conservadora.[2]

R. C. ofrece la siguiente conclusión: «Así que fue una serie extraña de circunstancias lo que me llevó al Seminario de Pittsburgh».[3]

Ese verano, R. C. trabajó como asistente de un electricista en el hospital. Una tarde, volvió a su casa y le echó un vistazo al periódico. Uno de los títulos le llamó la atención, ya que anunciaba que el Dr. Leitch abandonaba el seminario. R. C. recordó: «No había tenido ni una clase con Leitch. Era la razón por la cual había ido allí». Leitch dejó el PTS para ir al Tarkio College en Missouri, y de allí fue a Gordon Conwell. Su primera esposa falleció, y se casó con la viuda misionera Elisabeth Elliot en 1969. Cuatro años más tarde, Leitch murió de cáncer.

Recuerda que R. C. empezó la universidad sin estar convertido. Según su propio testimonio, tuvo dos conversiones mientras estaba en la universidad. Unas cuantas «conversiones» más le esperaban en el seminario. Cuando empezó el seminario, no era calvinista. Ya establecimos que no le gustaba demasiado la doctrina de la predestinación. Además, empezó el seminario comprometido con la apologética presuposicional. Y por último, fue mientras estaba en el seminario que empezó a surgir su ADN de «teólogo de batalla».

2 Nichols con Sproul, entrevista personal, 12 de mayo de 2017.
3 Nichols con Sproul, entrevista personal, 12 de mayo de 2017.

R. C. conocía el liberalismo teológico. Había sido salvo de eso. El Dr. Gregory había sido una isla en medio de un mar de ello en Westminster. Sin embargo, no estaba listo para los problemas del asunto. Esto lo experimentaría de cerca en PTS. Hace falta algo de historia para entender bien lo que recibió R. C. cuando decidió ir a PTS.

Pittsburgh, con una rica herencia de escoceses e irlandeses, estaba llena de presbiterianos. El edificio original de la iglesia que ahora se conoce como Primera Iglesia Presbiteriana era una estructura de leños construida en 1773. Alrededor de ese humilde comienzo, se levantó uno de los presbiterios más grandes en Estados Unidos. Pittsburgh también era la sede del seminario teológico Western Theological Seminary. Se llamaba «occidental» (*Western*) porque, en algún momento, Pittsburgh fue la frontera occidental de Estados Unidos. Princeton y Union, en Nueva York y en Virginia, eran los seminarios que servían a la costa oriental. El de occidente se encargaba de la frontera. En el siglo XIX, tenía un profesor muy importante, Benjamin Breckenridge Warfield, a quien se lo conoce como el «León de Princeton». Pero antes de ir a Princeton, enseñó en el seminario teológico Western en Pittsburgh. Lo mismo sucedió con A. A. Hodge. También enseñó primero en Western antes de pasar a Princeton. Fue desde sus oficinas en el seminario teológico occidental que Warfield y A. A. Hodge coescribieron el artículo «Inspiración», publicado en el *Presbyterian Review* en abril de 1881. El primer rugido del León de Princeton salió de Pittsburgh.

El Seminario Teológico de Pittsburgh era una fusión de dos seminarios: Pittsburgh, antes llamado Western, de la Iglesia Presbiteriana de Estados Unidos (PCUSA) y el Seminario Teológico de Pittsburgh-Xenia, de la Iglesia Presbiteriana Unida de Norteamérica (UPCNA). Pittsburgh-Xenia se remonta a 1794. Originalmente en Pittsburgh, se restableció en Xenia, Ohio.

Las dos denominaciones, PCUSA y UPCNA, se unieron en 1958. Los dos seminarios se fusionaron en 1959 y se decidieron por el nombre

Pittsburgh Theological Seminary [Seminario Teológico de Pittsburgh].
Los doctores Gerstner y Leitch vinieron con la fusión. Eran conservadores teológicos. A Leitch lo sacaron. Como a Gerstner no podían tocarlo
debido a la letra chica de las negociaciones de la fusión, este se quedó
hasta jubilarse en 1982.

R. C. describió a Gerstner como un cable a tierra en el seminario.
Muchos podían ver la influencia que tenía sobre R. C. Muchos incluso
lo escuchaban. Con razón R. C. fue la estrella más brillante en la constelación de los alumnos de Gerstner durante décadas de enseñanza. Sin
embargo, tal vez recuerdes que, cuando R. C. empezó su época en PTS,
no lo impresionó demasiado Gerstner. Eso cambió casi al instante.

En una clase de otoño en su primer año, Gerstner estaba ofreciendo una crítica sobre la apologética presuposicional de Cornelius
Van Til del Seminario Teológico de Westminster en Filadelfia, cuando
R. C. se levantó en su defensa. Anteriormente esa primavera, para una
clase de la universidad, R. C. había escrito un artículo criticando los
argumentos clásicos sobre la existencia de Dios desde un punto de
vista presuposicional. R. C. se había vuelto presuposicionalista con
la influencia del Dr. Thomas Gregory, discípulo del mismísimo Van
Til. R. C. presentó su argumento. Después, Gerstner pasó los próximos diez minutos desmantelando lo que había propuesto o, como lo
expresó R. C., a Gerstner le llevó diez minutos «borrar el lugar donde
estaba parado. No solo desmanteló mis argumentos y los destruyó,
sino que yo lo sabía. […] había perdido, y sabía que había perdido».[4]
En ese instante, R. C. adquirió un profundo respeto por Gerstner que
siguió creciendo con los años.

Gerstner era el defensor de la ortodoxia en Pittsburgh. Jeffrey
S. McDonald, el biógrafo de Gerstner, habla del aislamiento de Gerstner entre los demás profesores: a excepción de otro profesor modera-
damente conservador, «casi todos los demás profesores en PTS estaban

---

4 Nichols con Sproul, entrevista personal, 12 de mayo de 2017.

en desacuerdo con su conservadurismo doctrinal».[5] Gerstner a menudo permanecía callado en las reuniones de docentes. Sabía que su voto no importaría, y también sabía que sus colegas «valoraban que no hablara demasiado, porque era una pérdida de tiempo».[6] Sin embargo, nunca se quedaba callado en clase, en el podio de debate o en los muchos púlpitos desde los cuales predicó.

R. C. sentía un aislamiento teológico similar. Recuerda que había alrededor de cinco estudiantes más que eran conservadores en PTS en aquella época; uno de ellos, David Williams, que se había convertido a Cristo a través de Gerstner. R. C. también sentía la tensión en sus clases por parte del cuerpo docente teológicamente liberal. El plan de estudios del seminario tenía una clase que examinaba todos los libros del Nuevo Testamento. Cuando terminaron con Hechos, el profesor dijo: «A la mayoría de los teólogos los entusiasma Romanos, pero a mí no. Pasemos ahora a 1 Corintios».[7] Estos alumnos estaban estudiando para ser pastores, pero no recibieron ni un minuto de educación respecto a la Epístola de Pablo a los Romanos. Es fácil ver por qué R. C. consideraba que Gerstner fue un «cable a tierra» durante su época en el seminario. Gerstner, al igual que el Dr. Gregory antes que él, sería un modelo para R. C. Respecto a Thomas Gregory, R. C. dijo en forma sucinta: «Era preciso y sabía de qué hablaba».[8] Lo mismo podría decirse de Gerstner. La precisión y un alto nivel de competencia y maestría se transformarían en sellos distintivos similares en su protegido.

Marcus Barth, hijo de Karl Barth, enseñaba sobre el Nuevo Testamento en Pittsburgh. Si quieres ver el escritorio de su padre desde su oficina en la Universidad de Basel, en el cual Karl Bath pasó 50 años escribiendo, tienes que ir a la sala de lectura Hansen en el segundo piso

5 Jeffrey S. McDonald, *John Gerstner and the Renewal of Presbyterian and Reformed Evangelicalism in Modern America* (Eugene, OR: Pickwick, 2017), 101.

6 McDonald, *John Gerstner and the Renewal*, 101.

7 Nichols con Sproul, entrevista personal, 12 de mayo de 2017.

8 Stephen Nichols con R. C. Sproul, entrevista personal, 7 de abril de 2017.

de la biblioteca en el campus del Seminario Teológico de Pittsburgh. Marcus Barth dispuso que este y varias pertenencias más de su padre se exhibieran en PTS en 1964, el año en que su padre se jubiló. Ya hacía mucho tiempo que el Seminario Teológico de Pittsburgh se había despojado de su rica herencia histórica y confesional, apostando a los impulsos liberales de la época.

Marcus Barth era famoso o, al menos, su padre lo era. Uno de los compañeros de R. C. también se haría famoso. Estamos hablando de Fred Rogers. Nacido en Latrobe, su familia se mudó al centro de Florida. Después de graduarse de Rollins College, al otro lado del lago donde estaba el hogar de su familia, Fred Rogers volvió a mudarse a Pittsburgh. Se graduó de PTS en 1963 y se convirtió en un ministro presbiteriano ordenado. En 1968, el programa *Mister Rogers' Neighborhood* [El vecindario del Sr. Rogers] empezó su legendaria transmisión de 33 años de duración en el Canal Educativo Nacional, que después se transformó en el Servicio Público de Radiodifusión.

El vecindario de PTS era encantador, lleno de calles arboladas en el área de East Liberty en Pittsburgh. R. C. y Vesta, junto con la recién nacida Sherrie, vivían en un edificio de departamentos junto con otros seminaristas. El departamento de los Sproul había pertenecido a la madre de Shirley Jones. En 1961, Shirley Jones tenía en su haber varias películas musicales exitosas, y cuando los Sproul se mudaron allí, ella tenía por delante la serie de televisión *La familia Partridge*. Su madre había dejado atrás un cuadro de tamaño real de la actriz en el departamento. Los Sproul disfrutaban de su joven vida de casados. Vesta describía el edificio de departamentos, lleno de seminaristas, como una residencia estudiantil. R. C. solía llevar a sus amigos al departamento a estudiar. Las parejas jugaban «mucho a las cartas, mucho *bridge*».[9]

---

9 Nichols con Sproul, 7 de abril de 2017.

Es racional

En el salón de clases, Gerstner estaba poniendo a prueba a R. C. «Estudiaba mucho más para sus clases porque era un profesor muy difícil», recordaba R. C. Para una clase sobre Jonathan Edwards (1703-1758), R. C. tuvo que investigar.[10] Había 22 alumnos en la clase. 20 de ellos asistían como oyentes. Solo R. C. y otro estudiante reunieron el valor para tomar la clase por crédito y enfrentarse al temido examen de Gerstner. Era la primera vez que R. C. se metía de lleno en el estudio de Edwards. Este sería una de las mayores estrellas de la constelación de influencias de R. C. En una de las muchas sesiones de preguntas y respuestas de una de las muchas conferencias en Ligonier, a R. C. le preguntarían: «¿Qué figura de la historia de la iglesia fue de mayor influencia para usted?». R. C. respondió: «Edwards es mi chico».[11]

Pero en ese momento, el filósofo, teólogo y pastor colonial Jonathan Edwards era terreno nuevo para R. C. En aquel primer encuentro, Edwards dejó una huella inmediata sobre el seminarista. R. C. observó: «Estudiar a Edwards me llevó a ser un calvinista convencido».[12] R. C. entró a PTS como un presuposicionalista y un no calvinista. A través de Gerstner directamente, se transformó en un apologista clásico, y a través de Gerstner indirectamente y de Edwards directamente, R. C. se hizo calvinista. Esas perspectivas marcarían el ministerio y la enseñanza de R. C. Sproul y serían parte de su contribución a la iglesia estadounidense e incluso mundial al final del siglo xx y principio del siglo xxi. En particular, fue el peso de los argumentos de Edwards lo que convenció a R. C.; ni hablar de la pasión contagiosa por la teología y por Dios mismo que tenía Edwards.

Edwards adhería la típica forma del sermón puritano a su predicación, la cual los puritanos aprendieron de *El arte de profetizar,* de William

---

10   Nichols con Sproul, 7 de abril de 2017.

11   R. C. Sproul, *Question and Answer Session*, conferencia otoñal de RBC, 19 de septiembre de 2015.

12   Nichols con Sproul, entrevista personal, 7 de abril de 2017.

Perkins. Profetizar significaba predicar y, a partir del año 1592, cuando se publicó por primera vez el libro de Perkins, este libro se encontraría en la biblioteca de prácticamente todos los pastores puritanos.[13] La forma del sermón constaba de tres elementos: texto, doctrina y aplicación. La sección de doctrina constaba de la articulación de una sola proposición derivada del texto. El ministro incluso decía: «La doctrina de este texto es...» y procedía a dar la proposición, la tesis. Después, la sección de doctrina se proponía probar y demostrar la tesis. Edwards solía defender la doctrina del texto mediante dos líneas de argumento. Decía «es racional» y «es bíblico». Con la precisión de un cirujano, Edwards aplicaba esta metodología al texto bíblico y a la teología. Esto conquistó a R. C.

R. C. tenía una tarjeta en su escritorio que decía: «Eres responsable de predicar y de enseñar lo que dice la Biblia, no lo que tú quieres que diga». Había rechazado la doctrina de la predestinación. Curiosamente, Edwards también la había rechazado. En «Personal Narrative» [Una narración personal], un relato autobiográfico de su experiencia de conversión, Edwards confiesa que detestaba la doctrina de la predestinación. «A partir de mi infancia, mi mente había tenido el hábito de estar llena de objeciones respecto a la doctrina de la soberanía de Dios al escoger a quién le daría vida eterna y rechazar al que le pareciera; dejándolo perecer eternamente y ser atormentado para siempre en el infierno. Solía parecerme una doctrina espantosa».[14] Pero Edwards tuvo una conversión que lo llevó no solo a tener una convicción, «sino una deleitosa convicción» en la soberanía de Dios. Edwards añade: «La doctrina de la soberanía de Dios a menudo me ha parecido una doctrina sobremanera agradable, brillante y dulce; y la soberanía absoluta es lo que me encanta atribuirle a Dios».[15]

---

13 William Perkins, *The Art of Prophesying* (1592; reimpr., Edinburgh, UK: Banner of Truth, 1996).

14 Jonathan Edwards, «Personal Narrative», *Works of Jonathan Edwards*, vol. 16, *Letters and Personal Writings* (New Haven, CT: Yale University Press, 1998), 791-792.

15 Edwards, «Personal Narrative», 792.

A través de Gerstner y Edwards, R. C. vio que sus propias objeciones a la doctrina en realidad eran objeciones a la Escritura. Una vez que lo entendió, se sometió al texto de la Escritura. «Es racional» y «es bíblico» fue la poderosa combinación que sería suficiente para convencer a R. C. Una vez convencido, R. C., al igual que Edwards y Gerstner, apoyó en forma absoluta esta convicción. Una vez que R. C. conocía una verdad, que la aceptaba y que consideraba una proposición como verdadera, pasaba directamente a defenderla y luchar por ella. Y si estabas lo suficientemente cerca como para oírlo, lo escuchabas proclamarla con persuasión. Era conocido por esto, y las raíces de esta cuestión se remontan a sus años de formación como estudiante.

R. C. también estaba aprendiendo una metodología teológica además del contenido teológico. Para decirlo de otra manera, no solo estaba definiendo su teología; también estaba formando qué clase de teólogo sería. Se transformó en un teólogo de batalla, como lo llamarían más adelante. Agustín —en sus disputas con Pelagio y muchos otros—, los Reformadores, Edwards y los princetonianos, todos ellos eran teólogos de batalla. Gerstner también lo era en PTS y en la iglesia presbiteriana en la década de 1960. R. C. nos recordaría que Pablo fue un teólogo de batalla en Gálatas. Judas le encomendó a su audiencia original que luchara por la fe *con devoción,* y lo mismo hicieron Pedro, Juan y el autor de Hebreos.

Lyndora

Durante su segundo año de seminario, R. C. trabajó como director de jóvenes en la gran Primera Iglesia Presbiteriana de Charleroi. También pudo hacer contacto con el Dr. Robert Lamont, pastor de la histórica Primera Iglesia Presbiteriana en Pittsburgh. Con una congregación de casi 2000 miembros, grande para una iglesia del norte en esa época, y un programa de radio nacional, Lamont tenía una influencia significativa. Junto con Nelson Bell, Harod Ockenga, Billy Graham y otros, Lamont era parte del grupo que empezó *Christianity Today,* y sirvió en la junta original. También sirvió en otras juntas directivas, como la del Gordon College y más adelante en la del Seminario Teológico Gordon-Conwell. El estilo homilético de Lamont influenció a R. C. Lamont era un maestro del drama del sermón y del púlpito. También ayudó a R. C. al principio de su carrera académica. Además de su trabajo como asistente estudiantil en la iglesia, R. C. también trabajó en el gimnasio de una iglesia durante sus primeros dos años de seminario.

En su último año en el seminario, R. C. tomó un pastorado como estudiante en Lyndora, Pensilvania, un vecindario de clase obrera en Butler, a unas 30 millas (50 km) al norte y apenas al este de Pittsburgh. R. C. describía la iglesia como una «congregación de refugiados húngaros con 100 miembros en una ciudad de fabricación de acero». La planta siderúrgica era la Forge Steel Works, en Butler, Pensilvania. Forge Steel, parte del imperio de Standard Oil, se estableció en 1906. La adquirió la empresa Columbia Steel y luego la absorbió la empresa American Rolling Mill Company, ARMCO para abreviar. El acero se derrite a 1370 grados centígrados (2500 grados Fahrenheit). Cuando la gente habla de Pittsburgh como una ciudad dura como el acero, también se refieren a la dureza del trabajador siderúrgico. La empresa fabricaba originalmente grandes ruedas de acero para los trenes. Después, fabricaron los automóviles de American Austin, con la licencia del fabricante de autos inglés Austin. Bantam adquirió Austin. El primer Jeep fue hecho por Bantam en Butler, justo a tiempo para que el ejército de Estados Unidos lo utilizara en la Segunda Guerra Mundial.

El vecindario que rodeaba la iglesia era húngaro. Una generación o dos de húngaros ya se habían establecido en el área de Pittsburgh, pero la revolución húngara de 1956 dio por resultado una afluencia significativa de nuevos refugiados. Muchos vivían en Lyndora y trabajaban en la planta siderúrgica y en la de Jeep de Bantam. Esta fue la primera congregación de R. C.: operarios, refugiados, obreros siderúrgicos endurecidos e insensibles. Además, el vecindario era católico. Había ocho o nueve iglesias católicas romanas y una sola iglesia presbiteriana, todas en este vecindario húngaro. La congregación de R. C. lo llamaba *Uj Papa,* el «nuevo Papa», porque la mayoría de sus miembros habían sido católicos romanos. Lo más probable es que muchos no supieran la diferencia entre un católico y un presbiteriano.

La iglesia tenía una casa parroquial, así que R. C., Vesta y Sherrie se fueron del departamento del seminario y se mudaron junto a la iglesia. El día de la mudanza, R. C. observó una cortadora de césped de carro y les preguntó a los miembros de la iglesia que lo ayudaban: «¿Tienen una cortadora de césped?». «Sí —le respondieron—. La llamamos "nuestro pastor"». Además de quedarse en la casa parroquial, le pagaban 40 dólares a la semana como pastor.

Durante el año académico de 1963-1964, R. C. cortó el césped en la casa parroquial y la iglesia, viajó una hora de ida y una de vuelta para asistir a todas sus clases como estudiante de último año en PTS, predicó todos los domingos, enseñó en la escuela dominical y acumuló un sinnúmero de historias sobre el ministerio pastoral de vanguardia. El consejero del cuerpo docente que supervisaba el ministerio estudiantil y los pastorados a cargo de estudiantes le dijo a R. C. que hacía casi 40 años que se dedicaba a eso, y añadió: «Nunca escuché la clase de historias que cuentas».[16] Había muchas relaciones complicadas y rencores en las familias. Un padre había obligado a su yerno a dormir en el gallinero durante un tiempo. En varias ocasiones, R. C. pagó la fianza de algún congregante o alguno de sus parientes. Sin embargo, hay una historia que les gana a todas las demás.

Una noche, bastante tarde, una mujer de la iglesia llamó a R. C. para que fuera a su casa porque no le gustaba el novio de su hija y quería que R. C. hiciera algo al respecto. Él fue caminando hasta su casa, subió los pocos escalones hasta el porche y golpeó con los nudillos la puerta mosquitera. Cuando ella salió a la puerta, tenía una botella de *whisky* en una mano y agitaba un revólver en la otra. Había vaciado la botella

---

16   Nichols con Sproul, entrevista personal, 7 de abril de 2017.

de gran parte de su contenido y era claro que estaba ebria. No paraba de expresar con términos fuertes su opinión de la inutilidad del novio y de lo que le hubiera gustado hacerle. Lo único que se le ocurrió a R. C. para decirle fue: «Sra. ____, usted no me quiere disparar». Eso funcionó. La mujer le entregó el revólver y se calmó.

Mientras tanto, en el seminario, R. C. estaba tomando una clase optativa de exégesis versículo por versículo de Romanos, para compensar la clase anterior que directamente había pasado por alto el libro. También tomó una clase optativa con Gerstner sobre el Concilio de Trento. Un libro muy desgastado en la biblioteca personal de R. C. es *Canons and Decrees of the Council of Trent: Original Text with English Translation* [Cánones y decretos del Concilio de Trento: Texto original con traducción al inglés].[17] El libro está tan gastado que R. C. usó cinta adhesiva para que no se saliera la tapa y la contratapa. Estaba considerablemente subrayado y con notas esparcidas por todos los márgenes. Era el único libro de texto para toda la clase sobre el Concilio de Trento. Gerstner guio a los alumnos por el texto línea por línea, palabra por palabra.

El Concilio de Trento sirvió como una de las tres respuestas de la Iglesia Católica Romana a la Reforma Protestante, la llamada Contrarreforma. La Iglesia Católica Romana respondió mediante la Inquisición; al formar una nueva sociedad u orden, la Compañía de Jesús o los jesuitas; y al convocar al Concilio de Trento (1545-1563). Al mirar el libro *Canons and Decrees of Trent,* no solo ves la respuesta católica a la Reforma, sino también lo que estaba verdaderamente en juego en la Reforma. Al reflexionar sobre la clase y leer acerca de Trento por primera vez, R. C. declaró: «Siempre he dicho que la mejor manera de entender la teología de la Reforma es verla contra el telón de fondo de la teología clásica de la Iglesia Católica».[18]

17 Henry J. Schroeder, *Canons and Decrees of the Council of Trent* (St. Louis, MO: Herder, 1941).

18 «*R. C. Sproul and Schroeder's* Canons and Decrees of the Council of Trent», podcast *Open Book*, 15 de marzo de 2018, temporada 1, episodio 1.

En la guarda del libro, R. C. escribió: «no cooperar con la gracia». R. C. explicó lo que quiso decir con la nota:

En la definición del Concilio de Trento de la justificación, dice que, para que el pecador se reconcilie con Dios y esté en un estado de salvación, debe estar de acuerdo y cooperar con la gracia de Dios para ser justificado. Entonces, la justificación no es monergista sino sinérgica: una empresa cooperativa. En mi nota para mí, me estaba oponiendo a lo que se afirmó en Trento. En lo que se refiere a la salvación, no hay ninguna empresa cooperativa entre la naturaleza y la gracia.[19]

Trento no negó la salvación por gracia; afirmó que la salvación es por gracia además de los méritos o las obras. De manera similar, no rechazó la autoridad de la Escritura; afirmó que esa autoridad se encuentra en la Escritura *y* la tradición. Trento centra la atención sobre la importancia de la palabra *sola* para la Reforma. Los Reformadores ponían todo el énfasis en la *sola* de la formulación de la autoridad bíblica y la salvación solo por gracia, solo a través de la fe, solo en Cristo, solo para la gloria de Dios. Trento rechazó directamente la *sola*. Como veremos, la teología de la Reforma, en especial las cinco *solas,* se transformaron en un sello distintivo de la enseñanza de R. C. Sproul. Es más, tal vez ningún otro individuo haya hecho más para popularizar el uso del constructo de las cinco *solas* y entender la teología de la Reforma y, por ende, una comprensión ortodoxa de las doctrinas de la Escritura, la salvación y Cristo, que R. C. Sproul. El estudio de Romanos línea por línea, mientras estudiaba Trento y la teología católica romana línea por línea, fue el fundamento del ministerio y la enseñanza que vendrían.

R. C. también siguió edificando sobre el cimiento del estudio de la filosofía. El plan de estudios de PTS tenía una clase básica de filosofía que los alumnos podían saltear con un examen. R. C. y otros dos estudiantes sacaron una calificación tan alta que el profesor les preguntó

---

19 *«R. C. Sproul and Schroeder's* Canons and Decrees*».*

si querían hacer un seminario intensivo en filosofía. R. C. aprovechó la oportunidad. Lo llamaba un estudio avanzado de la historia de la filosofía.

A medida que se acercaba la graduación, R. C. quería pastorear y tener un trabajo a tiempo completo. Hacía cuatro años que estaba casado con Vesta, y en ese tiempo habían vivido con un salario inferior a 2000 dólares anuales. Estaba listo para dejar atrás la época de ser un estudiante que hacía malabares para llegar a fin de mes. Se puso en contacto con los oficiales de los presbiterios en todo el oeste de Pensilvania. Tuvo entrevistas prometedoras por teléfono, le mencionó las posibilidades a Gerstner y luego tuvo una entrevista directamente en persona. Más adelante, se enteró de que Gerstner había intervenido llamando por teléfono a las juntas de las iglesias para decirles que R. C. serviría mejor a la iglesia si no entraba directamente al pastorado y, en cambio, hacía un doctorado primero. Como R. C. entendió a qué se enfrentaba, no siguió buscando un trabajo. Fue a ver a Gerstner para preguntarle dónde realizar un doctorado.

12 horas

Si R. C. iba a pasar más años estudiando para completar su doctorado, estudiaría con el mejor teólogo posible. Cuando le contó a Gerstner su plan, este lo dirigió a Ámsterdam, a la Universidad Free, para estudiar con Gerritt Cornelis Berkouwer (1903-1996). R. C. pensó para sus adentros una respuesta, pero no se atrevió a verbalizarla: *Yo tenía en mente al mejor teólogo posible que hablara en inglés.* Gerstner escribió una carta de recomendación, y lo aceptaron. R. C. se graduó de PTS, y él, Vesta y Sherrie emprendieron el viaje a los Países Bajos.

Los Sproul estuvieron en Ámsterdam desde 1964 hasta 1965. Entre otras cosas, R. C. extrañaba el hielo, la carne, un ingreso disponible y profesores que hablaran en inglés. Mientras estaban allí, vivieron a sándwiches de mantequilla de maní y jalea. R. C. dio fe de que volvió de Ámsterdam pesando menos que cuando se había graduado de la escuela secundaria. Uno de los beneficios de Ámsterdam que no había en Estados Unidos era la visita temprana del panadero todas las mañanas. Sherrie, con tres años de edad, se hizo cargo del trabajo de recibir al panadero y hacer el pedido del día en holandés: «Dag mijneer bakker, een halfje wit gesneden brood alstublieft» («Buenos días, Sr. Panadero, media hogaza de pan blanco en rodajas, por favor»). El pan estaba tan recién hecho que le salía vapor. Como no tenía ningún conservante, duraba solo un día. R. C. dijo que era «el pan más delicioso que comí jamás».[20] También lo comparó con el maná bíblico. Cualquier pedazo que se guardara para el día siguiente estaría prácticamente incomible.

R. C. había comprado unas grabaciones para aprender holandés y las escuchó mientras cruzaban el Atlántico. Fue su primera exposición al holandés. Estaba a punto de tener la experiencia de aprender el idioma mediante plena inmersión. R. C. recuerda su primera reunión con Berkouwer para recibir las tareas de lecturas de la clase sobre la historia de la teología sistemática. Para la satisfacción de Berkouwer, R. C. debería leer y dominar todos los libros de la lista, que constaba de unos 25 libros en holandés, 4 en latín, 4 en alemán y unos 4 en francés. Mientras R. C. revisaba la lista, su consternación se reflejó en su rostro, lo cual llevó a Berkouwer a preguntarle qué sucedía. R. C. le respondió: «Bueno, no sé leer en francés». No se animó a decirle que tampoco sabía leer en holandés ni en alemán, y que su latín era bastante pobre. Berkouwer respondió: «Puedes reemplazar los libros en francés por otros cuatro en holandés».[21]

Los Sproul vivían en la pequeña ciudad de Bussum, a unas 19 millas (30 km) al este de la Universidad Free, en la ciudad de Ámsterdam. La vida de R. C. consistía en tomar clases y aprender holandés; y aprendía holandés mientras leía libros pesados de filosofía y teología en holandés. Pasaba la mayor parte del día sentado en un pequeño escritorio en su

---

20 R. C. Sproul, *The Prayer of the Lord* (Sanford, FL: Reformation Trust, 2009), 69.
21 «*R. C. Sproul and Berkouwer's* Dogmatische Studiën», podcast *Open Book*, 22 de marzo de 2018, temporada 1, episodio 2.

departamento. Tenía una pila de fichas y un diccionario de holandés-inglés. Abrió *De Persoon Van Christus,* de Berkouwer, uno de los libros de la lista y el primer libro en holandés que intentó leer. Empezó en la página 1. En el margen inferior de la página 1, R. C. escribió: «12 h». Eso fue lo que le llevó leer esa primera página. Buscó cada palabra que no sabía, lo cual, al principio de este proceso, eran casi todas las palabras de la página. Escribía una palabra en holandés de un lado de una ficha, y después la definición del diccionario en inglés del otro lado. Así aprendió holandés, así se abrió paso por la lista de lectura de ese curso, así como los demás cursos, y así pasó la mayor parte de sus días y de sus horas en los Países Bajos. En un día típico, leía o estudiaba desde las siete de la mañana hasta las diez de la noche, con pequeños recesos para comer.

R. C. añadió que el libro de Berkouwer sobre la persona de Cristo «fue uno de los libros más significativos que leí bajo su tutela», y añadió que, en otra clase, estudió «con gran detalle» las controversias cristológicas en la historia, las controversias que condujeron a los Credos de Nicea y Calcedonia.[22] Así se añadía otro tablón a los cimientos del ministerio de enseñanza de R. C. Sproul. Además, R. C. siguió examinando con cuidado la teología católica romana. A Berkouwer lo invitaron al Concilio Vaticano II como observador oficial. Mientras asistía a una serie de sesiones, se hospedó con el controvertido teólogo católico romano Hans Küng. Berkouwer escribió acerca de los acontecimientos en su libro de 1962, justo cuando estaba comenzando el Vaticano II. El libro se publicó en inglés con el título de *The Second Vatican Council and the New Catholicism* [El segundo Concilio Vaticano y el nuevo catolicismo] (1965). Berkouwer era conocido mejor —y sigue siéndolo— por su serie de 18 tomos *Studies in Dogmatics* [Estudios de dogmática], publicada en holandés desde 1949 hasta 1976. *The Person of Christ* [La persona de Cristo] se publicó en 1952.

22 «*R. C. Sproul and Berkouwer's* Dogmatische Studien».

R. C. admiraba muchísimo la precisión y la profundidad de análisis de Berkouwer. Reconocía que este había migrado de una postura teológica más conservadora a algo más similar a una «ortodoxia intermedia». Por ejemplo, con el correr de los años, Berkouwer fue moderando su crítica de Barth. R. C. también notó que, aunque publicaba de manera sumamente prolífica sobre teología, a Berkouwer le faltaba un enfoque sistemático. Es revelador que no tiene un volumen de prolegómeno en su serie *Studies in Dogmatics*. Prolegómeno se refiere a declaraciones introductorias o preliminares respecto a la metodología y el enfoque teológicos. Aunque haya publicado estudios por tomos separados, sobre teología, en lugar de publicar una teología sistemática, revela su manera asistemática de abordar la teología. A pesar de estas limitaciones, R. C. admiraba muchísimo la obra de Berkouwer y estaba agradecido por el tiempo que había estudiado con él.

El estudio de la filosofía también siguió adelante. R. C. tomó una clase sobre la historia de la filosofía. Una de las lecciones se trataba de Hegel. Como el profesor sabía que R. C. era estadounidense, le preguntó, después de clase, qué le había parecido la lección. R. C. respondió que le había resultado bastante difícil. El profesor respondió: «Sí, Hegel es difícil en cualquier idioma».[23] En otra ocasión, a R. C. lo señalaron durante una lección. Hacía mucho calor en el salón de clases, así que R. C. se quitó la chaqueta y la colocó en el respaldo de su asiento. Apenas lo hizo, el profesor interrumpió su lección y, en inglés, le dijo: «¿Podría el americano tener la amabilidad de volver a ponerse su chaqueta?».

Además de estudiar día y noche sus fichas y sus libros en holandés, R. C. trabajaba en un lavadero doblando sábanas, y también se las arreglaba para jugar al béisbol para un equipo. Aunque no tenía béisbol profesional, Holanda sí tenía una liga amateur de béisbol con equipos que jugaban en campos primorosamente cuidados dentro de parques pequeños y bellos. Bussum era demasiado pequeño para tener

---

23 «*R. C. Sproul and Berkouwer's* Dogmatische Studien».

un equipo, pero la ciudad contigua, Hilversum, sí tenía uno. R. C. era un jugador suplente para el equipo de Hilversum, y jugaba de campo-corto. Esto atrajo la atención de un periódico importante en Holanda, y le valió el titular de primera página en la sección de deportes sobre el ministro norteamericano que jugaba al béisbol. En la cultura holandesa, lo último que esperarías encontrar es a un ministro con un uniforme deportivo en un campo de juego. Ya era inusual ver alguno con ropa que no fuera formal.

A veces, los Sproul iban a Ámsterdam a pasear. En especial, les gustaba el museo Rijksmuseum, sede de *La ronda nocturna* de Rembrandt, otras obras de maestros holandeses y muchas pinturas españolas. Visitaron el Museo Van Gogh. Vieron los bocetos a carboncillo y las pinturas que hizo Van Gogh mientras estaba en Bélgica. En particular, a R. C. le llamó la atención un boceto hecho a modo de estudio, que más adelante se transformaría en una famosa pintura de 1880, del par de zapatos de un minero de carbón: «Ese zapato reflejaba todo el dolor y la angustia de la vida de un minero de carbón».[24]

A medida que llegaba a su fin el año académico, R. C. se dio cuenta de que tenía que regresar a Estados Unidos. Vesta estaba embarazada y le habían dicho que tendría que dar a luz en su casa en Ámsterdam, con una partera. Dadas las dificultades que había tenido en su primer embarazo, no les pareció una posibilidad agradable. Además, se enteraron de que la madre de R. C. estaba muriendo. Al mismo tiempo, Westminster College le pidió a R. C. que fuera a formar parte del cuerpo docente por un año, mientras otro profesor de Biblia, Jack Rogers, se tomaba un año sabático para terminar su doctorado, por más irónico que parezca, en la Universidad Free en Ámsterdam.

R. C. se encontró con Berkouwer y arregló que supervisara sus estudios ese año próximo. Se fueron cuando terminó el semestre de primavera, con toda la intención de regresar a Ámsterdam.

24 Stephen Nichols con R. C. Sproul, entrevista personal, 26 de mayo de 2017.

El reverendo Robert C. Sproul

Poco después de que los Sproul regresaran, el 30 de junio, llegó una caja a la casa de la madre de R. C. Adentro, había un vestido nuevo que ella había pedido para usar cuando ordenaran a su hijo. Estaba orgullosísima. R. C. recuerda que estaba muy contenta cuando se despidió aquella noche y se fue a dormir. Al día siguiente, falleció. Ese mismo día, el 1 de julio de 1965, nació el hijo de R. C., R. C. Sproul Jr. El 18 de julio de 1965, a R. C. lo ordenaron en la Iglesia Presbiteriana Unida de Estados Unidos (PCUSA). El servicio se llevó a cabo en la Iglesia Presbiteriana de la Comunidad de Pleasant Hills.

La congregación cantó lo que identificaron como «El himno favorito del ordenando», *'Tis Midnight and on Olive's Brow* [Es medianoche y en el Jardín de los Olivos], un relato dramático y vívido de la agonía de Cristo en el huerto de Getsemaní. El Dr. Gregory le dio el encargo al ordinando. Entonces, el reverendo Robert C. Sproul pronunció la bendición.

Recién ordenado, R. C. se transformó en uno de los miembros fundadores de Presbyterians United for Biblical Confession (PUBC) [Presbiterianos Unidos para la Confesión Bíblica], un grupo de contrapeso para las fuerzas dentro de la Iglesia Presbiteriana Unida (UPC) y PCUSA que deseaban apartarse de los estándares confesionales históricos.[25] Las fuerzas más liberales estaban trabajando en lo que se conocería como la Confesión de 1967. En las iglesias presbiterianas del sur, esto llevaría a la formación de la Iglesia Presbiteriana en América (PCA) en 1973. Las iglesias conservadoras del norte y el sur dejaron la PCUSA para unirse a la PCA. Para muchos, esto tuvo un alto costo. La PCUSA era dueña de la propiedad de las iglesias individuales y locales. La denominación controlaba los fondos de pensión de los ministros. En 1965, este grupo de unos 30 ministros estaba estudiando y evaluando las propuestas que,

---

25 Más adelante, este grupo cambió su nombre a Presbyterians United for Biblical Concerns [Presbiterianos unidos en pro de inquietudes bíblicas].

con el tiempo, se transformarían en la Confesión de 1967. Gerstner era parte de este grupo, así como Mariano Di Gangi, pastor de la Décima Iglesia Presbiteriana en Filadelfia. Era la primera vez, pero no sería la última, en que R. C. participó del conflicto denominacional más grande y la lucha por evitar la deriva teológica.

R. C. escribió un artículo para la primera reunión de la PUBC. Este se perdió, pero él recuerda que el tema era «la ambigüedad estudiada». Acababa de aprender, de su tiempo con Berkouwer, cómo la ambigüedad estudiada había jugado un papel en el Vaticano II. Más adelante, la vería también en «Evangelicals and Catholics Together» [evangélicos y católicos juntos]. La respuesta a la ambigüedad estudiada —es decir, a ser ambiguo a propósito de manera que haya una interpretación elástica o para permitir una laxitud en cuanto a una doctrina o visión en particular— es la precisión. La precisión y la claridad, y no la ambigüedad, sirven mejor a la iglesia a la hora de permanecer fiel a sus raíces bíblicas, históricas y confesionales. R. C. estaba aprendiendo esto mismo en 1965 en su propia denominación.

Alrededor de esa época, los padres de Vesta le regalaron a R. C. una Biblia de referencia Thompson con tapas de cuero. Esta Biblia tenía un sistema numérico, una serie de «cadenas», que era parte de un «sistema analítico y sintético de estudio bíblico».[26] R. C. se la devoró. La guardó durante años. En un momento, la reencuadernaron sus alumnos de Romanos; así se hacían llamar los alumnos que asistían a su clase de estudio bíblico en Cincinnati. Muchas páginas están arrancadas y pegadas. Muchos pasajes están resaltados, y muchas palabras, subrayadas. Se podría decir que R. C. era un lector activo. Sería más acertado decir que la lectura era un deporte de sangre para él. Y esto era tanto más cierto en cuanto a la lectura de las páginas de la Santa Escritura. No leía ni estudiaba la Biblia de manera aleatoria. Vesta testificó sobre

---

26 Frank Charles Thompson, *The New Chain-Reference Bible*, 4ta. ed. (Indianoplis, IN: B. B. Kirkbride, 1964), III.

lo agradecido que estaba R. C. por el regalo y cuánto había significado aquella Biblia para él en esos años formativos, mientras comenzaba su carrera como profesor y pastor. Las conferencias, los sermones y las clases de escuela dominical que ocuparían el tiempo de R. C. desde 1965 hasta 1971 estaban apoyados sobre una base sólida de un estudio intenso y exhaustivo de la Biblia. Tal como R. C. aprendió de Edwards, las verdades que encienden la pasión son tanto racionales («Es racional») como bíblicas («Es bíblico»). R. C. estaba sentando las bases para su ministerio futuro de enseñanza y estableciendo un patrón que seguiría toda su vida, un patrón de estudio bíblico, no tan solo de lectura bíblica.

También en 1965, R. C., Vesta, Sherrie y el bebé R. C. Jr., al cual llamaban Craig (por Robert Craig Sproul) se mudaron a la casa desocupada de Jack Rogers cerca del campus de Westminster College, mientras la familia Rogers vivía en Ámsterdam ese año. Jack Rogers llegaría a ser conocido como el Rogers del «Rogers-McKim Proposal» [La propuesta de Rogers-McKim]. Esta propuesta, presentada por Jack Rogers y Donald McKim, en su libro *The Authority and Interpretation of the Bible: An Historical Approach* [La autoridad y la interpretación de la Biblia: Un enfoque histórico] (1979), argumentaba que la inerrancia no es una doctrina bíblica ni histórica, sino que se originó con los princetonianos, Hodge y Warfield, a fines del siglo XIX. R. C. se enfrentaría directamente a la propuesta de Rogers-McKim a través de su liderazgo del International Council on Biblical Inerrancy [Concejo Internacional sobre la Inerrancia Bíblica]. Eso vendría más adelante. Durante el período académico, en 1965-1966, los Sproul vivieron en la casa de los Rogers, y R. C. trabajó desde la oficina de Jack Rogers.

Ese año, R. C. enseñó filosofía en su *alma mater*. Enseñó la clase de introducción a la filosofía y otras más avanzadas y opcionales sobre filosofía. Todos los viernes, recibía alrededor de una docena de alumnos en su casa para hablar y orar. A veces, tenían reuniones de oración que se extendían hasta altas horas de la noche. Después, él tenía que levantarse temprano a la mañana siguiente y estar listo para una clase a las ocho, mientras que sus alumnos se quedaban durmiendo y faltaban a clase. R. C. disfrutó de cada minuto de su tiempo en Westminster. Antes de que terminara el año, el presidente de Westminster College quiso contratar a R. C. de manera permanente. Mientras tanto, el Gordon College también lo invitó a formar parte del cuerpo docente, mayormente por recomendación del Dr. Lamont, que servía en la junta directiva. Los Sproul fueron a Gordon para varios días de entrevistas. Todo salió muy bien, lo cual tan solo confundió más a R. C. en cuanto a qué decisión tomar.

El llamado misterioso

La madre de R. C. tenía una amiga cuyo hijo Ed había sido amigo de R. C. en la escuela primaria y secundaria, aunque Ed tenía cuatro años más. Ed se convirtió en piloto de la aerolínea TWA, con base en Boston. Durante los días de las entrevistas, retomaron el contacto y cenaron en Boston. Semanas más tarde, R. C. y Vesta estaban evaluando las ofertas y todavía no sabían bien qué hacer. R. C. recuerda que oraron casi toda una tarde al respecto y después se fueron a dormir. A las tres de la mañana, sonó el teléfono. Era Ed. Estaba en la ciudad de Kansas en una escala. Le dijo: «Sonny (el viejo nombre de la niñez de R. C.), sé que no es de mi incumbencia y no tengo por qué hacerlo, pero siento una carga abrumadora de llamarte y decirte que debes ir al Gordon College».[27] R. C. le contó a Gerstner sobre este llamado misterioso en medio de la noche. Gerstner respondió: «Dios puede entrometerse de manera misteriosa en la casa calvinista más austera».[28]

Los Sproul dejaron Westminster para ir al Gordon College. Sin embargo, antes de partir, R. C. dictó una sesión de verano de introducción a la teología. Utilizó el Credo de los Apóstoles como la estructura del curso. Los alumnos parecieron conectarse mucho con el material.

---

27 Nichols con Sproul, entrevista personal, 12 de mayo de 2017.
28 Nichols con Sproul, entrevista personal, 12 de mayo de 2017.

R. C. se propuso organizar por escrito este material. Tal vez incluso podía ser un libro.

Anteriormente aquella primavera, R. C. se puso en contacto con Berkouwer para comunicarle todo lo que estaba sucediendo. Entonces, Berkouwer arregló que a R. C. lo supervisara el erudito reformado Heiko Oberman (1930-2001), que en ese momento se encontraba en Harvard. Estaba todo listo. Después, ese verano, Oberman dejó Harvard para asumir un puesto en Tübingen, Alemania.

R. C. y Berkouwer elaboraron un plan para que él terminara sus exámenes y recibiera un Drs. En el sistema académico holandés, el Drs. es la abreviatura de *doctorandus,* que significa «al cual se lo llamaría doctor». Es el título que se les otorga a aquellos que terminan el curso de estudio y los exámenes pero que no escriben la disertación y terminan el programa de doctorado.

La familia Sproul se mudó a Wenham, Massachusetts, al Gordon College, en el verano de 1966. Vivirían allí dos años. R. C. dictaba el curso de introducción a la Biblia en primer año. El Antiguo Testamento en otoño, el Nuevo Testamento en primavera. Tenía 250 alumnos. La clase se reunía en la capilla. También enseñaba en varias clases y cursos optativos de nivel superior. Los alumnos del Seminario Gordon se enteraron de este nuevo profesor y a veces pasaban a escuchar algunos minutos de su disertación. Algunos de los seminaristas incluso asistían como oyentes a sus clases. R. C. también enseñaba otra clase introductoria de teología, como el curso de verano en Westminster y, una vez más, usó el Credo de los Apóstoles para estructurar las clases. Amaba a sus alumnos.

También apreciaba mucho a sus compañeros de profesorado. R. C. recuerda una vez que asistió a una reunión de la Sociedad Teológica Evangélica en Boston con el Dr. Roger Nicole. R. C. presentó un artículo sobre Lutero, que más adelante se publicó y fue lo primero que se publicó con su nombre. El artículo estaba titulado «*An Analysis of Martin Luther's* The Bondage of the Will» [Un análisis de *La esclavitud de la voluntad*, de Lutero].[29] Vale la pena destacar al menos cinco cosas de la primera publicación de R. C. Primero, en el primer párrafo, Sproul escribe que el pensamiento de Lutero aquí tenía una «relevancia contemporánea» que «trasciende ampliamente su importancia histórica».[30] No le interesaba el análisis puro; le interesaba ayudar a la iglesia. Segundo, Sproul llama la atención a la afirmación de Lutero de que un teólogo debe hacer aseveraciones. Erasmo, el compañero de debate de Lutero respecto al tema de la esclavitud de la voluntad, daba evasivas. Lutero aseveraba. A R. C. le encantaba eso. Tercero, R. C. propone que esta no es una cuestión no pertinente o secundaria, ya que lo que está en juego es la fidelidad a la Escritura y a una doctrina bíblica esencial. R. C. lo expresa así: «Entonces, la doctrina de la esclavitud de la voluntad es importante no porque esté derivada de la filosofía especulativa, sino por su conexión integral con el juicio revelado de Dios sobre el pecado del hombre».[31] Cuarto, R. C. entiende lo crucial que es esto para la comprensión reformada de la salvación, observando la «centralidad» de la cuestión de la esclavitud de la voluntad «a la *Sola Fide* y la *Sola Gratia* en el pensamiento de Lutero». Después, R. C. cita a Lutero: «Mientras el hombre crea que puede hacer aunque sea la más mínima contribución a su salvación, sigue confiando en sí mismo y no pierde las esperanzas completamente en sus propios esfuerzos».[32] Quinto y último, Sproul termina con esta frase:

> [Lutero] se propuso aseverar y proclamar, no una antropología neutral, sino la dulzura y la excelencia que se encuentran en la confesión doxológica: *¡Sola Fide! ¡Sola Gratia! ¡Soli Deo Gloria!*[33]

29 Robert C. Sproul, «*An Analysis of Martin Luther's* The Bondage of the Will», *Gordon Review*, vol. 10 (otoño de 1967): 215-229.

30 Sproul, «*An Analysis of Martin Luther's* The Bondage of the Will», 215.

31 Sproul, «*An Analysis of Martin Luther's* The Bondage of the Will», 222.

32 Sproul, «*An Analysis of Martin Luther's* The Bondage of the Will», 224. Cita de Martín Lutero, «*The Bondage of the Will*», trad. de J. I. Packer y O. R. Johnston (Westwood, NJ: Revell, 1957), 100.

33 Sproul, «*An Analysis of Martin Luther's* The Bondage of the Will», 229.

Es necesario desentrañar esta frase. Las palabras *dulzura* y *excelencia* venían de Edwards. Uno se tropieza constantemente con estas palabras en los escritos de Jonathan Edwards. Pero también muestra que R. C. era un teólogo apasionado. Para él, la teología no solo permeaba y cautivaba la mente, sino también los afectos. Cuando R. C. hablaba de conocer a Dios y de ser transformado y renovado, se refería a más que un mero ejercicio intelectual. La teología cautiva y permea a toda la persona; el corazón, el alma, la mente y las fuerzas. Leer este artículo no solo revela lo que R. C. pensaba; también revela lo que sentía, lo que amaba. Además, aquí se ve el uso de las *solas* como un constructo para entender la teología de la Reforma, la cual, según R. C., es teología bíblica. Por último, verás la palabra *doxología*. Más adelante, R. C. diría que la teología es doxología; es decir, que estudiar a Dios y conocer a Dios lleva a alabarlo y adorarlo.

Este artículo, presentado en ETS y publicado, representa las incursiones de R. C. en la comunidad académica. Llegaría a escribir y a enseñar más para el laicado y una audiencia más amplia de la iglesia que para el mundo académico. Pero incluso aquí, en su primera publicación académica, se puede ver el énfasis y el *ethos* de los escritos que vendrían.

Sin embargo, en Gordon no lo pasó bien. Recuerda que tenía úlceras. Su miseria surgía de sentirse fuera de lugar. Y lo estaba. En esa época, el Gordon College reflejaba tendencias fundamentalistas. R. C. y Vesta nunca habían experimentado el fundamentalismo. Jugaban a las cartas y fumaban. Todo esto iba en contra del código de conducta para alumnos en Gordon. R. C. recuerda que lo llamaron a la oficina del decano. Mientras esperaba, la secretaria del decano le dijo: «Profesor Sproul, huele como si hubiera estado cerca de alguien que estuvo fumando». «Sí, claro que sí —respondió—. Soy yo». «Uf, qué difícil se está haciendo saber quién es un verdadero cristiano», le respondió ella. R. C. también tenía una respuesta para eso. Le dijo: «Bueno, yo soy teólogo, así que puedo decirle que un verdadero cristiano es alguien que ama a Jesús».

R. C. empezó a enviar su currículum a otros lugares. La Escuela de Teología de Conwell, de la Universidad Temple en Filadelfia, necesitaba un profesor de filosofía y teología. Se presentaron 65 eruditos para el trabajo. A R. C. lo invitaron para realizar una entrevista. El presidente, Stuart Barton Babbage (1916-2012), un anglicano evangélico australiano, había leído el artículo de R. C. sobre Lutero y vio lo prometedor que era este joven profesor. Entrevistó a R. C. y lo contrató allí mismo. R. C. se uniría a Philip Edgcumbe Hughes (1915-1990), otro anglicano australiano conservador, para enseñar filosofía y teología. Antes de llegar a Estados Unidos, Hughes, junto con Geoffrey Bromiley y Stafford Wright, habían establecido Tyndale Hall en Bristol, como una rigorosa escuela académica y confesional de divinidades. Con unos diez libros en su haber, Hughes acababa de empezar a producir lo que se transformaría en su inmenso comentario sobre Hebreos.

El seminario y la escuela dominical

Los Sproul se mudaron a Oreland, una ciudad dormitorio a las afueras de Filadelfia, para el nuevo puesto de R. C. en la Escuela de Teología de Conwell. R. C. tenía una parienta en Oreland, una tía política, la esposa del hermano de su padre. Ella tenía hijos mayores que los ayudaban a cuidar a Sherrie, que estaba en segundo grado, y a Craig, que todavía estaba en prescolar. Oreland se encontraba a 1 milla (1,6 km) del Seminario Teológico de Westminster. R. C. solía visitar a Van Til. Se sentaban en el porche de Van Til, hablaban en holandés y comían galletas que horneaba la Sra. Van Til. Ese año, el Seminario de Westminster invitó a D. Martyn Lloyd-Jones a dar una serie de conferencias, las cuales tituló: «La predicación y los predicadores», que más adelante se publicaron con ese título. Fue la primera y la única vez que R. C. se encontró con «el Doctor».

Ese año, 1968, también fue el primer año en que James Montgomery Boice (1938-2000) se desempeñó como ministro de la Décima Iglesia Presbiteriana. Boice vino después de Mariano Di Gangi, a quien R. C.

había conocido en 1965 a través de Presbyterians United for Biblical Confession.

Todos los días, R. C. tomaba el tren a Filadelfia, después hacía una breve caminata hasta el campus de la Universidad Temple. Había sido fundada como Temple College en 1887 por Russell Conwell, pastor de la Iglesia Bautista Grace en Filadelfia y autor de *Acres de diamantes* (1890). Conwell dio un discurso al principio de la universidad, que después se transformó en este libro superventas. Era un mensaje precursor al evangelio de la prosperidad. Como parte de la universidad, se estableció un seminario teológico y se nombró en su honor, Escuela de Teología de Conwell. Allí es donde R. C. dictaba las clases de teología sistemática y una clase sobre la historia del ateísmo. En una clase de historia de la filosofía, mientras estaba disertando sobre las distinciones de Kant respecto a los tipos de afirmaciones, R. C. levantó una tiza, frunció el entrecejo y dijo con seriedad y dramatismo: «Esta tiza en realidad no es una tiza». Después, les pidió a los alumnos que identificaran qué clase de afirmación era esa. Todos ofrecieron respuestas sofisticadas. Uno propuso que la tiza tenía la esencia pero no la sustancia de la tiza. Un alumno, Bishop Walters, de la Iglesia Episcopal Metodista Africana en Norristown, Pensilvania, dijo: «No entiendo esa clase de tontería». «¡Exactamente!», respondió R. C.

En el Seminario Teológico de Pittsburgh, R. C. tuvo de maestro a Dietrich Ritschl, el nieto de Albrecht Ritschl. Un día les dijo a R. C. y a los demás alumnos: «Dios es inmutable en Su esencia, y es mutable en Su esencia». Todos los compañeros de R. C. se quedaron cautivados por la profundidad de la idea. R. C. pensó que, en palabras de Bishop Walters, eso no era más que una tontería. Un disparate.

Bishop Walters invitó a R. C. a predicar en su iglesia. Fue la primera experiencia de R. C. de predicar en una iglesia afroamericana. Al entrar, justo cuando estaba por empezar el servicio, Bishop Walters le dijo a R. C. que tenía una hora y media para predicar. Hasta ese entonces,

R. C. nunca había predicado durante más de 30 minutos. Entonces, decidió que sencillamente combinaría tres sermones en uno. Cuando empezó a predicar, la congregación participaba, ya que la predicación es un deporte de equipo en este contexto de iglesia. Todos decían «Amén» y cosas como: «¡Usted predíquelo, predicador!». R. C. no podía concentrarse y no estaba acostumbrado a esto. Se volvió al obispo y le pidió ayuda para mantener callada a la congregación y poder predicar. Al día siguiente, en clase, los alumnos tenían curiosidad de cómo le había ido. Le preguntaron a Bishop Walters, y no a R. C.: «Oye, Bishop. ¿Qué sucedió?». Bishop Walters respondió:

> El profe empezó a predicar. La gente gritaba y clamaba: «Amén» y otras cosas. Como el pobre profe no podía escuchar ni lo que pensaba, tuve que levantarme y decirle a la congregación que se calmara y dejara predicar al hombre. Se puso a predicar y luego nos visitó el Espíritu.

R. C. dijo que fue el mayor cumplido que recibió por su predicación en su vida: «Y luego nos visitó el Espíritu».[34]

Conwell era un seminario bautista, pero R. C., un presbiteriano, estaba enseñando sobre la doctrina de la iglesia. Los alumnos estaban a semanas de la ordenación, y entraron en crisis porque el argumento de R. C. a favor de una visión presbiteriana del sacramento del bautismo les resultaba convincente.

El 21 de julio de 1969, Neil Armstrong caminó sobre la luna. Esa semana, se publicó el artículo de Robert C. Sproul en *Christianity Today*, completo con una foto de la luna en la tapa. El artículo se titulaba: *Existential Autonomy and Christian Freedom* [La autonomía existencial y la libertad cristiana].[35] Vesta recuerda la circunstancia. Cuando R. C.

---

34 Nichols con Sproul, entrevista personal, 26 de mayo de 2017.

35 Robert C. Sproul, «Existential Autonomy and Christian Freedom», *Christianity Today*, 18 de julio de 1969, 12-14.

llegó a casa un día, mencionó que había escuchado que *Christianity Today* pagaba muy bien por los artículos, así que pensó en escribir uno y enviarlo. Vesta respondió algo como: «Claro, envía uno. Seguro lo publicarán», tal vez con un poco de sarcasmo. En el artículo, aborda a Jean-Paul Sartre y Friedrich Nietzsche, con un poco de ayuda de Juan Calvino y Génesis 1. Sproul termina diciendo:

> El hombre, como compañero de pacto e hijo adoptado, no pierde su subjetividad o personalidad, sino que le es dado el mandamiento (que al mismo tiempo es un privilegio) de tener dominio sobre la tierra. Este mandato no destruye el rol del hombre en el cosmos, ni lo encadena como Prometeo a la montaña. Más bien, le da una tarea liberadora que supone a toda la creación. El nuevo hombre en Cristo existe no como un objeto cosificado, sino como un sujeto en relación con Dios.[36]

R. C. recuerda el momento en que, después de tomar el tren para la estación North Street en Filadelfia, y mientras caminaba las calles que tenía por Broadway hasta el campus de Temple y su oficina, llegó al campus y se dio cuenta de algo: «Estoy muy aburrido. Estoy aburrido de esto».[37] Tenía 29 años, casi 30, y había llegado al pináculo de su carrera académica. Era profesor en un seminario. Le encantaba enseñar, pero estaba aburrido de la vida académica.

Sin embargo, le encantaba enseñar en la escuela dominical de la Iglesia Presbiteriana de Oreland. Estaba formada por laicos educados, principalmente obreros de clase media en Filadelfia. Eran personas inteligentes y capaces que tenían sed de aprender y a quienes les encantaba la enseñanza de R. C. Él recuerda: «Fue la primera vez que supe de verdad lo que era la educación a adultos; allí enseñaba una clase sobre la persona y la obra de Cristo a médicos, banqueros, abogados, empresarios

---

36 Sproul, *Existential Autonomy and Christian Freedom*, 14.
37 Nichols con Sproul, entrevista personal, 26 de mayo de 2017.

y amas de casa».[38] Cuanto más profundizaba, más le prestaban atención. Querían aprender, estaban entusiasmados por aprender. A R. C. lo sacudió descubrir que estaba aburrido de enseñar en un seminario. Lo sacudió aún más ver lo entusiasmado que estaba por enseñar a laicos. No sería exagerado decir que la visión para Ministerios Ligonier nació en esa época y lugar, durante 1968-1969, mientras R. C. Sproul enseñaba sobre la persona de Cristo una vez por semana en la escuela dominical de la Iglesia Presbiteriana de Oreland. Encontró estudiantes hambrientos fuera del salón de clases académico formal. Ese se transformaría precisamente en el método de operación y el *ethos* de Ligonier. Aunque la visión floreció por primera vez en un barrio residencial a las afueras de Filadelfia, habría cierto desvío antes de que alcanzara su plenitud en el valle de Ligonier al oeste de Pensilvania.

Se anunció que la Escuela de Teología de Conwell se fusionaría con la Escuela de Divinidades de Gordon. Como parte de la fusión, Conwell dejaría el campus de Temple en Filadelfia y se reubicaría en Wenham, Massachusetts. A R. C. le costó muchísimo seguir a partir de entonces, ahora que el seminario para el cual trabajaba había empezado a ir hacia atrás. R. C. decidió que él no iría. Cuando corrió la noticia entre los profesores de Gordon que R. C. había decidido no sumarse, William Lane, un profesor del Nuevo Testamento, se subió a un tren y fue a Filadelfia a rogarle personalmente a R. C. que se quedara en el Seminario Teológico Gordon-Conwell. Cuando llegó a Filadelfia y se encontró con R. C., el Dr. Lane comparó la ocasión a cuando Farel le había pedido a Calvino que se quedara en Ginebra. R. C. respondió que el Dr. Lane no era Farel, que él mismo no era Calvino, y que Gordon no era Ginebra.

Mientras tanto, Jerry Kirk, pastor principal de la Iglesia Presbiteriana College Hill en Cincinnati, Ohio, invitó a R. C. a unirse al cuerpo pastoral. Jerry había sido pastor en New Wilmington, Pensilvania, mientras

---

38 *Sproul Memoirs*, sesión 5, registrada en 2012, Ministerios Ligonier, Sanford, Florida.

R. C. enseñaba en Westminster College y quería que se uniera a él. R. C. fue a la entrevista. Para su sermón de candidatura durante la entrevista, R. C. predicó por primera vez sobre Isaías 6. Había escuchado a John Guest predicar sobre Isaías 6 en una conferencia en Pittsburgh, y ese sermón lo había marcado. R. C. empezó a estudiar Isaías 6 y la declaración del serafín de tres veces santo. Era el verano de 1969, y los Sproul volverían a mudarse. R. C. y Vesta, después de estar casados nueve años, se habían mudado ocho veces, una al otro lado del Atlántico. Esta vez, se mudaron más al oeste de lo que jamás habían vivido ni llegarían a vivir. La familia se mudó a Cincinnati, al territorio de los Bengals, algo difícil de pedirle a un fanático de los Steelers.

Maestro

El puesto en College Hill era el de pastor asociado de evangelismo y misión. El 14 de septiembre de 1969, R. C. se instaló como pastor asociado de evangelismo, misión y teología (R. C. pidió que agregaran teología a la descripción del trabajo y el título). Estaba al frente de un estudio bíblico semanal sobre Lucas que reunía a más de 80 personas. Terminó habiendo tantos alumnos que R. C. ofreció una segunda sesión. Además, predicaba sobre Romanos los domingos por la noche. También ofrecía capacitación en evangelismo. Para eso, R. C. sintió que él mismo necesitaba entrenamiento. En febrero de 1970, fue a Florida a asistir a una clínica de Evangelismo Explosivo en la Iglesia Presbiteriana de Coral Ridge con D. James Kennedy y Archie Parrish. Archie Parrish recuerda que R. C. volvió a College Hill y «en menos de seis meses, hizo lo que nadie más había hecho con Evangelismo Explosivo».[39] R. C. combinó su predicación de Romanos con la capacitación para presentar el evangelio. En College Hill, se creó una red de evangelistas a través del ministerio de R. C. Su título se podría haber resumido en una palabra: *maestro*.

---

39 Stephen Nichols con Archie Parrish, entrevista personal, 15 de agosto de 2019.

Sin embargo, R. C. extrañaba la época con los estudiantes universitarios y parecía anhelar algo más. Desde su época en el Seminario de Pittsburgh, R. C. había participado de diversos ministerios en Pittsburgh. Estaba el ministerio Young Life; InterVarsity Christian Fellowship; Coalition for Christian Outreach, dirigido por John Guest; y The Pittsburgh Experiment, de Sam Shoemaker (1893-1963).[40] Shoemaker lanzó el Pittsburgh Experiment en 1955 con la esperanza de que «Pittsburgh fuera tan famoso por Dios como lo era por el acero». El trabajo anterior de Shoemaker en Manhattan sentó las bases para lo que se transformaría en Alcohólicos Anónimos. Era un sacerdote episcopal con un corazón inclinado a los líderes empresarios y a los que estaban en apuros. Reid Carpenter también desempeñó su labor y, con el tiempo, establecería la Pittsburgh Leadership Foundation en 1978.

Uno de los benefactores de varias de estas organizaciones fue Dora Hillman, esposa de John Hartwell Hillman Jr. (1880-1959). «Hart» había transformado el negocio de su padre en un pequeño imperio de empresas de fabricación de energía y químicos, bancos y bienes raíces. Se concentraba principalmente en Pittsburgh Coke and Chemical, ahora llamada Calgon Carbon. Los Hillman, al igual que muchas familias prominentes de Pittsburgh, tenían un hogar en el valle de Ligonier. R. C. describió una vez el valle de Ligonier como el patio de juegos de todas las familias principales de Pittsburgh. Además de los Hillman, los Mellon tenían una casa allí, y cerca, en Mill Run, Frank Lloyd Wright construyó Fallingwater para la familia Kaufmann en 1964.

A través de estos contactos de Pittsburgh, a R. C. lo invitaron al lago Saranac a hablar en una conferencia de líderes de Young Life en el verano de 1970. El año anterior, Young Life había comprado uno de

---

40 Ver Gary Scott Smith, *A History of Christianity in Pittsburgh* (Charleston, SC: History Press, 2019). El Dr. Smith presidía el departamento de historia de Grove City College, donde él había asistido. Durante su época como universitario, Smith también había estudiado en el Ligonier Valley Study Center.

los Great Camps, grandes complejos de cabañas que salpicaban el lago Saranac. Eran elaboradas como casas de verano, con casetas para botes y dependencias externas, para la élite de la ciudad de Nueva York. Este Great Camp en particular pertenecía a Adolph Lewisohn, un banquero inversionista, que también era el consejero de Thomas Edison, quien se dedicaba y sabía mucho sobre la minería de cobre. Lewisohn construyó su propio pueblito enclavado entre las formaciones rocosas y los bosques de árboles de madera dura en el lago Saranac, en las montañas Adirondack. La propiedad cambió de dueño varias veces después de la muerte de Lewisohn, hasta que Young Life la compró en 1969 y empezó a usarla como un centro de retiros y conferencias. El verano de 1970 fue el viaje inaugural de Great Camp.

R. C decidió que enseñaría una serie de cinco partes sobre la santidad de Dios.

4

LIGONIER

Ligonier es para aprender.
TABLETALK

UN CATÁLOGO DE LOS LUGARES que formaron a R. C. hasta este
punto de su vida sería:

Pittsburgh
Los ámbitos africano e italiano de la Segunda Guerra Mundial
Forbes Field
Pleasant Hills
New Wilmington
Pittsburgh (otra vez)
Ámsterdam
Un departamento en Bussum, en los Países Bajos
New Wilmington (otra vez)
Wenham, Massachusetts
Filadelfia
Un salón de clases de la escuela dominical en la Iglesia Presbiteriana
de Oreland
Cincinnati

Sin embargo, el lugar que viene a continuación es por mucho el lugar que se relaciona en forma inextricable con el nombre y la vida de R. C. Sproul. El distrito de Ligonier, al oeste de Pensilvania, recibió su nombre debido a Fort Ligonier, llamado así en honor a John (Jean-Louis) Ligonier, de una familia exiliada hugonota. John Ligonier ascendió entre los rangos del ejército británico hasta transformarse en comandante en jefe en 1757, un título que ahora pertenece a la reina. Antes de que fuera Fort Ligonier, era Fort Loyalhanna. En noviembre de 1758, el general John Forbes dejó Fort Loyalhanna y marchó sobre el Fort Duquesne, que estaba en manos de los franceses, en la bifurcación del río Ohio. No hubo ninguna batalla. Como los franceses sabían que estaban ampliamente superados en número, hicieron volar el fuerte y se retiraron por el río Ohio hasta su territorio en el norte. Forbes renombró el Fort Duquesne «Fort Pitt», en honor a William Pitt, «el Viejo», que en ese momento era primer ministro, y renombró el Fort Loyalhanna en honor al ya mencionado John Ligonier, su oficial superior.[1]

Alrededor del fuerte y el distrito, hay un valle, el valle de Ligonier, justo en medio de las montañas Allegheny, que son parte de la cordillera de los Apalaches y brindan una vista panorámica increíble. Como ya mencioné, muchas de las familias adineradas de Pittsburgh tenían casas en el valle de Ligonier.

Desde su casa en la cima de una de las montañas más altas de la región, Dora Hillman supervisaba el patrimonio de su fallecido esposo, el magnate y empresario J. Hartwell Hillman, y supervisaba Hilltop Farm. Tenía mucho interés en el ministerio en Pittsburgh y en el oeste de Pensilvania, y apoyaba a una larga lista de organizaciones, incluida Young Life.

En 1970, cuando a R. C. lo invitaron a hablar en la conferencia de Young Life en el lago Saranac, Dora Hillman estaba allí. Quedó tan impresionada con este joven maestro dinámico que le preguntó qué

---

1 Ver *War for Empire in Western Pennsylvania* (Ligonier, PA: Fort Ligonier Association, 1993).

era lo que más querría si pudiera tener cualquier cosa. Él respondió que soñaba con tener un centro de estudio donde él y otros pudieran enseñar a una amplia variedad de alumnos, todos girando alrededor del único tema de la teología. Antes de la conferencia, John Guest, el Dr. Robert Lamont y Reid Carpenter ya habían hablado con Dora sobre la posibilidad de instalar un centro de estudio en Pittsburgh, y tenían en mente alistar a R. C. para que estuviera al frente. Al igual que R. C., ellos imaginaban este centro en el corazón de Pittsburgh, probablemente en el vecindario de Oakland, cerca de los campus de la Universidad de Pittsburgh y la Universidad Carnegie-Mellon. Esto era «Mars Hill» para R. C.

Era el verano de 1970. Todo estaba en marcha.

21 hectáreas

R. C. soñaba con un centro de estudio en el corazón académico de Pittsburgh, pero Dora tenía otros planes. Tenía la mirada puesta en una propiedad de 21 hectáreas (52 acres) a la venta, a solo un par de kilómetros de su propia Hilltop Farm. Dora compró el terreno. Tenía una estructura en deterioro, una casa de piedra, cerca de la entrada. Más allá de la casa, había árboles, rocas, zonas de césped aquí y allá, campos y un estanque.

El pueblo más cercano, a 2 millas (3 km) de distancia, era Stahls-town, con unos 200 habitantes, que tenía un único cruce de calles que ni siquiera necesitaba un semáforo. El distrito de Ligonier estaba a unas 12 millas (20 km) de distancia. Pittsburgh se encontraba a 50 millas (80 km) al noroeste. Sería acertado decir que la propiedad que compró Dora Hillman estaba en medio de la nada.

En los meses de invierno y primavera de 1970-1971, Dora hizo trazar los planos para una casa de una planta y empezó la construcción. Decidió tirar abajo paredes alrededor de la sala de estar y el comedor. En total, este espacio tenía lugar para grupos de unas 85 personas, apre-tadas. Las paredes de los dormitorios quedaron en pie. A esta estructura, se la llamaría la «Casa de las conferencias». Sería el hogar de los Sproul, así como también el lugar de las conferencias para el centro de estudio y, efectivamente, las oficinas de Ligonier.[2] A la estructura de la entrada se la llamaba adecuadamente la «Casa de piedra». Y eso constituyó el Centro de Estudio en el Valle de Ligonier en 1971. Mientras tanto, los Sproul estaban muy ocupados. Estaban empacando sus pertenencias en Cincinnati; sería la mudanza número nueve (en once años). R. C. se encontró con Francis Schaeffer para aprender todo lo que pudiera de la experiencia de Schaeffer con L'Abri Fellowship. Schaeffer les dijo que lo que tenían que cuidar era lo consumidor que sería un ministerio así para ellos. En esencia, los Sproul se estaban anotando para una tarea de 24 horas al día y 7 días a la semana. Tendrían gente en su casa para comer, desde la tarde hasta altas horas de la noche y los fines de semana. R. C. reconoció que, mientras que L'Abri tenía un enfoque principalmente evangelizador, el centro de estudio apuntaría a una audiencia cristiana y se concentraría más en la educación cristiana. Sin embargo, había muchas similitudes entre los dos emprendimientos, y R. C. se mostró agradecido por el consejo de Schaeffer. R. C. y Vesta pronto se dieron cuenta de lo acertada que había sido la advertencia de Schaeffer.

Durante aquel invierno y primavera, R. C. condujo muchas veces desde Cincinnati a Pittsburgh para encontrarse con Guest, Carpenter, Lamont, y otros para hacer los preparativos para el centro de estudio. También se encontró con funcionarios en la Fundación Eli Lilly para pedir una subvención. Aunque Dora había proporcionado la propiedad, se necesitaban fondos para los gastos operativos. El centro de estudio elaboraría una lista de donantes; R. C. llegaría a decir: «Arma la lista, habla con la lista». Y habría cierto ingreso de la pequeña cuota de la matrícula·para las clases que se ofrecerían. Sin embargo, llevaría un tiempo hasta que empezaran a entrar estos ingresos. Después de la

---

2 Stephen Nichols con R. C. Sproul, entrevista personal, 23 de junio de 2017.

primera y las siguientes reuniones con la Fundación Lilly, los ingresos de la subvención parecían prometedores. Pero justo antes de que los Sproul se mudaran a Cincinnati, recibieron un llamado de la fundación con la desagradable noticia de que el centro de estudio no recibiría el subsidio. Este fue el primero, pero no el último, desafío financiero que enfrentarían los Sproul y el centro de estudio.

Cuando se terminó la construcción de la casa, Dora les envió por correo la llave a los Sproul. Ellos se mudaron y abrieron el Centro de Estudio del Valle Ligonier en 1971. Cuando llegaron, Dora les había dejado un regalo de inauguración de la casa, un par de perros pastores alemanes. Eran hermanos nacidos un Domingo de Ramos, hijos de una hembra de Dora y de un macho de los Mellon. Los perros tenían un pedigrí similar al de sus dueños humanos. Dora ya les había puesto nombre: Hallelujah y Hosanna; para abreviar, llamaban Hallie a la hembra y Hosie al macho. En palabras de R. C., eran «unos animales magníficos». Los Sproul tendrían pastores alemanes desde 1971 hasta el último, Roxie, que murió en 2016.

El centro de estudio era una comunidad de enseñanza y un lugar para aprender. R. C. era el principal maestro, pero no el único. Una de las otras maestras era Jackie Shelton. Primero, llegó al centro de estudio como alumna en el verano de 1975. Para el otoño de 1976, estaba enseñando un curso titulado «Análisis de la cultura del siglo xx» como maestra adjunta. Además, daba cursos en vida cristiana y consejería, y hacía un doctorado en psicología en la Universidad de Pittsburgh. Stu Boehmig, graduado del Seminario Teológico Gordon-Conwell, servía como orador y director ejecutivo. Bill White enseñaba psicología y consejería. Tim Couch enseñaba varias clases y supervisaba la orientación vocacional para los alumnos. Art Lindsley enseñaba teología, ética y apologética. Art se unió a R. C. y John Gerstner para escribir *Classical Apologetics* [Apologética clásica], publicado en 1984. R. C. y estos otros cinco profesores constituían el cuerpo docente. Además, el centro de estudio solía tener profesores y oradores de visita de diversas universidades y seminarios. Biblia y teología constituían los cursos principales, junto con clases sobre consejería, orientación vocacional, relaciones, ética, filosofía y educación física. El centro de estudio ofrecía estudios bíblicos semanales, programas de estudio personalizados que duraban desde dos semanas hasta dos años y, con el tiempo, cursos para obtener créditos universitarios. Los fines de semana, iban grupos de distintas iglesias, y a todos les encantaba la noche de los lunes llamada «GabFest» [Noche de cotorreo], donde ninguna pregunta estaba prohibida. Los alumnos del centro de estudio iban desde adolescentes hasta jubilados.

Uno de estos adolescentes estaba caminando por el estacionamiento del Monroeville Mall, uno de los primeros centros comerciales construidos en Pensilvania. Llegó un auto lleno de adolescentes; algunos que conocía y otros que no. Le dijeron: «Vamos a un estudio bíblico en las montañas. ¿Quieres venir?». Él se metió en el auto y emprendieron el viaje por la autopista Pennsylvania Turnpike. Pocos kilómetros después de la salida Donegal, entraron al centro de estudio. Allí, el jovencito se sentaba en canastillas en el suelo de la sala de R. C. a escuchar enseñanzas como las que nunca había escuchado. Ese adolescente volvió muchas veces. Terminó estudiando ingeniería y, con el tiempo, se mudó a Denver. Era un laico que enseñaba de vez en cuando en la escuela dominical y criaba a su familia. Cuando R. C. empezó a hablar en la radio décadas más tarde, él lo escuchaba a diario. Toda su vida fue un estudiante laico de teología. Esta historia se podría contar miles de veces.

El ahora cuenta para siempre

El lugar era el valle de Ligonier. Era difícil llegar allí, mucho más en los inviernos donde se apilaba la nieve. Pero el aislamiento permitía que los alumnos se concentraran, sin distracciones, en el tema y en las personas en el centro de estudio. Para R. C. era importante que la educación teológica se llevara a cabo en un contexto de transmisión de vida. Disfrutaba de enseñar, le encantaban los tiempos de oración, las comidas y los partidos legendarios de *softball*. Estaba lo suficientemente cerca de Pittsburgh como para que él y el centro de estudio tuvieran un fuerte impacto sobre la ciudad.

Era la década de 1970. La época de los *hippies*, Woodstock y la revolución sexual. La cultura de «sintonizar, encender y abandonar». La década de 1970 parecía ser el momento en que las personas se concentraban en el presente y no querían tener nada que ver con el pasado. Se vivía en el momento, sin pensar demasiado en las consecuencias futuras, ni siquiera en el futuro en sí. También era la época de la iglesia subterránea y el Movimiento de Jesús. Muchos jóvenes, que al principio se habían dejado llevar por la revolución cultural, se salvaron en conciertos, en las calles o en alguna de las iglesias instaladas en locales comerciales en Estados Unidos. Después, terminaron en el centro de estudio para aprender y ser discipulados.

A R. C. le interesaba un movimiento contracultural que tuviera raíces teológicas y eclesiológicas. En su columna en el segundo ejemplar de *Tabletalk*, del 1 de julio de 1977, abordó la revolución sexual. Después de catalogar los trastornos causados por la revolución sexual, preguntó: «¿Cómo enfrenta un cristiano todo esto?». Y ofreció la siguiente respuesta:

> En el análisis final, nos queda la disuasión con la que empezamos: la santidad de Dios y Su autoridad para demandarnos obediencia. Necesitamos una visión nueva y clara de quién es Dios. Necesitamos el ánimo de la comunidad cristiana como un modelo. Necesitamos ver el «camino aun más excelente». [...] La manera en que los cristianos lidiemos con la revolución ahora contará para siempre.[3]

Los Sproul no estaban solos en la tarea en el centro de estudio. Jim y Kathy Thompson se mudaron con ellos desde Cincinnati. Jim era un

---

3 R. C. Sproul, «Right Now Counts Forever: The Sex Revolution and the Christian», *Tabletalk*, vol. 1, 1 de julio de 1977, 2.

ejecutivo en Procter & Gamble, y compiló una biblioteca de casetes con la enseñanza de R. C. Ayudaba con las operaciones financieras, también grababa a R. C. con una grabadora de carrete, y supervisaba la producción y la distribución de la enseñanza de R. C. en casetes. Después de varios años de acumular cintas, Ministerios Ligonier compró el catálogo permanente a los Thompson y se encargó del ministerio de las cintas. El catálogo añadió las cintas de los demás maestros del centro de estudio. Los casetes salían para todo el país desde la pequeña oficina de correo rural de Stahlstown.

Steve y Janice Gooder también se unieron al personal de Ligonier. Janice fue la primera editora de un boletín que salía del centro estudiantil. El primer volumen, publicado el 1 de junio de 1977, constaba de páginas de 11 × 17 pulgadas (28 × 43 cm) dobladas a la mitad y abrochadas al medio, que constituían un total de doce páginas. Se lo enviaban por correo a unas 100 personas, y alrededor de 100 ejemplares más se distribuían en el centro de estudio. Desde entonces, Ministerios Ligonier lo sigue publicando todos los meses con el título original de *Tabletalk*. Esa primera edición tenía una columna de R. C., la cual había titulado: *Right Now Counts Forever* [El ahora cuenta para siempre]. La primera entrega de la columna fue *The Pepsi Generation* [La generación Pepsi]. La cosmovisión predominante del secularismo sostenía que el ahora cuenta para el ahora. R. C. no estaba de acuerdo y, en cambio, afirmaba que el ahora cuenta para siempre.

La fórmula para esos primeros años de *Tabletalk* era una historia principal en la primera página; la columna de R. C. en la segunda página; una reseña de uno o dos alumnos; un artículo escrito por uno de los miembros del personal de enseñanza, en general sobre un tema bíblico; después una doble página, en el centro, que anunciaba la próxima serie de conferencias y seminarios que se ofrecerían en el centro de estudio; seguida por una página de ofertas del ministerio de casetes de Ligonier; seguida por la respuesta de R. C. a una pregunta en una sección titulada *Ask R. C.* [Pregúntale a R. C.]. A continuación, venían algunas noticias del centro de estudio, en una columna titulada *The Field Mouse* [El ratón de campo]. Aquí te enterabas, por ejemplo, de que «Sherrie Sproul está en tercer año de la escuela secundaria y tiene su permiso provisorio para conducir. ¡Apártense del camino!».[4] También podías leer que R. C. tenía un nuevo traje de ejercicio y que se lo podía ver trotando por las calles en subida del valle Ligonier o haciendo saltos de tijera en su porche. Sin duda, pintoresco, *The Field Mouse* le daba a la gente la sensación de estar ahí, y es por lo que todos disfrutaban tanto de estar en el centro de estudio. Era la enseñanza, pero también el *ethos,* el contexto y el lugar lo que era tan especial para todos los estudiantes que visitaban. Nadie más estaba haciendo algo parecido.

En un sentido, R. C. veía el centro de estudio como una manera de cerrar la brecha entre la escuela dominical y el seminario. A él no le interesaba empezar un seminario. Es más, Stuart Babbage había intentado en vano convencer a R. C. de que fuera el presidente del seminario en Filadelfia cuando Conwell levantó campamento, se mudó a Massachusetts y se fusionó con Gordon. Había un emprendimiento para empezar un seminario en el centro de Filadelfia que serviría principalmente a pastores que ya estaban ministrando allí. R. C. no tenía deseos de hacer eso. Había dejado atrás lo académico. Además, le preocupaba el liberalismo abrumador que marcaba a algunos seminarios que solían ser confesionales y de convicción, como el Seminario Teológico de Pittsburgh o Princeton. Al mismo tiempo, R. C. se dio cuenta de que una gran cantidad de laicos jóvenes y viejos deseaban una enseñanza bíblica, teológica y filosófica profunda. Algunos tal vez quisieran realizar alguna clase de ministerio a tiempo completo, pero muchos no. Se estaban preparando para carreras en otra parte, pero querían ser cristianos reflexivos e informados. Vesta resumió el propósito de Ligonier cuando dijo que quería estar en un lugar donde las personas pudieran obtener respuestas; respuestas seguras, confiables y bíblica y confesionalmente fieles.

4   «The Field Mouse», *Tabletalk*, vol. 1, 1 de octubre de 1977.

Otra pareja de Cincinnati a la cual le encantaba la enseñanza de R. C. eran Jack y Linda Rowley. Jack se había retirado de la Fuerza Aérea, después había trabajado para General Electric, supervisando su programa de educación por televisión para mecánicos de motores. Mediante el uso de la nueva tecnología del grabador de videocasete, Jack filmaba y producía cintas educativas para mecánicos e ingenieros. General Electric vendía motores de aviones a la Fuerza Aérea israelí, por ejemplo. Jack estaba al frente de un equipo que producía videos instructivos con el paso a paso. Durante el verano, la familia Rowley tomó vacaciones en el centro de estudio. Una vez, en 1974, Jack llevó su equipo de grabación y le preguntó a R. C. si podía grabar las sesiones de enseñanza para llevar a su clase de estudio bíblico en Cincinnati. La serie de clases que Jack grabó trataba sobre la santidad de Dios.

También vino de visita una pareja de Wichita, Kansas. Cuando se enteraron de la posibilidad de grabar en video, compraron equipos para abastecer a todo un estudio. En ese momento, Jack anunció que se jubilaría de General Electric, y los Rowley se mudaron a Ligonier de forma permanente. Entonces, Jack tomó el puesto de director de medios. A menudo, se lo podía encontrar detrás de una cámara de video. Al poco tiempo, se enviaban paquetes con VHS a todo el país, con la estampilla de Stahlstown.

En esa época, había muy poco material disponible para el estudio bíblico adulto y teológico. Nadie estaba produciendo material en video. Ligonier descubrió que debía dar a las iglesias videocaseteras, para que pudieran encargar la serie en VHS. Incluso produjeron un panfleto titulado: «¿Su iglesia está preparada para los videocasetes?». Era una publicación de vanguardia para una tecnología de vanguardia.

Los Sproul estaban sintiendo la presión constante del ministerio, y no tenían dónde escapar en su propia casa. Si querían privacidad, el único lugar al que podían ir era su habitación. R. C. recordaba: «De vez en cuando, había algún fin de semana en el cual no hubiera un seminario, y teníamos un domingo libre. Y ahí llegaban "los turistas".

Querían ver el centro de estudio. Querían ver nuestra casa».[5] Después de vivir tres años en la casa de conferencias, se mudaron. Conservaron las habitaciones grandes para dar clases y transformaron las otras en oficinas. R. C. y Vesta construyeron otra casa en el terreno a unos 500 metros más arriba de la colina. Vivieron ahí tres años, pero aun así, no tenían demasiada privacidad. Los Rowley se mudaron allí y los Sproul construyeron una tercera casa, a menos de ½ milla (1 km) de distancia, escondida en un bosque de casi 3 hectáreas (7 acres). En una remodelación, agregaron una habitación que sobresalía en la parte de atrás, la cual proporcionaba un piso para que R. C. y Vesta practicaran su pasatiempo de baile de salón. En la casa, se reunía una vez a la semana el personal, y siempre terminaban orando por pedidos que se enviaban al centro de estudio.

Vínculos creados

Michael Cromartie (1950-2017) encargó uno de los casetes de audio. Cromartie había conocido y escuchado por primera vez a R. C. cuando R. C. visitó el Covenant College y la Iglesia Presbiteriana de Lookout Mountain en Lookout Mountain, que se extiende a lo largo de la línea de Tennessee y Georgia, con vista a Chattanooga. A R. C. lo invitó allí un pastor asistente en la iglesia. Antes de ir a la Iglesia Presbiteriana de Lookout Mountain, había sido parte del personal de Young Life. En el verano de 1970, había asistido a la conferencia en el lago Saranac. Invitó a R. C. a predicar en la iglesia y dar una serie de clases. Además, en ese viaje, R. C. dictó una conferencia para empresarios en Chattanooga, y habló en una capilla en Covenant College. Ese fue el principio de muchos viajes a Chattanooga. A los Sproul les encantaba esa ciudad y conocieron a personas que se transformaron en amigos duraderos. Con el tiempo, conocieron a miembros de la familia Maclellan. Más adelante, la Fundación Maclellan sostendría a Ministerios Ligonier.

---

5 *Sproul Memoirs*, sesión 8, registrada en 2014, Ministerios Ligonier, Sanford, Florida.

Michael Cromartie era el presidente del cuerpo estudiantil en Covenant College, y hospedó a R. C. en aquella primera visita. Después de la capilla, R. C. fue a cenar a la casa de Gordon Haddon Clark (1902-1985). Este era un gran honor para R. C., el cual había usado uno de los libros de Clark, *De Tales a Dewey*, como libro de clase, y lo consideraba un excelente análisis de la historia de las ideas. Clark estaba del lado de los presuposicionalistas en lo referente a la apologética, y se oponía al enfoque clásico de Gerstner y R. C. Durante la cena, Clark intentó criticar el enfoque de R. C., poniéndolo del mismo lado que Aquina y Warfield, pero R. C. lo tomó como un gran cumplido.[6]

Cromartie se graduó y empezó a trabajar como el asistente personal de Chuck Colson (1931-2012). Llevaba a Chuck a conferencias y reuniones. Durante un viaje largo en automóvil, le preguntó a Chuck, que estaba sentado en el asiento trasero trabajando mientras conducían, si le molestaba que pusiera un casete de enseñanza que acababa de recibir por correo. Era la serie de R. C. sobre la santidad de Dios. Chuck estaba concentrado en los documentos que había llevado para trabajar, así que apenas escuchaba. Después de un rato, empezó a prestar un poco más de atención, y después dejó de lado todos sus documentos. Chuck le dijo a Cromartie que le gustaría escuchar hablar con este hombre, R. C. Sproul.

Más adelante, visitó el centro de estudio. Ese fue el comienzo de una profunda amistad. Prison Fellowship usaba los casetes de audio y video de R. C. para capacitar al personal y llevar a las cárceles. A través de las amistades que tenía Chuck en D. C., había arreglado que liberaran a prisioneros federales con un permiso laboral dos semanas al año. Durante una semana, los tenía en D. C., y los llevaba al centro de estudio la segunda semana. El centro de estudio no era un lugar seguro —no había cerca, verja ni cámaras—, pero nunca tuvieron ni un solo problema con los prisioneros en el lugar.

---

6   Nichols con Sproul, entrevista personal, 23 de junio de 2017.

R. C. y Chuck también servían cada uno en la junta del otro. Después del éxito arrollador de su libro *Born Again* [Nacido de nuevo] (1976),[7] Chuck siguió escribiendo. Les daba sus manuscritos a Carl F. H. Henry y a R. C. para que revisaran la teología. Eran amigos y tenían un profundo respeto mutuo. Un año, Chuck invitó a R. C. y a Vesta a acompañarlo en unas vacaciones en la casa de Chuck en Naples. Si le hubieras preguntado a R. C., te habría dicho que su ciudad preferida en el mundo era Praga, pero su lugar favorito para vacacionar era Naples. Una vez, dijo que aunque en esta vida había sido un sacerdote, esperaba que en la vida venidera fuera un rey en Naples. Los Sproul disfrutaron muchísimo del tiempo con los Colson. En un momento, la conversación se tornó laboral y empezaron a evaluar la idea de una fusión entre los dos ministerios, Prison Fellowship y Ligonier, y las dos juntas directivas. Al fundirse, compartirían en partes iguales todos los recursos.

R. C. llevó el plan a su junta directiva, y todos apoyaron el proyecto tal como se había presentado. Sin embargo, cuando llegó el momento de que las dos juntas se reunieran, eran tales los detalles que la fusión no produciría una división equitativa de los recursos. La junta de Ligonier, sin incluir a Chuck, no estuvo de acuerdo. Fue una reunión desalentadora, pero después, los dos ministerios siguieron trabajando juntos, y R. C. y Chuck siguieron siendo amigos.[8]

El valor de la persona

Otro miembro de la junta directiva de Ligonier era un exentrenador de baloncesto de R. C., Wayne Alderson. R. C. escribió la biografía de Alderson, *Stronger than Steel: The Wayne Alderson Story* [Más fuerte que el acero: La historia de Wayne Alderson], publicada en 1980.[9] Alderson

---

7   Charles Colson, *Born Again* (Old Tappan, NJ: Chosen, 1976).

8   Nichols con Sproul, entrevista personal, 23 de junio de 2017.

9   R. C. Sproul, *Stronger than Steel: The Wayne Alderson Story* (Nueva York: Harper & Row, 1980).

era de Pleasant Hills, el antiguo vecindario de R. C. y Vesta. Era un entrenador adjunto de un equipo de baloncesto en una liga de la iglesia en la zona metropolitana de Pittsburgh donde había jugado R. C. durante sus años de escuela secundaria. Más adelante, Alderson fue el vicepresidente de operaciones en Pittron Foundry, una planta siderúrgica a punto de cerrar sus puertas. Alderson llegó al centro de estudio con un grupo de la iglesia para el seminario. R. C. disfrutó de pasar tiempo con su antiguo entrenador. Alderson le explicó la situación en la que se encontraba y la condición nefasta de la planta. Quería poner en práctica su fe y aplicar su cosmovisión y su ética bíblicas a la planta siderúrgica. Pensaba con intensidad en cómo podía lograrlo. Empezó con los principios básicos de la dignidad humana y el respeto. Comenzó a abordar todos los aspectos de su trabajo desde esta perspectiva, y Pittron comenzó a cambiar y se volvió muy exitosa. Los analistas industriales se vieron tentados a usar el lenguaje bíblico de los milagros para describir lo que Alderson había logrado. Más adelante, Alderson llamó a su enfoque el «Valor de la persona», el cual hacía énfasis en la dignidad y el respeto. La biografía de R. C. registra cómo empezó a bajar el absentismo hasta desaparecer casi por completo entre los obreros, y cómo se registró un nivel sin precedentes de productividad. Los ejecutivos visitaban a los obreros o a sus parientes si alguno se encontraba en el hospital. Alderson empezó un estudio bíblico entre los obreros de la planta y organizaba desayunos de oración con los administradores. Alderson llevó una cultura de dignidad y respeto a Pittron. Después, quiso replicar lo mismo en otras plantas siderúrgicas y otras industrias en Pittsburgh. R. C. lo acompañó.

También se les unió Francis John «Lefty» Scumaci, un representante gremial de International Steel Workers. Antes, Scumaci jugaba al béisbol en el sistema rural de los Red Sox de Boston. Tenía una veta mezquina. Lo despidieron varias veces y participó de diversas huelgas salvajes. En esencia, lo enviaron a Pittron a espiar a Alderson. Lefty asistió a uno de los estudios bíblicos para ver qué pasaba realmente allí. Se encontró volviendo una y otra vez, y se convirtió. Él y Alderson se hicieron amigos rápidamente. Alderson le presentó a R. C. Con el tiempo, Scumaci prestaría servicio en la junta directiva de Ligonier.

Alderson, Lefty y R. C. eran un equipo formidable. Visitaban empresas de la lista Fortune 500 por todo Pittsburgh y el oeste de Pensilvania y daban clases y seminarios entre ejecutivos. También visitaron las oficinas sindicales en «Steel Valley». Con los administrativos por la mañana, con los obreros por la tarde. R. C. empezaba el día de traje y corbata. Mientras iba camino al sindicato, se sacaba el saco y la corbata y se arremangaba la camisa. Cuando entraban a la oficina del sindicato, él estaba listo.

A veces, los equipos de administrativos iban a ver a R. C. Antes de que Volkswagen abriera su planta en New Stanton, Pensilvania, donde fabricarían el Rabbit, enviaron a un equipo de 56 supervisores al centro de estudio para cuatro días de seminario. R. C. explicó: «Una de las grandes áreas complicadas de la sociedad es la de las relaciones entre los obreros y los administradores, y es lo que más duele, porque los problemas en el trabajo afectan toda la vida de una persona. Quisiéramos reducir las hostilidades y el sufrimiento en el mundo laboral». Uno de los supervisores testificó: «Vine a estos seminarios con completo escepticismo. Ahora quiero ser el mejor supervisor que pueda, y quiero aprender todo lo posible sobre Jesús y Dios».[10]

El centro de estudio tenía una lista fascinante de alumnos. Richard Lints ayudaba en el equipo del lugar y también estudió allí. Llegó a ser profesor de teología. Howard Griffith enseñó en el Seminario Teológico Reformado hasta su muerte en 2019. Bill Hybels asistía a clases en el centro de estudio. Tim Keller y su esposa, antes de casarse, estudiaron allí. Es más, R. C. Sproul casó a Tim y Kathy Keller. Rebecca Manley, que se transformaría en Rebecca Manley Pippert, estudió allí. Mike

---

10 «It's Rabbit at Ligonier», *Tabletalk*, vol. 2, abril de 1978, 1.

Ford, el hijo del presidente Gerarld Ford, estudió ahí varios meses, al igual que Russ Pulliam, periodista premiado del *Indianapolis Star*.

Russ se había graduado y ya había trabajado varios años como reportero de Associated Press en la ciudad de Nueva York. Después de dejar ese puesto, estaba «buscando oportunidades para desarrollar un mejor conocimiento de la Biblia y su aplicación al periodismo, la política, la cultura, la raza y los problemas de las zonas marginales». Las encontró en el centro de estudio. Hizo un seminario, y después regresó a un estudio de dos meses de lectura supervisada, y añadió: «También disfruto de la posibilidad de andar sin zapatos por aquí, y de hachar una cantidad infinita de troncos».[11] Lee Baker estaba buscando un lugar que la ayudara a conectar estudios bíblicos con el arte, después de obtener su licenciatura en Bellas artes. Fue a estudiar el centro de estudio siete veces, siempre diciendo que volvería. Su observación sobre el lugar fue: «Despertó mi apetito por la lectura, y obtuve una valiosa perspectiva sobre cómo la cultura llegó al estado en el que está, y sobre nuestra responsabilidad de entender lo que está pensando la cultura».[12]

Los estudiantes universitarios que llegaban al centro de estudio querían más y, al poco tiempo, las universidades empezaron a contactar a R. C., pidiéndole que ofreciera cursos por créditos en enero. Alrededor de una docena de universidades en el oeste de Pensilvania y en Ohio concederían créditos universitarios por cursos realizados con R. C. Alumnos de Geneva College, Grove City College, Westminster College y otros lugares hacían cursos de filosofía o Biblia y sumaban créditos. R. C. recuerda cómo disfrutaban de este tiempo los alumnos. Tenían una sola clase, así que podían concentrarse en ella, y con toda la nieve que los rodeaba, hasta podían esquiar un poco. R. C. también disfrutaba de enseñarles. Para él, los estudiantes universitarios eran muy

---

11 «Student Life», *Tabletalk*, vol. 1, 1 de septiembre de 1977, 4.

12 «Student Life», *Tabletalk*.

enseñables. A veces, los seminaristas tenían la distracción del trabajo o la familia y, tal como R. C. observaba, en general ya tenían posiciones y perspectivas solidificadas. Pero los universitarios eran como esponjas, y a R. C. le encantaba el desafío de producir un impacto en ellos.

De todos los estudiantes que fueron al centro de estudio, Harvey se destacaba en los recuerdos de R. C. Tenía parálisis cerebral, y fue al centro de estudio varios veranos y algunos semestres en enero. En su universidad, un grupo de estudiantes carismáticos habían intentado sanarlo. Cuando sus esfuerzos no funcionaron, le dijeron a Harvey que no se había sanado porque le faltaba fe, y que lo más probable era que ni siquiera fuera cristiano. La próxima vez que fue al centro de estudio, le contó a R. C. lo que había sucedido. R. C. le aseguró que no le faltaba fe, y que sí era cristiano. Después, oraron juntos. En un momento, R. C. oró: «Señor, ayuda a este hombre a entender que está plenamente justificado ante tus ojos, y que está vestido de la justicia de Cristo». Cuando terminó, R. C. observó que a Harvey le corrían lágrimas por el rostro. Le preguntó qué sucedía y Harvey respondió: «Es la primera vez en mi vida que alguien se refiere a mí como un hombre». «Amamos a Harvey», dijo R. C., y siguieron en contacto durante décadas.[13]

Ligonier también le brindaba a R. C. la posibilidad de disfrutar de tres de sus pasatiempos preferidos: la caza, el golf y los Steelers. Los Steelers tenían un campamento de entrenamiento en el Saint Vincent College, que estaba cerca en Latrobe, y era la época en que los Steelers dominaban, cuando ganaron el Super Bowl en 1975, 1976, 1979 y 1980.

La zona del oeste de Pensilvania era conocida por la caza. Los distritos escolares consideraban el primer día de la temporada de caza de ciervos un día festivo. La propiedad que rodeaba Ligonier brindaba muchas oportunidades, y los perros siempre acompañaban. Los cachorros también iban. A veces, esto impedía que atraparan una presa. Así que, para que los perros se quedaran contentos en la casa, R. C. tenía

---

13 *Sproul Memoirs*, sesión 8.

que poner una de sus cintas de enseñanza en el reproductor de casete y encenderlo para que los perros pensaran que estaba en la habitación, detrás de una puerta cerrada. Entonces, se escapaba por la ventana del estudio, y los perros no se enteraban de que se había ido. A veces, Vesta iba a cazar con él. Podía imitar muy bien a un búho. Cuando los pavos escuchan cierto ululato de búho, lo toman como una señal de levantarse y empezar el día.[14]

En el seminario, R. C. empezó a jugar al golf. Cerca de su departamento, había una pequeña cancha que permitía que los pastores jugaran en forma gratuita. Cuando R. C. fue para anotarse para el plan ministerial, la persona detrás del mostrador le dijo: «Usted no parece un ministro».[15] No tenía la imagen esperada. Iba temprano a la mañana y buscaba pelotas de golf que habían sido arrojadas fuera de la cancha. Como tenían muy poco dinero, era la única manera en que podía jugar. A R. C. le encantaba el golf. No muy lejos del centro de estudio, estaba el club de campo Ligonier, donde más adelante jugó, y también el club de campo Latrobe, de Arnold Palmer. Fue el lugar donde R. C. conoció por primera vez al legendario golfista. R. C. tenía una fotografía de Arnold Palmer en su oficina, junto con una foto de Lutero, por supuesto.[16]

Esos eran sus pasatiempos. Su vocación era dirigir Ligonier, enseñar y escribir.

El símbolo

Tal vez recuerdes que, antes de que R. C. se fuera de Westminster College a enseñar a Gordon College, daba un curso introductorio de doctrina en verano, utilizando el Credo de los Apóstoles como la estructura del curso. En Gordon, enseñaba utilizando un material similar.

---

14 Stephen Nichols con Vesta Sproul, entrevista personal, 1 de mayo de 2018.
15 R. C. Sproul, *The Prayer of the Lord* (Sanford, FL: Reformation Trust, 2009), 8.
16 Nichols con Vesta Sproul, entrevista personal, 1 de mayo de 2018.

Su idea era organizar ese material en forma de libro. Mientras estaba en Cincinnati, pudo hacerlo. Editó el texto y lo envió a la editorial Presbyterian & Reformed, la misma editorial con la que había trabajado como vendedor de libros mientras estudiaba en la universidad. Al libro, lo tituló: *The Symbol: An Exposition of the Apostles' Creed* [El símbolo: una exposición del Credo de los Apóstoles].[17] Presbyterian & Reformed lo publicó. Un diseñador gráfico amigo hizo un bosquejo de la posible cubierta, la cual R. C. envió a la editorial como una idea, con toda la intención de que su amigo terminara el bosquejo si al editor le gustaba. Presbyterian & Reformed lo publicó con la tapa provisoria que habían enviado y, más adelante, R. C. se enteró de que *Christianity Today* lo había designado entre los libros más significativos publicados en aquel año. Resuenan las palabras de su maestra de escritura: «Nunca permitas que te digan que no puedes escribir». R. C. le dedicó el libro a Vesta, con estas palabras:

PARA VESTA
Para los romanos, una diosa pagana;
para mí, una esposa piadosa.

Era su primer libro, y su primer libro dedicado a Vesta. Por cierto que no sería el último libro, ni tampoco el último dedicado a Vesta. Sin embargo, fue la única dedicatoria de R. C. que utilizó las palabras «diosa pagana».

En el prefacio, R. C. dedicó algunas frases para explicar su estilo y su enfoque, observando que usaba un estilo literario semipopular, y que «buscaba, en muchos casos, lidiar con cuestiones teológicas sumamente complejas simplificándolas para el lector».[18] Estos serían los rasgos

---

17 La primera impresión tiene un subtítulo distinto en la tapa que en la primera página dentro del libro. La tapa dice: «Una exposición contemporánea del Credo de los Apóstoles», mientras que la página de portada decía: «Una exposición del Credo de los Apóstoles», omitiendo «contemporánea».

18 R. C. Sproul, *The Symbol* (Phillipsburg, NJ: Presbyterian & Reformed, 1973), VII.

distintivos de la enseñanza de R. C. Aunque su intención era simplificar los conceptos para sus amados lectores, nunca los subestimaba. Además, le gustaba hacerlos sonreír. Todavía en el prefacio, escribe que evitó los «términos académicos técnicos», para lo cual añade una nota al pie. La nota dice: *Semper ubi, sub ubi,* que traducido, significa: «Siempre donde, bajo donde». En inglés, suena muy parecido a: «Siempre usa ropa interior».

En la página 1, observa que el Credo de los Apóstoles empieza con la palabra: «Creo». Después, declara: «La presente es una hora de falta de fe en gran parte de la cultura estadounidense. Decir "creo" suena a un vuelo fundamental a un mundo de fantasía, donde la realidad está suavizada por la fe». R. C. continúa argumentando que la fe no es ningún salto. Como cristianos, cada uno de nosotros no es «una "pequeña Alicia" que cierra los ojos y aguanta la respiración, con la esperanza de que creer hará que sus deseos se cumplan».[19] No, «el Nuevo Testamento no llama al hombre a crucificar su intelecto». Después, exclama: «La fe es razonable».[20] Y sigue diciendo que la fe supone «más que tan solo ser persuadido de la verdad; supone amar la verdad. La fe lleva a la exaltación de Cristo».[21] Además, la fe también resulta en vivir: «La fe que justifica es la clase de fe que resulta en una vida santa».[22] La fe supone pensar y saber, amar y deleitarse, obedecer y vivir. Entonces, R. C. concluye el primer capítulo diciendo: «Si la iglesia va a ser iglesia, debe seguir siendo un cuerpo confesional».

En la página 10, R. C. escribe sobre conos de helado; en realidad, sobre «Dios y los conos de helado». Está hablando de Tomás de Aquino y el lenguaje analógico. Entender quién es Dios lleva a R. C. a hablar de quiénes somos y de nuestra necesidad de un Salvador. Todos los

---

19 Sproul, *The Symbol*, 2.
20 Sproul, *The Symbol*, 3.
21 Sproul, *The Symbol*, 6.
22 Sproul, *The Symbol*, 7.

temas que R. C. seguiría desentrañando en las siguientes cinco décadas pueden encontrarse en su primer libro.

Cerca del final del libro, R. C. observa que «el futuro de la iglesia visible parece desalentador». Pero después, muestra esperanza para una renovación y un avivamiento, al añadir:

> Tal vez la mayor esperanza para el futuro yace en la revolución presente del laicado. Una nueva dimensión de participación laica, educación laica y movilización laica está informando a las iglesias más grandes de Estados Unidos. Tal vez haya un nuevo Moisés entre ellos, un nuevo Lutero, un nuevo Agustín o Calvino, el cual nos sacará del punto muerto, mientras estamos entre Migdol y el mar.[23]

La primera vez que R. C. escuchó sobre ese desafío (estar entre Migdol y el mar) fue en el seminario. Allí, también escuchó a Gerstner decir muchas veces que, para la iglesia, «es una era de <u>analfabetismo</u>», y R. C. subrayó dos veces esa palabra en uno de sus primeros bosquejos de conferencias, anotado en uno de sus cuadernos privados de la época temprana del centro de estudio. R. C. continúa observando que «los miembros del clero [son los] más "incompetentes" de todos los "profesionales" [y] tienen un escaso conocimiento de Dios». R. C. experimentó esto en persona cuando la clase introductoria del Nuevo Testamento que tomó mientras era estudiante se saltó Romanos.

La muerte de un clero bien entrenado en el púlpito implicaba congregantes mal alimentados en los bancos y una iglesia anémica. R. C. veía a Ligonier como el lugar donde podía pararse entre Migdol y el mar, y conducir a los laicos, en su mayoría, a una alfabetización teológica y bíblica.

Lo que R. C. intentaba hacer en el Centro de Estudio del Valle Ligonier era iniciar una revolución teológica. Frente a la turbulenta década de 1970, a medida que las instituciones se derrumbaban, R. C.

---

23 Sproul, *The Symbol*, 140.

se apoyó en el cimiento sólido y seguro de la autoridad de la Palabra de Dios. En una época en que el pasado se despreciaba y el presente se festejaba, R. C. puso la mirada en el antiguo Credo de los Apóstoles, Aquino, los Reformadores y Jonathan Edwards para desbordar con relevancia contemporánea. Y en un momento en que el poder del ahora y la satisfacción presente eclipsaban lo eterno, R. C. declaró que «el ahora cuenta para siempre». Todo lo que sucedía en el centro de estudio volvía a lo mismo: el estudio diligente de la Palabra de Dios. R. C. no quería que el centro de estudio fuera un lugar de mera opinión, sino un lugar de conocimiento, donde adquirir y enseñar el conocimiento que llevaba a una transformación. Era un lugar para aprender quién es Dios.

El centro de estudio era un lugar particular y empezó en un momento particular.

La época era la década de 1970, un momento peculiar en la historia de Estados Unidos, que revolucionó la cultura. El lugar, el Centro de Estudio del Valle Ligonier, también era un lugar peculiar en la historia de la iglesia, que revolucionó la teología. No había nada parecido. No era como L'Abri, de Schaeffer. Lo más parecido sería el Monasterio Negro de Lutero, el lugar que Federico el Sabio les regaló a él y a Katie como regalo de bodas. Conocido también como «Lutherhalle» o la «Lutherhaus», allí fue donde Lutero estudiaba, enseñaba y vivía con su familia en compañía de sus alumnos. Eso era el centro de estudio.

Cuando los Sproul se mudaron a la propiedad en 1971, estaba la vieja casa de piedra y la nueva casa de conferencias, donde R. C. estudiaba, enseñaba y vivía con su familia en compañía de sus alumnos. Entrabas por el acceso de gravilla a la salida de la calle Old Distillery Road. Al igual que todas las calles rurales de Pensilvania, esta no tenía arcén ni ninguna línea pintada, pero sí tenía subidas y bajadas, curvas y baches. Se entraba a la propiedad que daba al amanecer, con la casa de piedra a la izquierda y la casa de conferencias a la derecha. Cedar Lodge, que proporcionaría hospedaje, se añadió más tarde, y exhibiría tablones anchos de cedro, cultivados en la tierra de Dora Hillman.

Detrás, había un lago y campos, que se extendían hacia el norte hasta llegar a la línea de los árboles y las colinas onduladas. Allí estaba Pine Lodge, donde se encontraba el estudio, el centro de producción y las oficinas. Contaba con tablones de pino, también cultivados en la propiedad de Dora Hillman. Las casas del personal estaban ubicadas en fila, a un costado de Pine Lodge. Por encima, una cúpula formada por los árboles proporcionaba un escenario para ver el amanecer. De cara al sur, apenas después de la casa de conferencias, había una vieja capilla de troncos. Dora la encontró y la hizo llevar a la propiedad. Tallado en la colina, Ligonier era un lugar para aprender y vivir la teología. Mientras que afuera se estaba desatando una revolución cultural, aquí se llevaba a cabo una reforma silenciosa.

5

LA INERRANCIA

En toda generación, y contra toda crítica, es necesario defender
la plena confiabilidad de la Sagrada Escritura.

R. C. SPROUL

EL CENTRO DE RETIRO MENONITA Laurelville no está lejos del centro de estudio al pie de la colina Three Mile, que se encuentra a un descenso de 3 millas (5 km) en la Ruta 31 de Pensilvania, y desde la cima, se puede ver la ciudad de Pittsburgh a 50 millas (80 km) de distancia. Este centro en particular, como muchos otros, ofrece lugares de campamento y retiro para la mayoría de los grupos cristianos del oeste de Pensilvania y alrededores. No es exagerado afirmar que, durante unos días en octubre de 1973, jugó un papel histórico en la historia de la iglesia estadounidense, al servir como la sede de una conferencia sobre la inerrancia bíblica. Rocas grandes o peñascos, y pinos robustos salpican el terreno montañoso y rodean los edificios, las salas de reunión y las cabañas con paredes de madera. Arroyos frescos de montaña corren en medio de ellos, y hay un riachuelo más formidable en cierto punto que ofrece una cascada pequeña pero impresionante. Si buscabas el lugar perfecto para un retiro de fin de semana en el bosque, lo encontraste. El centro de estudio podía recibir a grupos grandes para conferencias, pero no podía alimentar y hospedar a 300 personas. Y ese fue el grupo que asistió a la primera conferencia a gran escala organizada por Ligonier.

Se llamaba «Conferencia sobre la inspiración y la autoridad de la Escritura», y reunió a un grupo de eruditos para dirigirse a una audiencia compuesta mayormente de pastores. Los ensayos se publicaron en 1974 como *God's Inerrant Word: An International Symposium on the Trustworthiness of Scripture* [La Palabra inerrante de Dios: Un simposio internacional sobre la fiabilidad de la Escritura], editado por John Warwick Montgomery (1931–). El libro estaba dedicado a Dora Hillman. J. I. Packer (1926-2020), orador y colaborador en la conferencia, era de Reino Unido. Peter Jones también era de Reino Unido y acababa de empezar como profesor en el seminario reformado en Aix-en-Provence, Francia. Para completar este simposio internacional, se encontraban los oradores estadounidenses John Warwick Montgomery, John Gerstner, Clark Pinnock, John Frame y el convocante a la conferencia, R. C. Sproul, de 34 años de edad.

Montgomery tenía una colección de títulos, once en total, en áreas como filosofía, estudios bibliotecarios, teología y abogacía. Tiene un doctorado en filosofía de la Universidad de Chicago, uno en teología de Strasbourg y un doctorado en derecho de Cardiff. En 1973, publicó una serie de ensayos con el título *Christianity for the Tough-Minded* [Cristianismo para personas tenaces]. El texto clásico de Packer, *El conocimiento del Dios santo,* se publicó el mismo año, pero no fue el libro que le ganó una invitación a la conferencia. El primer libro de Packer, *Fundamentalism and the Word of God* [El fundamentalismo y la Palabra de Dios] (1958), fue la razón por la cual lo invitaron. Por supuesto, R. C. invitaría a su mentor, el Dr. Gerstner. Clark Pinnock había publicado *A Defense of Biblical Infallibility* [Una defensa de la infalibilidad bíblica] (1967), un libro sobre apologética y otro sobre la doctrina de la Escritura. John Frame enseñaba en el Seminario Teológico de Westminster en Filadelfia, el seminario firme que defendía la fidelidad bíblica y la convicción confesional. Peter Jones acababa de completar su doctorado en Princeton y estaba empezando su carrera como apologista y teólogo. Si querías trazar una línea en la arena, este era un buen grupo para hacerlo.

El prefacio del libro declara que la conferencia, y los ensayos que este contenía, servían «como una inyección de adrenalina para los débiles que cuestionan el lugar de la inerrancia en la teología cristiana histórica o dudan que la investigación moderna sea compatible con una Biblia libre de errores». El prefacio sigue observando que los ensayistas «tienen en común la confianza cristiana histórica en una Biblia completamente digna de confianza». Esperaban que, a través de estos ensayos, pudieran impartir esa confianza a los lectores y a la iglesia, a los pastores en el púlpito y a las personas en los bancos.

Sin duda, el objetivo de R. C. era impartir esa confianza a la audiencia en Laurelville. Para él, el tema de la inerrancia no era una doctrina abstracta, y esta conferencia no era una reunión pintoresca de teólogos y pastores para debatir cuestiones idealistas. Las tormentas de guerra se habían desatado y se cernían sobre denominaciones que estaban histórica y confesionalmente comprometidas con una Biblia inerrante y autorizada. Los princetonianos, Charles y A. A. Hodge, B. B. Warfield y J. Gresham Machen batallaban por la Biblia, a medida que el modernismo repercutía en la cultura y engendraba liberalismo en las iglesias. En la década de 1950, las enseñanzas de Rudolf Bultmann y Karl Barth habían impactado a toda una generación de académicos, quienes después influenciaron a pastores y líderes denominacionales. Con el tiempo, esto se escurrió a los bancos. R. C. lo había experimentado en persona en la Iglesia Presbiteriana de la Comunidad de Pleasant Hills, aunque en ese momento no se daba cuenta.

La Biblia y la historia

En 1967, la denominación de R. C., la Iglesia Presbiteriana Unida de Estados Unidos (UPCUSA), publicó el Libro de Confesiones. El plural es importante. Los Estándares de Westminster habían sido la declaración confesional de las diversas denominaciones presbiterianas. Desde la década de 1640, los Estándares de Westminster constan de la Confesión de Fe de Westminster, el Catecismo Menor, el Catecismo Mayor y el Directorio para la Adoración Pública. El Libro de Confesiones añadió a estos documentos varias confesiones históricas, así como la Confesión de 1967.

El problema de R. C. con esta nueva confesión no era tanto lo que decía, sino lo que no decía. Por ejemplo, la confesión afirma la resurrección de Jesucristo pero no usa la palabra *corporalmente*. Esto habilitó a aquellos que, siguiendo a Rudolph Bultmann, adoptarían la absurda postura de que Cristo resucitó meramente en el ámbito de la fe; estos niegan la resurrección corporal, en tiempo y espacio, de Cristo. Bultmann argumentaba que los Evangelios del Nuevo Testamento son una mezcla de historia y mitología, y que, para que la Biblia tenga alguna relevancia para el hombre moderno, un intérprete bíblico (un pastor) debe ir más allá de lo histórico para predicar lo mitológico. En un artículo de *Tabletalk,* R. C. lo explica de la siguiente manera:

El carácter histórico del judeocristianismo es lo que lo distingue notablemente de todas las formas de la mitología. Un mito encuentra su valor en su aplicación moral o espiritual, mientras que su realidad histórica es insignificante. Los cuentos de hadas pueden ayudar a nuestros cambios de ánimo, pero no nos ayudan demasiado a la hora de darnos confianza en una realidad suprema. El siglo XX fue testigo de una crisis en la dimensión histórica del cristianismo bíblico. Los teólogos alemanes marcaron una distinción crucial entre la historia común y lo que ellos llamaron «historia de la salvación», o a veces «historia redentora». Esta distinción se basó en una primera instancia en el carácter evidente de Sagrada Escritura; es decir, que no solo es un registro de sucesos comunes y corrientes de hombres y naciones. No es tan solo una crónica de actividad humana, sino que también incluye la revelación de la actividad divina en medio de la historia.

Como la Biblia difiere de la historia común y fue llamada «historia de la salvación», no fue un gran salto pasar a arrancar la revelación bíblica de su contexto histórico directamente. Nadie fue más importante a la hora de sacar los Evangelios de la historia que el teólogo alemán Rudolf Bultmann. Bultmann diseñó una nueva teología que llamaba «una teología de la intemporalidad». Esta teología de la intemporalidad no se concentra en el pasado ni en el futuro como categorías de realidad. Lo importante, según Bultmann, es el *hic et nunc,* el «aquí y ahora», o el momento presente. La salvación no ocurre en el plano horizontal de la historia, sino que se lleva a cabo verticalmente, en el momento presente o lo que otros llaman «el momento existencial».[1]

Entonces, el Dr. Sproul replica en forma sucinta: «La Biblia es el registro de las obras históricas de Dios de redención, dentro del contexto del espacio y el tiempo. Si se toma el evangelio y su mensaje fuera del contexto de la historia, se destruye completamente el cristianismo».[2]

Aquí vemos la doctrina de la Escritura y la doctrina de la salvación entrelazadas. La creencia en la veracidad histórica —la veracidad completa y entera— de la Escritura tiene todo que ver con la persona y la obra de Cristo, y con un relato completa y enteramente verdadero de Su nacimiento virginal, Su vida de perfecta obediencia, crucifixión, resurrección y ascensión.

R. C. quería que la iglesia no se confundiera en cuanto a lo que estaba en juego aquí: si se acepta el enfoque de Bultmann a la Escritura, se ajusta la doctrina y las declaraciones confesionales en consecuencia y se pierde el evangelio. Se pierde la *raison d'être* de la iglesia, la razón misma de su existencia.

Además de Bultmann, la iglesia en las décadas de 1960 y 1970 fue confrontada por la influencia de Karl Barth. Barth hacía énfasis en que

---

1   R. C. Sproul, «An Historic Faith», *Tabletalk,* vol. 30, febrero de 2006, https://www.ligonier.org /learn/articles/historic-faith/.

2   Sproul, «An Historic Faith».

los seres humanos erran, así que, si Dios fuera a invalidar a los autores humanos de la Escritura, el resultado sería el docetismo bíblico. El docetismo era la visión hereje de que Cristo no era verdaderamente humano. La palabra griega *dokeo* significa «aparecer». Esta herejía enseñaba que Cristo parecía humano pero no lo era en realidad. Su naturaleza divina, por así decirlo, envolvía por completo cualquier naturaleza humana. Cuando Barth declaró que la visión de la inerrancia era docetismo bíblico, estaba diciendo que esta visión requiere que la autoría divina de la Escritura envuelva por completo la autoría humana. En cambio, tenía la postura dialéctica de que la Escritura es la Palabra de Dios que no erra y también la palabra del hombre, que sí erra. R. C. explica la siguiente movida de Barth:

> Barth dijo que la Biblia es la «Palabra» *(verbum)* de Dios, pero no las «palabras» *(verba)* de Dios. Con este acto de gimnasia teológica, esperaba resolver el dilema irresoluble de llamar a la Biblia la Palabra de Dios, la cual erra. Si la Biblia erra, entonces es un libro de reflexión humana sobre la revelación divina; tan solo otro volumen humano de teología. Tal vez tenga una perspectiva teológica profunda, pero no es la Palabra de Dios.[3]

La perspectiva de Barth tuvo un impacto significativo. Lo que surgió fue la supuesta neoortodoxia, y se pudo sentir en casi todas las denominaciones europeas y angloamericanas, además de tener adeptos en los cuerpos docentes de los seminarios más importantes.

Entonces, en 1973, R. C. convocó a una conferencia para responder a los ataques frontales de Bultmann y Barth a la inerrancia.[4] Pero para R. C., esta no era una mera empresa académica. Como ya mencionamos,

---

3 R. C. Sproul, «Foreword», *The Inerrant Word: Biblical, Historical, Theological, and Pastoral Perspectives*, ed. John MacArthur (Wheaton, IL: Crossway, 2016), 10.

4 En su ensayo: *The Case for Inerrancy: A Methodological Analysis* [El argumento a favor de la inerrancia: Un análisis metodológico], R. C. dedica cuatro páginas a refutar el argumento «docético» de Barth contra la inerrancia.

la doctrina de la Escritura tiene un impacto directo sobre la doctrina de la salvación. Además, la doctrina de la Escritura afecta cómo vivimos la vida cristiana, la obediencia del cristiano a Dios y la ética cristiana. Para resumir, la inerrancia, así como la autoridad de la Escritura, tiene todo que ver con la salvación y con la vida.

Pan, no piedras

Herman Bavinck, que precedió al profesor de R. C., G. C. Berkouwer, en la Universidad Free, recordó su época en Leiden como estudiante. Todo el cuerpo docente allí estaba bajo el embrujo de la alta crítica. Bavinck recordaba con tristeza que fue a Leiden para recibir pan y en cambio le dieron piedras.[5] R. C. también había recibido piedras. Sabía lo que se estaba predicando desde los púlpitos, porque se lo habían predicado a él. Sabía lo que se enseñaba en algunos de los seminarios y universidades denominacionales, porque se lo habían enseñado a él. Sabía que se ofrecía una dieta continua de piedras, y parecía haber más en el camino. Otra cuestión desconcertante era la sutileza de los nuevos argumentos contra la inerrancia, lo cual implicaba que los cuestionamientos a la inerrancia impactaban a otros evangélicos, a evangélicos que deberían haber tenido mejor discernimiento.

En la conferencia, R. C. reveló la Declaración de Ligonier, escrita por él y firmada por todos los presentadores. En un párrafo, la declaración afirma:

> Creemos que la Santa Escritura del Antiguo y el Nuevo Testamento es la Palabra de Dios, inspirada e inerrante: Sostenemos que la Biblia, según fue dada originalmente mediante agentes de revelación, es infalible, y consideramos esto un elemento crucial de la fe, con repercusiones para toda la vida y la práctica de todos los cristianos. Junto

---

5 Herman Bavinck, «Modernism and Orthodoxy», citado en John Bolt, «Grand Rapids between Kampen and Amsterdam: Herman Bavinck's Reception and Influence in North America», *Calvin Theological Journal*, vol. 38 (2003): 267.

con los grandes padres de la historia cristiana, declaramos nuestra confianza en la fiabilidad absoluta de la Escritura, y afirmamos que cualquier visión que le atribuya un menor grado de inerrancia que el total está en conflicto en el testimonio de la misma Biblia en general y con la enseñanza de Jesucristo en particular. Por obediencia al Señor de la Iglesia, nos sometemos sin reservas a Su visión autorizada de la Santa Escritura.

La declaración empieza con una referencia al argumento básico de los princetonianos y Warfield. Warfield argumentaba que, si la inspiración es verdadera, entonces la inerrancia es la conclusión adecuada. Para decirlo de manera más sucinta, si hay inspiración, hay inerrancia. Si la Biblia es la Palabra de Dios, inspirada por Su propio aliento (inspiración), entonces la Biblia es verdad (inerrancia), ya que Dios no puede errar. La Declaración de Ligonier afirma que la inerrancia concuerda con la ortodoxia histórica y con la interpretación de la Biblia de sí misma, en especial con la visión de Cristo de la Escritura. La declaración termina instando a someterse «sin reservas» a la Escritura.

Esta era la década de 1970, la era de la «ética situacional» de Joseph Fletcher. Había publicado *Ética de situación: La nueva moralidad* en 1966. Declaró abiertamente: «La moralidad de un acto depende de la situación». El relativismo estaba fuera de control. Además, había una erosión de las instituciones en las cuales la gente confiaba, mientras Estados Unidos estaba implicado en el escándalo de Watergate desde 1972 hasta 1974. Esto hizo que surgiera otra línea defectuosa en cuanto a la autoridad. ¿Cómo se sabe lo que es correcto? Y ¿cómo uno hace lo correcto? Estas preguntas cruciales necesitaban respuestas con un fundamento sólido.

El principio de la década de 1970 era una época de crisis ética. En el centro de estudio, R. C. y los demás maestros confrontaban estas cuestiones, desafíos y preguntas éticos en forma directa. A R. C. le importaba mucho cómo vivía la gente, cómo vive *ahora,* debido a las consecuencias eternas. Entendía que no valía la pena vivir una vida desobediente. La vida obediente es la que vale la pena. La única manera de saber si una cosmovisión y una ética integrales son sólidas y convincentes es que el fundamento de esa cosmovisión y esa ética sea sólido y convincente. Pensar en cómo vivir en este mundo es lo que impulsó la doctrina de R. C. de la Escritura. Quería que la iglesia supiera que hay un fundamento seguro y sólido para la doctrina y la vida, la teología y la ética, el estudio y el conocimiento de Dios, y para obedecer a Dios y adorarlo toda la vida. Una Escritura autorizada es la clave. A partir de esa base, se puede ofrecer pan desde el púlpito y el atril, en lugar de piedras.

El Centro de Estudio del Valle Ligonier abordaba diversas cuestiones, pero ninguna era más importante que el estudio de la Biblia. R. C. destacaba que una cosa es leer la Biblia, otra muy distinta es estudiarla, y algo completamente diferente es obedecerla. El argumento seguía una cadena lógica:

(1) Nos sometemos a toda palabra de la Biblia (obediencia), lo cual exige

(2) que estudiemos, prediquemos y enseñemos toda palabra de la Biblia (todo el consejo de Dios), porque

(3) toda palabra de la Biblia es verdad (inerrancia), porque

(4) toda palabra de la Biblia proviene de Dios (inspiración), porque

(5) Dios es verdad (doctrina de Dios).

De acuerdo con esto, R. C. convocó a la conferencia sobre la inerrancia.

Mientras tanto, la PCA

R. C. tenía otras cuestiones con las cuales luchar mientras planeaba y organizaba la conferencia sobre la inerrancia. Su denominación permitía la ordenación de mujeres. R. C. se oponía a esto. Su denominación les permitía a él y a otros del mismo parecer, como Gerstner, que pensaran de esta manera. La denominación no le imponía un cargo de conciencia al exigirle que asistiera al servicio de ordenación de una mujer, lo cual hubiera requerido que se uniera a los demás ancianos para imponerle las manos y mostrar su aprobación. Esa práctica cambió con la «decisión de Kenyon». La decisión de Kenyon requería que los ministros de la UPCUSA siguieran la forma de gobierno y las decisiones de la denominación. La denominación decidió que las mujeres podían ser ordenadas a la posición de anciana que enseñaba, como un pastor. Antes de la decisión de Kenyon, la denominación permitía que los ministros hicieran caso a su conciencia. Podían elegir no participar del servicio de ordenación de mujeres. La decisión de Kenyon terminó con esa práctica, avisándoles a los ministros que debían abandonar la denominación si no podían apoyar los dictámenes y las reglas de esa denominación.

Walter Wynn Kenyon fue un alumno del Seminario Teológico de Pittsburgh, alumno en el centro de estudio y discípulo de Gerstner y R. C. A pesar de que tenía la misma opinión que R. C. y Gerstner en cuanto a la ordenación de las mujeres, así como muchas otras cosas, la ordenación de Kenyon dio inicio a un caso judicial de precedencia. Mientras esperaban la decisión de la asamblea general, R. C. y Gerstner convocaron a una reunión en el hotel William Penn en Pittsburgh con otros pastores y seminaristas que pensaban de manera similar. R. C. presentó su postura, la cual era abandonar la denominación y transferir las credenciales a otras denominaciones, como la Iglesia Presbiteriana en Estados Unidos (PCA), que era mucho más conservadora. Gerstner propuso la postura de quedarse y esperar para ver si la denominación presentaría cargos en su contra, posiblemente llevando a un juicio en la iglesia que terminaría expulsándolos del sacerdocio.

A R. C. le costaba disentir con Gerstner. Frente a un problema, no le gustaba estar en el extremo opuesto al de su mentor. R. C. recuerda: «No imaginas la experiencia que fue para mí tener que oponerme a mi mentor».[6] Sin embargo, el desacuerdo con Gerstner «no fue de ninguna

---

6 *Sproul Memoirs*, sesión 7, registrada en 2013, Ministerios Ligonier, Sanford, Florida.

manera una diferencia hostil». Después de presentar los dos argumentos, «el Dr. Gerstner se sentó a mi lado, me abrazó y me dijo: "¿Puedes vivir con eso, Robert?". Siempre me llamaba Robert. Lo miré, le sonreí y le dije: "No, no puedo"».

Se puede ver que la relación salió intacta de esta diferencia de opiniones, ya que R. C. sirvió como editor del libro que honró la vida y la obra de Gerstner en 1976. Los eruditos le llaman a esta clase de libro un *festschrift*, que significa un escrito festivo. Se publica para marcar una jubilación o alguna ocasión especial. R. C. y el grupo de eruditos se reunieron para escribir ensayos que honraran los 25 años de enseñanza de Gerstner.[7] El vínculo entre Gerstner y Sproul era profundo. Sus diferencias debatidas aquel día en el hotel William Penn no lo rompieron.

Al volver al tema en 1974, R. C. adoptó esa postura debido a los seminaristas a punto de recibirse y algunos de los pastores más jóvenes. No creía que la denominación los persiguiera a él ni a Gerstner, pero no estaba seguro de que los demás estuvieran a salvo. Lo más probable, según la interpretación de R. C., era que el caso de Kenyon tan solo augurara más. Al final, Gerstner decidió quedarse (hasta 1990), mientras que R. C. escribió una carta al presbiterio de Redstone declarando que sentía que era su deber retirarse en forma pacífica del ministerio. El presbiterio, feliz de verlo irse, respondió que estaba equivocado. R. C. recuerda que eso lo hizo sentir un poco como los Reformadores. Es una ironía dolorosa tener que irse porque la iglesia no es fiel a su llamado. R. C. transfirió sus credenciales a la PCA, y siguió siendo un ministro con buena reputación en aquella denominación hasta su muerte en 2017.

La conferencia sobre la inerrancia y el enredo con la denominación estaban preparando a R. C. para un rol mayor en el liderazgo, como suponía el trabajo en el centro de estudio. El presupuesto para el primer

---

7   R. C. Sproul, ed., *Soli Deo Gloria: Essays in Reformed Theology, Festschrift for John Gerstner* (Phillipsburg, NJ: Presbyterian & Reformed, 1976).

año del Centro de Estudio del Valle Ligonier fue de 85 000 dólares. Desde el primer día en agosto de 1971, R. C. tuvo ayuda en el ámbito de las operaciones, y diversos directores, directores ejecutivos y presidentes. Sin embargo, por momentos, tuvo que ejercer estos roles. Pero incluso cuando no tenía el título, la mayor carga del liderazgo, la toma de decisiones, el presupuesto y la implementación y el balance real del presupuesto caía sobre él.

Además, R. C. estaba criando una familia en medio del centro de estudio. El personal del centro vivía en la propiedad o allí cerca. Los niños crecían juntos. Era agradable e intenso al mismo tiempo. También significaba que R. C., excepto cuando viajaba, estaba todo el día con su familia. Todos sabían que no era solo R. C.; siempre eran R. C. y Vesta. Eran un matrimonio ejemplar, muy similar a Martín y Katie Lutero.

Como, en teoría, los sacerdotes eran célibes, Martín y Katie fueron el primer modelo de casa parroquial y de pareja casada para el clero. Como ya mencionamos, cuando se casaron, Federico el Sabio les regaló el Monasterio Negro, un antiguo monasterio, para que fuera su hogar. Era bastante grande, así que también era un salón de conferencias y de clases, un comedor y un hotel para dignatarios itinerantes. Los Lutero criaron a sus hijos entre los estudiantes y los colegas en la Universidad de Wittenberg, y en medio de un flujo constante de visitas. Lutero estudiaba, escribía y enseñaba en el mismo lugar donde comía, dormía y vivía.

Ligonier le puso *Tabletalk* a su boletín transformado en revista, en honor a una publicación de Lutero con el mismo nombre. *Tischreden* en alemán [*Tabletalk* en inglés, y *Charla de mesa* en español], en la cena con Lutero siempre había conversación teológica, «charla de mesa» en el contexto de la vida, donde los cónyuges, los hijos, los alumnos y los colegas, todos participaban. Hasta el perro de la familia Lutero fue el tema de la *Tischreden* varias veces. Todos hacían preguntas y Lutero respondía. Los alumnos empezaron a transcribir las respuestas y los comentarios de Lutero, proporcionándonos uno de los textos más fascinantes de la historia de la iglesia.

Todo esto era cierto también en el centro de estudio. La teología se enseñaba en el contexto de la vida. Más bien, la teología se vivía. Incluso los perros de la familia, y algún gato ocasional que R. C. le permitía tener a Sherrie, formaban parte del momento. Los historiadores han señalado que uno de los elementos únicos de los retratos de Martín Lutero es que a menudo se ve su retrato junto al de Katie. Eso no era algo común en aquella época. La mayoría de los retratos históricos son singulares, el gran hombre solo. Rara vez vemos el retrato de las esposas, a menos que fueran reinas. Los retratos combinados de Martín y Katie, que fueron muy comunes a partir del siglo XVI, mostraban la centralidad de la relación en la vida y el legado de Lutero. Esto mismo es cierto respecto a la centralidad de la relación de R. C. y Vesta en la vida y el legado de R. C. No solo eran un matrimonio ejemplar, sino que R. C. y los otros maestros del centro de estudio también dictaban cursos y seminarios sobre matrimonio a menudo. R. C. recopiló este material y lo publicó en su tercer libro, *Discovering the Intimate Marriage* [Descubre el matrimonio íntimo] (1975).

El primer libro de R. C. se publicó en 1973. En 1974, se publicó *The Psychology of Atheism* [La psicología del ateísmo], que surgió de un curso que enseñaba en la Escuela de Teología Conwell y de conferencias en el centro de estudio. Ese mismo año, se publicó su ensayo en el libro de ensayos sobre la inerrancia de la conferencia de Ligonier. Después, el libro acerca del matrimonio. A partir de entonces y hasta su muerte, y de manera póstuma, hubo apenas unos pocos años en los que no publicara un libro. La mayoría de los años, publicaba varios.

R. C. estaba enseñando muchas horas por semana. Escribía notas para las clases en cuadernos de espiral, y salía ante la audiencia a enseñar; en general, sin el cuaderno. Además, viajaba para enseñar en otros lugares. En esa época, sentía «que viajaba aquí, allá y a todas partes».[8] A menudo recorría por tierra la zona oeste de Pensilvania hasta llegar a Pittsburgh

---

8   *Sproul Memoirs*, sesión 8, registrada en 2014, Ministerios Ligonier, Sanford, Florida.

para dar conferencias, pero también viajaba en avión a hablar en todo el país. Estaba adquiriendo una reputación de comunicador claro y convincente. Mantenía los oídos abiertos y sabía muy bien los problemas que estaban presentes en la iglesia y la cultura. Se apoyaba en su conocimiento de la Biblia y la teología, así como la filosofía y la historia de las ideas, para hablar sobre estas cuestiones de manera cautivadora, y con convicción. La gente lo escuchaba. «No se me ocurre ningún otro lado en Estados Unidos donde pueda obtener una enseñanza como la que recibí esta noche», testificó un alumno después de pasar la tarde en el centro de estudio escuchando a R. C.[9]

En 1975, condujo al este por la autopista de Pensilvania, hacia Filadelfia. Lo habían invitado a hablar en la Conferencia de Filadelfia sobre Teología Reformada, en la Décima Iglesia Presbiteriana, pegada a la plaza Rittenhouse. Era el segundo día de esta conferencia. James Boice había empezado la conferencia en 1974. R. C. conoció a Boice en 1968, mientras daba clases en Conwell en Filadelfia. Boice era un año mayor que R. C. Él también era de Pittsburgh, y también había jugado a todos los deportes en sus años escolares. Como a R. C. lo habían enviado a la escuela secundaria Clairton, él y Jim hubieran estado en distritos escolares rivales, pero el padre de Boice lo envió a Stony Brook, un internado en Nueva York. Después, Boice fue a la Universidad de Harvard, al Seminario Teológico de Princeton y luego a la Universidad de Basel en Suiza a hacer su doctorado. Fue el pastor principal de la Décima desde 1968 hasta su muerte por cáncer en el año 2000. R. C. y Boice eran compañeros de milicia. Eran verdaderos amigos, y con el correr de los años, los Sproul y los Boice pasaron mucho tiempo juntos. Desde 1975 hasta principios de la década de 1990, R. C. habló en la mayoría de las reuniones de la Conferencia de Filadelfia sobre Teología Reformada. Estas siempre se realizaban en primavera. La sesión inicial del viernes por la tarde siempre empezaba

9   «Ligonier Packs Them In on Monday Nights», *Tabletalk*, vol. 2, septiembre de 1978, 9.

con una congregación llena que cantaba: «Castillo fuerte», con el órgano a máxima potencia y las ventanas abiertas, mientras la letra de Lutero se elevaba sobre Filadelfia. A veces, R. C. llevaba a su hija Sherrie con él en esos viajes. Filadelfia tenía tiendas mucho mejores para una jovencita que el distrito de Ligonier.

Por sus muchos logros, el Geneva College en Beaver Falls, Pensilvania, le otorgó a R. C. un doctorado honorario en 1976. Geneva estaba al norte y al oeste del centro de estudio. No estaba tan al norte como su alma mater, Westminster. Cuando el presidente de Geneva, el Dr. Jack White, le entregó el título, observó en la distinción que R. C. «es un maestro hábil», y después enumeró los libros que había escrito hasta ese momento y los distintos lugares donde servía y enseñaba. El periódico local, el *Ligonier Echo,* publicó una fotografía de R. C. con su toga y birrete, sosteniendo su título y sonriendo. Después de la ceremonia, R. C., Vesta, Sherrie y Craig condujeron de regreso al centro de estudio. El personal organizó una gran fiesta para celebrar. Ese verano, todo el país festejó el bicentenario de la nación. Todo se tornó de color rojo, blanco y azul. Fort Ligonier atrajo mucha atención.

En 1977, R. C. publicó *Knowing Scripture* [Cómo estudiar e interpretar la Biblia], con InterVarsity Press. InterVarsity Press, la editorial británica, había publicado *Knowing God* [El conocimiento del Dios santo] de Packer, con un gran éxito (inesperado). La división editorial norteamericana le puso un título similar al libro de Sproul para subirse a la misma ola. Incluso invitaron a Packer a escribir el prólogo. La primera línea dice con astucia: «Si yo fuera el diablo (por favor, sin comentarios), uno de mis primeros objetivos sería impedir que la gente profundice en la Biblia».[10] Eso era exactamente lo que R. C. quería que la gente hiciera: profundizar en la Biblia. El libro surgió de conferencias que había dado en la década anterior, pero en especial, en los tres años anteriores en el

---

10   J. I. Packer, «Foreword», en R. C. Sproul, *Knowing Scripture* (Downers Grove, IL: InterVarsity Press, 1977), 9.

centro de estudio. Está lleno de consejos prácticos sobre cómo interpretar la Biblia, así como perlitas de reflexión teológica. Habla del estudio bíblico como una obligación:

> Vivimos como seres humanos bajo la obligación por mandato divino de estudiar diligentemente la Palabra de Dios. Él es nuestro soberano, es Su Palabra y Él nos manda que la estudiemos. Una obligación no es opcional.

En la misma página, también declara que «el secreto para la felicidad se encuentra en la obediencia a Dios. Entonces, el principio y el fin del asunto es que la felicidad no se puede descubrir plenamente mientras ignoremos la Palabra de Dios».[11]

La doctrina de la Escritura permaneció como tema central para R. C. en los años siguientes, no solo porque le importara profundamente el estudio bíblico, sino también por el clima teológico y eclesiástico de la época. Se podría decir que se estaba cerniendo una tormenta, y R. C. estaría en el centro.

Chicago

La controversia sobre la inerrancia se intensificó después de la conferencia en 1973. Además del contexto denominacional de la PCUSA de R. C., otros temas candentes incluían la Iglesia Luterana Evangélica en Estados Unidos, la Convención Bautista del Sur y seminarios como el Seminario Teológico Fuller y el Gordon-Conwell, donde R. C. enseñaba como profesor adjunto de apologética. En 1976, Harold Lindsell (1913-1988), que había enseñado en Fuller y en Wheaton, y después había sido editor de la revista *Christianity Today*, publicó su bomba, *The Battle for the Bible* [La batalla por la Biblia]. Lindsell no se guardó nombres y llamó a la iglesia a responder a esta crisis. En boletines y revistas, empezaron a aparecer críticas fervientes sobre el libro. Algunas

11 Packer, «Foreword», 14.

de las personas que Lindsell acusó amenazaron con demandarlo. Era un momento de crisis en la iglesia.

En medio de las notas en uno de sus cuadernos de espiral, con una etiqueta de 2,38 dólares de una tienda de baratijas, R. C. anotó un bosquejo para hablar sobre la inerrancia. Empieza diciendo: «Crisis presente, Lindsell, ruptura». A continuación, sigue: «Trsfn [trasfondo] histórico», que detalla: «herencia evangel., Sola Fide-Sola Scriptura». Al final de este bosquejo, anota:

Se necesita cumbre evangélica.

Y añade:

Puede fallar, pero hay que probar.[12]

R. C. se puso en contacto con Lindsell y le sugirió que, desde su posición en *Christianity Today,* convocara a esta cumbre sobre la inerrancia, llamando a todas las líneas denominacionales. Lindsell respondió que, aunque pensaba que esta cumbre era vital, no era quién para liderarla.

R. C. y sus compañeros de oratoria de la conferencia de Ligonier en 1973, Packer y Gerstner, se unieron a Norman Geisler y Greg Bahnsen para dar una conferencia sobre la autoridad de la Escritura en Mount Hermon, California, en febrero de 1977. Ese grupo de cinco se reunió con Jay Grimstead, Audrey Wetherell Johnson de Bible Study Fellowship, y Karen Hoyt. Oraron y deliberaron. De esa reunión de la «junta de asesoría» original, salió la decisión de lanzar lo que se llamaría el Concilio Internacional de Inerrancia Bíblica (ICBI).

El ICBI se inauguró en 1977. La idea era impactar a la iglesia y producir materiales sobre la inerrancia durante un período de diez años, y después disolverse. A este grupo original que se reunió en California, se unieron Roger Nicole, Earl Radmacher, Harold Hoehner,

---

12 R. C. Sproul, cuaderno de notas (sin título ni fecha). Este bosquejo probablemente data de 1975/1976.

Paige Patterson, Robert Preus, Donald Hoke, Gleason Archer, Edmund Clowney y James Montgomery Boice.

El grupo invitó a Billy Graham a unirse al concilio. En una carta a Jay Grimstead, con el sello de «privado y confidencial», Graham respondió que consideraría la invitación, pero añadió que su «obra como evangelista internacional es considerablemente distinta a la de los demás que tienen en su lista. Debo trabajar con toda clase de cristianos que sostienen posturas diversas, y por supuesto que no dejaría de tener comunión con otro creyente debido a la inerrancia». Después, añadió: «Creo que lo mejor que puedo hacer es seguir proclamando la Biblia tanto en mis escritos como en mi predicación como la Palabra infalible de Dios, en vez de meterme en este dilema ahora mismo». También mencionó que la Asociación Evangelística Billy Graham enviaría un cheque por 10 000 dólares, y pidió que lo registraran como «una donación anónima».[13] Al final, Graham rechazó la invitación y nunca firmó la Declaración de Chicago. El concilio del ICBI hizo referencia a la donación en correspondencia y en un boletín, mencionándolo como una donación anónima de un evangelista conocido. La mayoría entendió muy bien de quién se trataba.

El concilio siguió adelante. A Boice lo eligieron como director, y a R. C. como presidente. Karen Hoyt dirigía la oficina del ICBI en Oakland, California. Tuvieron una reunión para planear la primera cumbre importante. Cada uno recibió una tarjeta para pedir su almuerzo eligiendo entre una selección de sándwiches. Jamón y queso, pavo, Reuben. R. C. escribió a mano su pedido: «hamburguesa (bien cocida), K[étchup], patatas fritas». Según las minutas, en cierto momento, R. C. dijo brevemente: «Lutero: "Cuando la Biblia habla, Dios habla"». Planearon convocar una cumbre. El primer lugar que consideraron fue Atlanta. (Se podría haber llamado la Declaración

---

13 Billy Graham a Jay Grimstead, 21 de junio de 1977, archivos del ICBI, archivos de Seminario Teológico de Dallas.

de Atlanta). En cambio, se pusieron de acuerdo en la localidad más central de Chicago, y reservaron el Hyatt Regency en el aeropuerto O'Hare de Chicago. La cumbre se llevaría a cabo del 26 al 28 de octubre de 1978.

Esta era la cumbre que R. C. sabía que la iglesia necesitaba. Podía fallar, pero debían intentarlo.

El concilio pretendía presentar un borrador de una extensa declaración sobre la inerrancia en la cumbre en sí, permitiendo respuestas, interacción y debate con los participantes. Cuando llegaron los asistentes, se encontraron con una carta de Jim Boice en el paquete de registro: «A pesar de nuestra diversidad, tenemos algo maravilloso en común. Todos sostenemos la absoluta autoridad, integridad y plena inerrancia de la Palabra de Dios, y queremos presentar el caso de esta convicción y ganar a otros para ella mediante la gracia de Dios. Por cierto, estamos convencidos de que la salud de la iglesia depende de ello».[14]

El concilio había designado un comité de redacción y había dividido las responsabilidades de escritura para que se pudiera presentar un documento preliminar en la cumbre. Cuando los miembros del concilio se reunieron la noche anterior a la convocatoria, la persona a la que se le habían asignado los artículos de afirmación y negación le reveló al grupo que no los tenía. El grupo se volvió a R. C. Siguieron su reunión y terminaron apenas antes de medianoche. R. C. fue a su habitación en el Hyatt Regency y, desde la medianoche hasta las cuatro de la mañana, escribió un borrador de los 19 artículos de afirmación y negación. Se presentaron, bastante a última hora, más tarde ese mismo día en la sesión plenaria de la cumbre. Además de las sesiones en las que se presentaba y se debatía la Declaración de Chicago, el programa de la cumbre incluía seis sermones y catorce artículos importantes. R. C. predicó un sermón *Hath God Said* [Conque Dios os ha dicho], y

---

14 James M. Boice a los participantes de la cumbre, 26 de octubre de 1978 (en papel membrete del ICBI).

presentó un artículo titulado *The Internal Testimony of the Holy Spirit* [El testimonio interior del Espíritu Santo]. Tuvo unos días muy ajetreados en Chicago.

Había 12 países representados entre los participantes de la cumbre, más de 30 universidades y 30 seminarios, y más de una docena de denominaciones. Los participantes incluían al equipo de los Drs. John MacArthur, padre e hijo. La cumbre incluyó un momento para que los participantes fueran firmantes originales. En el siglo XX, era difícil lograr que los evangélicos se pusieran de acuerdo en algo. Llegar a un acuerdo tan sustancial sobre una declaración tan detallada, compleja y exhaustiva podría tentar a alguno a llamarlo un milagro. El boletín oficial, *The ICBI Update* [La actualización del ICBI], informó: «Un espíritu notable de unidad y anticipación marcó la cumbre que culminó con la firma de la declaración final el sábado». R. C. predicó el último sermón, *Hath God Said*, de Génesis 3 y Mateo 4. Cantaron «Castillo fuerte», y luego estuvo la firma formal del documento.[15] Los presentes «estaban profundamente conmovidos y se fueron de aquel lugar regocijándose en lo que Dios había hecho».[16] R. C. tuvo la cumbre que esperaba, y no había fallado.

La Declaración de Chicago consta de 4 partes: 1 prefacio de 5 párrafos, la declaración en sí, que tiene 5 puntos, 1 exposición compuesta de desarrollos de 6 cuestiones, y 19 artículos de afirmaciones y negaciones.

La declaración en sí, con sus 5 puntos, establece:

1. Dios, el cual es verdad y solo habla verdad, ha inspirado la Santa Escritura para revelarse a la humanidad perdida a través de Jesucristo como Creador y Señor, Redentor y Juez. La Santa Escritura es el testimonio de Dios sobre sí mismo.

15　*Summit Agenda,—Page 3*, en Archivos de Billy Graham 192, Wheaton College, Wheaton, IL, caja 7, carpeta 13.

16　*Summit Report*, Actualización del ICBI, diciembre de 1978, N.° 2, 1.

2. La Santa Escritura, al ser la Palabra misma de Dios, escrita por hombres preparados y supervisados por Su Espíritu, tiene una autoridad divina infalible en todas las cuestiones que aborda; debe ser creída, como la instrucción de Dios, en todo lo que afirma; obedecida, como mandamiento de Dios, en todo lo que requiere; aceptada, como garantía de Dios, en todo lo que promete.

3. El Espíritu Santo, el Autor divino de la Escritura, nos la autentifica mediante Su testimonio interior y abre nuestra mente para entender su significado.

4. Al haber sido dada por Dios plena y verbalmente, la Escritura no tiene error ni falla en toda su enseñanza, ni en lo que afirma sobre los hechos de Dios en la creación, sobre los sucesos en la historia mundial, y sobre su propio origen literario bajo la tutela de Dios, ni en su testimonio sobre la gracia salvadora de Dios en la vida de cada persona.

5. La autoridad de la Escritura se ve afectada de manera inevitable si su inerrancia divina absoluta se limita o se desestima de cualquier forma, o se vuelve relativa a cierta visión o verdad contraria a la de la Biblia; y tales lapsos conllevan una pérdida seria tanto para el individuo como para la iglesia.

Los Artículos de Afirmación y Negación, escritos por R. C. con ciertas ediciones durante la cumbre, expresan:

Artículo I. AFIRMAMOS que la Santa Escritura debe recibirse como la Palabra autoritativa de Dios.
NEGAMOS que las Escrituras reciban su autoridad de la Iglesia, la tradición o cualquier otra fuente humana.
Artículo II. AFIRMAMOS que las Escrituras son la norma escrita suprema mediante la cual Dios obliga a la conciencia, y que la autoridad de la Iglesia está subordinada a la de la Escritura.

NEGAMOS que los credos, los concilios o las declaraciones de la Iglesia tengan mayor o igual autoridad que la de la Biblia.

Artículo III. AFIRMAMOS que la Palabra escrita en su totalidad es revelación dada por Dios.

NEGAMOS que la Biblia sea apenas un testigo de la revelación, o que solo se vuelva revelación por encuentro, o que dependa de las respuestas de los hombres para su validez.

Artículo IV. AFIRMAMOS que Dios, que hizo al hombre a Su imagen, ha usado el lenguaje como un medio de revelación.

NEGAMOS que el lenguaje humano sea tan limitado debido a nuestra condición de criatura que resulte inadecuado como vehículo para la revelación divina. Además, negamos que la corrupción de la cultura y el lenguaje humanos mediante el pecado hayan torcido la obra de inspiración divina.

Artículo V. AFIRMAMOS que la revelación de Dios dentro de la Santa Escritura fue progresiva.

NEGAMOS que la revelación posterior, la cual puede cumplir una revelación anterior, la corrija o la contradiga. Negamos también que se haya otorgado cualquier revelación normativa desde la finalización de los escritos del Nuevo Testamento.

Artículo VI. AFIRMAMOS que la Escritura como un todo y cada una de sus partes, hasta las palabras mismas del original, fueron dadas por inspiración divina. NEGAMOS que la inspiración de la Escritura se pueda afirmar en cuanto al todo sin las partes, o respecto a ciertas partes pero no a su totalidad.

Artículo VII. AFIRMAMOS que la inspiración fue la obra en la cual Dios, mediante Su Espíritu, a través de escritores humanos, nos dio Su Palabra. El origen de la Escritura es divino. El modo de inspiración divina sigue siendo en gran parte un misterio para nosotros.

NEGAMOS que la inspiración pueda reducirse a un discernimiento humano, o a estados intensificados de conciencia.

Artículo VIII. AFIRMAMOS que Dios, en Su obra de inspiración, usó las personalidades particulares y los estilos literarios de los escritores a quienes había escogido y preparado.

NEGAMOS que Dios, al hacer que estos autores usaran las palabras que Él eligió, haya anulado sus personalidades.

Artículo IX. Afirmamos que la inspiración, aunque no confiere omnisciencia, garantizó la expresión veraz y confiable de todas las cuestiones que los escritores bíblicos se sintieron movidos a decir y escribir.

NEGAMOS que la condición finita o caída de estos escritores, por necesidad o no, haya introducido distorsión o falsedad en la Palabra de Dios.

Artículo X. AFIRMAMOS que la inspiración, estrictamente hablando, se aplica solo al texto autográfico de la Escritura, el cual, gracias a la providencia divina, se puede verificar con los manuscritos disponibles con una gran precisión. Afirmamos también que las copias y las traducciones de la Escritura son la Palabra de Dios, siempre y cuando representen fielmente el original.

NEGAMOS que cualquier elemento esencial de la fe cristiana se vea afectado por la ausencia de los autógrafos. Negamos también que esta ausencia permita afirmar que la inerrancia bíblica es inválida o irrelevante.

Artículo XI. AFIRMAMOS que la Escritura, habiendo sido dada por inspiración divina, es infalible, de manera que, lejos de guiarnos por mal camino, es veraz y confiable en todos los asuntos que aborda.

NEGAMOS que sea posible que la Biblia sea al mismo tiempo infalible y errante en sus declaraciones. Puede haber una distinción entre la infalibilidad y la inerrancia, pero son inseparables.

Artículo XII. AFIRMAMOS que la Escritura en su totalidad es inerrante, libre de toda falsedad, fraude o engaño.

NEGAMOS que la infalibilidad y la inerrancia bíblicas se limiten a temas espirituales, religiosos o redentores, o sean exclusivos de afirmaciones en los campos de la historia y la ciencia. Negamos también que las hipótesis científicas sobre la historia de la tierra puedan usarse adecuadamente para anular la enseñanza escritural sobre la creación y el diluvio.

Artículo XIII. AFIRMAMOS que es correcto usar la inerrancia como un término teológico referente a la absoluta veracidad de la Escritura.

NEGAMOS que sea adecuado evaluar la Escritura según los estándares de verdad y error que son ajenos a su uso o propósito. Negamos también que la inerrancia quede invalidada por fenómenos bíblicos como la falta de precisión técnica moderna, irregularidades gramaticales u ortográficas, descripciones observacionales de la naturaleza, el relato de mentiras, el uso de hipérbole y cifras redondas, la organización temática del material, las distintas selecciones de material en relatos paralelos, o el uso de citas libres.

Artículo XIV. AFIRMAMOS la unidad y la consistencia interna de la Escritura.

NEGAMOS que los supuestos errores o discrepancias que todavía no se han resuelto invaliden las afirmaciones veraces de la Biblia.

Artículo XV. AFIRMAMOS que la doctrina de la inerrancia está arraigada en la enseñanza de la Biblia sobre la inspiración.

NEGAMOS que se pueda desestimar la enseñanza de Jesús sobre la Escritura al apelar a la adaptación o a cualquier limitación natural de Su humanidad.

Artículo XVI. AFIRMAMOS que la doctrina de la inerrancia ha sido integral para la fe de la Iglesia a lo largo de la historia.

NEGAMOS que la inerrancia sea una doctrina inventada por el protestantismo escolástico, o que sea una postura de reacción postulada en respuesta a la alta crítica negativa.

Artículo XVII. AFIRMAMOS que el Espíritu Santo da testimonio de las Escrituras, dándoles seguridad a los creyentes de la veracidad de la Palabra escrita de Dios.

NEGAMOS que este testimonio del Espíritu Santo opere de forma aislada o en contra de la Escritura.

Artículo XVIII. AFIRMAMOS que el texto de la Escritura debe interpretarse mediante una exégesis gramático-histórica, tomando en cuenta sus formas y recursos literarios, y que la Escritura sirve para interpretar la Escritura.

NEGAMOS la legitimidad de cualquier aproximación al texto o búsqueda de fuentes subyacentes que lleven a relativizar, deshistorizar o descontar su enseñanza, o rechazar sus afirmaciones de autoría.

Artículo XIX. AFIRMAMOS que una confesión de la plena autoridad, infalibilidad e inerrancia de la Escritura es vital para una sólida comprensión de toda la fe cristiana. Afirmamos también que tal confesión debería llevar a una conformidad cada vez mayor a la imagen de Cristo.

NEGAMOS que tal confesión sea necesaria para la salvación. Sin embargo, negamos también que se pueda rechazar la inerrancia sin graves consecuencias, tanto para el individuo como para la Iglesia.

R. C. dijo que el elemento crucial es la negación. Tal vez recuerdes que él tenía una antena bien sintonizada para captar la «ambigüedad estudiada». Las afirmaciones pueden prestarse a distintas interpretaciones por parte de distintos lectores. La parte de la negación le coloca límites a la interpretación. Las negaciones descartan cierta latitud de interpretación. El concilio dejó en claro que la Declaración de Chicago debía considerarse como un documento completo, como un todo.

La Declaración de Chicago sobre la Inerrancia Bíblica probó ser una línea en la arena. Históricamente, los credos, las confesiones y las declaraciones tienen ese efecto. La Declaración de Chicago sigue teniéndolo. En 2016, Roger Olson escribió:

Cuando veo la Declaración de Chicago sobre la Inerrancia y a sus signatarios, creo que se trata de una declaración más política (en el sentido más amplio) que de una declaración clara y precisa de perfecto acuerdo entre los signatarios. En otras palabras, en mi opinión, lo que estaba sucediendo ahí estaba impulsado por un interés en común de establecer y vigilar «límites evangélicos».[17]

La Declaración de Chicago sobre la Inerrancia Bíblica hizo y hace retorcer a varios. Para otros, sirve para fortificar. Es más, la Declaración de Chicago motivó a toda una generación, infundiendo seguridad de que una postura inerrantista no es ninguna vergüenza, sino que se apoya en argumentos racionales y convincentes, y en un precedente histórico. Uno de los impactos inmediatos fue la recuperación de la Convención Bautista del Sur en la década de 1980. Expulsar a los barthianos del liderazgo era una cosa. Estaban bastante atrincherados como profesores permanentes en los seminarios. Esto fue especialmente cierto en el seminario insignia de la Convención Bautista del Sur, el Seminario Teológico Bautista del Sur en Louisville, Kentucky. R. Albert Mohler, que escuchó por primera vez los casetes de R. C. cuando era adolescente, organizó su batalla en defensa de la Biblia en Louisville, cuando asumió como presidente del SBTS en 1993. Llevaba con él la bandera de la Declaración de Chicago.

Hay un párrafo del prefacio que no deberíamos pasar por alto.

No ofrecemos esta Declaración con un espíritu de contienda, sino de humildad y amor, el cual nos proponemos mantener por medio de la gracia de Dios en cualquier diálogo futuro que surja de lo que hemos dicho. Gustosamente reconocemos que muchos de los que niegan la inerrancia de la Escritura no demuestran las consecuencias de esta negación en el resto de sus creencias y conductas, y somos conscientes de que nosotros, que confesamos esta doctrina, a menudo la negamos

17 Roger Olson, «Is Real Communication as Perfect "Meeting of Minds" Possible? Some Radical Thoughts on Words Like "Inerrancy"», 17 de febrero de 2016, https://www.patheos.com/blogs /rogereolson/2016/02/is-real-communication-as-perfect-meeting-of-minds-possible-some -radical-thoughts-about-words-like-inerrancy/.

en la práctica al no someter verdaderamente nuestros pensamientos y obras, tradiciones y hábitos a la divina Palabra.

Hay dos cosas que se destacan. Primero, aunque es una declaración que marca límites y es de naturaleza polémica, los que la elaboraron y firmaron lo hicieron con un espíritu conciliador. Se escribió para personas que confiesan creer en Dios y confiar en la Biblia. El ICBI estaba convencido de que tal convicción tan solo podía llevar a una conclusión posible: la inerrancia. Debía fomentar un verdadero diálogo, al llamar la atención a lo que la Biblia dice sobre sí misma. Segundo, es evidente la inquietud de los que crearon la declaración de conectar los puntos desde la autoridad bíblica a la obediencia. En última instancia, confesar la plena fiabilidad, autoridad e inerrancia de la Biblia se pone en práctica cuando uno la obedece. El ICBI organizó otra cumbre en 1982, una vez más en el Hyatt Regency O'Hare, sobre la hermenéutica bíblica. Otra vez, R. C. escribió los artículos de afirmación y negación. Escribió una docena y se los envió al comité de redacción con la siguiente nota:

Estos artículos fueron concebidos y producidos de manera apresurada desde la cama mientras los antibióticos se dispersan por mi cuerpo en una misión de librarlo de su infección actual. También me cuesta pensar en este momento (aunque algunos creen que eso es una aflicción más permanente), pero mi corazón es bien consciente de la importancia de su tarea. Mi oración es que al Espíritu Santo le agrade conceder la misma o incluso una mayor asistencia para refinar estos puntos, como lo hizo en Chicago.[18]

El ICBI realizó una tercera y última cumbre en 1986 sobre aplicación bíblica. También publicó libros, tanto colecciones académicas de ensayos como libros populares. R. C. escribió uno de los panfletos: *Implications of the Abandonment of Inerrancy* [Repercusiones del abandono

18 R. C. Sproul, *Personal Note to Working Committee*, s. f.

de la inerrancia]. El texto original, fiel a su estilo, estaba escrito a mano en papel amarillo rayado tamaño legal (más tarde, cambió a un papel rayado amarillo de 8,5 × 11 pulgadas [21,5 × 28 cm]). El concilio producía panfletos y boletines, organizaba conferencias y servía como una especie de «agencia de oradores» para que los miembros abordaran la inerrancia en las iglesias, y para otros grupos.

R. C. habló en el seminario de Cincinnati sobre el tema «¿Qué diferencia marca una Biblia inerrante?». Cerca del final, hizo una declaración con una hipérbole bastante dramática:

> Pero hay una objeción a esto [la insistencia en la inerrancia] que, cuando la escucho, empieza en la base de mi espina dorsal y se desplaza hasta mi cuello, me sale por las orejas, y tengo que reunir todo mi dominio propio para no pegarle en la cabeza a alguien con un libro o una silla; esto sucede cuando me dicen: «¿Para qué preocuparnos sobre esta doctrina? Sigamos adelante con el ministerio de la iglesia. No me voy a molestar con la doctrina de la Escritura». Quiero contestar: «¿Cuán ingenuo puedes ser?».[19]

El ICBI también organizó una gran conferencia, con 43 oradores, que se llamó «Congreso sobre la Biblia» en San Diego, en 1982. (En febrero, hay sol en San Diego, no nieve como en el centro de estudio).

Tal como habían planeado, el ICBI se disolvió en 1987, después de completar su curso de diez años. Marcaron la ocasión realizando un segundo Congreso sobre la Biblia, esta vez en Washington D. C., el evento final del ICBI.

Antes, el 17 de abril de 1979, R. C. había renunciado como presidente con pocas ganas de hacerlo, citando dos factores que lo impulsaron a tomar esta difícil decisión. Una era que el director ejecutivo de Ligonier, Stu Boehmig, no había querido asumir un pastorado, lo cual llevó a la

---

19 R. C. Sproul, *What Difference Does an Inerrant Bible Make?*, Seminario de Cincinnati, manuscrito, s. f., 15, archivos del ICBI, Seminario Teológico de Dallas.

junta de Ligonier a pedirle a R. C. «que asumiera la plena responsabilidad de la administración del centro de estudio. Segundo, el rápido crecimiento del ministerio entre obreros y administradores [El valor de la persona] me ha impuesto una pesada carga de tiempo». Añadió rápidamente: «De ninguna manera mi renuncia, efectiva de inmediato, indica alguna pérdida de celo o inquietud sincera respecto a los objetivos del ICBI».[20]

Su celo se puede ver en un artículo que escribió para *Moody Monthly:* «What Inerrancy Is All About: The Truth of Scripture Demolishes Speculation» [De qué se trata la inerrancia: La verdad de la Escritura aniquila la especulación], en el ejemplar de enero de 1980. Su primera frase declara: «Amo mi Biblia; tanto el Antiguo como el Nuevo Testamento. La necesito, y la necesito sin error». La Palabra «nos llega de parte de un Dios personal y trascendente», de manera que «empequeñece toda conjetura humana y hace que cualquier especulación finita sea absolutamente ineficaz».[21] Eso es R. C. versión *vintage*. Toda doctrina vuelve a la doctrina de Dios, a quién es Dios. También es lenguaje de un teólogo de batalla.

Por supuesto, R. C. habló en varios eventos y conferencias del ICBI y siguió escribiendo para ellos en la década de 1980. Pero a medida que escribía, el trabajo en Stahlstown se amontonaba. En 1977, 18 000 alumnos y 800 alumnos residentes pasaron por el centro de estudio, una cantidad que fue creciendo en forma constante.[22]

R. C. inauguró el Centro de Estudio del Valle Ligonier en agosto de 1971 con un terreno, una sola casa familiar y una estructura en deterioro. Pasó gran parte de aquel verano no solo preparando clases sino también limpiando los campos de matorrales y rocas, y sembrando césped. Después, durante aquellos primeros años, cortaba el césped, y

---

20 R. C. Sproul a miembros del comité del [ICBI], 17 de abril de 1979.

21 R. C. Sproul, «What Inerrancy Is All About: The Truth of Scripture Demolishes Speculation», *Moody Monthly* (enero de 1980), 13.

22 «Ligonier Celebrates Sixth Year», *Tabletalk*, vol. 4, 1 de septiembre de 1977, 1.

en el invierno despejaba la acera y varios lugares de estacionamiento con una máquina quitanieves y una pala. En una foto, R. C. aparece con pala en mano, ayudando a levantar una pared de hormigón. Vesta creía que su esposo no se dedicaba a menudo a esa tarea en particular, pero justo había una cámara presente el día en que lo hizo.

Durante muchos de estos primeros años, no se cumplió con el presupuesto. En ocasiones, no se podía pagar al personal. El centro de estudio tenía muchas de las dificultades que todo emprendimiento padece. No había ningún modelo para lo que R. C. estaba intentando hacer, ningún manual. Pero tampoco había un manual para R. C. Se sentía tan cómodo en la oficina de un sindicato como en la liturgia de la alta iglesia. No se le escapaba ninguna trivialidad bíblica. No había tema de teología sobre el cual no pudiera enseñar en forma improvisada y sin notas. Probablemente tampoco había tema de filosofía sobre el cual no pudiera enseñar. Era versado en filmografía moderna, en novelas modernas y política moderna. Desde que se convirtió en 1957, se estableció un cimiento, una infraestructura cuidadosamente colocada. En la década de 1970, se pudo empezar a ver cómo surgía la estructura.

A medida que los 70 fueron llegando a su fin, R. C. tenía siete libros en su haber y un lugar en la plataforma nacional de la iglesia estadounidense. Tenía una reputación que se extendía más allá de su amado Pittsburgh, una reputación creciente como maestro respetado y comunicador convincente. Sin embargo, le esperaba más en el horizonte.

6

APOLOGÉTICA

El cristianismo es racional.

R. C. SPROUL

EN EL EJEMPLAR PERSONAL DE R. C. de *Aquinas on Nature and Grace*
[Aquino sobre la naturaleza y la gracia], él resalta esta frase:

Ahora, cuando un efecto nos resulta más evidente que su causa, llegamos a conocer la causa a través de su efecto.

En la próxima página, no solo subraya esta frase, sino que la enfatiza
en el margen con un garabato:

La existencia de Dios y cuestiones similares que se pueden conocer
mediante la razón natural, tal como afirma Romanos 1, no son artículos de la fe, sino preámbulos a los artículos.

Estas dos frases de Tomás de Aquino (1225-1274) son un tema de
debate entre los cristianos, y resultan en distintos ámbitos de apologética. El subrayado significa que R. C. estaba de acuerdo con esto, y el
garabato al margen implica que *realmente* estaba de acuerdo. También
significa que él se encontraba bien parado en el ámbito apologético
clásico.

R. C. apoyaba mucho su pensamiento y su enseñanza en el teísmo clásico. Es más, en otoño de 2017, pocos meses antes de partir, R. C. observó: «Lo que he dicho desde que empezamos con Ligonier hace 46 años es que la mayor crisis que enfrenta hoy la iglesia es nuestra comprensión de la naturaleza de Dios». Siguió explicando que se refería a la simplicidad, la cualidad eterna y la aseidad de Dios. Apenas alguien mencionaba la aseidad de Dios, R. C. decía: «Esa es una de mis palabras preferidas. Me da piel de gallina. Dios existe en sí mismo. Existe eternamente en sí mismo. Y es puramente Ser».[1] Cuando le preguntaban directamente: «¿Cuál es tu legado? ¿El teísmo clásico es algo central?», él respondía: «Por supuesto».[2]

R. C. aprendió teísmo clásico de los vivos y los muertos, de filósofos antiguos, teólogos académicos y reformados, y de sus maestros. Estaba en la línea de Platón y Aristóteles, Agustín, Aquino, los Reformadores, Turretin, Edwards y Hodge, y Warfield. Thomas Gregory, John Gerstner y G. C. Berkouwer le presentaron a estos titanes. Más adelante, R. C. quiso enseñar a otros mediante clases en persona, casetes y libros.

En tres años consecutivos, publicó tres obras que se han transformado en textos clásicos. *Classical Apologetics* [Apologética clásica] en 1984 (con John Gerstner y Art Lindsley), *La santidad de Dios* en 1985, y *Escogidos por Dios* en 1986. *Escogidos por Dios* explora la soberanía de Dios. *La santidad de Dios* explora al Dios tres veces santo, así como la justicia, el amor, la ira, la misericordia, la verdad y la belleza de Dios, junto con otras dimensiones de Su carácter. *Classical Apologetics* aborda una cuestión fundamental respecto al Señor; a saber, que Él *es*. Este libro de 1984 trata la cuestión de Su existencia: que Dios es conocido, qué clase de Dios es conocido y cómo se conoce a Dios.

---

1   «*R. C. Sproul y Dolezal's* All That Is in God», podcast de *Open Book*, 12 de abril de 2018, temporada 1, episodio 5. El episodio se grabó el 13 de octubre de 2017 en la casa de R. C.

2   Stephen Nichols con R. C. Sproul, entrevista personal, 20 de octubre de 2017.

Para R. C., cualquier hilo del que se tire conduce a Dios. Eso es teología. También es apologética.

R. C. el apologista

La primera página del ejemplar de febrero de 1979 de *Tabletalk* habla de los 39 alumnos universitarios, de 9 universidades distintas, así como de un grupo de adultos, que asistieron a la clase de apologética clásica de R. C. en el semestre de enero. Después, señala: «La apologética (saber qué crees y por qué lo crees) es el área que más le interesa al Dr. Sproul».[3] El centro de estudio decidió repetir el mismo curso en enero de 1980.

Más tarde ese año, la revista *Eternity* publicó un artículo titulado: «Where'd You Get Those Ideas? A Round-Up of Fifty Evangelical Thinkers Who Influence You» [¿De dónde sacaste esas ideas? Un compendio de 50 pensadores evangélicos que te influencian].[4] Caricaturas de 18 de los 50 que se proporcionaban acompañaban el artículo. R. C. estaba entre ellos. Lucía un uniforme de fútbol americano sin el casco y sostenía un tulipán, para representar su reputación como deportista y calvinista. En el artículo, lo contaban entre los apologistas. El artículo menciona que «R. C., un teólogo independiente de la zona de Pittsburgh, ha influido sobre un círculo pequeño, que incluye a Charles Colson».[5] La referencia a un «círculo pequeño» pasa por alto sus esfuerzos. El artículo se concentraba en identificar a la influencia detrás de los que influían, las figuras que tenían una plataforma en la escena evangélica en Estados Unidos. Colson fue el que identificaron los editores. Pero en realidad, R. C. estaba influyendo a un círculo muy grande, no de figuras con una plataforma sino de laicos sin funciones tan visibles. Enseñaba a ejecutivos, administradores y obreros cómo defender la fe

3   «New Year Starts Big», *Tabletalk*, vol. 3, febrero de 1979.
4   «Where'd You Get Those Ideas? A Round-Up of Fifty Evangelical Thinkers Who Influence You», Revista *Eternity*, noviembre de 1980, 29-31.
5   «Where'd You Get Those Ideas?», 31.

en su lugar de trabajo. Enseñaba a estudiantes universitarios a responder a sus profesores de biología y sus profesores liberales de Biblia y religión. Ayudaba a los vecinos a aprender a responder las preguntas de otros vecinos. Su círculo de influencia era de más de 10 000 personas y se seguía agrandando. La influencia venía a través de las clases que enseñaba y de sus libros. También estuvo el debate «armado» con su mentor y colega John Gerstner.

R. C. invitó a Gerstner a unirse al equipo de docentes como profesor distinguido en el centro de estudio en 1980, cuando Gerstner se retiró de su puesto en el Seminario Teológico de Pittsburgh. Gerstner había sido un orador frecuente en el centro de estudio antes de esta convocatoria; el centro lo veía más seguido, y él y R. C. también harían más cosas juntos. R. C. recuerda que a veces, a él y a Gerstner los llamaban «la mafia de Pittsburgh» en el mundo reformado. En 1982, armaron un debate para el programa de John Ankerberg, que se filmaba en Chattanooga. R. C. representó el papel de abogado del diablo. El periódico *Chattanooga Times* publicó un extenso artículo sobre el evento con fotografías, incluida una de R. C. con los «brazos en el aire». A pesar de todo el drama que podía reunir R. C., no era rival para Gerstner. Al hacer el papel del escéptico o ateo, R. C. perdió. Después del «debate», R. C. y Gerstner contestaron preguntas del auditorio lleno en la Iglesia Bautista Brainerd. El artículo informa que, en una de las respuestas, R. C. «dijo que el "concepto de la fe ciega es absolutamente repugnante"».[6]

La idea de una fe ciega o de un «salto de fe» le sonaba a fideísmo. Por supuesto, a R. C. le encantaba la noción de *sola fide,* o fe solamente. El fideísmo no es una referencia a la fe solamente. Es la idea de que no se puede ofrecer una razón para la fe, que se debería evitar toda clase de argumento racional. R. C. llamaba al fideísmo «irracionalismo». Creía que el cristianismo es racional, y que los cristianos tienen razón para la fe que profesan. Creía que se puede probar la existencia de Dios y la fiabilidad

---

6 «Theologians Tape Debate Here», *Chattanooga Times*, 22 de mayo de 1982.

esencial de la Escritura mediante la razón. También creía que aquello que el profeta Oseas dijo sobre la nación de Israel se podía decir sobre la iglesia moderna: «Mi pueblo fue destruido, porque le faltó conocimiento» (Os. 4:6). R. C. se lamentó de esto en su columna *Right Now Counts Forever* [El ahora cuenta para siempre] en el ejemplar de *Tabletalk* de agosto de 1979, el cual tituló: *My People Perish...* [Mi pueblo es destruido...]. Habló de la necesidad de los teólogos de hablar directamente al laicado, mencionando en el proceso el ejemplo de los Reformadores, y también la necesidad de hablar del conocimiento de Dios.

En sus libros, R. C. hacía justamente esto, «llevar el mensaje a las personas».[7] En 1974, escribió *The Psychology of Atheism* [La psicología del ateísmo].[8] En 1978, publicó *Objections Answered* [Respuesta a las objeciones].[9] Este libro surgió por el pedido de su amigo Archie Parrish. Mediante su trabajo con Evangelismo Explosivo (EE), Parrish había guardado meticulosos registros de informes en el campo misionero. Tenía largas listas de objeciones que los evangelistas de «puerta en puerta» de EE estaban recibiendo. Al poco tiempo, se hizo evidente que las objeciones se podían agrupar en unas diez categorías. Archie le dio la lista a R. C. para ver si a él le interesaría responder a estas objeciones. Al año siguiente, se publicó el libro. Los diez capítulos son:

«La Biblia se contradice. Es tan solo un cuento de hadas».

«Todas las religiones son buenas. No importa en qué crees».

«¿Qué pasa con el pobre indígena que nunca escuchó sobre Cristo?».

«El cristianismo es una muleta para los débiles».

«La iglesia está llena de hipócritas».

---

7   R. C. Sproul, «My People Perish...», *Tabletalk*, vol. 3, agosto de 1979.

8   Originalmente publicado por Bethany, este libro fue republicado como *If There's a God, Why Are There Atheists?: Why Atheists Believe in Unbelief* (Wheaton, IL: Tyndale, 1988).

9   Originalmente publicado por Gospel Light-Regal, este libro fue republicado como *Reason to Believe: A Response to Common Objections to Christianity* (Grand Rapids, MI: Zondervan, 1982). Las referencias siguientes son de esta edición.

«No necesito la religión».

«¡Dios no existe!».

«Si existe un Dios, ¿por qué hay tanta maldad en el mundo?».

«¿Por qué Dios permite el sufrimiento?».

«¡Cuando te mueres, te mueres! No hay nada más».

R. C. ya había escuchado estas preguntas y objeciones. Él mismo había hecho algunas. R. C. se pone autobiográfico en la introducción del libro, ofreciendo el relato de su «peregrinaje personal». Observa: «Cuando era joven, tenía dos pasiones que me consumían. Una eran los deportes, y la otra, las preguntas con "por qué"».[10] Menciona que fue un «niño de la época de guerra». Así que su primera gran «pregunta de por qué» fue: «¿Por qué hay guerras?». Una pregunta muy grande para un niño de cuatro a cinco años de edad. Después vinieron el sufrimiento y la muerte de su papá, y los años difíciles de la escuela secundaria. Se transformó en un joven enojado y amargado. No creía que el cristianismo fuera la respuesta. Para un R. C. adolescente, el cristianismo era débil: «Cristiano era sinónimo de "cobarde"». Después, llegó su conversión durante el primer año de la universidad. Sus objeciones «se disolvieron en arrepentimiento».[11] A continuación, recuerda cómo fue arrojado al liberalismo en la universidad y el seminario. ¿Acaso todo lo que creía era una verdad objetiva?

Toda esta experiencia personal se acumuló de manera que R. C. pudiera identificarse en forma existencial con las preguntas y las objeciones del no creyente y el creyente por igual. Haber llegado a la fe y la teología por el camino más duro le dio una tenacidad y una conducta misericordiosa.

En 1983, R. C. publicó *In Search of Dignity* [En busca de dignidad].[12] Aquí, R. C. habla sobre la dignidad humana. A los calvinistas les gusta

---

10 Sproul, *Reason to Believe*, 11-12.

11 Sproul, *Reason to Believe*, 15.

12 Originalmente publicado por Gospel Light-Regal, este libro se reimprimió como *The Hunger for Significance* (Phillipsburg, NJ: P&R, 2001), y en una edición revisada por P&R en 2020.

hablar de la depravación humana. Pero si le echamos un vistazo a *Instituciones* de Calvino, nos damos cuenta de que, antes de que el mismo Calvino se refiera a la depravación humana, primero argumenta a favor de la dignidad humana, según el primer capítulo de Génesis y la imagen de Dios en el hombre. R. C. toma el mismo camino. Declara: «La dignidad humana descansa en Dios, el cual le asigna un valor inestimable a cada persona».[13] R. C. considera que esta es una plataforma esencial en la cosmovisión cristiana. Todas las personas que conocía merecían su respeto porque habían sido dotadas de integridad, al portar la imagen del Creador.

Ese mismo año, en 1983, publicó otros dos libros cortos con Tyndale House: *Ethics and the Christian* [La ética y el cristiano] y *¿Quién es Jesús?* R. C. seguía proporcionando respuestas. Después llegó 1984, un año en el cual R. C. publicó dos libros breves y dos largos. Los breves hablaban sobre la oración y la voluntad de Dios, ambos de Tyndale. El primer libro grande fue su novela *Johnny Come Home* [Johnny vuelve a casa]. El segundo libro grande, que salió casi a fin de año, fue *Classical Apologetics* [Apologética clásica]. Y mientras estos cuatro libros se movían por el canal de la escritura, la edición y la publicación, R. C. y Ligonier se mudaron.

Una novela, una mudanza y un libro de texto

R. C. había escrito la biografía de Wayne Alderson, que también contaba la historia de cambio radical de la siderúrgica Pittron Steel, publicada por Harper & Row. Durante una conversación con su editor «sumamente competente» en Harper, R. C. mencionó cuánto le gustaba escribir historias. El editor le sugirió considerar escribir una novela, y le aconsejó: «Lo mejor es que escribas de tu propia experiencia».[14] R. C. quería escribir una novela sobre la doctrina de la elección. Por supuesto.

---

13 Sproul, *Hunger for Significance*, 109.
14 Stephen Nichols con R. C. Sproul, entrevista personal, 8 de septiembre de 2017.

Johnny es el personaje principal.[15] R. C. lo hace casarse con Leah Labanson, y después con su segunda esposa, Rochelle. Más adelante, R. C. exclamó: «Pensarías que alguien habría entendido la idea: Lea, Raquel y Labán; pero nadie lo entendió».[16] Como si fuera una advertencia para el lector, R. C. hace una nota en la primera página declarando: «Esta es una obra de ficción [...] una ficción que es más que un fino velo de la historia real». Fino, por cierto. En la página siguiente, hay una dedicatoria a Johnny, el Johnny Coles de la vida real, amigo de la infancia de R. C. y su compañero de cuarto en el primer año de universidad. La próxima página cita Génesis 27:11, con una referencia a Jacob y Esaú. ¿Qué dice el profeta Malaquías? Amé a Jacob, y a Esaú aborrecí. El primero taimado, conspirador, con luchas... sin embargo, elegido. Después, está Esaú. De un hombre proviene Israel; del otro, Edom. ¿Cómo pudo ser que los lectores no lo entendieran?

Johnny es el personaje central, pero el personaje principal del libro es «Scooter». R. C. confesó que el personaje principal, «Scooter», que termina transformándose en el Reverendo Doctor Richard Evans, un predicador de fama nacional, es una «mezcla de John Guest, Jim Boice [carcajada y luego una gran sonrisa] y yo».[17] Al principio, Scooter parece ser R. C. Lo conocemos cuando está terminando la escuela secundaria. Lo único que le interesa son los deportes, su auto y su amigo Johnny. Se van a la universidad, Witherspoon, «una universidad relacionada con la iglesia presbiteriana en el noroeste de Pensilvania».[18] A través del fino velo, se puede ver a Westminster College. Scooter y Johnny se convierten, después de ser detenidos por una de las estrellas del equipo de fútbol mientras intentaban escaparse a un bar. Cada uno le escribe una carta a su novia. Pero al tiempo, Johnny se aleja, y prácticamente no

---

15   R. C. Sproul, *Johnny Come Home* (Ventura, CA: Regal, 1984); republicado como *Thy Brother's Keeper* (Brentwood, TN: Wolgemuth & Hyatt, 1988).

16   Nichols con Sproul, entrevista personal, 8 de septiembre de 2017.

17   Nichols con Sproul, entrevista personal, 8 de septiembre de 2017.

18   Sproul, *Thy Brother's Keeper*, 42.

recuerda aquel momento. No es el caso de Scooter. Él termina teniendo una segunda conversión en la capilla de la universidad después de una caminata a medianoche. Cambia su especialidad a filosofía... Todo nos resulta muy familiar. Pero él, el Reverendo Doctor Richard Evans, termina en Phoenix en un programa de televisión semanal.

Hay un interés amoroso, «Pamela» y aun otro, «Patricia». Ninguna de las dos es Vesta. Vesta no está en la novela. Termina cuando Richard Evans regresa a casa a dar un gran sermón en la iglesia más importante de su ciudad natal. La iglesia está repleta. Los cristianos están allí para escuchar un sermón, y muchos no cristianos fueron a ver al muchacho de su ciudad que triunfó en grande. Evans predica sobre la santidad de Dios, Isaías 6. Johnny está allí.

A R. C. le encantó escribir la novela. «Fue divertidísimo», recuerda. Se divirtió tanto que empezó una segunda novela. La llamaría *Sin Stones* [Las tablillas del pecado]. La novela empieza con un piloto de la Segunda Guerra Mundial en un P51 Mustang, con una misión en Alemania. R. C. tenía un primo mayor que piloteaba el P51 Mustang, y R. C. había aprendido de él lo grandes que eran estos aviones, con una única vulnerabilidad en el radiador. Así que en la escena inicial, al piloto del P51 Mustang le disparan en el radiador y tiene que saltar en paracaídas. Aterriza a salvo en la tierra, pero empiezan a perseguirlo soldados alemanes. Un sacerdote viene a su rescate, pero en el proceso, resulta mortalmente herido, y lo último que hace es entregarle un valioso documento al piloto, un documento que revela la ubicación escondida de las dos tablillas entregadas a Moisés, las Tablillas del Pecado. R. C. escribió las primeras páginas. Y ahí se quedó. Aparecieron otros trabajos, obligaciones y contratos editoriales. Descartó las primeras páginas que había escrito y siguió adelante. La única novela que sí escribió le valió un premio Angel. Elisabeth Elliot lo llamó «un libro apasionante». En verdad lo es. Se podría transformar en una película.

R. C. escribió la novela mientras daba clases en el seminario en Jackson, Mississippi. Mientras todavía mantenían sus responsabilidades en Ligonier, R. C. y Vesta se reubicaron en Jackson durante tres o cuatro meses a principio del año. Durante esos tres a cuatro meses, enseñó todo lo que enseñaba un profesor a tiempo completo en un año. Además, escribió un libro o dos y empezó a bosquejar varios más. También jugaba al golf, y seguía practicando baile de salón con Vesta.

También se mudaron en 1984. Desde el principio, el centro de estudio en Stahlstown había tenido sus desafíos. Se necesitaban más edificios para hospedar a los huéspedes que pasaban la noche allí, comidas para los grupos, reuniones grupales en el campus, casas para el personal, un estudio de grabación y espacio de oficinas. Al poco tiempo, tener tantos edificios y una propiedad tan grande para mantener empezó a agotar el presupuesto de operaciones. Además, aunque el aislamiento del centro de estudio brindaba una experiencia grandiosa para los estudiantes que llegaban al lugar, también suponía problemas.

Por otro lado, el ministerio de grabación de R. C. —tanto de casetes como de videos— estaba prosperando. Podía llegar a muchas más personas al concentrar su energía en producir series didácticas, las cuales después se podían ver una y otra vez, que dando clases a grupos pequeños en el centro de estudio. Empezaron a buscar ubicaciones estratégicas a las cuales poder mudar el ministerio. La junta se reunió tres veces, sin R. C. y sin que él supiera de estas reuniones. Acotaron la lista a tres ciudades: Dallas, Atlanta y Orlando. A R. C. y a Vesta les hubiera gustado ver a Filadelfia o a Memphis en la lista. R. C. amaba Filadelfia. En cuanto a Memphis, pensaban que era una ubicación estratégica y central para todo Estados Unidos (algo en lo cual FedEx estaba de acuerdo). Es más, les habría encantado tener a John Sartelle como pastor y a la Iglesia Presbiteriana Independiente como su iglesia. Pero ni Memphis ni Filadelfia estaban en la lista.

Cuando le presentaron las tres opciones de Atlanta, Dallas y Orlando, R. C. respondió: «Por mí, cualquiera de esas tres está bien, siempre que no sea Dallas o Atlanta». El ejemplar de septiembre de 1984 de *Tabletalk* fue el último que se envió desde Stahlstown. El ejemplar de noviembre se envió desde Altamonte Springs, a 10 millas (16 km) al norte de Orlando en el centro de Florida. Ministerios Ligonier mudó sus oficinas al Boulevard North Lake y empezó a usar una estación de televisión cercana para grabar.

Todos pensaron que Ligonier se había mudado a Florida para que R. C. pudiera jugar al golf. La verdad era que ya jugaba bastante al golf en invierno; en especial, porque desde enero a marzo, vivía en Jackson, Mississippi. En cambio, la mudanza a Florida se debió a que la junta, después de hacer un estudio intensivo de viabilidad, determinó que el centro de Florida era ideal para familias, de fácil acceso y un gran destino turístico no solo para Estados Unidos, sino también para todo el mundo. Disney abrió su parque temático en 1971, el mismo año que empezó el Centro de Estudio del Valle Ligonier. Turistas, visitantes y asistentes a convenciones llegaron a montones. Después de que Ligonier se mudara a Orlando, otros ministerios nacionales también se mudaron, incluidos Cruzada Estudiantil para Cristo y Wycliffe. Orlando probó ser una decisión sabia. R. C. dijo: «Nos enamoramos de Florida a los quince minutos de estar aquí».[19] Lo único que lamentaba era no haberse mudado antes.

R. C. y Vesta se mudaron a una casa en Sabal Point, en la cercana Wekiwa Springs, durante dos años. Después, se establecieron en una casa en Longwood. Hasta que se mudaron a Longwood, habían estado casados 29 años y vivido en 13 casas distintas durante ese tiempo. Vivirían en su casa número 14 durante los próximos 28 años. Era una casa grande, y necesitaba serlo. Sherrie, junto con su esposo y sus tres hijos, vivían con ellos, así como la madre de Vesta durante un tiempo. Esto colocó a R. C. cerca de Ligonier y de algunas canchas de golf excepcionales.

---

19 Nichols con Sproul, entrevista personal, 8 de septiembre de 2017.

También en 1984, R. C., junto con sus colegas del centro de estudio, John Gerstner y Art Lindsley, publicó un libro de texto sobre apologética. Lo publicó la división académica de Zondervan, y tenía un subtítulo bastante académico: *Classical Apologetics: A Rational Defense of the Christian Faith and a Critique of Presuppositional Apologetics* [Apologética clásica: Una defensa racional de la fe cristiana y una crítica de la apologética presuposicional].

Tres posturas

Hay tres posturas principales de la apologética: el evidencialismo, el presuposicionalismo y la apologética clásica. El evidencialismo, tal como lo indica su nombre, usa la evidencia, tanto racional como empírica, para probar la existencia de Dios y las afirmaciones del cristianismo sobre la verdad. Josh McDowell popularizó el evidencialismo mediante sus libros *Evidencia que exige un veredicto* (1972); *Nueva evidencia que demanda un veredicto* (1981); y *Más que un carpintero* (1977). R. C. observó que el evidencialismo suele ser preferido por aquellos evangélicos que se inclinan más al arminianismo. Los que son más reformados se inclinan más al enfoque clásico o al enfoque presuposicionalista. Es más, y R. C. lo lamentaba, el presuposicionalismo ha «arrasado con la lealtad de las personas reformadas en todo Estados Unidos».[20] R. C. añadió que «es la visión predominante en la mayoría de los círculos reformados de hoy, y es un círculo alrededor del cual no he estado dispuesto a bailar».[21]

El presuposicionalismo también, como su nombre lo indica, se centra en la noción de la presuposición. Esta visión está asociada con su fundador, Cornelius Van Til, con el cual R. C. solía conversar y comer galletas en su porche. Van Til decía: «argumentamos mediante "presuposición"», añadiendo que «la única "prueba" de la postura cristiana es que, a menos que su verdad se presuponga, no se puede "probar" nada

---

20 R. C. Sproul, *1–2 Peter: St. Andrew's Expositional Commentary* (Wheaton, IL: Crossway, 2011), 119.
21 Sproul, *1–2 Peter*, 120.

de nada».[22] Van Til argumentaba que cualquier otra postura admite necesariamente la autonomía humana y compromete al mismo Dios.[23]

Esto nos deja con la visión clásica. Aunque R. C. lamenta que es el voto de la minoría en la escena contemporánea, ha sido la visión de la mayoría a través de la historia de la iglesia. Como apologista clásico, R. C. declara: «Creo que el caso de la existencia de Dios no es tan solo altamente probable, sino absoluta y lógicamente convincente».[24] En la primera frase del prefacio de *Classical Apologetics,* declara abiertamente: «El cristianismo es racional».[25] Quería estar seguro de que notáramos la diferencia entre ser racional y el racionalismo. Rechaza la afirmación presuposicionalista de que afirmar una prueba o argumentar a favor de una prueba del cristianismo se inclina a la autonomía humana, a menos que esa prueba se presuponga. La afirmación del presuposicionalista confunde ser racional o proponer un argumento racional con el racionalismo. Son cosas bien distintas. Entonces, R. C. define la apologética como «la defensa razonada de la religión cristiana».[26] Eso es lo que hacen los apologistas clásicos: ofrecen razones y argumentos.

El libro *Classical Apologetics* tenía un doble propósito. Uno era ofrecer un desarrollo pleno de la visión clásica, exponer el caso a favor de Dios y el cristianismo. El otro era criticar el presuposicionalismo. El libro fue escrito por R. C., Arthur Lindsley y John Gerstner. R. C. escribió la primera parte: «La teología natural clásica: Un panorama general del problema y el método». Arthur Lindsley escribió la mayoría de la segunda parte: «Apologética clásica: Las pruebas teístas, la Deidad de

---

22 Cornelius Van Til, «My Credo», en *Jerusalem and Athens: Critical Discussions on the Theology and Apologetics of Cornelius Van Til* (Phillipsburg, NJ: Presbyterian & Reformed, 1980), 21.

23 Van Til, «My Credo», 9, 11, 18.

24 R. C. Sproul, *1–2 Peter*, 119.

25 John Gerstner, Arthur Lindsley, y R. C. Sproul, *Classical Apologetics* (Grand Rapids, MI: Zondervan, 1984), ix.

26 Sproul et al., *Classical Apologetics*, 13.

Cristo y la infalibilidad de la Escritura». Gerstner escribió la tercera parte: «La crítica clásica de la apologética presuposicionalista».

El libro está dedicado a Cornelius Van Til, con esta inscripción: «... el cual le enseñó a toda una generación que Cristo es el Alfa y la Omega del pensamiento y la vida». Cuando Van Til recibió su ejemplar, le envió una carta a R. C. agradeciéndole y expresando el honor que era la dedicación de su libro. R. C. respetaba mucho a Van Til. Había disfrutado la época en que estuvieron juntos en 1968 y 1969. Le había permitido a R. C. mantenerse al día con su holandés. Habla muy bien tanto de R. C. como de Van Til que pudieran tener una visión diametralmente opuesta y aun así permanecer amigables, respetuosos y constructivos. Eran eruditos y caballeros.

R. C. recordó cómo surgió *Classical Apologetics.* Esperaba escribir un libro titulado *Rational Christianity* [Cristianismo racional]. Empezó a escribirlo pero lo interrumpió para abordar *Stronger Than Steel: The Wayne Alverson Story.* Después, R. C. habló con Gerstner sobre la idea del libro de cristianismo racional. Con el tiempo, se transformó en el libro más largo y de autoría compartida: *Classical Apologetics.* Como los tres daban distintas clases de apologética en el centro de estudio, tenía sentido que coescribieran el libro.

R. C. recuerda que cuando salió la primera edición, los editores en Zondervan usaron un corrector ortográfico computarizado que cambió todos los casos de «efectos noéticos» del pecado a «efectos poéticos». Pero R. C. tiene recuerdos mucho más dolorosos de las notas al pie de Gerstner. Se perdieron todas sus notas al pie para las citas de Van Til de aquella tercera parte del libro.

R. C., que estaba al frente del armado del libro para llevárselo al editor, tuvo que volver y encontrarlas. La tercera parte tenía un total de 228 notas al pie. Más de la mitad eran citas de Van Til. R. C. tuvo que volver a revisar todos los libros de Van Til y encontrar las citas para reescribir las notas al pie. Todas ellas. En ese momento, muchos de los libros de Van Til no tenían índice, así que R. C. no tenía demasiada ayuda. Declaró: «No puedo decirte la cantidad de horas que tuve que dedicar a investigar todo lo que Van Til había escrito en su vida».

Según R. C., la apologética clásica sostiene que la pregunta fundamental es: ¿Por qué existe algo en lugar de nada? Y apenas se empieza a tirar del hilo para explicar el «algo» de la existencia, vas siendo guiado a la única conclusión racional: hubo un principio y Alguien que lo inició. Cualquier otra visión es irracional. La apologética clásica acude a los argumentos clásicos para defender y probar la existencia de Dios.

Estos argumentos son cosmológicos, teleológicos y ontológicos. Se pueden ver en los filósofos antiguos, Platón y Aristóteles, y también fueron desarrollados por pensadores medievales como Anselmo (el argumento ontológico específicamente) y Tomás de Aquino. A veces, constituyen lo que se llama «teología natural», la cual «afirma que las personas pueden obtener y obtienen un conocimiento válido de Dios mediante la razón natural, al reflexionar sobre la revelación natural».[27]

Esto nos lleva de regreso a los pasajes subrayados de Tomás de Aquino. Esos pasajes vienen de la *mangum opus* de Aquino, la *Suma teológica*. Aquino dijo: «Cuando un efecto es más evidente para nosotros que su causa, llegamos a conocer la causa a través de su efecto».[28] Para ilustrar esto, cuando te traen una comida a la mesa en un restaurante, la comida es el efecto, y es evidente para ti. Lo que no es evidente es la causa de la comida. Pero como tienes el efecto, sabes que hay una causa. Empiezas a razonar desde la causa al efecto que yace detrás. Al rato, te das cuenta de que hay cocineros en la cocina, hay comida que llegó a la cocina mediante una red de distribución de alimentos, y eso se remonta a un agricultor, ganadero o pescador. Aquino es claro: «Tiene que existir una causa si su efecto existe».[29] Después,

---

27 Sproul et al., *Classical Apologetics*, 27.
28 Aquino, *Nature and Grace*, ed. y trad. A. M. Fairweather (Filadelfia: Westminster Press, 1954), 52.
29 Aquino, *Nature and Grace*, 53.

declara: «Podemos demostrar la existencia de Dios de esta manera, desde Sus efectos, los cuales conocemos, aunque no conozcamos Su esencia».[30] Aquino procedería a ofrecer «cinco vías» por las cuales se puede demostrar la existencia de Dios. Estas cinco vías despliegan el argumento cosmológico y teológico a favor de la existencia de Dios. A R. C. le encantaban todas, pero la tercera vía, el argumento desde la necesidad, era clave para él.

R. C. explica este argumento de Aquino en su libro posterior *The Consequences of Ideas* [Las ideas tienen consecuencias]: «Si hubo un tiempo en el que nada existía, entonces nada podría haber comenzado a existir y nada existiría ahora. Pero si algo *sí* existe ahora, entonces siempre tuvo que haber algo que existiera; algo debe existir que posea una existencia *necesaria;* su existencia no solo es posible, sino necesaria».[31] Este ser tiene que *ser,* debe ser independiente de cualquier otro ser, y tiene que ser eterno. Aristóteles llamaba al ser «Acto Puro». Edwards lo llamaba «el Ser con el Ser Supremo». Aquino llegaría a llamarlo el *ens perfectissimus,* el ser más perfecto. El ser necesario es Dios, y Dios debe existir. ¿Por qué? Porque hay algo en lugar de nada. R. C. señala que aunque las cinco vías, si se toman juntas, forman el argumento cosmológico y teológico, la tercera vía, el argumento del ser necesario, en realidad refleja el argumento ontológico.

Un fundamento de cuatro partes

La clave para entender la apologética de R. C. es lo que él llama los cuatro principios epistemológicos básicos. Estos se encuentran en la primera parte de *Classical Apologetics.* En ese libro, él habla de tres no negociables, pero dedica mucho tiempo a desarrollar el cuarto.[32] En su

---

30 Aquino, *Nature and Grace*, 53.
31 R. C. Sproul, *The Consequences of Ideas: Understanding the Concepts That Shape Our World* (Wheaton, IL: Crossway, 2000), 73.
32 Sproul, *Classical Apologetics*, 72-90.

libro posterior *Cómo defender su fe* (2003), deja en claro este cuarto no negociable.[33] Los cuatro principios son:

1. La ley de la no contradicción
2. La ley de la causalidad
3. La fiabilidad básica (aunque no perfecta) de la percepción sensorial
4. El uso analógico del lenguaje

Es fundamental observar que estos no son los cuatro principios fundamentales de la apologética. R. C. los considera fundamentales para la epistemología, para todo el conocimiento y las afirmaciones de conocimiento. Son estos principios los que permiten la adjudicación de afirmaciones verdaderas conflictivas. Son estos principios los que permiten la distinción entre la mera opinión y lo que cuenta como verdad. Pero cuando se aplican a la apologética, estos cuatro principios le permiten a R. C. afirmar que el cristianismo es racional. Estos cuatro principios pueden mantener a raya el recurso de «un salto de fe».

La ley de la no contradicción es una manera sencilla de decir «lógica». Afirma que «A no puede ser no A al mismo momento y en la misma relación».[34] Esto es «crucial para la teología, como lo es para todas las disciplinas intelectuales», y «es la precondición necesaria para cualquier y para todas las ciencias».[35] R. C. explica después que la ley de la no contradicción y la lógica «monitorizan las relaciones formales de las proposiciones».[36] Cuando surge un desacuerdo, cuando se pone a prueba una hipótesis, cuando una proposición se afirma como verdadera y factual y no como mera opinión, la lógica interviene y monitoriza la discusión. La lógica nos permite tener un discurso significativo. Evita que nos degeneremos al absurdo.

---

33 R. C. Sproul, *Defending Your Faith: An Introduction to Apologetics* (Wheaton, IL: Crossway, 2003), 30-33.
34 Sproul et al., *Classical Apologetics*, 72.
35 Sproul et al., *Classical Apologetics*, 72.
36 Sproul et al., *Classical Apologetics*, 73.

En uno de sus cuadernos, R. C. esboza a mano una breve nota llamada «La tensión del desacuerdo: El desacuerdo y la ley de la no contradicción». Establece una situación de desacuerdo sobre la respuesta a la cuestión de la existencia de Dios. Sin la ley de la no contradicción, el último recurso para evaluar las proposiciones y las afirmaciones verdaderas conflictivas es la trascendencia personal. Explica: «Por lo tanto, la cuestión de la existencia de Dios se reduce a la cuestión de la trascendencia práctica en la vida de cada individuo. Si la verdad se define según aquello que es significativo para el sujeto que cree, entonces, por supuesto, cualquier cosa que sea significativa para el sujeto que cree puede ser considerado como verdad». Entonces, observa que en este punto, el debate desciende a la «hostilidad emocional». La respuesta a la pregunta más profunda de todos los tiempos —¿Existe Dios?— se reduce a «Tú dices papa, yo digo patata».

Las reglas formales de la verificación y la falsificación solo sirven en el interés cristiano. Sin la ley de la no contradicción, cualquier debate sobre alguna afirmación de verdad se degenera en un juego de poder o un concurso de gritos.

La ley de la causalidad está en la raíz del argumento cosmológico a favor de la existencia de Dios. La ley de la causalidad afirma que todo efecto tiene una causa igual o mayor. El mundo, el cosmos, es el efecto. Plantea la pregunta del origen: ¿de dónde surgió el mundo? O, una vez más, ¿por qué hay algo en lugar de nada? Así como la ley de la no contradicción nos remonta a Aristóteles, también lo hace la ley de la causalidad. Aristóteles empezó con el movimiento, después pasó a la causalidad. El movimiento es evidente. Para que haya un movimiento, primero tuvo que haber un movimiento, a lo cual Aristóteles llamaba el «motor inmóvil». Así que toda causa tiene un efecto, el cual se puede rastrear hasta la «causa sin causa» o la «primera causa». Aquino sencillamente usa esos dos argumentos como las primeras dos de las cinco vías. A Dios se lo puede probar mediante el argumento desde el movimiento (primera vía), desde la causa (segunda vía) y desde el ser necesario (tercera vía).

A continuación, viene el tercer elemento no negociable, la fiabilidad básica de la percepción sensorial. Adquirimos conocimiento mediante la percepción sensorial. R. C. tiene cuidado de no decir fiabilidad *infalible* de percepción sensorial.[37] Pero somos «criaturas físicas y equipadas con sentidos», y a través de nuestros sentidos, es posible conocer el mundo exterior.[38]

Por último, está el lenguaje analógico. Esta perspectiva se encuentra en el medio de los polos opuestos del lenguaje unívoco y el lenguaje equívoco. Y aquí estamos hablando, en última instancia, de nuestro lenguaje sobre Dios. Unívoco significa idéntico (una voz), y equívoco significa diferente. Estas cuestiones se entienden mejor al considerar cómo se aplican a la ontología, la naturaleza de ser. La perspectiva unívoca ve una unidad entre Dios y todo lo demás. Esto es panteísmo. La visión equívoca ve a Dios como otro de manera plena o total, *totaliter aliter* en latín. Dios es incomprensible. R. C. explica: «Muchos teólogos y filósofos han argumentado que Dios es tan completamente distinto de nosotros que cualquier intento de hablar sobre Él es inútil».[39] Ninguna de estas perspectivas es deseable. Entre estas dos visiones opuestas, hay una postura intermedia.

Aquino señalaba a la imagen de Dios para ayudarnos a entender lo que él llamaba la *analogia entis,* la analogía del ser. Hay un punto de conexión entre Dios y el hombre, la imagen de Dios. Y como existe una analogía del ser, podemos tener conversaciones significativas con respecto a Dios. La analogía del ser lleva al lenguaje analógico. R. C. nos informa: «En virtud de que Dios nos creó a Su imagen y semejanza, existe una analogía entre el Creador y la criatura, la cual nos permite hablar sobre Dios de una manera significativa incluso dentro de los límites de nuestra finitud».[40] Después, añade: «Sin este vínculo, no

---

37 Sproul et al., *Classical Apologetics*, 87.
38 Sproul et al., *Classical Apologetics*, 87.
39 Sproul, *Defending Your Faith*, 32.
40 Sproul, *Defending Your Faith*, 33.

podríamos entender el mundo creado y su testimonio de la grandeza de la mano del Creador. Es más, no podríamos entender la revelación especial de Dios a través de Su Palabra, tanto escrita como encarnada en Jesucristo, Su Hijo».[41]

R. C. construye su apologética clásica sobre la base de estos cuatro elementos no negociables, con algo de ayuda de sus amigos Aristóteles y Aquino.

R. C. no solo creía que se puede hacer un argumento racional a favor de la existencia de Dios, sino que, en el espectro pleno de su apologética, también creía que se puede argumentar de manera racional a favor de la infalibilidad de la Escritura. De esa manera, se argumenta de manera racional a favor de las declaraciones de verdad de la Escritura respecto a Cristo y el evangelio. R. C. bosquejó un argumento de las cinco premisas y una conclusión para este argumento en su libro *Objections Answered* [Respuesta a las objeciones] (1978).

Premisa A: La Biblia es un documento esencialmente confiable y creíble.

Premisa B: Sobre la base de este documento confiable, tenemos suficiente evidencia como para creer con seguridad que Jesucristo es el Hijo de Dios.

Premisa C: Como Jesucristo es el Hijo de Dios, es una autoridad infalible.

Premisa D: Jesucristo enseña que la Biblia es más que generalmente confiable; es la Palabra misma de Dios.

Premisa E: La Palabra, en el sentido de que proviene de Dios, es absolutamente confiable porque Dios es absolutamente confiable.

Conclusión: Según la autoridad infalible de Jesucristo, la iglesia cree que la Biblia es absolutamente confiable; es decir, infalible.[42]

---

41 Sproul, *Defending Your Faith*, 69.
42 R. C. Sproul, *Objections Answered* (Ventura, CA: Gospel Light-Regal, 1978), 31.

Contra Secularisma

Mientras que el libro *Classical Apologetics* se concentraba en mostrar los méritos de la apologética clásica en comparación con el presuposicionalismo, el libro (y R. C.) estaban interesados principalmente en equipar a los santos para defender la fe a la luz del oponente más grande y feroz del cristianismo en esa época, el secularismo. Desde su primera columna en *Tabletalk,* R. C. abordó el secularismo. Se metió de lleno en el tema en la década de 1960, cuando preparó notas exhaustivas sobre *La religión en la ciudad secular,* un libro de Harvey Cox que había tenido un impacto considerable. Preparó las notas, en total 32 páginas escritas a mano, para su *tentamen* sobre la ética en la Universidad Free. Los *tentamens* eran sus evaluaciones en varias áreas. R. C. proporcionaba listas de lectura para cada una de las áreas. Publicado en 1965, el libro de Cox vendió más de un millón de ejemplares en sus primeros años en el mercado. El libro ofrecía un profundo análisis sociológico, filosófico y teológico del impacto del secularismo en la cultura. R. C. resumió la conclusión sobre el asunto en el primer capítulo de *Classical Apologetics:* «El secularismo es un fenómeno *pos*cristiano que conlleva un rechazo *consciente* de la cosmovisión cristiana».[43] En su libro de 1986, *Lifeviews* [Perspectivas sobre la vida], R. C. escribe: «El *ismo* predominante de la cultura estadounidense, el *ismo* que se refleja en los medios de noticias, la industria del cine, la novela y el arte, es el *secularismo*».[44] Es importante observar que hay una gran diferencia entre las palabras *secular* y *secularismo.* El cristiano está llamado a ser secular, a estar en el mundo. Y no olvidemos que es el mundo de Dios. El secularismo es la cosmovisión venenosa.

En uno de sus cuadernos personales con notas para sus conferencias en el centro de estudio, R. C. destaca un sermón sobre el tema: «¿Existe

---

43 Sproul et al., *Classical Apologetics,* 4.

44 R. C. Sproul, *Making a Difference: Impacting Culture and Society as a Christian* (1986; reimp. Grand Rapids, MI: Baker, 2019), 26. Originalmente publicado como *Lifeviews.*

Dios?». Observa que esta es una «era de escepticismo» y una «era pos-cristiana», donde «las iglesias son mausoleos». Reconoce: «Las personas siguen afirmando "algo más grande"», pero observa que «<u>el ateísmo práctico</u> está [a la] orden del día».[45] Y explica: «La gente vive como si no existiera Dios». R. C. quería destacar que la expresión «como si no existiera» indica una condición contraria a la realidad. Porque sí existe un Dios. El siguiente bosquejo se concentra en la «<u>Evidencia conclu-yente</u>». R. C. creía en la apologética, porque creía que existe un Dios, y la gente cree y vive como si *no* existiera.

En ese mismo cuaderno, R. C. observa que «la única manera de desmentir el cristianismo es desmentir a Dios», y añade: «pero estos intentos vuelven como un búmeran». Como ejemplo, propone el argu-mento sobre el mal. Decir que algo es «malo» o hablar de justicia o injusticia implica apelar a algún estándar trascendente, a un estándar absoluto. Eso plantea inmediatamente la pregunta del origen de un estándar absoluto, el origen de nuestra sensibilidad al mal y de la justicia y la injusticia, en un sentido supremo.

Al abandonar a Dios, el secularismo no puede lidiar con los orígenes ni con el destino; tanto el pasado como el futuro quedan eclipsados, despreciados. Lo que importa es el presente, el aquí y el ahora. El ahora, dice el secularismo, cuenta para el presente. En consecuencia, «no hay eternidad, no hay una perspectiva eterna. No existen los absolutos».[46] R. C. declara: «Aquí es precisamente donde chocan el cristianismo y el secularismo».[47] Contrarrestó con: «El ahora cuenta para siempre». Y añadió:

> Si puedo darle a mi generación un solo mensaje, es este: El ahora cuenta para siempre. Lo que tú y yo hacemos ahora tiene una tras-cendencia eterna. El ahora es importante porque cuenta para dentro

---

45 De aquí en adelante, las partes subrayadas son de R. C.

46 Sproul, *Making a Difference*, 29.

47 Sproul, *Making a Difference*, 29.

de mucho, mucho tiempo. Lo secular es importante porque está eternamente unido a lo sagrado.

Se dice que Lutero declaró: «Si no defiendes el evangelio en el punto preciso donde está bajo ataque, entonces no estás defendiendo el evangelio». Lo que R. C. estaba haciendo en *Classical Apologetics* y en otros libros, así como en su enseñanza y predicación, era defender el evangelio en el punto donde estaba siendo atacado. En su primera columna en *Tabletalk,* R. C. observó que si solo existe el ahora, entonces «incluso el ahora es insignificante».[48] Elevar su voz profética y apologética en contra del secularismo fue el mensaje que le entregó a su generación. Al igual que Juan el Bautista, con el brazo extendido señaló a Dios, señaló a la eternidad y señaló al Cordero de Dios que había venido.

En los años del 1200, Tomás de Aquino vio que la amenaza para la iglesia de su época era el islam. Escribió otro *magnum opus* titulado *Summa Contra Gentiles,* que abarcaba cuatro libros escritos entre 1259 y 1265. Aquino lo escribió para aquellos en el frente de batalla, los misioneros que se enfrentarían al islam y al judaísmo. Identificó los puntos discordantes, los lugares donde el evangelio estaba bajo ataque. Después, ofreció razones para la fe, una defensa de la fe a la luz de la oposición y el ataque. En la página 1 del primer capítulo de *Classical Apologetics,* R. C. proclamó que la tarea del cristiano en la época moderna era «producir una *Summa Contra Secularisma*».[49]

Lo que crees, por qué lo crees

La apologética no es solo para que los cristianos la usen al interactuar con los no cristianos en un mundo cada vez más pluralista y secularista. La apologética también es para los cristianos. En su debate sobre la tarea de la apologética, en *Classical Apologetics,* R. C. observa: «El escepticismo

---

48 R. C. Sproul, «Right Now Counts Forever: Roots in the Pepsi Generation», *Tabletalk*, vol. 1, 6 de mayo de 1977, 1.

49 Sproul et al., *Classical Apologetics*, 3.

contemporáneo generalizado tiene su efecto nocivo sobre la fe cristiana. La apologética puede ser usada por Dios como una fuerza liberadora en la vida del cristiano asolado por los dardos de la duda».[50]

Menciona que, a veces, el laicado cristiano ve la apologética como «una complicación innecesaria e indeseable para la vida cristiana simple».[51] R. C. sigue mencionando que recuerda haber escuchado un debate entre eruditos sobre la existencia de Dios. Cuando se abrieron las líneas a llamados telefónicos, una mujer llamó y exclamó: «¿Acaso no tienen los ojos abiertos? Miren por la ventana. De dónde creen que salió todo eso?».[52]

El acento y la elección de palabras de la mujer denotaban que era del oeste de Pensilvania. R. C. señala que su argumento es clásico, en cuanto al argumento cosmológico. Hay una respuesta racional a la pregunta: «¿De dónde salió todo lo que ves desde tu ventana?». Cualquier otra respuesta, o directamente evitar la pregunta, es irracional.

Un anuncio para su curso en el semestre de enero sobre apologética clásica en el centro de estudio plantea la pregunta: «¿Qué beneficio obtendré?». La respuesta es:

Este curso es para ti. Si estás buscando un fundamento sólido para tu fe, si estás buscando maneras de defender tu fe en el salón de clases, o de defender tu fe frente a tus amigos, este curso puede darte la llave de las herramientas de la apologética, para ayudarte a defender tu fe y a dar una razón para saber por qué crees lo que crees.[53]

En un cuaderno, donde R. C. había escrito «La historia de la apologética» en la tapa, tiene un bosquejo de tres páginas para una lección llamada «La razón y la fe». Observa que «la apologética surge de crisis

---

50 Sproul et al., *Classical Apologetics*, 22.
51 Sproul et al., *Classical Apologetics*, 22.
52 Sproul et al., *Classical Apologetics*, 23.
53 Anuncio del semestre de enero, *Tabletalk*, vol. 3, septiembre de 1979, 4.

históricas». Esto puede verse en el primer siglo, incluso mientras se escribía el Nuevo Testamento y la iglesia estaba bajo el espectro de Roma. La crisis era «César el *Kurios*», César como Señor frente a Jesús como Señor. R. C. menciona a los apologistas antiguos Justino Mártir y Policarpo.

Después, enumera una larga línea de «apologistas» que confrontaron la cultura: «Pablo, Agustín, Aquino, Lutero». Eso trae a R. C. hasta la era actual. A nuestra época, la llama «la edad del <u>impresionismo</u>». Es una cultura abocada a «entretenerse», en la cual hay una «crisis de <u>contentamiento</u>».

Después, se vuelve a la respuesta. Declara: «¡Los cristianos <u>piensan</u>!». Luego, afirma que no es racionalismo, pero tampoco irracionalismo, añadiendo que «no somos llamados a crucificar el intelecto», y que no tenemos por qué conformarnos con una «especulación estéril». En cambio, R. C. defiende una postura en la cual «la <u>verdad provoca pasión</u>». Cita el ejemplo de Søren Kierkegaard. R. C. no estaba de acuerdo con Kierkegaard en cuanto a la fe ni podía seguir el camino que había tomado, pero siempre había admirado su pasión por la verdad. Es más, admiraba a Pablo, así que apuntó una nota: «Pablo —estoy <u>persuadido</u>—. Ver 2 Cor. 11». Después, ofrece su conclusión: «Jugamos para ganar». R. C. era un apologista comprometido con saber lo que creía y por qué lo creía. Había estado haciendo, según su propio relato, las preguntas de *por qué* toda su vida. Se esforzó por ayudar a otros a saber lo que creían y por qué lo creían, porque, como decía a menudo, no es cuestión de vida o muerte; es cuestión de vida eterna y muerte eterna.

El arco de su enseñanza

Cada año, desde 1975 hasta 1979, R. C. habló en la Conferencia de Filadelfia sobre Teología Reformada (PCRT, por sus siglas en inglés). En 1975, el tema de la conferencia fue «Conocer a Dios». R. C. habló dos veces, y tituló sus sesiones: «¿Por qué no conocemos?» y «¿Por qué debemos conocer?». En 1976, el tema fue «Nuestro Dios soberano».

R. C. habló tres veces, junto con Jim Boice, John Stott y C. Everett Koop. Volvió a hablar en 1977 sobre temas referentes a la doctrina del hombre, la temática de aquel año. En 1978, la conferencia debatía «La cruz, nuestra gloria». R. C. habló dos veces; una lección se titulaba: «Sacrificio y satisfacción». La PCRT de 1979 trataba de «Los nombres de Cristo». Una vez más, R. C. habló dos veces. Es curioso que esta progresión en las conferencias refleje las mayores contribuciones teológicas de R. C. a través de las décadas de su ministerio, sus textos clásicos y gran parte de sus libros.

Los temas aquí son las doctrinas sobre Dios, el hombre, la salvación y Cristo. R. C. apuntó todos sus esfuerzos a una sola vocación que giraba alrededor de un solo tema: enseñar a las personas quién es Dios. Pensar en quién es Dios inmediatamente plantea la pregunta: ¿Quién soy yo? R. C. daría una respuesta directa a ambas cosas: Dios es santo. Nosotros no. Una vez que entendemos eso, la siguiente pregunta es: ¿Quién es mi sustituto? ¿Quién es el sacrificio a mi favor? ¿Quién hará expiación?

Todas estas son preguntas cruciales, y todas caen en la categoría de la apologética. La palabra griega *apologia* significa «dar una respuesta». R. C. y Vesta siempre imaginaron el centro de estudio como un lugar donde las personas pudieran obtener respuestas, y donde los cristianos pudieran ser preparados para responder a las preguntas que les hacían. La apologética fue una característica crucial del centro de estudio desde el principio, y de la enseñanza y la predicación de R. C. antes de su cargo en Stahlstown. Además, era una clase especial de apologética.

El nombre de R. C. es sinónimo de la apologética clásica. Durante años, décadas, sintió que era la única voz en el desierto cuando enseñaba y escribía al respecto. Otros parecen estar poniéndose al día últimamente, y la historia bien podrá demostrar que R. C. estaba del lado correcto de la pregunta.[54]

---

54 Esto puede verse en lo siguiente: el extenso ensayo de Keith Mathison: «Christianity and Van Tillianism», *Tabletalk*, 21 de agosto de 2019, http://tabletalkmagazine.com; *James Dolezal, God*

También vale la pena notar que sus lecciones en PCRT no solo vuelven a la apologética, sino también a la doctrina sobre Dios. R. C. decía a menudo que no hay ninguna diferencia entre la comprensión confesional de los católicos romanos, los luteranos o los reformados en lo que se refiere a la doctrina de Dios. Después, diría que hay una diferencia abismal entre estas perspectivas sobre la doctrina de Dios. Él detestaba las afirmaciones ambiguas. Entonces, ¿cómo podía decir las dos cosas? Explicaría que estas distintas visiones todas plantean lo mismo sobre Dios en la página 1 de una teología sistemática, pero no llevan la plena doctrina sobre Dios a la página 2, donde se habla de la doctrina del hombre, o a debates posteriores sobre la doctrina de Cristo y la salvación. La tradición clásica reformada lleva la doctrina de Dios durante todo el resto de la teología sistemática, y todo el resto de los temas de la teología sistemática vuelven a la doctrina de Dios.

R. C. no solo se sentía como una voz solitaria en el desierto que proclamaba la apologética clásica; también se sentía una voz solitaria que proclamaba la santidad de Dios. Ese sería su próximo libro.

---

without Parts: Divine Simplicity and the Metaphysics of God's Absoluteness (Eugene, OR: Pickwick, 2011); Dolezal, *All That Is in God: Evangelical Theology and the Challenge of Classical Christian Theism* (Grand Rapids, MI: Reformation Heritage, 2017); J. V. Fesko, *Reforming Apologetics: Retrieving the Classic Reformed Approach to Defending the Faith* (Grand Rapids, MI: Baker, 2019). Estos libros han generado toneladas de reseñas y publicaciones en blogs.

7

SANTIDAD

*Las sombras en una cueva son propensas a cambiar. Danzan y
titilan con formas y luces siempre cambiantes. Para contemplar lo
verdaderamente santo e ir más allá de la superficie de las cosas creadas,
tenemos que salir de la cueva de nuestra propia hechura y caminar
a la luz gloriosa de la santidad de Dios.*

R. C. SPROUL

LA SECCIÓN DE FIN DE SEMANA del periódico *The Tribune-Democrat*
del sábado 20 de septiembre de 1980 tiene una fotografía grande de
R. C. en la tapa. Fue tomada en el centro de estudio, y R. C. está de
traje y corbata, apoyado sobre una cerca, bajo el titular: «El Dr. R. C.
Sproul: Enseña a las personas quién es Dios». Cuatro años más tarde,
el ejemplar de junio-julio del sarcástico *The Wittenburg Door* hizo una
entrevista. La primera pregunta y respuesta eran:

Door: ¿Qué necesita la iglesia hoy?
Sproul: Estoy apasionadamente convencido de que la necesidad más
grande de la iglesia es desarrollar una comprensión más profunda
del carácter de Dios. La gente debe conocer, en forma cognitiva e
intelectual, quién es Dios.[1]

---

1   R. C. Sproul, entrevista, *The Wittenburg Door*, vol. 79, junio-julio 1984, n.p.

Un anuncio en un ejemplar de 1979 de *Tabletalk* sobre la serie didáctica de R. C. de seis partes sobre la santidad de Dios contiene, en una cursiva gótica bien grande: «Santo. Santo. Santo.», seguido de:

Qué lástima. Lo que Dios más repitió es lo que menos entendemos.[2]

El anuncio sigue diciendo: «En toda la Biblia, hay una sola palabra que Dios repitió tres veces para describirse. Santo. Santo. Santo. Esta palabra describe la característica más esquiva y aterradora de Dios: Su santidad. Es un tema tan maravilloso que pocos se han atrevido a abordarlo».[3]

R. C. no lo abordó. El tema lo abordó a él.

Al recordar aquel momento trascendental en la universidad, R. C. se sintió «impulsado» a dejar la comodidad y la calidez de su cama en su habitación en Westminster College. Mientras sus pisadas hacían crujir la nieve y el reloj daba la medianoche, R. C. entró a la capilla, después de atravesar el umbral con la puerta de roble bajo el arco gótico. A partir de ese momento, la santidad de Dios se adueñó de R. C. Lo encontró y no lo soltó.

Cuando R. C. salió al aire por primera vez en su programa nacional de radio, *Renewing Your Mind,* el 3 de octubre de 1994, la primera transmisión coincidió con su primera lección de la serie didáctica sobre «La santidad de Dios». R. C. terminó aquel primer programa recordando ese momento decisivo; después, pronunció estas últimas frases:

Esa experiencia privada y personal que tuve en aquella capilla me cambió la vida, y fue el inicio de una búsqueda de toda la vida de la santidad de Dios. No solo es vital para mí, sino también central a la revelación bíblica del carácter de Dios, y es absolutamente crucial para el crecimiento personal del cristiano investigar, reflexionar y

2   *Tabletalk*, vol. 3, marzo de 1979, 5.
3   *Tabletalk*, vol. 3, marzo de 1979, 5.

buscar comprender lo que quiere decir la Escritura cuando declara que Dios es santo.[4]

En una declaración de misión
(y una nota sobre el cabello)

La edición de octubre de 1981 de *Tabletalk* sacó una columna única de «Pregúntale a R. C.». Los que conocieron a R. C. o han visto videos, probablemente hayan observado cómo cambian sus estilos de vestimenta y, más aún, su peinado. El cabello cobró una vida propia. Se ha transformado en parte de la historia. Esta columna particular de R. C. aborda directamente el cabello. Era grueso, abundante y chato. Después, R. C. fue a una barbería en Arizona. La peluquera le preguntó: «¿Por qué no me dejas hacer algo con tu cabello?». Él pensó: *Ya lo estás haciendo. Lo estás cortando.* Pero lo que dijo fue: «¿Algo como qué?». Y el resto es historia. Todos le preguntaban: «¿Qué rayos hiciste con tu cabello?». Esa era la pregunta más recurrente en la columna «Pregúntale a R. C.». Fue la pregunta constante que recibió R. C. en 1981. La respuesta a la melena peinada era mixta. R. C. las iba siguiendo. A modo de broma, dijo:

> J. I Packer pronunció una palabra suave y digna de ánimo; Jim Kennedy levantó las cejas consternado; Francis Schaeffer la miró en forma inquisitiva y movió los labios para formar una respuesta hasta que me vio mirándole los pantalones; Charles Colson escribió el segundo libro de Lamentaciones y lloró hasta llegar a L. L. Bean; Ron Sider pensó que me quedaba bien pero se preguntó si no habría costado demasiado; y John Gerstner ni siquiera se dio cuenta del cambio.[5]

Pero la opinión expresada en una última frase tuvo la última palabra al respecto: «Pero... Vesta dijo: "Me encanta"... así que se queda». A la

---

4   R. C. Sproul, «The Otherness of God», *Holiness of God* formato de radio, lección 1. Originalmente, salió al aire en *Renewing Your Mind*, 3 de octubre de 1994.

5   R. C. Sproul, «Ask R. C.: The Crisis of Image Change, Or, A Funny Thing Happened on the Way to a Barber Shop», *Tabletalk*, vol. 5, octubre de 1981, 5.

lista de influencias que tuvieron un verdadero impacto sobre R. C. —su papá, la Sra. Gregg, sus entrenadores, el Dr. Gregory y el Dr. Gerstner—, necesitamos añadir a una peluquera anónima de Arizona. Ese es el origen del cabello. Ese mismo ejemplar de octubre de 1981 de *Tabletalk* arroja luz sobre el origen de la declaración de misión de Ligonier.

La declaración de misión de Ligonier fue evolucionando con los años. Empezando con ese ejemplar de octubre de 1981, la cabecera de *Tabletalk* incluía «La misión de Ligonier», que era:

> Contribuir a la causa de la renovación y la reforma espiritual mediante un ministerio de enseñanza diseñado para informar a las masas con contenido bíblico, y capacitar a líderes de la iglesia y otros ministerios en la verdad bíblica que incluye doctrina, práctica e interpretación cultural (teología, ética, teología práctica y apologética).[6]

El ejemplar de febrero de 1983 tenía una versión nueva y mucho más breve de la declaración de misión.

> Enseñar la fe cristiana a la mayor cantidad de personas posible.

El ejemplar de febrero de 1985 tenía otra declaración de misión, que volvía a ser más extensa:

> Enseñar la verdad bíblica a cristianos adultos y animarlos a alcanzar una visión del mundo y de la vida que produzca una piedad madura y obediente, contribuyendo así a una renovación de la iglesia y la cultura.

A fines de la década de 1980, la declaración de misión era la siguiente:

> Ayudar a despertar a tantas personas como sea posible a la santidad de Dios en toda su plenitud.

---

6   En realidad, aquella primera ocurrencia en octubre tenía una errata: «teología pártica». Esto lo arreglaron en el próximo número.

La declaración de misión actual dice:

Proclamar la santidad de Dios en toda su plenitud a la mayor cantidad de personas posible.

El ejemplar de agosto de 1996 de *Tabletalk* celebra el vigésimo quinto aniversario de Ligonier. R. C. dedicó la columna de ese mes de «El ahora cuenta para siempre» al evento y aprovechó la ocasión para reflexionar sobre el propósito de Ligonier. Tituló la columna: «¿Por qué Ligonier?». Observó que, desde temprano, habían formado declaraciones de propósito, y añadió: «Las expresiones cambiaron pero el propósito subyacente nunca cambió».[7] Ese propósito subyacente tiene que ver con considerar quién es Dios, en Su santidad, y después enseñar y vivir eso. Ese propósito subyacente se remonta a una época temprana en la historia de Ligonier cuando trajeron a un asesor.

La versión final de la declaración de misión desarrollada fue el resultado de una colaboración entre ese asesor y R. C. El asesor se sentó con R. C. y le pidió que se describiera. R. C. respondió que era un teólogo. Entonces, el asesor le preguntó: «¿Y qué hace?». Él respondió que enseñaba. El hombre le preguntó qué enseñaba, y R. C. contestó que enseñaba a las personas quién es Dios. Entonces, el asesor preguntó: «¿A quién enseña?». R. C. dijo que enseñaba principalmente a la gente en la iglesia, pero también alcanzaba y enseñaba a las personas en la cultura. El asesor tenía solo dos preguntas más. Primero, consultó: «¿Qué es lo que más necesita saber la gente de la iglesia acerca de Dios?». «Que Él es santo», dijo R. C. Y el asesor hizo su última pregunta: «¿Qué es lo que más necesita saber la gente de la cultura acerca de Dios?». «Que Él es santo», dijo R. C. Ese siempre ha sido el cimiento del propósito subyacente y se refleja en la forma final de la declaración de misión refinada.

La noche antes del funeral de R. C., un grupo de teólogos y pastores que habían compartido muchas plataformas de conferencia con él se

7   R. C. Sproul, «Why Ligonier?», *Tabletalk*, vol. 20, agosto de 1996, 6-7.

reunieron para una recepción. A medida que iban surgiendo distintos recuerdos, John Piper, con una concentración agudísima, pensó en R. C. y la santidad de Dios. Exclamó: «¿Qué otro ministerio tiene la frase "la santidad de Dios" en su declaración de misión?».

La santidad de Dios era central para R. C. La doctrina que se apoderó de él empezó con una experiencia personal, pero se nutrió y se fomentó mediante una vida de estudio y búsqueda. Un libro que captó la atención de R. C. fue escrito por el teólogo luterano alemán Rudolf Otto.

La idea de lo santo

Rudolf Otto publicó su libro *Das Heilige* en 1917. La primera traducción en inglés apareció en 1923 con el título *The Idea of the Holy: An Inquiry into the Non-Rational Factor in the Idea of the Divine and Its Relation to the Rational* [La idea de lo santo: Una mirada al factor no racional en la idea de lo divino y su relación con lo racional]. Otto observa que tendemos a usar el término *santo* o *sagrado* en relación a la perfección moral: «La consumación de la bondad moral».[8] Después, observa: «Pero este uso común del término es inexacto».[9] El ejemplar de R. C., el cual compró en algún momento de la década de 1960, tiene esta frase subrayada, con doble línea en la palabra «inexacto». Sin duda, la santidad de Dios supone pureza y perfección moral. La santidad implica estas cosas, pero es más; algo que va más allá y que habla sobre la esencia de quién es Dios. Otto sugiere la palabra *numinoso,* del latín *numen,* que significa poder divino.[10] Así como *presagio* se transforma en *presagioso,* Otto conjeturó que *numen* puede transformarse en *numinoso.* Es más, Otto sugiere que hace falta nuestra «conciencia de criatura» para poder apreciar plenamente la noción de lo numinoso, de lo sagrado. Esa

---

8 Rudolf Otto, *The Idea of the Holy: An Inquiry into the Non-Rational Factor in the Idea of the Divine and Its Relation to the Rational,* trad. John Harvey (Nueva York: Oxford University Press, 1958), 5.

9 Otto, *The Idea of the Holy,* 5.

10 Otto, *The Idea of the Holy,* 6-7.

«conciencia de criatura» nos permite sentirnos «sumergidos y abrumados por su propia nada en contraste con aquello que es supremo sobre todas las criaturas».[11] R. C. también subrayó esa frase. La criatura se siente impotente, como «un vacío ante un poder abrumador y absoluto de alguna clase».[12] Una frase más queda subrayada cuando Otto termina el capítulo 3: «Entonces, lo numinoso se percibe como algo objetivo y ajeno al ser».[13] Al escuchar estas frases, uno piensa en Moisés ante la zarza ardiente, y en Isaías ante el trono de Dios.

La lectura activa de R. C. se incrementa un poco en el capítulo 4, «*Mysterium Tremendum*». No hace falta que sepas latín para saber que *mysterium* significa misterio. Sin embargo, antes de que pienses que *tremendum* equivale a «tremendo», deberías pensar en la palabra *estremecimiento* o *temblor*. Es tremendo, pero en un sentido que te sacude hasta la médula. Esta expresión significa el «misterio tremendo, que estremece e inspira asombro». En este capítulo del libro de Otto, R. C. subrayó, encerró en círculos e hizo garabatos. En un punto, dobló las páginas de todo el capítulo; una señal segura de que quería volver a ese capítulo, y quizás incluso usarlo en algún libro un día. Algunas de las frases de aquel cuarto capítulo lo cautivaron y lo llevaron a usar su lapicera:

> La sensación de [*mysterium tremendum*] puede venir barriendo como una marea suave, impregnando la mente con sentir tranquilo de la más profunda adoración. [...] Puede transformarse en la humildad profunda, temblorosa y sin palabras de la criatura en la presencia de... ¿quién o qué? En la presencia de aquello que es un misterio incomprensible y por encima de todas las criaturas [...]. *Estremecimiento* es en sí la emoción perfectamente conocida y «natural» para el *temor*. La palabra hebrea *hiwdish* (santificado) es un ejemplo. «Mantener algo

---

11 Otto, *The Idea of the Holy*, 10.
12 Otto, *The Idea of the Holy*, 10.
13 Otto, *The Idea of the Holy*, 11.

santo en el corazón» implica separarlo con un sentimiento de temor peculiar. [...] Específicamente notable es el *enah* de Yahvéh («temor de Dios»), el cual Yahvéh puede generar.[14]

A veces, a Otto se lo acusa de enseñar que Dios es «plenamente otro», un misterio absoluto, completamente imposible de conocer. Esa no es una valoración justa. Su traductor dice: «Para él, Dios no es, por así decirlo, totalmente "totalmente otro"».[15] Otto mismo dice, en un prólogo para su edición en inglés, que aunque está buscando lo irracional, o mejor dicho «suprarracional», en realidad, se está aventurando en el estudio de «ese aspecto racional de la Realidad suprema a la que llamamos "Dios"».[16] En una de sus conferencias de la serie sobre la santidad, R. C. testificó:

> Uno de los estudios más fascinantes que he leído y que les recomendaría para hacer con suma atención es un libro que apareció en el siglo XX, de un teólogo alemán que también era antropólogo. Su nombre es Rudolf Otto, y escribió un librito muy breve, pero un libro que muchos teólogos consideran uno de los libros más importantes del siglo XX.[17]

R. C. apreciaba el concepto de Otto de lo numinoso. Valoraba el concepto de *mysterium tremendum* incluso más. Lo santo invoca el temor, el pavor. R. C. encontró un paralelo en el espiritual negro *Were You There?* [¿Estabas allí?]. El estribillo nos hace frenar en seco: «A veces me hace temblar, temblar, temblar». Dios es imponente, y temblamos ante Él.[18]

---

14 Otto, *The Idea of the Holy*, 13.

15 John Harvey, Prefacio del traductor, en Otto, *The Idea of the Holy*, XVIII. (Sí, R. C. subrayó esa frase).

16 Prólogo por el autor para la primera edición en inglés, en Otto, *The Idea of the Holy*, XXI.

17 R. C. Sproul, «The Meaning of Holiness», *Holiness of God* formato de radio, lección 5.

18 R. C. Sproul, *The Holiness of God* (1985; reimp., Carol Stream, IL: Tyndale, 1998), 50-54.

El bienintencionado Uza

Además de leer al teólogo alemán, a R. C. lo cautivaban dos textos bíblicos:

> Recuerdo leer un programa de estudio de la escuela dominical en una de las denominaciones donde solía trabajar. Venía de nuestras oficinas, y [...] decía: «Ahora entendemos que esta clase de historias que leímos en el Antiguo Testamento —como la de Uza y Nadab, como cuando Dios destruyó todo el mundo con un diluvio (hombres, mujeres y niños), como cuando Dios ordenó la *herem,* diciéndoles a los judíos que fueran a la tierra de Canaán y asesinaran a todos sus habitantes (hombres, mujeres y niños)— no pueden ser una manifestación del carácter real de Dios. Tenemos que entender las historias del Antiguo Testamento sencillamente como las de un pueblo judío antiguo, primitivo, precientífico, y seminómada que interpretaba los eventos que veía a la luz de su propia teología particular. Probablemente, lo que sucedió fue que Uza tuvo un ataque al corazón y murió, y el escritor judío le atribuyó la causa de la muerte a una expresión despiadada de esta cruel ira de Dios.[19]

No, eso no fue para nada lo que sucedió. Dios mató al instante al «bienintencionado» Uza. R. C. lo expresa así: «Uza tocó el arca, y ¡*bam!* Dios explotó con furia».[20] La primera vez que R. C. predicó sobre Uza al hablar de 1 Crónicas 13 fue en la capilla en Gordon College, mientras era profesor allí.

Predicó sobre el tema muchas veces. Al lector, la historia le resulta increíblemente injusta. Cuando David se enteró del incidente, se enojó con Dios. Uza estaba protegiendo el arca, la cual contenía los Diez Mandamientos y estaba cubierta con el propiciatorio. El arca pertenecía al templo, el santo templo de Dios. Y allí estaba en el lugar santísimo,

---

19 R. C. Sproul, «Holiness and Justice», *Holiness of God* formato de radio, lección 3.
20 Sproul, *Holiness of God*, 127.

apartada de todo excepto un día al año, cuando un hombre, el sumo sacerdote, se atrevía a entrar y pararse ante ella. Tenía anillos a los costados para que se le pudieran insertar postes para llevarla. El arca no se podía tocar, jamás. Pero un buey tropezó y Uza extendió la mano para evitar que el arca cayera al suelo. Fue lo último que hizo sobre la tierra. R. C. observa que Uza cometió el «pecado de la presunción. Supuso que su mano estaba menos contaminada que la tierra».[21]

El otro texto que cautivaba a R. C. era Isaías 6. R. C. escuchó a John Guest predicar un sermón sobre este texto, cerca de 1969. Se quedó reflexionando en el pasaje. Cuando lo invitaron a hablar en el lago Saranac, decidió que usaría Isaías 6 como el centro para cinco lecciones sobre la santidad de Dios. Fue la primera vez que predicó sobre Isaías 6, pero no sería la última. Su novela termina cuando el reverendo Dr. Richard Evans pronuncia un sermón sobre Isaías 6. Isaías y su capítulo 6 constituyen la trama y la urdimbre del capítulo 2 de *La santidad de Dios,* de R. C.

Antes de leer cualquier libro cristiano, R. C. leyó toda la Biblia. Como nuevo cristiano, se devoró el Antiguo Testamento. Se dio cuenta de que «este Dios de la Biblia es un Dios que juega para ganar». Añadió: «En esas primeras semanas, tuve un despertar al concepto bíblico de Dios que le dio forma a toda mi vida después de eso».[22]

Además de Otto, Uza e Isaías 6 —y muchos otros textos bíblicos, como varios pasajes de los Salmos—, la otra influencia de R. C. aquí es la tradición reformada clásica, una vez más. Las notas al pie en *La santidad de Dios* contienen a los sospechosos de siempre: Lutero, Calvino y Edwards. Cerca del final del libro, R. C. también hace referencia a los «teólogos medievales» que «usaban la frase *ens perfectissimus* para referirse a Dios».[23] Ese es Aquino. No sería correcto decir el «más perfecto» o el

---

21 Sproul, *Holiness of God*, 130.

22 Stephen Nichols con R. C. Sproul, entrevista personal, 20 de octubre de 2017.

23 Sproul, *Holiness of God*, 241.

«más supremo». Perfecto y supremo ya son superlativos. No se puede hacer que un superlativo sea mayor.

Al latín no le preocupan estas reglas gramaticales. *Perfecto* es un superlativo. El sufijo *-issimus* es un superlativo. La expresión latina se traduciría literalmente al español como el *más perfecto*. La palabra latina *ens* significa «ser». Dios es el ser más perfecto. R. C. retoma desde aquí:

Afirmar que alguien es el ser más perfecto supone una redundancia. La perfección real no admite grados. Algo que es verdaderamente perfecto en todo sentido no puede volverse más perfecto. Hablamos de esta manera porque nos hemos acostumbrado a lidiar con cosas imperfectas. Las cosas imperfectas se pueden mejorar, pero lo perfecto no.[24]

Así que todo este tema de los superlativos y los grados plantea la pregunta: «¿Entonces por qué los teólogos usaron el grado superlativo para hablar de la perfección de Dios?».[25] R. C. responde:

La respuesta debe encontrarse en su deseo de subrayar la realidad de la perfección de Dios con tanta claridad que quisieron eliminar cualquier posibilidad de sugerir la más mínima falta de perfección en el carácter de Dios. Se trataba de un uso legítimo de la hipérbole para referirse a la absoluta perfección.[26]

En *Summa Theologiae*, Aquino escribe: «Ahora, Dios es el primer principio, no material, pero en el orden de la causa eficiente, la cual debe ser absolutamente perfecta [...] porque llamamos perfecto a aquello a lo cual no le falta nada del modo de su perfección».[27] Aquino

---

24 Sproul, *Holiness of God*, 241.
25 Sproul, *Holiness of God*, 241.
26 Sproul, *Holiness of God*, 241-242.
27 Tomás de Aquino, *Summa Theologiae, Prima Pars 1-49*, trad. Fr. Laurence Shaupcote, O. P. (Lander, WY: Aquinas Institute for the Study of Sacred Doctrine, 2012), 37-38.

añade: «Todas las perfecciones creadas están en Dios. Por lo tanto, se habla de Él como universalmente perfecto, porque no le falta ninguna excelencia. Él es todo, como la causa de todo».[28]

Aquí, Aquino expresa la identidad fundamental de Dios, la esencia de Dios. Este es el centro, el corazón de la tradición clásica reformada. R. C. declaró: «Agustín, Tomás de Aquino, Lutero, Calvino y Edwards; todos ellos estaban embriagados por la majestad trascendente de Dios». Añadió: «Eso se apoderó de mí. Fue una de las razones por las cuales escribí *La santidad de Dios,* y por la cual mi inquietud a lo largo de mi ministerio ha sido recuperar la doctrina de Dios».[29]

Es importante entender esto. Cuando R. C. se concentraba en la santidad de Dios, se concentraba no solo en un atributo singular sino en el ser de Dios, en Su esencia.

Cuando Moisés se acercó a la zarza ardiente, se le dijo que estaba en terreno santo, frente a la presencia misma de Dios. El lugar santísimo es donde Dios «habitaba» con Su pueblo, donde se encontraba con ellos, «allí me declararé a ti», en el propiciatorio, en el arca en el *sanctum sanctorum.* El serafín canta en la presencia de Dios el himno de tres veces santo, porque Dios *es* santo.

La santidad de Dios es una manera de llegar al *ens perfectissimus.* Fue el camino que tomó R. C. A veces, escuchamos que se enfrenta al Dios de ira del Antiguo Testamento con el Dios de amor del Nuevo Testamento. Dios es un Dios de ira santa. Dios es un Dios de amor santo. Enfocarse en Su santidad como hizo R. C. era exactamente lo que necesitaba la iglesia.

Dios, hombre, Cristo

La teología de R. C. —su método teológico particular y su contribución a la tradición cristiana— es pasar de la doctrina de Dios a la doctrina

---

28 Aquino, *Summa Theologiae*, 39.

29 Nichols con Sproul, entrevista personal, 20 de octubre de 2017.

del hombre, a las doctrinas de Cristo y la salvación. En *La santidad de Dios,* lo hace de manera precisa y poética. Empieza donde la Biblia empieza:

> La Biblia dice: «En el principio era Dios». El Dios al que adoramos es el Dios que siempre ha sido. Solo Él puede crear seres, porque solo Él tiene el *poder de ser.* No es nada. No es una casualidad. Es puramente Ser, Aquel que tiene el poder de ser *todo en sí mismo.* Solo Él es eterno. Solo Él tiene poder sobre la muerte. Solo Él puede crear mundos con tan solo decretarlos, por el poder de Su palabra. Tal poder es abrumador, increíble. Merece respeto, una adoración humilde.[30]

Eso es el *ens perfectissimus,* el ser más perfecto. R. C. continúa: «La idea de la santidad es tan central a la enseñanza bíblica que se dice de Dios "Santo es su nombre" (Luc. 1:49). Su nombre es santo porque Él es santo».[31]

Esa es la doctrina de Dios, el Dios eterno, inmutable, omnipotente, majestuoso y santo. A continuación, viene la doctrina del hombre. Considera el ejemplo de Isaías. ¿Qué le sucede a Isaías después de encontrarse con el Dios tres veces santo? Declara: «Estoy deshecho» (Isa. 6:5, trad. libre). R. C. elabora:

> Estar deshecho significa desarmarse por las costuras, descoserse. Lo que Isaías expresaba es lo que los psicólogos modernos describen como la experiencia de la desintegración personal. Desintegrarse significa exactamente lo que la palabra sugiere: *des integrarse.* [Isaías] vislumbró de repente a un Dios santo. En ese momento, toda su autoestima quedó hecha trizas. Por un breve segundo quedó expuesto, desnudo debajo de la mirada del estándar absoluto de santidad. Si Isaías se comparaba con otros mortales, podía sostener una opinión elevada

---

30 Sproul, *Holiness of God*, 13.
31 Sproul, *Holiness of God*, 15.

de su propio carácter. Apenas se midió según el estándar supremo, quedó destruido; moral y espiritualmente aniquilado. Quedó deshecho. Se desarmó.[32]

La santidad de Dios reveló la pecaminosidad de Isaías. En el momento justo, un serafín tomó un carbón del altar y purgó sus labios. Expiación. Esto fue un augurio, un tipo del Dios-hombre que vendría a hacer una plena expiación por el pecado, el cual terminaría nuestra «guerra santa» y traería paz. Entonces, R. C. pasa de la santidad de Dios a nuestra pecaminosidad, a la obra de Cristo y el regalo de la salvación:

> Cuando nuestra guerra santa con Dios cesa, cuando nosotros, como Lutero, entramos por las puertas del paraíso, cuando somos justificados por la fe, la guerra termina para siempre. Con la limpieza del perdón y la declaración de perdón divino, entramos a un tratado eterno de paz con Dios. Las primicias de nuestra justificación son paz con Dios. Esta es una paz santa, una paz inmaculada y trascendente. Es una paz que no se puede destruir. […] Es la clase de paz que solo Cristo puede conceder.[33]

La santidad de Cristo se traga nuestra impiedad. La pureza de Cristo se traga nuestra impureza. La justicia de Cristo se traga todas nuestras transgresiones. «Tomó nuestros andrajos inmundos y nos dio Su manto de justicia».[34] R. C. declara: «Este es el legado de Cristo: la *paz*».[35] Todo empieza con una visión adecuada de la santidad de Dios. Una visión superficial de Dios distorsiona las visiones que se sostienen en todas las demás doctrinas.

---

32 Sproul, *Holiness of God*, 35-36.
33 Sproul, *Holiness of God*, 183-184.
34 *The Word Made Flesh: Ligonier Statement on Christology*, 2016.
35 R. C. Sproul, *Holiness of God*, 185.

Visiones superficiales

En su libro de 1994, *God in the Wasteland* [Dios en el páramo], David Wells observó: «El problema fundamental en el mundo evangélico de hoy es que Dios descansa de manera demasiado intrascendente en la iglesia. Su verdad es demasiado distante, Su gracia es demasiado cotidiana, Su juicio es demasiado benigno, Su evangelio es demasiado fácil, y Su Cristo es demasiado común».[36] El comentario de Wells parece hacerse eco de la tesis de licenciatura de R. C. en 1961 sobre *Moby Dick*, de Melville. Según observa con astucia R. C., Melville ofrece «lo que parece ser un ataque a las perspectivas religiosas superficiales de la humanidad».[37]

La blancura de la ballena:

Aunque directamente de la palabra latina para la blancura todos los sacerdotes cristianos derivan el nombre de una parte de su sagrada vestimenta, el alba o túnica, llevada bajo la casulla; y aunque entre las santas pompas de la fe romana el blanco se emplea de manera especial en la celebración de la Pasión de Nuestro Señor; aunque en la visión de san Juan se entregan ropas blancas a los redimidos, y los 24 ancianos vestidos de blanco están en pie ante el gran trono blanco y ante el Divino que allí se sienta, blanco como la lana; aun a pesar de todas estas asociaciones acumuladas con todo lo que es dulce, y honorable, y sublime, todavía ahí se oculta un algo elusivo en la idea más profunda de esta tonalidad, que en el alma provoca más pánico que esa rojez que aterra en la sangre.

Es esta cualidad elusiva la que hace que la idea de la blancura, cuando se desliga de afiliaciones más afables, y se empareja con

---

36 David F. Wells, *God in the Wasteland: The Reality of Truth in a World of Fading Dreams* (Grand Rapids, MI: Eerdmans, 1994), 28.

37 Robert C. Sproul, *The Existential Implications of Melville's Moby Dick*, tesis de licenciatura, 1961, Westminster College, New Wilmington, PA.

cualquier objeto terrorífico en sí mismo, incremente el terror hasta los más remotos límites. Observad la evidencia del oso blanco de los polos y del tiburón blanco de los trópicos; ¿qué es, sino su tersa, cuajada blancura, lo que los hace ser el trascendente horror que son? Esa pavorosa blancura es la que imparte tal aborrecible delicadeza, más repugnante que terrorífica, al necio regodeo de su aspecto. De manera que ni siquiera el tigre de fieras garras, en su heráldica piel, puede hacer que se tambalee el valor, tanto como el oso o el tiburón cubiertos de blanco.[38]

La blancura es sinónimo de pureza, de inmaculado, como la frescura de un atuendo de un blanco puro, David clama arrepentido, ruega ser lavado para quedar «más blanco que la nieve» (Sal. 51:7). Sin embargo, la *«pavorosa* blancura» de Mellville es similar a lo numinoso de Otto. Supone pureza, perfección moral, pero también algo más. Tanto lo numinoso del ser divino, de Otto, como la blancura de la ballena, de Melville, generan temor y emoción. Es demasiado; nos lleva a temblar, temblar, temblar. La blancura es, para Melville, trascendencia, no lo común ni lo ordinario, ni lo domesticable, ni lo conquistable. Ahab juzgó mal a la ballena blanca.

R. C. entendió que confrontar esta visión relajada de Dios era la necesidad del día, la necesidad de cada día. En los pocos años antes de morir, R. C. comentó lo poco que le gustaba viajar por un trecho de la autopista interestatal 4, justo al norte de Orlando. Aunque esto tenía algo que ver con el sabido mal tránsito de la I-4, tenía más que ver con una valla publicitaria erigida por una megaiglesia del centro de Florida. La valla declaraba con letras grandes y blancas, sobre un marcado fondo negro: «Dios no está enojado contigo». R. C., un conductor meticuloso, testificó que cada vez que veía ese mensaje que saltaba a la vista, casi terminaba chocando. Lamentaba hasta dónde se había hundido la

---

38   Herman Melville, *Moby Dick, or The Whale* (Norwalk, CT: Easton Press, 1977), 200.

visión de Dios como «fuego consumidor» en la iglesia y la cultura. Otto hablaba de lo *numinoso,* una palabra que él inventó. Mellville hablaba de la blancura, intrigado y aterrorizado por su manifestación en la naturaleza. R. C. usaba una palabra directamente de la Biblia: *santidad.*

Si la piedra angular de la doctrina de Dios está en su lugar, y se respeta, entonces todas las demás doctrinas serán correctas y sólidas. Si la doctrina de Dios está descentrada, olvidada o disminuida, entonces todas las demás doctrinas se desviarán. La santidad nos recuerda quién es Dios y quiénes somos nosotros. Somos Uza, con la idea errónea y profana de que sabemos más que Dios. Somos Isaías, impuros y deshechos.

Todas esas décadas a través de sermones, series didácticas y libros, esto era lo que R. C. trataba de enseñarles a la iglesia y a la cultura. Cuando se publicó *La santidad de Dios* en 1985, no había nada similar en el mercado editorial cristiano. En el libro, R. C. observa que la «necesidad [que consumía a Jonathan Edwards] era predicar sobre la santidad de Dios, predicarla en forma vívida, enfática, convincente y poderosa».[39] Esa también era la necesidad que consumía a R. C.

La santidad de Dios generó una serie virtual de libros de R. C. sobre la doctrina de Dios en rápida sucesión. Considera la siguiente lista de publicaciones:

1985 *La santidad de Dios*
1986 *Escogidos por Dios*
1987 *One Holy Passion: The Consuming Thirst to Know God [Solo una pasión: La sed consumidora de conocer a Dios]*
1988 *Agradar a Dios*

Estos libros no vuelven a usar simplemente el mismo tema. Cada uno explora una faceta diferente del diamante multifacético que es la doctrina de Dios.

---

39 Sproul, *Holiness of God*, 212.

A R. C. le resultaba extraño que a los lectores que les había gustado *La santidad de Dios* no les gustara *Escogidos por Dios*. Si ese era el caso, él les hubiera dicho que volvieran a leer *La santidad de Dios*.

Una doctrina desconcertante y peligrosa

En *Escogidos por Dios,* R. C. explora la soberanía de Dios sobre todas las cosas, incluida nuestra salvación. Así como *La santidad de Dios* es una argumento largo, convincente y persuasivo a favor de la trascendencia de Dios, *Escogidos por Dios* también es un argumento largo, convincente y persuasivo a favor de la predestinación. R. C. publicó por primera vez sobre la predestinación en un ensayo que escribió para el libro que editó en honor a la obra de su mentor, el Dr. Gerstner. Es más, R. C. abordó uno de los temas teológicos verdaderamente espinosos al escribir *Double Predestination* [Doble predestinación].[40]

A partir de ese primer ensayo en 1978, y a lo largo de todos sus años de enseñanza, la cuestión de la predestinación surgiría en forma inevitable, y de manera igual de inevitable, la gente expresaría su dificultad con ella y quedaría desconcertada ante ella. R. C. escribió *Escogidos por Dios* para ayudar: «Escribí el libro para las personas que están comprometidas a luchar con esta doctrina difícil y complicada».[41] El mismo Juan Calvino señaló: «La curiosidad humana estima el tema de la predestinación, el cual en sí supone una considerable dificultad, como algo sumamente desconcertante y, por ende, peligroso».[42]

Al igual que Calvino, R. C. se compadecía de aquellos que abordaban la doctrina de la predestinación debido a su complejidad. R. C. también se compadecía por una razón existencial. Tal vez recuerdes que R. C.

---

40 R. C. Sproul, «Double Predestination», en *Soli Deo Gloria: Essays in Reformed Theology, Festschrift for John H. Gerstner* (Phillipsburg, NJ: Presbyterian & Reformed, 1976), 63-72.

41 R. C. Sproul, *«Interview with R. C. about* Chosen by God», *Tabletalk,* vol. 10, diciembre de 1986, 4.

42 Juan Calvino, citado por R. C. Sproul en su columna *Right Now Counts Forever,* «Predestination: A Solemn Warning», *Tabletalk,* vol. 10, diciembre de 1986, 3.

luchó con esta doctrina los primeros años de su propia fe cristiana. Para ayudar a la gente a entender la soberanía de Dios y la doctrina de la predestinación, empezó *Escogidos por Dios* señalando que es de hecho una doctrina bíblica, y relatando su experiencia personal y cómo llegó primero a una comprensión tolerable y luego a una aceptación gozosa de la doctrina.

R. C. ofrece Efesios 1 y Romanos 8 como prueba bíblica de la doctrina. Concluye: «Si la Biblia es la Palabra de Dios, y no mera especulación humana, y si Dios mismo declara que existe la predestinación, entonces la consecuencia irresistible es que debemos abrazar alguna doctrina de la predestinación».[43] No es una opción declarar: «No creo en la predestinación». Hacerlo niega la enseñanza bíblica. En un artículo de *Tabletalk* que coincidía con la publicación del libro, R. C. declaró directamente: «La predestinación es un concepto bíblico. Es una palabra bíblica. No la inventó Calvino ni Lutero».[44] Pero tal como señala en *Escogidos por Dios,* una vez que entendemos que la Biblia enseña la predestinación, «empieza la verdadera lucha, la lucha para desentrañar adecuadamente todo lo que la Biblia enseña al respecto».[45]

A continuación, R. C. relata su propio peregrinaje respecto a esta doctrina. Menciona cómo no le gustaba la visión reformada: «No me gustaba para nada. Peleé contra ella con uñas y dientes durante toda la universidad».[46] Esto sucedió entre 1957 y 1961. Después, vino el seminario (1961-1964). R. C. recuerda que atravesó algunas «etapas dolorosas» de aprendizaje y aceptación de esta doctrina. A través de la enseñanza persistente y fiel de Gerstner, llegó a aceptarla. Estaba en una especie de tregua intelectual con la doctrina. Según él decía: «Bueno, creo en esto, ¡pero no tiene por qué gustarme!».[47] Pero al tiempo, el

---

43 R. C. Sproul, *Chosen by God* (Wheaton, IL: Tyndale, 1986), 3.

44 Sproul, *Predestination: A Solemn Warning*, 3.

45 Sproul, *Chosen by God*, 3.

46 Sproul, *Chosen by God*, 3.

47 Sproul, *Chosen by God*, 4.

corazón acompañó a la mente: «Una vez que empecé a ver la contundencia de la doctrina y sus repercusiones más amplias, mis ojos fueron abiertos a la misericordia de la gracia y al gran consuelo de la soberanía de Dios. La doctrina empezó a gustarme poco a poco. Hasta que en mi alma, estalló la realidad de que la doctrina revelaba la profundidad y las riquezas de la misericordia de Dios».[48] Probablemente, la lucha personal de R. C. hizo que fuera comprensivo y paciente mientras intentaba ayudar a otros a verla y abrazarla.

La exposición de R. C. sobre la predestinación empieza observando: «Lo que la predestinación significa, en su forma más elemental, es que nuestro destino final, el cielo o el infierno, es decidido por Dios no solo antes de que lleguemos allí, sino incluso antes de que nazcamos».[49] Esto lleva directamente a la soberanía de Dios. R. C. les cuenta a sus lectores sobre un juego que solía jugar con sus alumnos en una clase del seminario. Citaba la Confesión de fe de Westminster sobre la soberanía de Dios.

Dios, desde la eternidad, por el sabio y santo consejo de Su voluntad, ordenó libre e inalterablemente todo lo que sucede.

Después, pidió que levantara la mano el que no estuviera de acuerdo. Muchos levantaron la mano. Después, preguntó: «¿Hay algún ateo de convicción aquí?». Nadie levantó la mano. R. C. continuó: «Todos los que levantaron la mano con la primera pregunta deberían haber levantado la mano con la segunda».[50] Esa declaración no fue bien recibida. Sin embargo, R. C. señaló que la soberanía de Dios no es particularmente calvinista ni presbiteriana. Pertenece al teísmo; es «un precepto necesario del teísmo».[51] Como él diría, «si Dios no es soberano, entonces Dios no es Dios».

---

48 Sproul, *Chosen by God*, 4-5.
49 Sproul, *Chosen by God*, 12.
50 Sproul, *Chosen by God*, 15.
51 Sproul, *Chosen by God*, 15.

Una vez que R. C. propone su argumento a favor de la soberanía y la predestinación en el libro, responde varias preguntas relacionadas. Una es: ¿Por qué Dios no salva a todos? R. C. responde: «No lo sé. No tengo idea de por qué Dios salva a algunos y no a todos. Pero algo sí sé. Si a Dios le agrada salvar a algunos y no a todos, eso no tiene nada de malo».[52] R. C. se contentó con dejar allí el asunto.

Otra pregunta es: ¿Qué sucede con la libertad humana? R. C. responde señalando la enseñanza bíblica de nuestra naturaleza corrupta y pecaminosa: «Nuestra naturaleza es tan corrupta, el poder del pecado es tan grande, que a menos que Dios haga una obra sobrenatural en nuestra alma, nunca elegiremos a Cristo».[53] Nuestra voluntad se inclina en la dirección opuesta de Cristo. De *La esclavitud de la voluntad,* de Lutero, y de *La libertad de la voluntad,* de Edwards, R. C. aprendió el principio fundamental de la fe reformada: la regeneración precede a la fe. Como R. C. explica: «No creemos para nacer de nuevo, sino que nacemos de nuevo para que podamos creer».

Una última pregunta que R. C. busca responder es: ¿Es justo Dios? Aquí, R. C. vadea hacia el debate de la doble predestinación, el mismo tema que abordó en su ensayo en el libro sobre Gerstner en 1976. R. C. habla de la doble predestinación, la elección para salvación y la elección para reprobación o condenación, como algo asimétrico, como una relación positiva y negativa. En la elección, Dios decide activamente a Su elegido. En el decreto de la reprobación, pasa por alto al no elegido. Agustín hablaba de la humanidad como el «bulto pecaminoso de Adán». De ese bulto, Dios salvó a algunos. Esto difiere del pensamiento de la mayoría. La mayoría tiende a pensar que la humanidad es algo neutro, y que Dios salva a algunos según Su capricho y envía a otros al infierno. R. C. contrarresta con la visión de que todos están perdidos. Después, afirma:

---

52 Sproul, *Chosen by God*, 25.
53 Sproul, *Chosen by God*, 55.

Así es como debemos entender la doble predestinación. Dios da misericordia a los elegidos al obrar la fe en sus corazones. Da justicia a los reprobados al dejarlos en sus propios pecados. Aquí no hay simetría. Un grupo recibe misericordia. El otro grupo recibe justicia. Nadie es víctima de injusticia. Nadie puede quejarse de que haya injusticia en Dios.[54]

R. C. termina *Escogidos por Dios* con un debate de la seguridad. En la entrevista de *Tabletalk* que hizo para la publicación del libro, R. C. concluyó con calidez: «Nada me da más seguridad de mi salvación o más seguridad en mi fe que la doctrina de la predestinación. Cuando lucho con esa doctrina, puedo escuchar que Dios me dice: "Eres mío", y eso me produce un tremendo consuelo». Añade: «Espero que mi libro dé fe de esto».[55]

Como el ciervo

El año después de publicar *Escogidos por Dios,* publicó *Una pasión santa: Los atributos de Dios.*[56] Aquí, R. C. sigue ofreciendo exposiciones del carácter de Dios. Sin embargo, el libro aborda los atributos de Dios desde la perspectiva de las preguntas, las preguntas difíciles o complejas que la gente hace sobre Dios y la vida. El mismo R. C. tenía muchas de estas preguntas.

El primer capítulo recuerda la dolorosa pérdida de su padre, cuando R. C. era aún un adolescente. Esto lo dejó enojado y preguntándose: «¿Quién eres, Dios? ¿Y por qué haces las cosas que haces?».[57] R. C. encontró la respuesta en los encuentros de Moisés con Dios. Después,

---

54 Sproul, *Chosen by God*, 119.

55 Sproul, *Predestination: A Solemn Warning*, 5.

56 Originalmente publicado por Thomas Nelson, este libro se republicó como *The Character of God: Discovering the God Who Is* (Ann Arbor, MI: Servant, 1987), y otra vez con ese título (Ventura, CA: Regal, 2004). Se volvió a publicar como *Enjoying God: Finding Hope in the Attributes of God* (Grand Rapids, MI: Baker, 2017).

57 R. C. Sproul, *One Holy Passion: The Consuming Thirst To Know God* (Nashville, TN: Thomas Nelson, 1987), 7.

pregunta: «¿Quién te hizo, Dios?». Esto no provenía de aquel lugar de dolor y enojo, pero sí planteaba un problema intelectual complicado. Si Dios hizo todo, porque todo efecto tiene una causa, entonces ¿quién o qué hizo a Dios? R. C. responde hablando de un aspecto a menudo descuidado de la naturaleza de Dios: la aseidad de Dios.

Esta palabra, *aseidad*, le producía escalofríos. Pocos meses antes de que falleciera, le preguntaron sobre qué escribiría si pudiera escribir un libro más. Sin dudarlo, R. C. respondió que escribiría un libro sobre la aseidad de Dios.[58] Pero en 1987, al menos pudo escribir un capítulo sobre el tema. *Aseidad* significa que «Dios existe mediante Su mismo poder. Solo Él existe en sí mismo. Aseidad, que significa "autoexistente", es la característica que lo separa de todas las demás cosas. Dios es el único que puede decir: "Yo soy el que soy"».[59] Nosotros no somos autoexistentes. R. C. observa: «La vida se vive entre dos hospitales».[60]

Entonces, ¿qué aprendemos de la autoexistencia de Dios? ¿O de qué nos sirve en la práctica la doctrina de la aseidad de Dios? Primero, es la respuesta a todos nuestros temores que giran alrededor de la fragilidad de la vida. Vivimos, disminuimos y morimos. Sin embargo, Dios es eterno, y a través del Hijo eterno, la muerte (y toda la fragilidad del ser humano) son conquistadas y vencidas. R. C. señala la obra y las palabras reconfortantes de Cristo: «Jesús es un Salvador con poder, un poder supremo, y tiene el poder de la existencia en Sus manos. Sus palabras: "No tengan miedo" no son vacías. No tengo por qué temerle a la muerte».[61]

R. C. también señala que la aseidad se relaciona con nuestra salvación. Dios produjo la vida con el poder de Su palabra. También puede sacar vida de la muerte. R. C. aprendió la doctrina de la aseidad de la

58 Nichols con Sproul, entrevista personal, 20 de octubre de 2017.
59 Sproul, *One Holy Passion*, 16.
60 Sproul, *One Holy Passion*, 18.
61 Sproul, *One Holy Passion*, 22.

tradición reformada clásica, sin duda, pero también la aprendió de Pablo en el «pasaje crucial» de Hechos 17:24-25 y 28:

> El Dios que hizo el mundo y todas las cosas que en él hay, siendo Señor del cielo y de la tierra, no habita en templos hechos por manos humanas, ni es honrado por manos de hombres, como si necesitase de algo; pues él es quien da a todos vida y aliento y todas las cosas. Porque en él vivimos, y nos movemos, y somos.

La frase clave es «como si necesitase de algo». Al existir en sí mismo, Dios no necesita nada. R. C. ve cómo Dios, al existir en Sí mismo, responde las tres principales interrogantes que han desconcertado a filósofos y científicos: la vida, el movimiento y el ser.[62] El Dr. Frankenstein, el personaje ficticio de Shelley, creía que podía crear vida. Sin embargo, solo Dios da vida. «Nos movemos porque Él se mueve».[63] «*Somos* porque Él *es*».[64] R. C. concluye: «Nos abruma la gran diferencia entre los seres humanos y el Ser supremo».[65] La doctrina de la aseidad le producía escalofríos.

Para cada capítulo de este libro, R. C. escogió un salmo, o al menos una porción extensa de un salmo. Sencillamente, insertado cerca de la mitad de cada capítulo. En un sentido, las explicaciones de R. C. sobre los atributos y el carácter de Dios son un comentario sobre los salmos.

En 1988, por cuarto año consecutivo, R. C. publicó un libro sobre la doctrina de Dios: *Agradar a Dios.*[66] Este libro traza una línea directa a *La santidad de Dios,* al relacionar la santificación (crecer en santidad en la vida cristiana) con el carácter de Dios; en particular, con Su santidad.

El anuncio en la solapa de la sobrecubierta llama la atención a la pregunta incesante del libro: «¿Cómo puede un hombre imperfecto esperar

---

62 Sproul, *One Holy Passion*, 25.

63 Sproul, *One Holy Passion*, 25.

64 Sproul, *One Holy Passion*, 25.

65 Sproul, *One Holy Passion*, 25.

66 R. C. Sproul, *Pleasing God* (Wheaton, IL: Tyndale, 1988).

agradar a Dios?». Una de las respuestas es recordar que la vida cristiana es sencillamente buscar a Dios: «Buscar a Dios es una empresa que dura toda la vida. Buscar a Dios es lo que Jonathan Edwards llamaba "el asunto principal de la vida cristiana"».[67]

R. C. hacía énfasis en que, aunque la salvación es monergista (la obra de Dios solamente), la santificación es una empresa cooperativa (la obra de Dios y del hombre). El libro llama a los cristianos a responder a su llamado: «La santificación requiere esfuerzo. [...] Yo debo esforzarme y Dios obrará».[68]

Ese es el consejo de R. C. al principio del libro. Dice lo mismo al final. R. C. cita Hebreos 12:28-29: «Así que, recibiendo nosotros un reino inconmovible, tengamos gratitud, y mediante ella sirvamos a Dios agradándole con temor y reverencia; porque nuestro Dios es fuego consumidor». R. C. ofrece estas últimas frases en el libro: «Vivimos por este fuego consumidor. Es Él al que nos esforzamos por agradar. Es por Él que nos levantamos después de repetidos fracasos. Es Él nuestro destino».[69]

Cómo amar a un Dios santo

En 1988, Ligonier realizó su primera conferencia nacional sobre el tema «Cómo amar a un Dios santo». Los oradores eran J. I. Packer, Chuck Colson, Jerry Bridges y R. C. Sproul. Esa primera conferencia se llevó a cabo en el Hilton de Orlando/Altamonte Springs, junto a la autopista interestatal 4, cerca de las oficinas de Ligonier. La conferencia se proponía abordar las preguntas: «¿Cómo podemos ser atraídos más plenamente en amor a un Dios que es santo, santo, santo?», y «¿Cuáles son las repercusiones prácticas de la manera en que la santidad de Dios afecta tu vida?».[70]

---

67 Sproul, *Pleasing God*, 31.
68 Sproul, *Pleasing God*, 227.
69 Sproul, *Pleasing God*, 234.
70 *Tabletalk*, vol. 11, diciembre de 1987, 6.

Una de las repercusiones muy prácticas tiene que ver con el sufrimiento. En febrero, después de organizar la primera conferencia nacional, R. C. filmó una serie de videos didácticos. Esto no era nada nuevo para él. Ya hacía más de una década que enseñaba frente a la cámara. Sin embargo, la ubicación era nueva. La serie se filmó en el hospital MD Anderson Cancer Hospital en Houston, Texas. Al comenzar con las lecciones, R. C. dijo: «Reconozco que esta noche, en la audiencia, tenemos médicos, el personal y los administrativos de un hospital, y también un distinguido clero. Sin embargo, estas lecciones están dirigidas a los pacientes antes que nada y, segundo, a todos los amigos y familiares de las personas que tienen que experimentar de primera mano un dolor profundo, incertidumbre y sufrimiento, y en muchos casos, la muerte en sí».[71]

R. C. llevó a los pacientes, a sus amigos y familiares al drama de Job y a Cristo. En última instancia, los llevó a Dios. Tal como escribió en el libro que acompañaba la serie y que se publicó el mismo año, debemos «vivir la vida realmente creyendo que Dios es soberano, y manteniendo nuestra confianza en Él incluso cuando parece que todo se sale de control».[72]

R. C. también encontró la manera de conectar la santidad de Dios y la doctrina de Dios con los niños. Sus primeros libros para niños salieron en 1996, *The King without a Shadow* [El Rey sin sombra]. El propio nieto de R. C., Ryan, tiene un papel protagónico, tal como el perro de Ryan, «Sir Winston». (Sí, el perro se llamaba Winston). Ryan le preguntaba al rey: «¿De dónde vienen las sombras?».[73] El rey no lo sabía así que empezó una búsqueda, la cual lo llevó a un profeta. El profeta le contó al rey que tenía sombra sobre el Rey sin sombra. «No

---

71 *Surprised by Suffering*, serie didáctica, lección 1, «Suffering a Case Study», 1988.

72 R. C. Sproul, *Surprised by Suffering: The Role of Pain and Death in the Christian Life* (Wheaton, IL: Tyndale, 1988), 38.

73 R. C. Sproul, *The King without a Shadow*, ill. Liz Bonham (Elgin, IL: Chariot, 1996).

tiene sombra porque es completamente santo», le dijo. El rey encontró al muchachito y nombró caballero al perro: «Te nombro Sir Winston de Wingfield North». Después, el rey le dijo a Ryan y al perro lo que había aprendido sobre «los misterios de las sombras».[74] Le dijo: «Las sombras vienen de la luz. El gran Rey es la luz misma. Su luz es más brillante que el sol». Cuando el rey le dijo a Ryan que el gran Rey es santo, Ryan preguntó: «¿Qué significa "santo"?».

«Ser santo significa dos cosas», respondió el rey con sombra. «Primero, ser santo significa ser más grande que cualquier otra cosa en el mundo. Significa que Dios es distinto de nosotros. Es más alto que lo alto y más profundo que lo profundo. Pero eso no es todo. Se lo llama santo porque es puro». Entonces, el rey con sombra añadió: «Todos los hombres deben inclinarse ante Él en Su gran majestad».

Ningún otro nombre en el cristianismo de los siglos xx y xxi se asocia más con la santidad de Dios que el de R. C. Sproul. Y con razón. Este capítulo se ha concentrado mayormente en el período de cuatro años desde 1985 a 1989 y en todas las maneras en que R. C. enseñó y escribió sobre la santidad de Dios. Por supuesto, este énfasis se podía ver mucho antes que 1985. La enseñanza de R. C. se remonta hasta 1967 y a sermones sobre Uza, a 1970 y las lecciones en el lago Saranac, a las muchísimas veces que habló sobre la santidad en el centro de estudio. La santidad de Dios surge una y otra vez en los temas de conferencias de Ligonier, empezando en 1988 hasta adentrarse en el siglo xxi.

Como dijo R. C. respecto a su experiencia en la universidad: «Tuve un despertar al concepto bíblico de Dios que cambió toda mi vida a partir de allí».[75]

---

74 Sproul, *King without a Shadow*.

75 Nichols con Sproul, entrevista personal, 20 de octubre de 2017.

R. C. Sproul y sus padres, Mayre y Capt. Robert Cecil Sproul, 1945

R. C. Sproul con su chaqueta de los Toronto Maple Leafs, un regalo de los miembros del equipo, lago Muskoka, Ontario, Canadá, 1949

R. C. Sproul, 1957

Día de la boda, 11 de junio, 1960, Iglesia de la Comunidad de Pleasant Hills

Sala de estar de los Sproul, centro de estudio del Valle Ligonier,
Stahlstown, Pensilvania, principio de la década de 1970

Visita de John R. Stott al centro de estudio, noviembre de 1972

Folleto producido por Ligonier, 1970. Dice:
«¿Están tú y tu iglesia listos para el video?».

Cinta de casete con las enseñanzas de R. C. Sproul, 1972

Sesión de preguntas y respuestas con R. C. Sproul y Chuck Colson
en el centro de estudio, finales de la década de 1970

TABLE TALK

VOL. 1 NO.4   A NEWSLETTER OF THE LIGONIER VALLEY STUDY CENTER   SEPTEMBER 1, 1977

Left to right: Alane Barron, Patty Temple, Pat Erickson, Carol and Bill White, R. C. and Vesta Sproul, Kathy and Stu Boehmig, Janice and Steve Gooder, Jackie Shelton, Art Lindsley, Marilyn and Tim Couch, Toni and Dave Fox. Not pictured Marcia Orr, Jack and Linda Rowley.

LIGONIER CELEBRATES SIXTH YEAR

August 1, 1977 marked the sixth anniversary of the opening of the Ligonier Valley Study Center. Begun as a result of the common vision of an interdenominational group of lay persons and clergy, the Center was designated to be a resource facility for the Christian community in Western Pennsylvania and it was expected that a resident study program would develop involving pastors and other Christian leaders from this locale. We have been pleasantly surprised to welcome people from all over the continent and overseas as well, and there have been a cross section of the Christian church involving students, adult couples, business people, housewives, pastors, missionaries, professional people and retired persons. Expecting that our on-site program would be the mainstay of our work, we have been amazed to see a multiplication of our ministry through audio and color video tape, and through the publication of books by R.C. Sproul. These beginning years have been exciting to say the least!

Our purpose initially was to provide Biblical and theological training that was more than what is normally offered in the local church, but less than what could be obtained in a formal academic program (which is often inaccessible to people because of the time and money commitment involved). This purpose has been fulfilled to a large extent, and in addition . . . we have been pleased that over 20 colleges and universities have accepted work done at Ligonier for academic credit, and the list keeps growing.

In view of the history and development of our ministry, and as a result of careful thinking and planning with respect to the future, we have recently stated our purpose as follows: TO BE A RESOURCE CENTER FOR LIFE-LONG CHRISTIAN EDUCATION. We firmly believe that God calls all of us to a lifetime of growing in knowledge of the things He has revealed about Himself. All of us, therefore, need to be involved in life-long Christian education. We are anxious to see what the next six years have in store as we address ourselves to this stated purpose.

In our first year of operation we received 169 resident students and our total lecture attendance was about 3,280 (accurate figures were not kept). This past year we took in nearly 800 resident students and total lecture attendance exceeded 18,000 . . . we began in faith having been promised financial help from three churches and a few dozen people. Today forty some churches underwrite 19% or our budget, over 400 individuals underwrite 41% of our budget. The balance is covered by student fees and some foundation grants. Over 60% of our program involves adults, the balance includes students who have not yet finished their preparation for their life's vocation. The number of people purchasing our tapes and renting our tapes through our loan library system is growing rapidly, and we know that many tapes going out are utilized by Sunday School classes and home Bible Study groups and shared liberally abroad so no accurate estimate of total exposure through tape can be made. How grateful we are for this record of growth as we celebrate our sixth birthday!

Primer ejemplar de *Tabletalk,* con la fotografía del personal, 1 de septiembre de 1977

Published by International Council on Biblical Inerrancy

December 1978, No. 2

SUMMIT REPORT

On October 26, 1978, at the Hyatt Regency O'Hare, ICBI convened its Summit Conference on biblical inerrancy. There were 268 participants on hand to take part in three days of rigorous meetings. The participants came from a variety of backgrounds and represented many diverse works and places. There was representation from 34 seminaries, 33 colleges and other schools, 41 churches, and 38 interdenominational Christian works. Eleven different countries were represented, including Africa and India. While our backgrounds were diverse, our goals were common. We all hold to the absolute authority, integrity, and full inerrancy of God's word, and we came together to forge out a statement which would state succinctly and clearly what we mean by biblical inerrancy. A remarkable spirit of unity and anticipation marked this Summit which culminated in signing the finished statement on Saturday. Those who were present were deeply moved and went from that place rejoicing in what God had done.

Lives were changed and hearts knitted together at this conference. Many participants commented on the significant impact the conference had on their lives. One such comment was made by David A. Barnes, Associate European Director, Greater Europe Mission: "Having been at many conferences on missions, evangelism and church affairs, I can say very simply that this conference has been the most significant of all for me coming at a moment which is strategic in my own personal ministry as well as in the History of the Church."

The conference had three major goals: 1) the authoritative preaching from God's Word, 2) grappling with problems concerning inerrancy, and 3) defining inerrancy.

SUMMIT SERMON SERIES

The preaching from God's Word on His Word took place during the six plenary sessions. Entitled "Great Sermons on the Bible," the speakers and messages were as follows:

1. **Edmund P. Clowney**
   CHRIST IN ALL SCRIPTURE

Signing the Statement: left to right: James M. Boice, Edmund P. Clowney (standing), R. C. Sproul, James I. Packer, Earl D. Radmacher, Harold W. Hoehner.

2. **James I. Packer**
   A LAMP IN A DARK PLACE
3. **Robert D. Preus**
   SCRIPTURE: GOD'S WORD AND GOD'S POWER
4. **James M. Boice**
   THE MARKS OF THE CHURCH
5. **W. A. Criswell**
   WHAT HAPPENS WHEN I TEACH THE BIBLE AS LITERALLY TRUE
6. **R. C. Sproul**
   HATH GOD SAID

SUMMIT PAPERS

There were 14 major papers prepared for and presented at the Summit, addressing some of the key problem areas involving inerrancy. The papers were mailed to the participants prior to the Summit to give them adequate time to critique them. During the paper sessions at the Summit, each author presented a 20-minute summary of his paper, then answered questions and comments from the participant for the remaining 30 minutes of the session. The papers presented were as follows:

1. **John W. Wenham**
   "CHRIST'S VIEW OF SCRIPTURE"
2. **Edwin A. Blum**
   "THE APOSTLES' VIEW OF SCRIPTURE"
3. **Gleason L. Archer**
   "ALLEGED ERRORS AND DISCREPANCIES IN THE ORIGINAL MANUSCRIPTS OF THE BIBLE"
4. **J. Barton Payne**
   "HIGHER CRITICISM AND BIBLICAL INERRANCY"
5. **Walter C. Kaiser, Jr.**
   "LEGITIMATE HERMENEUTICS"
6. **Greg L. Bahnsen**
   "THE INERRANCY OF THE AUTOGRAPHA"

Continued Page 1

P.O. Box 13261 - Oakland, CA 94661

Firma de la Declaración de Chicago sobre la Inerrancia Bíblica, 1978

John Gerstner, 1980

La junta directiva de Ministerios Ligonier,
Dora Hillman y R. C. Sproul sentados, 1982

Frente a la cámara, 1982

R. C. Sproul, 1982

En el trabajo, 1983

En el estudio de grabación, 1983

R. C. y Vesta Sproul en los banquillos de Martín y Katie Lutero,
el Monasterio Negro, Wittenberg, Alemania, 2009

Predicando en la Capilla de San Andrés, Sanford, Florida, 2009

En el estudio de grabación, 2011

Junto a la pizarra, 2012

Almuerzo con estudiantes del Reformation Bible College, 2013

En la grabación de *Glory to the Holy One* [Gloria al Santo],
la Capilla Bastyr, Kenmore, Washington, 2014

Hablando en la Conferencia Nacional de Ligonier, Orlando, Florida, 2014

R. C. y Vesta, 2014

8

DEFENSA

El evangelio es el poder verdadero de Dios para salvar.
R. C. SPROUL

EN SU EJEMPLAR DE *Three Treatises* [Tres tratados] de Lutero, el
subrayado y las anotaciones al margen activas de R. C. pasaron a otro
nivel. Como seminarista y estudiante de doctorado, estaba leyendo
con un propósito inmediato y específico: el éxito en su clase. Pero
también estaba teniendo la primera conversación exhaustiva e intensa
con alguien que, a pesar de los siglos de separación entre ambos, sería
un buen amigo y un compañero constante. R. C. dijo directamente:
«Siempre me encantó Lutero».[1] Los años de la vida de Lutero entre
1517 y 1521 estuvieron marcados por el drama. A R. C. le resultaba
fascinante. Estos años empezaron con la publicación de Lutero de las
95 tesis en la puerta de la iglesia en Wittenberg, y terminaron con su
declaración: «Esto defiendo» en Worms. Tiene todos los elementos
de una leyenda. Pero para R. C., estos momentos eran más que una
curiosidad histórica. Formaron su identidad teológica y pusieron acero
en su columna vertebral.

---

1   *Sproul Memoirs*, sesión 8, registrada en 2014, Ministerios Ligonier, Sanford, Florida.

RCS

R. C. tenía su trabajo en Ligonier, su escritura, sus conferencias y sus viajes. Algunos de esos viajes lo llevaban a Jackson, Mississippi, a enseñar como profesor adjunto en el Seminario Teológico Reformado (RTS). En 1982, lo designaron profesor de teología, un puesto que tuvo hasta 1989. Lo trasladaron desde Jackson a Orlando y lo nombraron el primer decano académico. El primer servicio de convocación se llevó a cabo en el Sheraton de Maitland, en Florida. Carl F. H. Henry habló a una multitud de cientos de personas. Scott R. Swain, el presidente actual del RTS Orlando, observa: «Tan fundamental fue [R. C.] para establecer el campus que algunos amigos del seminario solían equivocarse y referirse al RTS como el "RCS"».[2] Swain añade que el RTS aprovechaba las oportunidades de reclutamiento proporcionadas por las Conferencias Nacionales de Ligonier que se realizaban en Orlando. Ligonier también dio empleo a muchos estudiantes del RTS y sus cónyuges a través de los años. Además, el RTS usaba a R. C. en muchos de sus anuncios. Llamaba la atención. Muchos ministros de denominaciones no presbiterianas se inscribían al programa doctoral de ministerio del RTS con el único propósito de estudiar bajo R. C.

R. C. también forjó muchas amistades durante esta época en el RTS, tanto en Orlando como en Jackson. Además, tuvo encuentros inesperados. Una vez, mientras estaba en Jackson, pasó algo de tiempo en la cancha de golf con el actor Gene Hackman. Hackman estaba en Jackson filmando la película de 1988 *Mississippi en llamas,* y se unió al mismo club de golf donde jugaba R. C. Ambos estaban ahí cuando uno de los empleados del club compartió la historia de sus vicisitudes familiares en el sur segregado. Cuando salió la película, R. C. y Vesta fueron a verla. En un momento en la película, Hackman, en una escena improvisada,

---

2 Scott R. Swain, *In Memoriam R. C. Sproul, Preacher and Teacher of a Thrice-Holy God*, 14 de diciembre, 2017, https://rts.edu/news/news-orlando/in-memoriam-r-c-sproul-preacher -and-teacher-of-a-thrice-holy-god/.

contaba exactamente la misma historia que él y R. C. habían escuchado. R. C. no podía creer que la estuviera viendo en pantalla.

Se hizo amigo del cuerpo docente. En Jackson, forjó una amistad cercana con John R. de Witt. De Witt dejó Jackson por el púlpito en la Segunda Iglesia Presbiteriana en Memphis, Tennessee. La iglesia tenía esperanzas de convencer a R. C. de dejar Ligonier, pero R. C. se negó y respondió que estarían muy bien con de Witt. R. C. también disfrutaba de los alumnos. Vesta iba a todas las clases con él. John Wingard, que obtuvo un doctorado en filosofía y terminó enseñando en Calvin College, Wheaton College y Covenant College, recuerda que R. C. les hacía una pregunta a los alumnos y nadie sabía la respuesta. Después de un tiempo, él miraba a Vesta y ella proporcionaba la respuesta.

En Orlando, sus colegas docentes eran Richard Pratt, un profesor del Antiguo Testamento, y su excolega de Gordon, Roger Nicole. En 1991, el filósofo Ronald Nash se les unió. Era otro apologista firme de la tradición clásica. Y una vez más, R. C. disfrutaba de los alumnos.

Además de su trabajo en el RTS Orlando, estaba ocupado viajando y escribiendo. Durante uno de sus viajes a Chicago a fines de la década de 1980, pudo pasar bastante tiempo con Mortimer Adler. Hablaban de textos clásicos, filosofía y el arte de la escritura. R. C. también viajó bastante a D. C. durante esos años. Una vez, él y Colson se encontraron con William F. Buckley. R. C. también pudo conocer a Jack Kemp. Este, exjugador de la NFL y la Liga Canadiense de Fútbol Americano antes de dedicarse a la política, tenía una pelota de fútbol en su oficina. Él y R. C. jugaban a arrojarse la pelota y hablaban de política, ética y teología. Una vez, se habían compenetrado tanto en una conversación, que tuvieron que mandar a un asistente a interrumpir el juego de pelota, ya que hacía rato que el embajador soviético esperaba.

R. C. pudo conocer al senador democrático de Illinois, Paul Simon, con su corbata de moño, y almorzó con él. R. C. también conoció a Donald Hodel, secretario del interior en el gabinete de Ronald Reagan.

Estas relaciones en Washington surgían de su interés de larga data en la ética, su época en la junta de Prison Fellowship, y su participación en el movimiento Value of the Person y la biografía de Wayne Alderson. Un ejemplar del libro de Alderson llegó a las manos de Richard Nixon. Nixon le escribió a R. C. para decirle que se llevaba el libro de vacaciones, que lo leería «con interés» y que haría «correr la voz».

El libro de Alderson se publicó en 1980. La década de 1980 vio surgir muchos libros de la mano de R. C. Uno de ellos fue el que publicó en 1989, *Sorprendido por el sufrimiento,* que acompañó la serie didáctica que filmó en el MD Anderson Cancer Center. En 1990, publicó dos libros que, junto con *La santidad de Dios,* cerraban su enfoque sobre la Trinidad. Tyndale publicó *The Glory of Christ* [La gloria de Cristo] y la edición en inglés de *El misterio del Espíritu Santo.* Ese año, R. C. también publicó un libro muy importante para él: *El aborto: Una mirada racional a un tema emocional.* Publicado en inglés por NavPress, a R. C. lo entristeció muchísimo que este libro no se vendiera bien. No estaba triste por razones egoístas, sino al descubrir que tan pocas personas en la iglesia querían hablar del pecado espantoso del aborto.

Los escritos devocionales de R. C. sobre Romanos que aparecieron en *Tabletalk* en 1989, y sus devocionales hasta Lucas, que aparecieron en los ejemplares de *Tabletalk* de 1990, se publicaron respectivamente como *Before the Face of God: Book I* [Ante el rostro de Dios: Libro I] en 1992, y *Before the Face of God: Book II* [Ante el rostro de Dios: Libro II] en 1993. Y en 1993, publicó *Not a Chance* [Ninguna casualidad]. Hay una historia de fondo.

El cosmos por casualidad

En un ejemplar de 1988 de *Tabletalk,* R. C. publicó un artículo extenso sobre Carl Sagan, evaluando y respondiendo al popular libro de Sagan, *Cosmos*, de 1980, que acompañaba el documental muy difundido de ciencia, *Cosmos: Un viaje personal.* R. C. tenía a Sagan en alta estima. Lo impresionaban sus credenciales académicas, pero lo que más le impresionaba era la capacidad brillante y convincente de Sagan para comunicar. R. C. contó cómo lo impresionaba «profundamente la obra de [Sagan]. No solo demuestra un grado insólito de erudición, sino que lo acompaña con un maravilloso estilo literario. Que se haya puesto a escribir ficción es una extensión congruente de sus abundantes dotes literarias».[3]

Aunque Sagan es el «sumo sacerdote del materialismo cosmológico», R. C. lo respetaba profundamente. Sagan era para la ciencia lo que R. C. era para la teología. No se dirigía tanto a sus colegas científicos sino más bien al laicado, al hombre común. Podía presentar ideas complejas de una manera clara y sencilla, sin caer en el simplismo ni la distorsión. R. C. siempre consideró que esa era la marca de un gran maestro. Se puede simplificar algo al extremo y, sin duda, se pueden reducir ideas o argumentos complejos de una manera que los distorsione. El objetivo de R. C. no era enseñar a otros teólogos profesionales ni escribir para otros teólogos profesionales o para el gremio. Le encantaba la teología, y no quería que fuera un club exclusivo. Quería que el laicado fuera parte del debate. Esto fue así desde el primer día en que el Centro de Estudio del Valle Ligonier abrió sus puertas. Fue así desde su primer libro. Y fue así desde su primera conferencia. R. C. veía esto mismo en Sagan. Admiraba esto en Sagan, aunque estuviera en vehemente desacuerdo con él.

R. C. le envió una carta a Sagan, y este le respondió. Esto llevó a un tiempo de correspondencia entre ambos. R. C. insistía sobre el único tema sobre el cual Sagan no podía dar una respuesta adecuada. ¿Qué había antes de que empezara el cosmos? R. C. le preguntó a Sagan: «¿Qué sucedió antes del Big Bang?». Sagan respondió: «No quiero meterme ahí».

Todo esto llevó al libro de R. C. en 1993, *Not a Chance* [Ninguna casualidad]. Al presentar a R. C. en la Conferencia Nacional de 1994,

---

3   *Tabletalk*, vol. 12, agosto de 1985, 4.

Ravi Zacharias mencionó que lo que separa a R. C. del resto es la integración de filosofía y teología.[4] *Not a Chance* se apoyaba en esta fusión para abordar la historia de la ciencia y los científicos en la cuestión crucial del origen del universo. En el proceso, R. C. volvió a los temas que tanto disfrutaba: el argumento cosmológico; las «Cinco vías» de Aquino, en especial el argumento de la necesidad (el ser necesario); y la doctrina de la autoexistencia de Dios (aseidad) y la eternalidad.[5] Al final, R. C. presenta un argumento directo en contra del naturalismo de la ciencia moderna. La teoría sostiene que antes del Big Bang no había nada, lo cual implica decir que, de la nada, surgió todo. Para R. C., esto era completamente absurdo. Según él, sostener una visión tal no solo pone en peligro la teología sino también la lógica y la ciencia.

Además de los libros y las clases en el RTS, R. C. tenía un cronograma riguroso de viajes.

22 de septiembre de 1993, 2:53 h.

En septiembre de 1993, R. C. y Vesta viajaron a Chattanooga a hablar, y luego a Memphis. Desde Memphis, tomaron el tren a Nueva Orleans, donde abordaron el Sunset Limited con rumbo al este, para un viaje durante la noche de regreso a Florida. Estaban en un coche dormitorio, el último de once vagones en el tren. Se habían quedado dormidos mientras el tren iba a toda velocidad por el brazo pantanoso de Alabama a 70 millas (112 km) por hora. Momentos antes de que el tren se acercara al puente de Big Bayou Canot, una barcaza empujada por un remolcador chocó en medio de la niebla con uno de los apoyos del puente de la vía, desviando el puente aproximadamente 3 pies (1 m) de su alineación. El tren colisionó con el punto de torsión a las 2:53 de la mañana. Las primeras dos locomotoras volaron 15 pies (45 m) en

---

4 Ravi Zacharias, presentación de R. C. Sproul, *Who Is Our Commander?*, Conferencia Nacional de Ligonier, Orlando, Florida, 1994.

5 R. C. Sproul, *Not a Chance: The Myth of Chance in Modern Science and Cosmology* (Grand Rapids, MI: Baker, 1993), ver esp. págs. 167-192.

el aire, y se sumergieron en lo profundo de las aguas turbias. Cuando la primera locomotora se hundió, la fuerza la desconectó de la segunda locomotora, la cual se torció y luego explotó. Los pasajeros que presenciaron el efecto inmediato mencionaron llamaradas que ascendían a 70 pies (20 m) en el aire. Cuatro vagones terminaron en el pantano, dos de ellos sumergidos en los casi 25 pies (8 m) de agua. Los cinco vagones restantes quedaron colgados precariamente del puente. Los asistentes de cabina ayudaron a los pasajeros, incluidos R. C. y Vesta, a desembarcar de esos cinco vagones en el puente y llegar a salvo a la parte trasera del tren. R. C. recuerda lo que vio:

> Desde nuestra vista privilegiada al final del tren, la escena que teníamos en frente era casi surrealista. Una niebla densa mezclada con nubes de humo se levantaba desde el pantano. El pilar de llamas todavía se podía ver a la derecha del tren. Podía ver el rayo del foco reflector de un barco, que perforaba la niebla y el humo en forma escalofriante, y podía distinguir la forma de vagones que sobresalían del agua en un ángulo extraño. No tenía idea de que había más vagones sumergidos. Montones de personas iban y venían junto a las vías, muchas con mantas. No sé cuántas personas habían sobrevivido al agua, pero sin duda, eran más que 50. Ninguno de nosotros se dio cuenta de la plena gravedad en ese momento. Entre los sobrevivientes, no había alaridos de dolor ni pánico. No nos dábamos cuenta de la cantidad de personas que habían muerto. Los que fallecieron, murieron durante los primeros minutos del choque, atrapados en los vagones sumergidos.[6]

5 de los 18 miembros de la tripulación murieron. 42 de los 202 pasajeros fallecieron. Fue, y sigue siendo, el choque más letal en la historia de Amtrak. Cuando los Sproul llegaron a su casa en

---

6   R. C. Sproul, *The Invisible Hand: Do All Things Really Work for Good?* (Dallas: Word, 1996), 151-152.

Orlando, había reporteros y cámaras esperándolos. Le preguntaron a R. C.: «¿Por qué cree que se salvó?». R. C. respondió que no lo sabía, y añadió: «Sin duda, hemos experimentado de una manera nueva la tierna misericordia de Dios y estamos profundamente agradecidos por Su cuidado providencial».[7] R. C. recordó el choque en su libro de 1996 sobre la doctrina de la providencia: *La mano invisible*. Terminó aquel libro con estas palabras: «La providencia de Dios es nuestra fortaleza, nuestro escudo y nuestra mayor recompensa. Es lo que les provee valor y perseverancia a Sus santos».[8] Toda la vida vuelve a la doctrina de Dios.

«Evangélicos y católicos juntos»

Además de los libros y de hablar por todo el país, R. C. planeaba y hablaba en las conferencias de Ligonier. La primera Conferencia Nacional de Ligonier se llevó a cabo en 1988. En esos primeros años, los sospechosos de siempre que aparecían en la lista de oradores eran Chuck Colson y J. I. Packer. Eran amigos de R. C. Estas amistades estaban por ser probadas.

En 1991, se empezaron a cernir nubes sobre la amistad con Colson, cuando le envió a R. C. el manuscrito de su libro *The Body: Being Light in Darkness* [El cuerpo: Ser luz en la oscuridad]. Colson tenía la costumbre de enviar todos sus manuscritos a R. C. para una revisión teológica. Sobre la base del manuscrito, a R. C. le preocupaba que Colson «no entendiera del todo los problemas con la teología católica romana».[9] Incluso le envió a Colson algunos casetes de una serie didáctica que había hecho sobre el catolicismo romano. Colson escuchó las cintas, pero no hizo ningún cambio en el manuscrito. Fue el último manuscrito que le envió a R. C.

---

7 Sproul, *The Invisible Hand*, 154-155.
8 Sproul, *The Invisible Hand*, 210.
9 *Sproul Memoirs*, sesión 7, registrada en 2013, Ministerios Ligonier, Sanford, Florida.

Cerca de la misma época, Colson entabló una amistad con John Richard Neuhaus. Este era un ministro luterano que había obtenido bastante atención con su libro de 1984, *The Naked Public Square* [La plaza pública al desnudo]. La vieja plaza de Nueva Inglaterra tenía una iglesia de un lado y el ayuntamiento del otro, lo cual mostraba que la religión y la iglesia institucional jugaban un papel importante en la vida pública. El secularismo y los separatistas estrictos de la iglesia y el estado despojaron a la plaza pública, al exiliar la religión de la vida pública. Neuhaus abogaba por una presencia religiosa sólida en la sociedad civil. Una sociedad civil depende absolutamente de esto.

En 1990, Neuhaus dejó la iglesia luterana por la iglesia católica romana. Siguió con su obra activista en cuestiones de bioética, eutanasia y aborto, problemas sumamente críticos en la década de 1990 en Washington D. C. y en todo Estados Unidos. Colson consideraba que Neuhaus era un cobeligerante estupendo. Francis Schaeffer había usado ese término, *cobeligerante,* en la década anterior. *Cobeligerancia* significa, como dice el viejo dicho, el enemigo de mi enemigo es mi amigo. El enemigo aquí es la cosmovisión y la ética del secularismo y el naturalismo. El libro de 1979 de Schaeffer, que escribió junto a C. Everett Koop, *¿Qué le sucedió a la raza humana?,* obtuvo una atención significativa y proporcionó una razón para que personas de todos los puntos de la brújula teológica se acercaran a Schaeffer. Como Schaeffer batallaba contra la eutanasia y el aborto, y a favor de la dignidad humana y cuestiones provida, encontró una causa en común con muchos teólogos católicos romanos. Ellos, con Aquino como apoyo firme, hacían hincapié en la teoría de la ley natural y eran bastante activos en Washington D. C. en cuanto a estas mismas cuestiones. Francis Schaeffer sentía que había tanto en juego para la cultura en cuanto a estos temas de ley natural o gracia común, que podía unir fuerzas con ellos.

Esta fue la primera ola de cobeligerancia. No había debates sobre cuestiones soteriológicas o de gracia salvadora; solo sobre cuestiones de la gracia común. Schaeffer sabía cuál era su postura sobre la doctrina de la salvación, y sabía la postura del catolicismo romano; Dios lo había usado para convertir a muchos católicos romanos al descubrimiento de la justificación solo por fe. Pero estrictamente en cuestiones de la gracia común, los evangélicos y los católicos romanos podían ser cobeligerantes. Es más, el contexto más amplio de la creación de este término por parte de Schaeffer fue: «cobeligerantes, no aliados». Se puede hacer campaña contra un tema en particular, como el aborto, sin tener que decir nada sobre otro tema. Así lo prefería Schaeffer.

La segunda ola de la cobeligerancia fue más allá de la gracia común y empezó a pensar no en términos de cobeligerantes, sino, para usar el lenguaje de Schaeffer, de aliados. Esta es la ola de Colson-Neuhaus que resultó en el documento «Evangélicos y católicos unidos» (ECT, por sus siglas en inglés), develado el 29 de marzo de 1994. El documento era principalmente obra de Colson y Neuhaus, y de los dos, Neuhaus era el teólogo con más formación. Entre los católicos romanos prominentes que participaron de la redacción de la versión final se encontraban Peter Kreeft, Michael Novak, George Weigel y Avery Dulles. El lado evangélico incluía a J. I. Packer, Bill Bright y Os Guinness, todos con distintos grados de asociación con R. C.

Sin embargo, R. C. no lo vio venir. Justo antes de la publicación del ECT, R. C. dijo que la iglesia evangélica estaba en crisis, y que «estamos en guerra», refiriéndose a la guerra cultural, que estaba invadiendo la iglesia. R. C. añadió: «Y nada me alienta más que estar con hombres y mujeres de valor. Cuando la batalla se torna sangrienta, quiero a Jim Packer [...] en mi trinchera».[10] Durante la sesión de preguntas y respuestas, alguien le preguntó a R. C. si él y Packer alguna vez disentían. Como a R. C. no se le ocurrió ni una vez en la que hubieran estado en desacuerdo, respondió que no.

R. C. estaba en su oficina improvisada en el vestuario del club de campo al cual pertenecía. Como era madrugador, hacía una rápida

---

10 Zacharias, *Who Is Our Commander?*

ronda de golf mientras estaba amaneciendo; y después escribía en el vestuario, donde ocupaba toda una esquina y cuatro casilleros que contenían sus libros. Su secretaria podía localizarlo llamando al teléfono público. Muchos de sus libros a partir de mediados de la década de 1980 se escribieron desde su oficina en el vestuario. Con el tiempo, el club remodeló el vestuario y desalojó a R. C. Entonces, él fue a escribir al restaurante Steak 'n Shake, que estaba abierto las 24 horas. Allí, esbozaba manuscritos, ideas para conferencias, e incluso cartas, en la parte de atrás de los individuales de papel del restaurante. Pero en marzo de 1994, R. C. todavía usaba su oficina en el vestuario.

Joel Belz, de la revista *World,* estaba listo para publicar la historia del ECT. Quería saber qué opinaba R. C. sobre el documento. Belz llamó a la secretaria de R. C. y, como mencionó que era la obra de Colson y Neuhaus, ella le dio el número del teléfono público para localizarlo. Belz le leyó algunos pasajes claves del ECT por teléfono a R. C. Fue la primera vez que R. C. escuchó al respecto. «Me conmocionó», dijo. Después, añadió: «Es una traición a la Reforma. Peor aún, es una traición al evangelio y una traición a Cristo».[11]

Esa misma tarde, R. C. llamó a Colson. Colson le dijo que Packer lo había revisado, le había resultado aceptable y lo había firmado. Eso fue suficiente para Colson. Entonces, R. C. llamó a Packer y le transmitió las deficiencias de la declaración. R. C. recuerda que Packer respondió: «Sí, veo el problema. Tal vez no debería haberla firmado». R. C. lo anotó y le dijo a Packer que se lo comunicaría a Colson. A continuación, volvió a llamar a Colson y le leyó los comentarios que Packer acababa de hacer. A Colson no le gustó nada.

James Montgomery Boice, que había ayudado a establecer la Alliance of Confessing Evangelicals [Alianza de Evangélicos Confesionales] (ACE), de la cual Packer era miembro del consejo, convocó a una reunión con Packer para hablar de la justificación, y específicamente

---

11 *Sproul Memoirs*, sesión 9, registrada en 2014, Ministerios Ligonier, Sanford, Florida.

de la visión de Packer sobre el ECT, a la luz de la postura de la ACE. En esa reunión, Packer le dijo a Boice que la justificación por la fe es la letra chica del evangelio. Boice lo negó, afirmando en cambio que es la letra grande del evangelio.[12] Después de la reunión, Packer ya no formó parte del consejo de la ACE.

Estas rupturas llamaban mucho la atención. Packer escribió una editorial de dos partes en las páginas de la revista *Christianity Today* en diciembre de 1994, con el título *Why I Signed It* [Por qué lo firmé].

Se llamó a una reunión a puertas cerradas, en la oficina de D. James Kennedy en la Iglesia Presbiteriana de Coral Ridge en Fort Lauderdale, Florida. Allí presentes estaban R. C., John MacArthur, Michael Horton, John Ankerberg y Kennedy, como no firmantes y críticos del ECT, y Bill Bright, Chuck Colson y Packer como sus defensores. Joseph Stowell y John Woodbridge asistieron como moderadores. Colson empezó la reunión enfatizando la necesidad de unidad y notando la importancia de permanecer juntos como hermanos. R. C. señaló la convicción de Colson en la posibilidad de una unidad entre evangélicos y católicos romanos, como defendía el ECT. R. C. no compartía esta creencia, y afirmó la importancia de la diferencia, una diferencia que dificulta la unidad.

Después, se dirigió a Packer respecto a la justificación por fe solamente, afirmando que es esencial para el evangelio, mientras que Packer decía que era central. R. C. decía «esencial»; Packer decía «central». Todos los que estaban sentados a la mesa afirmaban la justificación por fe, pero no todos decían que era esencial.

Después, la conversación se volvió a la imputación. Una vez más, R. C., MacArthur y Horton sostenían la misma opinión sobre la imputación como algo esencial a la doctrina de la justificación por fe, frente a la comprensión católica romana de la infusión. El ECT dejaba la imputación fuera de la conversación sobre el evangelio, mientras que R. C.

---

12 R. C. Sproul relata esta conversación en *Faith Alone: The Evangelical Doctrine of Justification* (Grand Rapids, MI: Baker, 1995), 183.

negaba que esto fuera posible. Al final, no se pusieron de acuerdo en ninguno de estos puntos pero siguieron considerándose hermanos. No obstante, se informó que habían reconciliado todas sus diferencias. R. C. describió este asunto como la época más difícil de su vida. Había disfrutado mucho de su amistad con Colson, y apreciaba genuinamente a su compañero de trinchera, Packer, pero el ECT le costó ambas amistades.

Al mismo tiempo, R. C. estaba reconsiderando su tiempo y su posición en el Seminario Teológico Reformado de Orlando, dado el ritmo y las presiones de su trabajo en Ligonier. Para 1994, el campus de RTS Orlando tenía cinco años y prosperaba. Él sintió que era momento de seguir adelante. Le dijo al entonces presidente del RTS que dejaría su posición como profesor pero que deseaba seguir enseñando uno o dos cursos doctorales de ministerio de una semana de duración. El presidente del RTS le preguntó a R. C. si esto tenía algo que ver con el ECT. Los otros miembros del profesorado en el RTS no habían firmado el ECT, pero tampoco habían expresado su oposición.

En 1994, R. C. tenía una buena relación con la Cruzada Estudiantil para Cristo, la cual había mudado sus oficinas a Orlando y confiaba en el RTS para capacitar a muchos miembros del personal. Bill Bright, el director de la Cruzada Estudiantil, era un participante visible y vocal en el ECT, lo cual complicaba las cosas. Además, a los miembros del profesorado y la administración del RTS no les gustaba la grieta entre R. C. y Packer, y les preocupaba sus efectos sobre la comunidad reformada en general. R. C. le aseguró al presidente del RTS que la decisión de abandonar su puesto no tenía nada que ver con el ECT. Por supuesto, la renuencia del RTS a criticar el ECT no ayudó a que R. C. quisiera quedarse allí. Pero una vez más, le aseguró al presidente que la decisión era independiente de la controversia. Cuando el presidente anunció a los alumnos y los profesores del RTS que R. C. no continuaría allí, les dijo que se debía al ECT.[13]

---

13 *Sproul Memoirs*, sesión 9.

La doctrina faltante

R. C. creía en ese entonces —y su convicción creció y se fortaleció con el correr de los años— que el ECT era un grave error que dañaba seriamente la misión del evangelio y que tenía un impacto negativo sobre la iglesia evangélica en Estados Unidos; efectos que volvieron a erupcionar durante la Nueva Perspectiva de Pablo. La ruptura en las amistades era una cosa; el perjuicio al evangelio era otra, y esto era lo que entristecía verdaderamente a R. C. Contrarrestó escribiendo el libro *Faith Alone: The Evangelical Doctrine of Justification* [Fe sola: La doctrina evangélica de la justificación]. R. C. observa que el ECT declaraba: «Los evangélicos y los católicos son hermanos en Cristo. No nos elegimos los unos a los otros, así como no elegimos a Cristo. Él nos eligió a nosotros, y nos ha elegido para que seamos suyos juntos».[14] R. C. observa: «Es esta afirmación, tan central al ECT, la que provoca una seria preocupación sobre los evangélicos que respaldan este documento, y una preocupación sobre su compromiso con el carácter esencial de la justificación por fe solamente».[15]

R. C. también llama la atención a esta declaración y a la lista subsecuente del ECT:

Observamos algunas de las diferencias y desacuerdos que deben abordarse de manera más plena y franca para fortalecer entre nosotros una relación de confianza y obediencia a la verdad. Entre los puntos de diferencia en doctrina, adoración, práctica y piedad que se suele considerar que nos dividen se encuentran:

- La iglesia como parte integral del evangelio o la iglesia como consecuencia comunitaria del evangelio.
- La iglesia como comunión visible o comunión invisible de los verdaderos creyentes.

14 *Evangelicals and Catholics Together: The Christian Mission in the Third Millennium*, 1994.
15 Sproul, *Faith Alone*, 31.

- La autoridad exclusiva de la Escritura (*sola Scriptura*) o la Escritura como interpretada en forma autorizada en la iglesia.
- La «libertad del alma» del cristiano individual o el magisterium (autoridad didáctica) de la comunidad.
- La iglesia como congregación local o como comunión universal.
- Ministros ordenados en sucesión apostólica o el sacerdocio de todos los creyentes.
- Sacramentos y ordenanzas como símbolos de gracia o como medios de gracia.
- La Cena del Señor como sacrificio eucarístico o como comida conmemorativa.
- La conmemoración de María y los santos o la devoción a María y los santos.
- El bautismo como sacramento de regeneración o como testimonio de regeneración.

Lo curioso sobre esta lista es que falta la justificación. R. C. observa: «En ninguna parte de la lista se menciona la justificación por fe solamente. Por cierto, la justificación directamente no se incluye (a menos que se infiera en el tema velado del sacerdotalismo)».[16]

Después, R. C. observa:

La causa de Cristo es la causa y la misión de la iglesia, la cual es, primero que todo, proclamar la buena noticia de que «Dios estaba en Cristo reconciliando consigo al mundo, no tomándoles en cuenta a los hombres sus pecados, y nos encargó a nosotros la palabra de la reconciliación» (2 Corintios 5). Proclamar este evangelio y sustentar la comunidad de la fe, la adoración y el discipulado que reúne este evangelio es la responsabilidad primera y principal de la iglesia. Todas las demás tareas y responsabilidades de la iglesia derivan de la misión del evangelio y se dirigen a ella.[17]

16 Sproul, *Faith Alone*, 41.
17 *Evangelicals and Catholics Together.*

«El problema evidente sigue en pie —observa R. C.—; ¿qué es el evangelio?». Y sigue diciendo: «Si Roma niega *sola fide* y si *sola fide* es un elemento esencial del evangelio, entonces no importa cuál sea la intención de los autores, el ECT supone una traición tácita del evangelio».[18] R. C. sigue escribiendo: «Charles Colson está convencido de que los evangélicos que participaron de la redacción del ECT no entregaron nada ni comprometieron el evangelio. Otros, y me incluyo, creen que el documento compromete seriamente al evangelio y se deshace del mismo centro del evangelicalismo histórico».[19] Después, añade: «La luz del evangelio bíblico es más importante que las alianzas históricas. Es mucho más importante que cualquier manifestación de cobeligerancia en cuestiones sociales y políticas. El evangelio es el verdadero poder para salvar».[20] Cerca del final del libro, R. C. dice que, como resultado del ECT, «viejas alianzas se han derrumbado y exaliados se han transformado en oponentes».[21] Estas frases tienen un trasfondo profundo.

Los imputacionistas

Un tema particular que falta en este debate de la falta más amplia de la doctrina de la justificación por fe es la imputación. A R. C. le encantaba que Mike Horton usara la analogía de las galletas con chispas de chocolate para explicar la importancia de la imputación. Horton decía que si tienes todos los ingredientes para las galletas con chispas de chocolate pero omites las chispas, entonces no tendrás galletas con chispas de chocolate. La imputación es a la doctrina de la salvación lo que las chispas de chocolate son a las galletas con chispas de chocolate. La diferencia crucial entre la visión de la Reforma sobre la justificación por fe y la visión católica romana tiene que ver con dos cosas. Primero, la palabra *sola*; segundo, la diferencia entre imputación e infusión. Para

18 Sproul, *Faith Alone*, 44.
19 Sproul, *Faith Alone*, 47.
20 Sproul, *Faith Alone*, 48.
21 Sproul, *Faith Alone*, 183.

ayudarnos a entender la infusión, R. C. nos lleva de regreso al Concilio de Trento, el cual estudió en profundidad con Gerstner mientras estaba en el seminario. R. C. observa que el capítulo 16 de Trento declara:

> Porque así como Cristo Jesús mismo, como cabeza para los miembros y la viña para las ramas (Juan 15:1ss), infunde constantemente fuerza a aquellos justificados, cuya fuerza siempre precede, acompaña y sigue a sus buenas obras, y sin la cual no podrían de ninguna manera agradar a Dios y ser meritorios ante Él, debemos creer que nada más les falta a aquellos justificados que evite que se considere que, mediante esas mismas obras hechas en Dios, han satisfecho la ley divina según el estado de esta vida y que merecen verdaderamente la vida eterna.[22]

La idea es que somos «meritorios», justos ante Dios, tanto por justificación como por infusión. La fuerza de Cristo es infundida, nos llena y luego podemos hacer buenas obras. Esto es salvación mediante cooperación. Dios obra y Dios nos infunde para hacer buenas obras. La salvación es por fe *y* por obras, no *solo* por fe.

La infusión tiene que ver con la cooperación. La imputación, por otro lado, es una obra unilateral. La imputación es un término de contabilidad. Significa colocar en la cuenta de alguien. En realidad, hay una doble imputación. Nuestro pecado se le imputa a Cristo. Él se hace cargo de nuestro pecado, nuestra deuda y nuestro castigo. En última instancia, nuestro castigo es la ira de Dios. La ira de Dios es derramada sobre Cristo en lugar de sobre nosotros. Cristo soporta el durísimo embate del castigo más severo que podamos imaginar. Después, nos da Su justicia. Lutero hablaba de la justicia como una «justicia ajena», como algo externo a nosotros. Es *extra nos,* ajeno o más allá de nosotros. Francis Turretin, uno de los teólogos favoritos de R. C., lo expresa de la siguiente manera:

---

22   Citado en Sproul, *Faith Alone*, 125.

El evangelio enseña que aquello que no se pudo encontrar en nosotros y debía buscarse en otro no pudo encontrarse en nadie más que en Cristo, el Dios-hombre (*theanthropo*); el cual asumió la función de garante y satisfizo plenamente la justicia de Dios mediante Su obediencia perfecta, y así nos trajo una justicia eterna a través de la cual únicamente podemos ser justificados ante Dios; de manera que cubiertos y revestidos de ese manto, como si fuera el de nuestro primogénito (como Jacob), podamos obtener bajo él la bendición eterna de nuestro Padre celestial.[23]

Esto es lo que el Canon de Trento 11 tiene para decir sobre la imputación: «Si alguno dice que los hombres son justificados por la sola imputación de la justicia de Cristo o por la sola remisión de los pecados [...] que sea anatema». Trento maldecía a aquellos que se aferraban a la justicia de Dios solamente para la salvación. La justicia imputada de Cristo es el fundamento de nuestra salvación. En esa declaración, los católicos romanos y los evangélicos no están juntos, y esa declaración es el evangelio.

R. C. señala cerca del final del libro que el problema no es si «hay cristianos salvos en la Iglesia Católica Romana, creyentes que se aferran al Cristo bíblico, que creen en el evangelio bíblico y confían solamente en Cristo para su salvación», porque «todos concuerdan en que los hay».[24]

El problema es el contenido del evangelio. ¿Cuál es el evangelio que se predica y se establece en los estándares confesionales? En eso, existe un gran abismo entre el catolicismo romano y el evangelicalismo en la vena de la Reforma. Después de aquella reunión a puertas cerradas en la oficina de Kennedy, Michael Horton sugirió el término *imputacionista*. El término *evangelicalismo* se había vuelto bastante elástico e inclusivo, al igual que el término *cristiano*. *Imputacionista* señala al corazón de la

---

23 Citado en Sproul, *Faith Alone*, 103.
24 Sproul, *Faith Alone*, 185-186.

definición teológica de aquellos que buscan proclamar un evangelio bíblicamente fiel.

El biógrafo de J. I. Packer, Leland Ryken, sugiere que la participación de Packer en el ECT se debió a su «ecumenismo».[25] Ryken también observa que el ECT no fue la primera vez que Packer se encontró del otro lado de una división. En 1970, él y D. Martyn Lloyd-Jones se dividieron por los esfuerzos ecuménicos anglocatólicos de Packer y su contribución al libro *Growing into Union* [Una unión cada vez mayor].

Los que se oponían al ECT estaban tan comprometidos con la unidad de la iglesia como aquellos que lo apoyaban. La pregunta era: ¿alrededor de qué se centra la unidad? El Credo de Nicea habla de «una iglesia santa, católica, apostólica». Esa última palabra, *apostólica,* es una referencia a la enseñanza de los apóstoles, lo cual alude al contenido del evangelio; aquello que Pablo llama «el buen depósito» en 2 Timoteo 1–2. El *depositum fide* (depósito de fe) debía enseñarse, transmitirse, guardarse y se debía contender por él (Judas 3).[26] Esta defensa de la «fe que ha sido una vez dada a los santos» se ha llevado a cabo en muchas controversias en la iglesia a través de los siglos. En la iglesia primitiva, las controversias y las herejías se centraban en la persona de Cristo: Su verdadera humanidad, Su verdadera Deidad y la unidad de Su persona en dos naturalezas. Una vez que la iglesia luchó con estas doctrinas en los Credos de Nicea (325), Constantinopla (381) y Calcedonia (451), emergió la visión ortodoxa. Después del Credo de Calcedonia (es decir, después de 451), afirmar que Cristo es verdaderamente hombre y verdaderamente Dios, dos naturalezas en una persona (la unión hipostática), significaba que eras bíblicamente fiel y ortodoxo. Negar la fórmula

---

25 Leland Ryken, *J. I. Packer: An Evangelical Life* (Wheaton, IL: Crossway, 2015), 408.

26 La nota al pie en la *Biblia de estudio de la Reforma* en Judas 3 declara: «Aquí, "fe" indica el contenido doctrinal del mensaje enseñado por los apóstoles y sostenido en común por todos los cristianos. [...] El cristianismo incluye un cuerpo autorizado de creencias dadas por Dios a la iglesia a través de los apóstoles».

calcedonia implicaba que estabas fuera de los límites de unidad de la verdadera iglesia. O en palabras de la iglesia primitiva, eras un hereje.

Nicea y Calcedonia fueron momentos esclarecedores sobre la enseñanza bíblica (todo «el consejo de Dios») acerca de la persona de Cristo. La Reforma también fue un momento esclarecedor. Los teólogos hablan del principio formal y el principio material de la Reforma; ambos fueron la división entre la Iglesia Católica Romana y aquellos que «protestaron». El principio formal se refiere al tema de la autoridad. Los Reformadores plantaron bandera en la *sola Scriptura*, la Escritura solamente como la autoridad de la iglesia. Roma respondió en Trento de manera formal, pero también en los debates con Lutero, afirmando *scriptura et tradition*, La Escritura y la tradición, como la autoridad. El principio material se trata del evangelio. Los Reformadores proclamaron *sola fide*, solo la fe. Roma respondió con *fide et opera*, fe y obras. Para ir al detalle, los Reformadores se definen con la palabra *sola*, y Roma se define con *et*. Pero hay un abismo grande entre esas dos palabras y formulaciones.

Así como los que viven pos-Calcedonia se definen como parte de la verdadera iglesia afirmando el Credo de Calcedonia, aquellos que viven pos-Reforma también deben tomar una postura a favor o en contra de *sola Scriptura, sola fide, sola gratia, solus Christus* y *soli Deo gloria*. R. C. y los demás que estaban con él en este campo de batalla creían que la unidad debe girar en torno al evangelio —en torno a la persona y la obra de Cristo—, según lo definen los credos antiguos y las *solas* de la Reforma. R. C. consideraba que esta era la prueba determinante de la proclamación bíblicamente fiel del evangelio, la enseñanza fiel de todo el consejo de Dios. Negar los credos antiguos o las *solas* implica traicionar el evangelio; restar importancia a las *solas* o eludirlas equivale a traición.[27]

---

27 Cuando R. C. fundó el Reformation Bible College, escribió los votos para que los miembros de la junta directiva y el personal docente recitaran y aceptaran en forma anual. Uno de los votos es

R. C. se complació en unirse a Jim Boice y otros en escribir y promocionar la Declaración de Cambridge en abril de 1996. Como un esfuerzo por «recuperar la fe cristiana histórica», este documento se escribió porque:

> Hoy, la luz de la Reforma se ha atenuado en forma significativa. La consecuencia es que la palabra «evangélico» se ha vuelto tan inclusiva que ha perdido su significado. Nos enfrentamos al peligro de perder la unidad que nos llevó siglos alcanzar. Debido a esta crisis y a nuestro amor a Cristo, a Su evangelio y a Su iglesia, nos proponemos volver a declarar nuestro compromiso con las verdades centrales de la Reforma y del evangelicalismo histórico. Afirmamos estas verdades no por su función en nuestras tradiciones, sino porque creemos que son centrales a la Biblia.[28]

La Declaración de Cambridge es una reafirmación de las *solas* de la Reforma. El documento se refiere a *sola fide* como el «elemento principal», declarando:

> La justificación es solo por gracia, mediante la fe solamente y debido a Cristo solamente. Este es el elemento según el cual la iglesia permanece o cae. Hoy en día, se suele ignorar este elemento, distorsionar o a veces incluso negar por parte de líderes, eruditos y pastores que afirman ser evangélicos. Aunque la naturaleza humana caída siempre ha reculado de reconocer su necesidad de la justicia imputada de Cristo, la modernidad aviva en gran manera el fuego de este descontento con el evangelio bíblico. Hemos permitido que este descontento dicte la naturaleza de nuestro ministerio y lo que estamos predicando. [...] reafirmamos que la justificación es solo por gracia, mediante la fe solamente y debido a Cristo solamente. En la justificación, la justicia

---

afirmar los credos antiguos (el de los apóstoles, el de Nicena y el de Calcedonia), las cinco *solas* de la Reforma y el consenso de las confesiones reformadas.

28 *The Cambridge Declaration*, 20 de abril, 1996, Alliance of Confessing Evangelicals.

de Cristo nos es imputada como la única satisfacción posible de la justicia perfecta de Dios. Negamos que la justificación descanse en algún mérito nuestro, en una infusión de la justicia de Cristo en nosotros, o que una institución que afirma ser una iglesia que niega o condena la *sola fide* pueda reconocerse como una iglesia legítima.[29]

La Declaración de Cambridge fue impulsada por el ECT y otros acontecimientos en la iglesia evangélica de Estados Unidos. Fue el producto de un grupo de hombres que se preocupaban profundamente por la teología y la identidad teológica de la iglesia. A veces, se supone que aquellos impulsados por la teología están menos interesados en la unidad. Esto no es cierto en el caso de R. C., Boice, MacArthur y otros que adoptaron una postura en contra del ECT.

No era que un lado del ECT apoyara la unidad y el otro la división. Cada lado defendía la unidad de distinta manera. No había duda de que R. C. pensaba que el ECT tenía todo que ver con los debates de la Reforma. Es más, consideraba que el ECT era «la misma canción, la segunda estrofa» de algunos de estos debates. Dedicó un capítulo de *Faith Alone* a Lutero, repasando su travesía desde la puerta de Wittenberg hasta Worms.

El jabalí salvaje

Martín Lutero recorrió el trayecto de 310 millas (500 km) desde Wittenberg hasta Worms en carreta en 1521. Mientras pasaba por los pueblos y las aldeas de Sajonia en el camino, lo recibían como un héroe. Eso cambió cuando entró a Worms el 6 de abril. Sería Lutero *contra mundum*. Sus amigos le rogaron que no fuera, ya que no confiaban en el resultado. R. C. dijo: «¿Saben qué respondió? "Por más que haya tantos demonios como tejas rojas en los techos de esos edificios, voy a ir"».[30]

---

29 *Cambridge Declaration.*

30 «*R. C. Sproul and Bainton's* Here I Stand», podcast de *Open Book*, 17 de mayo de 2018, temporada 1, episodio 10.

R. C. añadió: «Si alguna vez estuviste ahí, verías que todos los techos de las casas tienen tejas rojas».[31]

Lutero apareció en la Dieta de Worms ante Carlos V y otros dignatarios, enviados papales y funcionarios de la iglesia, y la hueste de los demonios el 16 y 17 de abril de 1521. El día 17, pronunció su famoso discurso de «Esta es mi postura». ¿Qué llevó a Lutero a este punto en el tiempo y a este lugar?

R. C. vuelve a 1505 y a la tormenta eléctrica que envió a Lutero al monasterio. Señala: «Lutero sentía una angustia inusual, mientras buscaba desesperadamente paz para su alma».[32] Lutero usó la palabra alemana *anfechtungen* para expresar esta profunda ansiedad y lucha en su alma. Pensaba que Dios había desatado esta tormenta eléctrica con el propósito expreso de quitarle la vida. R. C. observa: «Con terror, clamó: "Santa Ana, ¡ayúdame! Me transformaré en un monje"».[33] Como observó Roland Bainton irónicamente en uno de los libros favoritos de R. C., *Here I Stand* [Esta es mi postura], Dios mantuvo Su parte del trago y Lutero la suya. En el monasterio, «cinco años más tarde, Lutero sufrió otra crisis espiritual. Su odisea de fe personal llegó a su nadir durante su peregrinaje a Roma» en 1510.[34] Llamarlo nadir era una ironía deliberada. Como monje devoto, el peregrinaje a Roma tendría que haber sido su cenit. Sin embargo, fue lo opuesto.

Cuando Lutero llegó a la ciudad santa, se dirigió directamente a la Scala Sancta, la escalera sagrada que supuestamente llevaba al pretorio de Poncio Pilato, reubicada en Roma por Constantino el Grande como un regalo para su madre piadosa. Los peregrinos ascendían y descendían de rodillas, balbuceando el padrenuestro y el avemaría. Cuando Lutero llegó a la cima de la escalera, declaró: «¿Quién sabe si todo

---

31 Sproul, *«R. C. Sproul and Bainton's* Here I Stand».
32 Sproul, *Faith Alone*, 56.
33 Sproul, *Faith Alone*, 56.
34 Sproul, *Faith Alone*, 56.

esto es cierto?».[35] Lutero estaba completamente desilusionado. Después, vinieron los sucesos de 1517, la pintura de la Capilla Sixtina por Miguel Ángel, la venta de indulgencias de Tetzel (para pagar la pintura de la Capilla Sixtina, entre otras cosas), y la confrontación con el Papa León X. En medio del viaje de 1510 a Roma y 1517, Lutero predicó sobre los Salmos, Romanos, Gálatas y Hebreos, y volvió a Romanos. R. C. observa: «Su preparación para estos sermones fue formativa para su pensamiento sobre la justificación».[36]

R. C. cita esta selección extendida de Lutero para mostrar la gran dificultad que supuso el «descubrimiento» de Lutero de la justificación por fe:

Anhelaba muchísimo entender la Epístola de Pablo a los Romanos y nada se interponía en el camino menos esa expresión: «la justicia de Dios», porque consideré que aludía a la justicia mediante la cual Dios es justo y trata justamente castigando al injusto. Mi situación era esa, aunque era un monje impecable. Me presentaba ante Dios como un pecador con la conciencia atribulada, y no tenía ninguna confianza en que mi mérito lo aplacara. Por lo tanto, no amaba a un Dios justo y enojado, sino más bien lo detestaba y murmuraba contra Él. Sin embargo, me aferraba al querido Pablo y tenía un gran anhelo de saber a qué se refería.

Noche y día, meditaba en esto, hasta que vi la conexión entre la justicia de Dios y la declaración de que «el justo por la fe vivirá». Entonces, entendí que la justicia de Dios es aquella mediante la cual la gracia y la pura misericordia de Dios nos justifica a través de la fe. A partir de ese momento, sentí que había renacido y había atravesado las puertas abiertas al paraíso. Toda la Escritura adquirió un nuevo significado, y mientras que antes la «justicia de Dios» me había llenado de odio, ahora me resultaba inexpresablemente dulce

35 Martín Lutero, citado en Sproul, *Faith Alone*, 56.
36 Sproul, *Faith Alone*, 56.

con un mayor amor. Este pasaje de Pablo se transformó para mí en una puerta al cielo.[37]

R. C. señala cómo este descubrimiento y la manera reformada de pensar en la justicia de Dios y en la manera en que uno la obtiene «chocaron de frente» con la Iglesia Católica Romana. La venta de indulgencias sin precedentes por parte de Tetzel, con la plena bendición e imprimátur del Papa León X, era, como dirían los psicólogos, la enfermedad actual. R. C. lo llamaba «crasa buhonería».[38] La venta de indulgencias no era ni más ni menos la venta del perdón de pecados. Lutero no podía permanecer de brazos cruzados y mirar cómo su iglesia cometía semejante atrocidad teológica. Escribió 95 tesis para distribuir, en latín, esperando un debate con los teólogos de la iglesia. Clavó el documento sobre las puertas de la Iglesia del Castillo en Wittenberg, probablemente la puerta más famosa de toda la historia.

En el proceso de desafiar la venta de indulgencias de Tetzel, las 95 tesis generaron toda clase de preguntas con respecto al dogma y la práctica católicos romanos. Las 95 tesis también ganaron muchos lectores. Se tradujeron rápidamente al alemán y, a través de la imprenta, «circularon por toda Alemania en apenas dos semanas».[39]

La publicación original de Lutero de estas tesis ocurrió el 31 de octubre de 1517, y desató una serie de eventos. En abril de 1518, Lutero presentó otro conjunto de tesis en Heidelberg. En octubre de 1518, Lutero debatió con el Cardenal Cayetano. Después, deliberó con Johann Eck en la disputa en Leipzig en 1519. En otoño de 1520, escribió sus *Three Treatises* [Tres tratados]. El ejemplar de R. C. tiene marcas por todas partes. En el margen del breve pero poderoso *La libertad cristiana*, R. C. anotó: «descubrimiento de incapacidad». Lutero escribió: «La fe sola, sin obras, justifica, libera y salva. Aquí

---

37 Martín Lutero, citado en Sproul, *Faith Alone*, 56-57.
38 Sproul, *Faith Alone*, 60.
39 Sproul, *Faith Alone*, 61.

debemos señalar que toda la Escritura de Dios está dividida en dos partes: mandamientos y promesas. [... Los mandamientos] son para enseñarle al hombre a conocerse. A través de ellos, él puede reconocer su incapacidad de hacer el bien, y puede desesperarse ante su propia capacidad».[40]

Estas frases, sumamente subrayadas por R. C., presentan la idea de Lutero de que la ley es un «profesor» que nos señala a Cristo. Para expresarlo de manera existencial, como lo hace Lutero, la ley nos lleva a desesperarnos por nuestra incapacidad. Por lo tanto, necesitamos una justicia *extra nos,* ajena a nosotros. Esto vuelve a enfatizar la necesidad de la doctrina de la imputación. Lutero fue el imputacionista original. En la bula papal que condenaba a Lutero, León X lo llamó «un jabalí salvaje» que pisoteaba el evangelio y amenazaba a la iglesia. Ironía pura. A Lutero lo condenó la iglesia por predicar el evangelio.

Todo esto llegó al punto crítico en Worms. El 6 de abril, Lutero hizo su primera aparición. Le dijeron que renunciara a sus libros y se retractara de su enseñanza. Lutero había esperado un debate, pero en cambio, se encontró con un juicio. Pidió tiempo para considerar todo. Le dieron un día. R. C. retoma la historia: «Esa noche, solo en su habitación, Lutero derramó su corazón en oración. Su oración revela el alma de un hombre aterrado, postrado ante Dios, buscando desesperadamente la reafirmación y el valor para hacer lo correcto. Fue el Getsemaní privado de Lutero».[41] Y sigue observando: «Lutero llegó a Worms con miedo y temblando. Sin duda, había audacia y valor en su disposición. Pero era el valor requerido por un temor lacerante que lo acosaba».[42] R. C. admiraba a Lutero, intrigado por esta mezcla de temor y valentía en él. Anhelaba ver lo mismo en él.

40 Martín Lutero, *Three Treatises* (Filadelfia: Fortress Press, 1960), 282, uso del ejemplar personal de R. C.

41 Sproul, *Faith Alone*, 53.

42 Sproul, *Faith Alone*, 52.

Llegó el día siguiente, el 17 de abril de 1521. A Lutero se le hizo una sola pregunta: ¿Te retractarás? (*Revoco* en latín). En tantas conferencias y sermones, esta palabra resonó de la boca de R. C. con su voz más profunda. En respuesta a esa sola pregunta, Lutero pronunció su famoso discurso:

> Ya que su majestad y sus señorías piden una respuesta simple, les daré una sin cuernos ni dientes. A menos que esté convencido mediante el testimonio de las Escrituras o por razones evidentes —ya que no confío en el Papa, ni en concilios, debido a que ellos han errado continuamente y se han contradicho— no puedo ni quiero revocar nada, ya que no es seguro ni correcto actuar contra la conciencia. Que Dios me ayude. Amén.[43]

Otras versiones terminan con: «Esta es mi postura. No puedo hacer otra cosa. Que Dios me ayude. Amén».[44]

Vesta recuerda vívidamente la vez en que ella y R. C. estuvieron al frente de una visita guiada de Ligonier por la Alemania de Lutero. En Worms, el grupo fue al lugar donde se llevó a cabo la dieta en 1521. El edificio ya no está en pie, pero hay una placa en el suelo que conmemora el lugar. R. C. dio un paso al frente y recitó de memoria el discurso. Fue uno de esos momentos en los que todos los presentes se dieron cuenta de la plena trascendencia de aquel lugar y momento en el siglo XVI y también en el siglo XX, ya que R. C. defendió en muchas ocasiones el evangelio no adulterado. Lutero no era tan solo una figura histórica para R. C. Era un mentor como lo habían sido el Dr. Gregory o el Dr. Gerstner. Era un amigo, como Jim Boice o John MacArthur. A R. C. le encantaba Lutero, «el jabalí salvaje», y especialmente valoraba que Worms no lo hubiera derrumbado.

---

43 Sproul, *Faith Alone*, 54-55.
44 Ver Gordon Rupp, *Luther's Progress to the Diet of Worms* (Nueva York: Harper & Row, 1964), 96-97.

Como observa R. C.: «El jabalí salvaje estaba suelto y nada podía detenerlo».[45]

La nueva Ginebra

R. C. se dio cuenta de cuánta influencia tenía el dispensacionalismo en la iglesia del siglo XX, y también la velocidad a la que se extendía. Cuando vio esto, se dio cuenta de que, entre los factores que provocaban esta extensión rápida, «el primero y más importante era la *Biblia de estudio Scofield*».[46] Esto llevó a R. C. a ver que una Biblia de estudio sería una herramienta estratégica para propagar la fe reformada, «para ayudar a influenciar a las personas en su educación básica».[47] Aunque la *Biblia de estudio Scofield* fue la motivación, no fue el modelo. Para el modelo, R. C. volvió a mirar (una vez más) a los Reformadores; esta vez, a la Ginebra de Calvino. Cuando los refugiados británicos y escoceses llenaron Ginebra durante el reinado de María Tudor (1553-1558), Calvino los animó a encontrar alguna labor e industria mientras estaban exiliados. Varios eruditos empezaron a trabajar en una nueva traducción de la Biblia. Esta Biblia sería revolucionaria por dos razones. En primer lugar, fue la primera Biblia en inglés en usar divisiones por versículos. La *Stephanus Greek Text* (1546) usaba divisiones por versículos, pero ninguna otra Biblia en inglés lo hacía. En segundo lugar, la Biblia de Ginebra tenía anotaciones al pie de página, y a veces en los márgenes. Eran notas de estudio.

En efecto, la *Biblia de Ginebra* fue la primera Biblia de estudio. El Nuevo Testamento se publicó en 1557 y la Biblia completa, en 1560. Aunque está en inglés y no en francés, es llamada la *Biblia de Ginebra* en honor a la ciudad de la Reforma, donde aquellos eruditos ingleses trabajaron. Fue la Biblia de los puritanos, el texto preferido pero no

45 Rupp, *Luther's Progress to the Diet of Worms*, 64.
46 R. C. Sproul, *Remarks on the Fifth Anniversary of Reformation Bible College*, 2015.
47 Sproul, *Remarks on the Fifth Anniversary*.

exclusivo de Shakespeare. Fue la Biblia que tenían los peregrinos y los puritanos de Nueva Inglaterra. Durante al menos unas décadas, fue más popular que la versión King James de 1611. Tenía influencia.

R. C. había reunido una estupenda colección de libros difíciles de conseguir; entre ellos, una edición de 1609 de la *Biblia de Ginebra*. En 1995, R. C. sirvió como editor general de la *New Geneva Study Bible* [Nueva Biblia de Estudio de Ginebra], en la versión New King James, publicada por Thomas Nelson. La *New Geneva Study Bible* tenía muchísimas notas, largas introducciones a los libros y una cantidad significativa de artículos teológicos breves, muchos escritos por J. I. Packer. Las notas provenían de una verdadera élite de eruditos bíblicos reformados, de los seminarios y universidades reformados más importantes. James Boice, Edmund Clowney, Roger Nicole y Packer fueron editores asociados.

Durante el año siguiente, 1996, R. C. sacó dos libros que apuntaban a una audiencia joven, *Ultimate Issues* [Asuntos importantes] y *Choosing My Religion* [Cómo elegir mi religión]. También filmó series didácticas, una vez más apuntadas a la juventud, para acompañar los libros. Hacían énfasis en la apologética, la doctrina y el evangelio.

La contribución de R. C. a la tradición cristiana

Desde 1973 hasta la década de 1980, R. C. estuvo en el centro mismo de la controversia sobre la inerrancia y, con la ayuda de otros, lideraba la carga. El ICBI y la Declaración de Chicago siguieron la larga tradición de vincular la inerrancia con la inspiración. Es decir, la Biblia es cierta porque es la Palabra de Dios. En 1984, R. C. publicó *Classical Apologetics* [Apologética clásica]. El «clásica» en apologética clásica es una referencia tanto a los argumentos clásicos a favor de la existencia de Dios como a la tradición teísta clásica. El nombre de R. C. está inseparablemente ligado a la postura de la apologética clásica, lo cual quiere decir que R. C. ha tomado su lugar en la larga línea de teístas clásicos, que se extienden hacia atrás para incluir a Agustín, Anselmo, Aquino, Lutero, Calvino, Turretin, Edwards, Hodge y Warfield.

Si Dios se tarda y la historia de la iglesia continúa, el libro de R. C. que probablemente tomará el lugar prominente entre los textos clásicos de la historia de la iglesia es *La santidad de Dios,* de 1985. Como ya demostramos en el capítulo 7, ese libro desató una serie de libros sobre la doctrina de Dios. Si hubiera tan solo una cosa que R. C. pudiera enseñar a las personas sobre quién es Dios, sería que Dios es santo.

Como Dios es santo, y nosotros no, necesitamos una justicia que sea *extra nos.* Necesitamos la justicia de un sustituto aceptable que no solo pueda soportar la copa de la ira de Dios, sino que también cumpla con el estándar absoluto de la justicia pura de Dios. Eso fue lo que R. C. vio que estaba en juego en las controversias de la década de 1990; en particular, en el documento de «Evangélicos y católicos juntos». A R. C. se lo asocia tanto con las cinco *solas* de la Reforma como con la inerrancia, con la apologética clásica tanto como con el teísmo clásico, y también con destacar la santidad de Dios.

Todos estos énfasis y contribuciones a la iglesia y la tradición cristiana vuelven a aquella cuestión motora que impulsó a R. C. a escribir todos esos libros, hablar en todas esas conferencias y grabar todas esas series didácticas: las personas, tanto en la iglesia como en la cultura, necesitan conocer quién es Dios.

Roland Bainton termina su magistral biografía de Lutero conectando las *solas* con la persona de Dios. Bainton escribe:

El Dios de Lutero, como el Dios de Moisés, era el Dios que habita en las nubes de tormenta y anda sobre las alas del viento. Él asiente con la cabeza y la tierra tiembla, y las personas son como una gota en una cubeta delante de Él. Es un Dios de majestad y de poder, inescrutable, aterrador, devastador y consumidor en Su enojo. Sin embargo, el Terror supremo también es la Misericordia suprema.

«Como el padre se compadece de los hijos, se compadece Jehová…».
Pero ¿cómo lo sabremos? En Cristo, solo en Cristo.[48]

Además de estas contribuciones teológicas, también están las contribuciones de las instituciones que R. C. fundó y timoneó. Por supuesto, la principal es Ministerios Ligonier, inaugurada el 1 de agosto de 1971. Pero a medida que se acercaba el segundo milenio, R. C. participaría en la fundación de dos instituciones más, una iglesia y una universidad.

---

48 Roland Bainton, *Here I Stand: A Life of Martin Luther* (Nueva York: Abingdon-Cokesbury Press, 1950), 385-386.

9

ESPACIO SANTO,
TIEMPO SANTO

Entonces, en 1997, Dios hizo algo que nunca anticipé.

R. C. SPROUL

DURANTE LOS ÚLTIMOS DÍAS de marzo de 1996, R. C. y Vesta viajaron de regreso a Ligonier para el funeral de John Gerstner, que murió el 24 de marzo, a los 81 años de edad. Cuatro días más tarde, el servicio conmemorativo se llevó a cabo en la Iglesia Presbiteriana Pionera en Ligonier, Pensilvania. David Kenyon era el pastor en ese momento, el hermano de Wynn Kenyon, cuyo caso de ordenación había servido de catalizador para que R. C. transfiriera sus credenciales a la PCA. Tanto David como Wynn participaron del servicio, así como David Williams, que había ido al Seminario Teológico de Pittsburgh para ser ministro. No se había convertido hasta que conoció a su profesor, el Dr. Gerstner, quien lo llevó a Cristo. R. C. testificó sobre el ministerio de su amado mentor. Tal vez recuerdes que R. C. decía que Gerstner había sido su «cable a tierra» durante sus tres años en el Seminario Teológico de Pittsburgh predominantemente liberal. R. C. empezó su conmemoración lamentándose: «Nuestro capitán ha caído». De todas las relaciones que R. C. tuvo con mentores y colegas, la que tuvo con

Gerstner superó a todas. Tenían sus similitudes. Tenían sus diferencias. R. C. gruñía. Gerstner gruñía más. Ambos eran profundamente apasionados y compasivos. Ambos pensaban que valía la pena leer a Edwards. Ambos habían presenciado, de manera cercana y personal, la duplicidad y lo perjudicial del liberalismo. Ambos trabajaron en pro de la pureza de la iglesia y de su adoración. Ambos estaban comprometidos con la educación teológica. Ambos amaban a la iglesia local y «la santa iglesia católica», en palabras del Credo de los Apóstoles.

Mientras estaban en el Valle de Ligonier juntos —qué *lugar* tenía que ser aquel valle para seguirles el ritmo a los dos—, ambos fueron a la Iglesia Presbiteriana Pionera. Imagina tener que predicarle a R. C. tan solo para descubrir que, cuando dejabas de mirarlo, podías llegar a encontrarte con la mirada de John Gerstner.

Cuando los Sproul fueron a Orlando, asistían a la Iglesia Presbiteriana de Orangewood. En 1991, formaron parte de un grupo que plantó la St. Paul's Presbyterian (PCA) en Winter Park, Florida. R. C. escribió una obra para la nueva iglesia, *Saint Paul's Play* [Obra de San Pablo]. En su típica cursiva prolija sobre papel amarillo, la obra tiene cinco actos, completos con acotaciones. Pablo y Lucas son los personajes principales, junto con un elenco. La obra empieza cuando Lucas recuerda la aventura que tuvieron con Pablo en Éfeso. Termina cuando Pablo escribe su segunda carta a Timoteo. El telón cae sobre Pablo, mientras Lucas queda en medio del escenario para pronunciar sus últimas líneas:

> Yo estaba con él aquel día. Poco después, el emperador Nerón hizo que ejecutaran a Pablo decapitándolo con una espada. Hoy, el apóstol Pablo está adornado con una corona de justicia, la cual recibirán todos los que aman la venida de Cristo. El justo por la fe vivirá. [Bajan las luces. Sale Lucas. Vuelven a subir las luces].[1]

---

1   R. C. Sproul, *Saint Paul's Play*, manuscrito inédito, 1994.

Al mismo tiempo que escribió la obra, R. C. aparecía frente a una pequeña audiencia para sus sesiones didácticas; en general, enseñaba ocho veces por semana. Estas sesiones se transformaron en episodios para una serie didáctica producida por Ligonier y para el programa de radio *Renewing Your Mind* [Renueva tu mente]. Por primera vez al aire en 1994, *Renewing Your Mind* era algo único en la radio cristiana. R. C. no solo era calvinista y reformado, no solo hablaba de Aristóteles y Aquino, no solo usaba una gran cantidad de latín, sino que también usaba tiza real en una pizarra real. Incluso desarrolló una especie de sello personal estilo Zorro. Marcaba con fuerza las «i» y cruzaba con igual de fuerza las «t». Y terminaba enfáticamente la frase con un punto. Y había momentos, como una tormenta perfecta, en la que tenía una «i» para puntear, una «t» para cruzar y un punto para taladrar en la pizarra. Se podía escuchar el punto, raya, PUNTO. El Zorro con una tiza dejando una marca inconfundible.

Sencillamente, sonaba distinto, lo que R. C. decía, cómo lo decía y cómo lo escribía con tiza. Era un teatro en la mente.

Plantador de iglesias

Para ayudarlo, había una audiencia en vivo de unas 30 personas en el estudio de grabación. También había un atril con algunas notas que nunca miraba. Y estaba la ya mencionada pizarra. R. C. pasaba mucho tiempo en este estudio. Estaba produciendo series que salían tanto en *Renewing Your Mind* como también en forma de series didácticas con guías de estudio. En 1997, Ligonier sacó la serie más bien ambiciosa *Dust to Glory* [Del polvo a la gloria]. Con 57 lecciones, esta serie ofrece «un panorama de verdad bíblica». R. C. la consideraba la serie más importante producida por Ligonier. Atraviesa toda la Biblia, empezando con la creación del hombre, desde un puñado de polvo en la creación original, hasta la transformación y la glorificación en el cielo y la tierra nuevos. Va desde Génesis hasta Apocalipsis, y aborda todos los puntos intermedios. Como dice R. C. en las últimas líneas de su lección número 57: «Del polvo a la gloria, esa es la historia». R. C. presenta esta serie de tal manera que el oyente o el espectador puede conectar todos los episodios individuales del drama de la redención con la gran historia; el oyente o el espectador puede ver cómo los 66 libros de la Biblia encajan juntos.

Algunos de esta misma audiencia eran visitantes habituales en el hogar de los Sproul para un estudio bíblico. Un grupo de familias dentro de esa audiencia quería empezar una iglesia. Se acercaron a R. C. para pedirle que fuera pastor. Él recuerda que les dijo: «Ya tengo un trabajo de día».[2] Y sí que era un trabajo. Aunque Ligonier tuvo varios presidentes, directores y administradores a través de los años, R. C. servía como presidente en ese momento, en 1997, y por supuesto, era el profesor principal. El grupo persistió. Le enviaron a R. C. una carta:

> Nosotros los firmantes, junto con otras doce familias, buscamos esta-
> blecer una iglesia en la sección noroeste del Orlando metropolitano,
> que sea fiel a la Confesión de Fe de Westminster y a la teología refor-
> mada. Nuestra intención es enfatizar la adoración centrada en Dios,
> una predicación bíblica dinámica y el gozo de la comunión cristiana.
>
> Con estos distintivos en mente, estamos convencidos de que usted
> es el mejor hombre para presidir como pastor principal de predica-
> ción. Después de mucha oración y consejo, hacemos un llamado
> formal a este puesto.

La carta está firmada por Guy Rizzo, David Buchman, Chuck Tovey y Walter Kerr. Tal como señalan en la carta, la Saint Andrew's Chapel [Capilla de San Andrés] y R. C. eran una excelente combinación. R. C. aceptó el puesto.

Al mirar atrás a este momento años después, lo expresó de esta manera. «En 1997, Dios hizo algo que nunca anticipé: me colocó en

---

2 *Sproul Memoirs*, sesión 10, registrada en 2015, Ministerios Ligonier, Sanford, Florida.

la posición de predicar semanalmente como líder de una congregación de Su pueblo, en St. Andrew's en Sanford, Florida».[3]

R. C. notó: «Cuando Dios me llamó al ministerio cristiano a tiempo completo, me llamó a lo académico».[4] Mayormente, servía al pueblo de Dios desde atrás del atril. Después, Dios lo llamó a pararse detrás del púlpito todas las semanas. Esto fue un gran gozo para él. «He llegado a amar la tarea del pastor local», testificó.[5] R. C. se transformó en plantador de iglesias.

La Saint Andrew's Chapel empezó a reunirse en el estudio de grabación. R. C. la llamaba una capilla porque era pequeña, y anticipaba que permanecería así. Vesta señaló que el «San Andrés» venía de Andrés el apóstol, no de la legendaria cancha de golf con ese nombre en Escocia. Aunque no era tan prominente como los demás apóstoles, Vesta explicó por qué eligieron este nombre: «Andrés siempre estaba llevando a la gente a Cristo. Por eso quisimos ponerle a la capilla el nombre en su honor».[6] Andrés llevó a su hermano Pedro a Cristo y, de todos los discípulos, el muchacho con los panes y los peces se acercó a Andrés.

El estudio contuvo a los que asistían a la iglesia por alrededor de un mes. Después, tuvieron que empezar a reunirse en un teatro. A continuación, les ofrecieron un espacio más grande en una escuela privada en Sanford. Estuvieron allí dos años. Los visitantes pensaban que reconocían a alguien en el coro. Era Vesta. Le gustaba cantar tanto como a R. C. le gustaba predicar. Cuando la escuela Page les quedó chica, compraron un terreno junto al Boulevard Orange en Sanford, Florida, empezaron a construir y dedicaron el edificio en 2001. El exterior era de mampostería, con detalles arquitectónicos como arcos

---

3   R. C. Sproul, *Romans: St. Andrew's Expositional Commentary* (Wheaton, IL: Crossway, 2009), 11.

4   Sproul, *Romans*, 11.

5   Sproul, *Romans*, 11.

6   Stephen Nichols con Vesta Sproul, entrevista personal, 5 de septiembre de 2018.

y columnas. Por dentro, un techo y vigas de madera teñida llegan a un pico central sobre un rosetón de vitral. Los candelabros se añaden a la estructura gótica. Pronto, el santuario les quedó chico y tuvieron que hacer dos servicios. Uno de los miembros, Jack, había sido llevado a Cristo por su vecino Gary, un «Andrés» de St. Andrew's. Jack se unió a la iglesia y ayudaba a servir galletas durante la hora de comunión. Desde el principio, Saint Andrew's tuvo la práctica de ofrecer café, té y galletas para la hora de comunión entre servicios. Por supuesto, había galletas con chispas de chocolate. Jack le llevaba a R. C. su porción, y solía incluir algunas extra.

Incluso con dos reuniones, el santuario les quedó chico e incómodo. Alguien del Condado de Seminole les había dicho que habían aprovechado al máximo la superficie lisa y resistente para la propiedad de su terreno. Pero a ellos no les concedieron el permiso para la ampliación. Según recuerda R. C., no les permitieron «añadir ni un ladrillo».[7] Mientras tanto, al otro lado del Boulevard Orange, en la intersección con la Avenida Wayside, una propiedad se puso a la venta. Tenía dos residencias privadas en terrenos contiguos. Una porción no explotada de la tierra se transformaría en el lugar de la Saint Andrew's Chapel; la casa grande de estilo español-mediterráneo «a lo Florida» tendría las oficinas administrativas para Ministerios Ligonier. Dos edificios satélites también tendrían personal de Ligonier. Lo único que había que hacer ahora era construir el edificio de una iglesia.

Puertas de roble bajo un arco gótico

Una catedral surgió del polvo y la arena en el centro de Florida. Tiene una aguja y un campanario, con un carillón. Tiene una galería cubierta, acorde con el estilo gótico y como protección de las lluvias de Florida. Tiene cuadrifolios y arcos, pilares, absidiolos y columnas. Tiene contrafuertes y pináculos. Las puertas frontales están hechas de roble e

---

7 *Sproul Memoirs*, sesión 10.

instaladas bajo un arco gótico. «La puerta estaba hecha de roble sólido con un arco gótico», dice una frase de las primeras páginas de *La santidad de Dios,* cuando R. C. recuerda su caminata a medianoche y entrar a la capilla de Westminster College.[8] Está el nártex, con ventanas de vitral en la pared oeste. La mirada se ve inmediatamente atraída a una enorme caja de madera que exhibe un rollo de la Torá. De casi 400 años de antigüedad, su texto meticulosamente escrito a mano está abierto en Éxodo 20, los Diez Mandamientos. A R. C. le regalaron este rollo de la Torá para la iglesia, pero necesitaban un lugar adecuado para exhibirlo. El nuevo nártex fue ese lugar. Antes, había estado en una caja debajo de la cama de los Sproul. Tenía una nota advirtiendo a los posibles ladrones que no tenía ningún valor monetario, y que sin duda los atraparían si intentaban robárselo.

Está abierto en Éxodo 20 a propósito; la entrada está al oeste a propósito. Enseguida te das cuenta de que casi todas las cosas en el edificio y el edificio en sí tienen un propósito. El nártex se mantiene a oscuras antes de los servicios, y pasas junto a la Ley. Luego, se llega al santuario. La nave está flanqueada por pasillos, destacados por pilares y arcos, terminada con el triforio, cubierto por el claristorio. Como tiene forma de cruz, la mirada es atraída al centro de la nave, al gran púlpito de madera, después al vitral que hay detrás y más arriba al cielorraso altísimo. La luz de la mañana se filtra por el vitral. De la oscuridad del nártex, se llega a la luz de la nave. *Post tenebras lux.* Los visitantes hacen una pausa para absorber todo.

Los transeptos del norte y el sur tienen cada uno una roseta con vitral, una con un trono y la otra con una corona y un cetro, que simbolizan el reinado de Cristo. El ábside, en la pared oriental detrás del coro y la plataforma, tiene cinco ventanas con vitrales. Pablo está en el centro, con Mateo y Marcos a un lado y Lucas y Juan al otro. Hay un órgano de tubos. Los pisos son de ladrillo y piedra. El gran púlpito de madera

---

8   R. C. Sproul, *The Holiness of God* (1985; reimp., Carol Stream, IL: Tyndale, 1998), 4.

tiene escaleras con un pequeño espiral en la parte de atrás, para que suba el pastor.

Todo en el edificio físico de Saint Andrew's Chapel es gótico medieval, excepto dos cosas. Una de ellas es un púlpito prominente en vez de un altar prominente. Y en el centro del púlpito, hay una «rosa de Lutero» tallada, que es la otra excepción. Este era el símbolo de Lutero. También se puede encontrar en los marcos tallados alrededor de los pilares montados sobre las paredes del coro. Saint Andrew's Chapel es donde se encuentran lo gótico medieval con la teología y la predicación de la Reforma. El mismo R. C. se sentía abrumado por el lugar todos los domingos. «No puedo creer que Dios hizo esto», decía.

También solía bromear: «Hay otros estilos arquitectónicos además del gótico, aunque no estoy seguro de por qué».

El cartel de la iglesia dice: «Saint Andrew's Chapel, una congregación reformada». Una nota en el sitio web de la iglesia explica:

Saint Andrew's se fundó en 1997 como una congregación independiente de la tradición reformada. Como tal, no está afiliada con ninguna denominación en particular. Sin embargo, eso no quiere decir que seamos no denominacionales o interdenominacionales. Al contrario, Saint Andrew's es una congregación independiente por nuestro deseo de permanecer fieles a la tradición reformada, sin la influencia del gobierno denominacional. No obstante, nuestros pastores son ministros ordenados de la Iglesia Presbiteriana de América (PCA).

R. C. tuvo sus credenciales ministeriales de la PCA todo el tiempo que pastoreó la iglesia independiente. No era estrictamente su decisión. El grupo que había querido plantar la iglesia y que había persuadido (con gracia) a R. C. para que fuera su pastor se encontró con miembros del presbiterio. Este grupo sintió que los representantes, en ese momento, estaban menos interesados en la postura confesional y doctrinal de la iglesia que en su plan y visión de negocios. Esto los llevó a hacer una pausa. Lo consultaron con R. C. y, al final, decidieron no unirse a la PCA sino permanecer independientes.

Aun con el santuario enorme, se añadió un segundo servicio para acomodar a la congregación creciente. Cuando le preguntaban por qué creía que tanta gente asistía a Saint Andrew's, R. C. respondía: «Creo que una de las principales razones es que tenemos un servicio clásico de adoración, que lucha contra el flujo de la adoración contemporánea que se ha vuelto la norma, más o menos, en nuestra época. Tenemos una liturgia clásica y a muchas personas les atrae ese aspecto de nuestra adoración».[9]

El umbral

Al frente del boletín semanal de Saint Andrew's, están estas palabras: «Cruzamos el umbral de lo secular a lo sagrado, de lo común a lo inusual, de lo profano a lo sagrado». La palabra *umbral* es interesante. En el sentido físico y literal, es la franja de metal, madera o algún otro material en el piso de una entrada. Se cruza para ingresar a un edificio, una habitación o espacio. También tiene un significado más profundo, utilizado para ocasiones trascendentales: «Hemos llegado a un umbral», diríamos. Cruzar esa clase de umbral implica entrar a un «espacio» nuevo y significativo. R. C. usa este último significado cuando escribe en *La santidad de Dios:* «Buscamos un umbral que nos lleve a cruzar el límite entre lo profano y lo sagrado».[10] Y continúa diciendo: «Incluso dentro de los confines de un universo cerrado, la gente busca algún lugar que sirva como punto de acceso a lo trascendente. Sentimos un vacío doloroso que clama para ser lleno de lo sagrado. Anhelamos un lugar sagrado».[11] Moisés en la zarza ardiente, la «escalera» de Jacob y todos

---

9 *Sproul Memoirs*, sesión 10.
10 Sproul, *Holiness of God*, 249.
11 Sproul, *Holiness of God*, 249.

aquellos altares erigidos por todos esos santos del Antiguo Testamento son umbrales, puertas a lo sagrado.[12]

Después, R. C. vuelve la atención a la arquitectura de la iglesia y esta noción de *umbral*. Habla de estilos arquitectónicos de la iglesia que son funcionales o que apuntan a la comodidad de la audiencia. Él percibía esto. «Lo que se suele perder en estos diseños funcionales de iglesia es el sentido profundo de *umbral*».[13] R. C. señalaba que «las primeras personas llenas del Espíritu Santo fueron los artesanos que construyeron y adornaron el templo para que las personas pudieran adorar a Dios en la hermosura de Su santidad».[14]

R. C. habla de todo esto como un espacio sagrado. En una frase simplemente bella, escribe: «Cada una de nuestras vidas está marcada por lugares sagrados que atesoramos en nuestra memoria».[15] Estos son «lugares sagrados». También hay «momentos sagrados».

El lugar y el momento siempre fueron importantes para R. C., para su propia comprensión de sí mismo, para su análisis de los tiempos, y para sus análisis de la iglesia y de la cultura. El título de su columna en *Tabletalk* es «El ahora cuenta para siempre», y apunta claramente a la cosmovisión secular del «aquí y ahora». Él conecta los conceptos del espacio y el tiempo con aquel otro tema tan importante para él: la santidad. En consecuencia, termina su texto clásico *La santidad de Dios* con el capítulo «Lugares santos y ocasiones santas».

El lugar santo es el santuario. La ocasión santa es el día del Señor. R. C. observa cómo Dios estableció primero el séptimo día, el sábat, como santo y separado. Es curioso observar que, como parte del rechazo programático de todo lo religioso, después de la Revolución Francesa, las autoridades intentaron tener una semana de diez días. Fue un intento

---

12 Sproul, *Holiness of God*, 249-255.

13 Sproul, *Holiness of God*, 256.

14 R. C. Sproul, sermón sobre Lucas 21:1-22, *The Destruction of Jerusalem*, Saint Andrew's Chapel, Sanford, Florida.

15 Sproul, *Holiness of God*, 258.

de quitar todo rastro del día del Señor. Fue un fracaso absoluto. Como observa R. C., incluso las personas más profanas reconocen la necesidad de un descanso en el ritmo de la semana. En una nota más feliz, comenta: «Los creyentes observan el tiempo sagrado en el contexto de la adoración».[16]

R. C. dedicó su columna «El ahora cuenta para siempre» en el ejemplar de *Tabletalk* de diciembre de 1991 a la adoración. Habla sobre cómo deberíamos aprender de los patrones de adoración del Antiguo Testamento. Aboga por la forma y la liturgia, mientras que reconoce el peligro del formalismo y el liturgicalismo. Lo contrarresta diciendo que el antídoto no es abandonar lo externo, la forma o la liturgia, sino que, para «comunicar el contenido que están diseñados para comunicar, tiene que haber una instrucción constante, de manera que la gente entienda su significado». Después, termina de la siguiente manera:

> Necesitamos una reforma de la adoración, un nuevo descubrimiento del significado de las formas clásicas. No puedo ser informal respecto a adorar a Dios. Un Dios despojado de la trascendencia directamente no es Dios. Existe algo que llamamos lo santo; esto es sagrado. Es inusual. No siempre es fácil. Pero es relevante. Provoca devoción, que es la esencia de la adoración piadosa.[17]

Por más importante que fuera enfatizar lo sagrado, la experiencia de lo sagrado en la iglesia, también era importante para R. C. que las personas de Saint Andrew's fueran amistosas. Recordaba cómo uno de sus amigos pastores, después de visitar Saint Andrew's, le comentó a R. C. que era «formal y amigable». R. C. se esforzaba por superar la sensación de frialdad que se suele asociar con una adoración más formal y litúrgica. Explicaba: «Queremos ser lo más cálidos y amigables que

---

16   Sproul, *Holiness of God*, 262.

17   R. C. Sproul, «Worship: A Tale of Two Friends», *Tabletalk*, vol. 15, diciembre de 1991, 6.

podamos, mientras al mismo tiempo mantenemos una alta liturgia que refleje nuestra visión de Dios».[18]

Lo santo invade lo profano en los espacios sagrados y las ocasiones sagradas. Saint Andrew's Chapel, dedicada en 2009, es la manifestación de la visión establecida en el último capítulo del libro clásico de 1985.

«Predica el drama»

La adoración, incluido el diseño del santuario —el *lugar*— es una marca distintiva de Saint Andrew's. También lo es el énfasis en la predicación, el centro del tiempo sagrado que se pasa en el día del Señor. Cuando R. C. predicaba en Saint Andrew's se parecía a Calvino predicando en St. Pierre's en Ginebra, o a Lutero predicando en la *MarienKirche* en Wittenberg, o a Edwards predicando en la Primera Iglesia, en Northampton, Massachusetts. Puedes leer *La institución de la religión cristiana* de Calvino, y puedes leer *La esclavitud de la voluntad* de Lutero, y puedes leer *El libre albedrío* de Edwards (y R. C. diría: «*Tienes* que leer estos libros»), pero si quieres conocer el corazón de Lutero, de Calvino o de Edwards —si quieres escucharlos y verlos aplicar su teología—, entonces lee sus sermones.

Para uno de sus *podcasts* en *Open Book*, unos de los diez o tantos libros que R. C. seleccionó de su biblioteca personal que lo impactaron fue *Sermons on Galatians* [Sermones sobre Gálatas] y *Sermons on Ephesians* [Sermones sobre Efesios], de Juan Calvino. El volumen de Gálatas en realidad no era de su biblioteca; estaba sobre su escritorio. En aquella época, R. C. estaba predicando Gálatas y usaba a Calvino para atravesar la epístola de Pablo sobre la libertad cristiana. Declaró: «Los teólogos más brillantes de la historia fueron pastores». Y nombró a los sospechosos de siempre: Agustín, Anselmo, Lutero, Calvino, Edwards, añadiendo: «Estos fueron los grandes genios del mundo teológico. Eran todos pastores. [...] Mientras los estudiaba, me di cuenta de que eran

---

18   Stephen Nichols con R. C. Sproul, entrevista personal, 7 de abril de 2017.

eruditos de primera clase, pero también eran teólogos de batalla. Llevaban su mensaje a las personas».[19] A través de sus sermones que se han publicado y traducido, estos teólogos de batalla siguen llevando el mensaje a las personas.

Cerca del final de su vida, a R. C. le preguntaron qué le gustaría ser si hubiera podido volver atrás y vivir para hacer algo distinto. Él decía que habría jugado a la pelota. Sin embargo, cuando escribió su novela, el personaje principal era un predicador. Podría haber escrito su personaje en cualquier situación. Pero eligió escribirse en el púlpito. Servir al pueblo de Dios, la iglesia, era el único propósito y la misión de R. C. en la vida.

En 1996, Ministerios Ligonier celebró su vigésimo quinto aniversario. El ejemplar de agosto de *Tabletalk* celebraba el pasado y miraba hacia el futuro a lo que, Dios mediante, vendría a continuación. R. C. dedicó su columna «El ahora cuenta para siempre» de aquel ejemplar a responder la pregunta: «¿Por qué Ligonier?». Consideró que esa pregunta se refería a cuál era el propósito final para Ligonier, el cual R. C. siempre había considerado «ayudar a la iglesia al proporcionar recursos para su gente».[20] Termina así su columna:

[Ligonier] existe para ayudar a la iglesia y servirla. Su tarea es ayudar a capacitar a los santos para el ministerio. Nuestra declaración de propósito actual dice: «Ayudar a despertar a tantas personas como sea posible a la santidad de Dios en toda su plenitud». Uno no se puede despertar sin ver a la iglesia como el pueblo de Dios llamado a adorarlo, servirlo y obedecerlo. Adorar a Dios significa principalmente unirse al cuerpo colectivo. Servirlo y obedecerlo es servirlo y obedecerlo al servir a Su iglesia.[21]

---

19 «R. C. Sproul and Calvin's Galatians and Ephesians Sermons», podcast de *Open Book*, 30 de junio de 2017, temporada 1, episodio 4.

20 R. C. Sproul, «Why Ligonier?», *Tabletalk*, vol. 20, agosto de 1996, 7.

21 Sproul, «Why Ligonier?», 7.

Así como eso articula el propósito de Ligonier, también capta el propósito de R. C. Aunque es conocido principalmente por su servicio a un ministerio paraeclesiástico, experimentó una época de gran gozo en sus 20 años (1997-2017) en un ministerio de iglesia local, pastoreando la congregación y predicando la Palabra en Saint Andrew's Chapel. R. C. testificó: «Estoy eternamente agradecido a Dios porque consideró que era bueno colocarme en este nuevo ministerio, el ministerio de un predicador».[22]

En uno de sus cuadernos personales de principios de la década de 1970, escribió una lista llamada «Las claves para una renovación en la iglesia». La número uno era «Predicar», y la había subrayado dos veces. Después, añadió: «… a la manera de Dios». En todo su ministerio en Saint Andrew's, R. C. hizo énfasis en la predicación.

Desde temprano en su predicación allí, R. C. decidió que predicaría sobre libros bíblicos enteros. La iglesia primitiva usaba la expresión *lectio continua,* que se refería a sermones o exposiciones continuas, para hablar de este enfoque al estudio y la predicación de la Biblia. R. C. observa: «Este método de predicación versículo a versículo a través de los libros de la Biblia (en lugar de elegir un tema nuevo cada semana) se ha probado a lo largo de la historia como el único enfoque que garantiza que los creyentes escuchen todo el consejo de Dios. Por lo tanto, empecé a predicar una extensa serie de mensajes en Saint Andrew's, para llegar a abarcar varios libros de la Biblia».[23]

Una de sus primeras series fue sobre Juan; después vinieron Hechos, Romanos, Marcos, Filipenses, Mateo, 1 y 2 Pedro, 1 y 2 Samuel, Lucas y Efesios. Empezó a predicar sobre Gálatas en 2015. Le dijo a la congregación que le pedía a Dios que le diera fuerza para terminar la serie,

---

22 R. C. Sproul, «Series Preface», en *Romans: St. Andrew's Expositional Commentary* (Wheaton, IL: Crossway, 2009), 11.

23 R. C. Sproul, *R. C. Sproul on the St. Andrew's Expositional Commentary Series,* Ligonier, 31 de marzo de 2010, https://www.ligonier.org/blog/rc-sproul-st-andrews-expositional-commentary-series/.

y añadió: «Después, oré para que fuera la serie de sermones más larga sobre el libro de Gálatas».

R. C. publicó algunas de estas series de sermones como el *St. Andrew's Expositional Commentary Series* [Serie expositiva de comentarios de St. Andrew's]. Los volúmenes sobre Romanos y Juan se publicaron en 2009, Hechos en 2010, Marcos y 1 y 2 Pedro en 2011, y Mateo en 2013. Cuando los predicadores, en especial los que recién empezaban, le pedían consejo a R. C. sobre qué predicar, él siempre respondía: «Predica libros». Y añadía que se aseguraran de que la congregación conociera los Evangelios: «Es imposible darles a las personas demasiado sobre Jesús». Después, añadía: «Asegúrate de romanizar a tu gente». También les recordaba a los pastores que «el poder de la Palabra es acumulativo».[24] Lleva tiempo crecer, pero con el tiempo, la predicación constante de la Palabra no solo tendrá un efecto inmediato, sino también uno acumulativo.

Una noche atípicamente fría para Florida, en enero de 2014, R. C. les dijo a un grupo de pastores reunidos en Saint Andrew's para una sesión de preguntas y respuestas sobre la predicación: «Cuando me desanimo, y sí que lo hago, me digo que no es mi tarea convencer. Mi tarea es predicar la Palabra y confiar en que Dios honrará Su Palabra».[25]

Aunque R. C. había enseñado estos libros antes, o enseñado sobre ellos, la experiencia de predicar sobre ellos fue distinta a la de la enseñanza. Explica: «Sabía que, como predicador, era responsable de explicarles claramente la Palabra de Dios y mostrarles cómo debían vivir a la luz de lo que decía».[26] Cuando predicaba, apuntaba a la comprensión y la transformación. Y predicaba el texto. Sin embargo, explicó que: «Me concentraba en los temas y las ideas principales que comprendían

---

24 R. C. Sproul, sesión de preguntas y respuestas, 29 de enero, 2014, Saint Andrew's Chapel, Sanford, Florida.

25 Sproul, sesión de preguntas y respuestas, 29 de enero de 2014.

26 Sproul, *R. C. Sproul on the St. Andrew's Expositional Commentary Series.*

"la gran historia" de cada pasaje que abordaba». Se apegaba al texto bíblico, porque el texto bíblico es la Palabra de Dios. Observó: «Creo que la mayor debilidad en la iglesia de hoy es que casi nadie cree que Dios invierte Su poder en la Biblia. Todos están buscando poder en un programa, en alguna técnica, en cualquier cosa y en todo… excepto donde Dios lo ha puesto: en Su Palabra».[27] En un sermón sobre Romanos 1:8-17, dijo sin rodeos: «La locura de la predicación es el método que Dios eligió para salvar al mundo. Por eso Pablo decía que no se avergonzaba. Quería predicar el evangelio porque es poder de Dios para salvar».[28]

La Palabra de Dios no solo tiene poder; también tiene drama. El poder y el drama están conectados. Al predicar sobre Mateo 6:13, R. C. observó que la palabra griega para poder es *dynamis:* «De esa palabra, obtenemos el vocablo español *dinamita.* Cuando escuchas la Palabra, y el Espíritu te la revela, explota en tu alma».[29]

La realidad de que la Palabra de Dios es poder de Dios no es ninguna excusa para que un ministro no dedique tiempo y energía a dominar el arte de la predicación. En el seminario, el curso sobre predicación se llama «homilética». Cuando R. C. enseñaba homilética, se esforzaba por comunicar dos puntos que eran sumamente importantes para él. Primero, no prediques de un manuscrito. A veces, R. C. escribía un bosquejo de un sermón. Tomaba una tarjeta de 3 × 5 pulgadas (8 × 13 cm) y la colocaba a lo largo para escribir una lista de palabras o frases. Ese era su bosquejo. A veces, lo escribía y lo dejaba en la sala pastoral o en la mesa junto a su silla en la plataforma. Por supuesto, ayuda que tenía una mente como un gabinete de archivo lleno, y sabía dónde estaba cada carpeta y cada hoja de papel. Había leído muchísimo y estudiado

---

27 R. C. Sproul, *The Prayer of The Lord* (Orlando, FL: Reformation Trust, 2009), 101.

28 Sproul, *Romans*, 33.

29 R. C. Sproul, *Matthew: St. Andrew's Expositional Commentary Series* (Wheaton, IL: Crossway, 2013), 176.

profundamente, dedicando horas al texto bíblico en su gastada *Biblia de referencia Thompson* y en sus ejemplares subrayados, con asteriscos y anotaciones de los grandes clásicos de la teología. Estaba familiarizado con los conceptos que encontraba en los textos bíblicos que predicaba. Pero al principio de su carrera como predicador, aprendió a escribir un sermón, y se alegró de haberlo hecho.

Lo segundo que le importaba y que les decía a sus alumnos era: «Encuentren el drama en el texto, y después prediquen el drama». La predicación es un arte. El medio son las palabras. El argumento para eso es la Biblia en sí. La Biblia está llena de drama hermoso, convincente, deslumbrante y persuasivo. R. C. observó que el Señor solía contar historias.

Ofreció su propio proceso de cinco pasos para la preparación de un sermón:

1. Lee y lee y lee el texto.
2. Busca el drama en el texto.
3. Revisa los comentarios para hallar cuestiones interpretativas o controversiales.
4. Medita en ello toda la semana.
5. Predícalo.[30]

El quinto punto es importante. R. C. era un predicador en tiempo real, nunca «envasado». A veces repetía los sermones, en especial en las distintas conferencias. Muchas veces, los anfitriones de las conferencias o los pastores de las iglesias donde R. C. subía al púlpito le pedían que predicara sobre Uza, sobre la prueba de Abraham al sacrificar a Isaac, o sobre Isaías 6. Pero él estaba plenamente presente cuando predicaba. Era algo nuevo para él, no importaba cuántas veces hubiera predicado al respecto o cuántas veces hubiera contado la misma anécdota sobre Lutero o alguna personal. Cuando predicaba, lo *predicaba*.

---

30 Sproul, sesión de preguntas y respuestas, 29 de enero de 2014.

En cuanto a los otros pasos, R. C. explicaba: «Mi procedimiento normal en la preparación de un sermón es mirar el texto detenidamente, mirarlo en griego, mirarlo en latín, y después consultar cuatro o cinco comentarios para ver qué perspectivas puedo obtener de otros que hayan estudiado el texto».[31] Añade que si se metía en alguna cuestión espinosa en el texto, examinaba al menos diez comentarios.

Cuando pasaba del estudio y la preparación a la exposición, R. C. era fanático de la concisión. Siempre apreciaba «la navaja de Ockham». No se necesitan múltiples entidades. Él tomaba de una amplia variedad de ilustraciones. Filósofos, películas clásicas y a veces más recientes, sucesos históricos, los Reformadores, la música, la economía, cuestiones de actualidad... todas estas cosas aparecían en los sermones de R. C. También utilizaba el humor. Una vez, empezó un sermón diciendo que había cambiado el texto cuando imprimieron el boletín. Dijo: «Le pregunté al clero —refiriéndose a los pastores asociados de Saint Andrew's mientras estaban en la sala de pastores—: "¿Saben por qué voy a cambiar el texto esta mañana?". Le contestaron que no, y él dijo: "Porque puedo"». Cuando colocó un poco del agua bautismal sobre la cabeza de Noah [Noé], su bisnieto, Noah empezó a llorar. R. C. bromeó: «Vamos, Noah, de todas las personas, tú no deberías tenerle miedo a un poquito de agua». Era un humor adorable.

Los oradores pueden hablar de un tema, pero los comunicadores se conectan con la audiencia. R. C. atravesaba la multitud y se conectaba con la persona. Al escucharlo predicar, podías sentir que te estaba hablando de forma personal y directa. Y percibías que estaba apelando directamente a ti. Quería que hicieras algo sobre lo que estaba hablando; o más bien, sobre lo que el texto decía. «No escuches la Palabra —decía—, métete a fondo en la Palabra». «Somos salvos para las obras. No debemos malgastar ni un segundo de nuestra vida», exhortaba. En un sermón un Domingo de Ramos sobre Zacarías 9, «He

31 Sproul, *Prayer of the Lord*, 97.

aquí tu rey», R. C. habló de que muchos buscan «un reino deslustrado, reinos que se han oxidado». Después, viene un Rey, montado sobre un burrito, trayendo gozo.

Podía dar vuelta a una frase. Entendía que las palabras tienen carácter, y que juntas tienen melodía, armonía. Era un maestro de los ritmos y los gestos. Decía: «Se ha dicho que es un pecado aburrir a la gente desde el púlpito».[32] La Palabra de Dios es lo que hace que predicar sea un llamado alto y santo. R. C. era un comunicador.

«Por favor, Dios, Jim no».

Desde 1997 hasta el año 2000, R. C. estuvo ocupado predicando todos los domingos en Saint Andrew's, produciendo una serie didáctica para *Renewing Your Mind,* escribiendo libros y liderando Ligonier. La mamá de Vesta se mudó con ellos, y ellos le proporcionaron personas que la cuidaran. En esa época, compraron una segunda casa en el lado este del Lago Monroe en Florida. La llamaban «la hacienda». Era un lugar donde los Sproul y los nietos podían escapar. Además, antes del Y2K, R. C. quería estar preparado. La hacienda era un lugar autónomo; había un molino que generaba electricidad, gallinas, un jardín y, por supuesto, el lago, lo cual significaba que, de vez en cuando, había algún caimán deambulando por la propiedad.

El 21 de abril de 2000, Jim Boice se enteró de que tenía un cáncer de hígado sumamente agresivo. En ocho semanas, le quitó la vida. Murió el 15 de junio. El servicio conmemorativo se llevó a cabo a la semana siguiente. Allí, R. C. dijo: «Aquí teníamos un valiente guerrero, militante para la iglesia de nuestra época». Cuando R. C. se enteró del diagnóstico de cáncer de Jim, dedicó tiempo aquella mañana a escribirle una carta a su amigo. La escribió a mano y se la entregó a su fiel secretaria, Maureen Buchman, para que la tipeara. Boice era un amigo, un colega, un compañero de milicia. R. C. sabía que podía

---

32 Nichols con Sproul, entrevista personal, 7 de abril de 2017.

contar con él. Tal como recuerda R. C. en su carta, la primera vez que se conocieron fue en 1968 o 1969. El primer año de Boice en la Décima Iglesia Presbiteriana fue en 1968. Estuvieron juntos en la trinchera durante el Concilio Internacional de Inerrancia Bíblica —aun para tratar con algunas personalidades interesantes en el concilio—, y estuvieron juntos en la trinchera durante la controversia de «Evangélicos y católicos unidos».

En las décadas de 1980 y 1990, R. C. solía hacer su imitación del detective Columbo. Le salía bastante bien. Boice era más un niño de escuela privada. A modo de broma, la gente decía que eran como Oscar y Felix, la extraña pareja del mundo reformado.

R. C. tenía en su oficina una fotografía de Boice con el rostro imperturbable detrás del púlpito austero de la Décima, mientras R. C. le da un beso en la mejilla, con su característica sonrisa traviesa. Compartieron muchas risas. Vieron crecer a sus hijos juntos. Sus esposas, Vesta y Linda, eran y son amigas; ahora, las dos viudas.

A continuación, encontrarás la carta completa de R. C. a Boice. Ahora que los dos titanes partieron, parece apropiado que la carta se haga pública. La mayoría de la gente ve a las figuras públicas, y ven las amistades, la camaradería, a la distancia. Esta carta proporciona una vista de cerca. Tiene la calidez de R. C.; es profundamente teológica y tiene un toque de humor cuando R. C. se refiere a Donald Grey Barnhouse, que ocupó el púlpito décadas antes que Boice:

Mi querido Jim:

Recuerdo el día (pero no el año) en que te conocí. Mi amigo Tim Couch nos estaba visitando en Oreland mientras yo trabajaba en la Escuela de Teología de Conwell en Temple. Era 1968 o 1969. Tim nos habló efusivamente sobre su amigo de Stony Brook que era el nuevo pastor de la Décima Iglesia. No paró hasta poder llevarnos ahí a conocerte. Lo considero un momento providencial de intersección que tendría un impacto enorme sobre mi vida. Creo que aquel día, me presentaron a la verdadera grandeza. Conocí a un hombre que defiende las cosas de Dios y que sería para mí un aliento, una inspiración, un líder, un estadista y un guerrero valiente.

Estoy profundamente agradecido a Dios por haberle regalado a Su iglesia el hermoso regalo de un hombre como tú. Sé que no puedes adjudicarte el mérito de los regalos y los talentos que Él te concedió. Pero he observado lo que has hecho con esos dones durante más de 30 años. Los has usado con una disciplina inusual, con una valentía intrépida, con un singular sentido de humildad y una pasión tranquila pero feroz por la verdad.

Sé que a menos que haya un acto extraordinario de la providencia… tus días entre nosotros están contados. No me sorprende enterarme de que los estás usando para terminar un libro y escribir himnos. Por supuesto que ibas a hacer eso.

Antes de que nos dejes, quiero que sepas algo, que estoy seguro de que ya lo sabes hasta cierto punto. Es lo siguiente: Te amo profundamente, Jim. Te amo profundamente y con un afecto singular. Cuando me enteré de tu enfermedad, fue como si un gigante amenazador me hubiera agarrado el corazón y lo hubiera estrujado para sacarle toda la vida. Me sentí confundido y atemorizado. Clamé: «Por favor, Dios, Jim no… no mi amado "Jimmy"; no podría soportarlo». Pero esa oración, como ambos sabemos, es completamente egoísta de mi parte. Ahora, mi oración es que seas llevado rápidamente sobre las alas de los ángeles a la presencia inmediata de Jesús. Que veas la luz de Su rostro y contemples la plenitud de la visión beatífica. Que entres a tu morada eterna, lejos de las preocupaciones de este mundo, y que lo escuches decir: «Ven, bendito de mi Padre, hereda el reino preparado para ti desde la fundación del mundo». También sospecho que cuando lo veas, Él tal vez te sonría y diga: «Pero, después de todo, Jim, ¡es la iglesia del Dr. Barnhouse!».

Si no te veo antes de que partas, quiero despedirme. Espérame allí.
Haré lo que pueda para continuar con tu obra aquí; con tus libros y
demás. Todo mi amor a Linda y las muchachas.

Todo mi amor.

R. C.

El violín

En 2001, el periódico *Pittsburgh Tribune-Review* sacó una historia sobre
el «reformador del pueblo», el «teólogo dinámico» que «empezó todo en
Stahlstown». Junto con el artículo, salió una columna lateral sobre la
opinión de Sproul de los Steelers. El autor observa: «Cuando los habitantes del oeste de Pensilvania escuchen doctrinas tan complejas como
la predestinación y temas como la vocación divina en referencia a los
Steelers, tal vez crean que encontraron la verdadera religión». El autor
del artículo estaba tan impresionado que añadió: «Es casi tan hábil a
la hora de exponer sobre las pruebas y tribulaciones de [el mariscal de
campo] Kordel Stewart y la ofensiva de los Steelers como a la hora de
hablar de los cinco puntos del calvinismo». Ese es R. C., el comentarista
deportivo. En cuanto a R. C., el «reformador del pueblo» y el «teólogo
dinámico», el artículo capta el humor de R. C., observando que gara-
batea una palabra griega en el pizarrón, y después dice: «¿Eurípides? Mi
sastre dice: "Eurípides, Euménides"».[33]

El artículo señala lo ilógico del ministerio didáctico de R. C.: «El
éxito de Sproul se ha debido en mayor medida a que él les diga a
las personas lo que no quieren escuchar que se apoye, como las doctrinas del pecado original y la depravación total, que van en contra
del individualismo estadounidense y el énfasis de la cultura moderna
en la autoestima».[34] En su libro de 1997, *Grace Unknown: The Heart
of Reformed Theology* [Gracia desconocida: El corazón de la teología

---

33 Lee Wolverton, «Populist Reformer», *Tribune-Review*, 2 de diciembre de 2001.
34 Wolverton, «Populist Reformer».

reformada], R. C. observa: «La teología reformada es primero y principalmente teocéntrica más que antropocéntrica». Rápidamente, añade: «Este centrarse en Dios de ninguna manera denigra el valor de los seres humanos». R. C. explica: «He argumentado que la teología reformada tiene la visión más alta posible de la humanidad. Como tenemos una visión tan elevada de Dios, nos importa muchísimo aquel que creó a Su imagen. La teología reformada sostiene una visión elevada del valor y la dignidad del ser humano».[35]

R. C. enfatiza que ser creado a imagen de Dios tiene dos consecuencias inmediatas. Una es el valor y la dignidad que ya mencionamos de todo ser humano. La segunda tiene que ver con lo que los teólogos llaman los atributos comunicables de Dios. Los atributos incomunicables —la aseidad de Dios, Su infinidad, cualidad eterna, perfección, las «omnis» (omnipotencia, omnisciencia, omnipresencia)— son exclusivos de Dios. Pero algunos de Sus atributos son comunicables en el sentido de que, hasta cierto punto, los seres humanos los poseen y los manifiestan. Los atributos comunicables incluyen el amor, la bondad, la justicia, la verdad y la belleza, entre otros. Sócrates, a través de Platón, habló de la búsqueda del bien, de vivir «la vida examinada» e ir en pos de la verdad, la bondad y la belleza. Esta búsqueda filosófica es en última instancia teológica, y se remonta al Jardín, cuando el Creador hizo al hombre a Su imagen, de manera que poseemos y manifestamos aquellos atributos comunicables y resplandecientes de Dios. R. C. dijo: «La experiencia cristiana plena y la iglesia deben tener las tres cosas: verdad, bondad y belleza».[36]

Esta es una de las razones por las que R. C. defendió con tanto celo el movimiento de *Value of the Person* [El valor de la persona] en la década de 1970 y 1980. Buscar la bondad y la justicia es algo que vale

---

35 R. C. Sproul, *Grace Unknown: The Heart of Reformed Theology* (Grand Rapids, MI: Baker, 1997), 25.

36 Stephen Nichols con R. C. y Vesta Sproul, entrevista personal, 26 de septiembre de 2013.

absolutamente la pena. Por eso merecía la pena levantarse en contra del abandono de la verdad. Por eso la teología reformada y cristocéntrica, tal como R. C. argumentaba, tiene la visión más alta posible del hombre que cualquier otra teología, filosofía, ideología o cosmovisión. También explica por qué a R. C. lo cautivaba tanto la belleza: la belleza de la naturaleza, de la buena literatura, de las pinturas de los maestros holandeses y del sonido del violín.

En 2002, junto con Saint Andrew's Chapel, R. C. fundó el Conservatorio de Música de Saint Andrew's. Lo más probable es que haya fundado el conservatorio para poder aprender a tocar el violín. A R. C. le encantaba la música, la entendía y anhelaba tocar el violín. Había tomado clases de piano en su juventud, y tocó el piano toda la vida. Mientras hablaba en una conferencia en San Diego, se encontró con un viejo amigo, también un excelente maestro de piano, que tenía una serie de televisión donde enseñaba a tocar el piano. Los dos encontraron un piano en una sala de ensayo del coro. R. C. le dijo: «Enséñame algunas cosas sobre el piano», agregando que le encantaba tocar y que quisiera aprender técnicas y detalles nuevos.[37] R. C. quería aprender algo nuevo y grande: tocar el violín.

Uno de los primeros miembros del cuerpo docente en el conservatorio fue Olga Kolpakova. Nacida en Rusia, recibió su licenciatura en música en el Conservatorio Tchaikovsky de Kiev y tocó ocho años con la Orquesta de Cámara de Kiev. Una vez, R. C. bromeó diciendo que había aprendido más ruso que violín con Olga. De su consumada maestra, aprendió: «Nyet, nyet, nyet». Le mostraba cómo sostener el arco o cómo tocar una nota. A él no le salía del todo bien. O, más a menudo, como él mismo admitía, le faltaba paciencia. Quería correr antes de aprender a caminar. Entonces, su maestra experimentada le decía: «Nyet».

Sin embargo, deberíamos explorar si hay algo más en la historia. En un sermón que R. C. pronunció sobre Hechos, se ofreció a sí mismo

37 Sproul, *Prayer of the Lord*, 1.

como ilustración: «Cuando tomaba clases de violín, mi maestra preguntaba: "¿Practicaste esta semana?". Yo contestaba: "Sí, maestra". Pero ella no aceptaba mi palabra como prueba. Me tomaba la mano y me revisaba las yemas de los dedos, para ver si había callos».[38] No siempre los había.

Pero R. C. persistió. En un momento, empezó a avanzar. Olga le dijo: «Bravo». «¿"Bravissimo" no?», respondió él. ¿La respuesta de ella? «Nyet». R. C. tenía 63 años cuando empezó a tocar el violín. Eso solo debería calificar como un «Bravo». Olga tocaba, y sigue haciéndolo, todos los domingos por la mañana en la Saint Andrew's Chapel como miembro y directora de la Sinfónica de Saint Andrew's. Mientras R. C. estaba sentado en la silla del púlpito esperando para predicar, se veía lo cautivado que estaba al verla tocar, sin esfuerzo y con gracia y belleza.

Se le podría perdonar que no siempre haya practicado tanto para sus lecciones de violín, si consideramos todo lo que estaba haciendo en la primera década del 2000.

De Platón a Pablo

Del 12 al 22 de junio de 2003, R. C. llevó adelante una visita guiada de Ligonier por las antiguas ciudades-estado de Grecia. La llamaron la visita guiada «De Platón a Pablo». R. C. había estado haciendo visitas guiadas para Ligonier desde la década de 1980. Había visitas a la Tierra Santa, visitas a Gran Bretaña y Escocia, y visitas por la Alemania de Lutero y la Ginebra de Calvino. R. C. y Vesta disfrutaban muchísimo estas visitas. A él le encantaba ir a estos «lugares» sagrados que habían sido sede de momentos de gran valor. Eran los campos de batalla donde se había defendido y peleado por la fe a través de los siglos. R. C. predicaba desde el púlpito de St. Pierre en Ginebra o de los púlpitos donde predicaba Lutero. R. C. y Vesta también disfrutaban del tiempo con las personas en las visitas guiadas. Se formaban muchas amistades mientras comían juntos. Ligonier también organizaba cruceros de estudio por el

---

38 R. C. Sproul, *Acts: St. Andrew's Expositional Commentary Series* (Wheaton, IL: Crossway, 2010).

Caribe. Esta era una de las maneras en las que Ligonier, que alcanzaba a miles y miles de personas por año, podía tener un impacto más cercano y personal.

Además de las visitas guiadas, Ligonier sostenía un ritmo sólido de conferencias, que generaban conferencias regionales sobre la base del punto principal de la conferencia nacional. En aquellos años, era típico que R. C. hablara tres veces en la conferencia nacional y participara de sesiones de preguntas y respuestas. También lo llamaban para otras conferencias en todo el país.

Los libros seguían fluyendo de la lapicera de R. C. a blocs de papel amarillo y luego a las imprentas. Cada año, salían dos o tres libros nuevos de R. C., junto con otros dos o tres más actualizados, con imagen renovada y republicados. Algunos destacados de 2000 a 2005 incluyen: *Las ideas tienen consecuencias* (2000); *What's in the Bible* [¿Qué hay en la Biblia?] (2001); *Loved by God* [Amados por Dios] (2001); *¿Salvado de qué?* (2002); *El lado oscuro del islam* (2003)*; Cómo defender su fe* (2003); y *Scripture Alone* [Solo la Escritura] (2005). R. C. siguió con su práctica de la escritura a mano, en cursiva, con sus manuscritos en blocs de hojas amarillas. Usó muchos blocs de estos. Muchos de esos bosquejos son impecables. No hay comienzos en falso, cosas tachadas ni ediciones. En el caso de algunos libros, como *¿Salvado de qué?*, los capítulos parecen haber sido escritos en una sola sentada, con frase y párrafos que fluyen sin interrupciones desde el principio al final del capítulo. Incluso las notas al pie aparecen reunidas en una línea diligente al final de cada página del manuscrito. Su mente era como una trampa para osos que se aferraba a todo lo que había estudiado y leído. Además, seguía produciendo una serie didáctica y episodios para *Renewing Your Mind*.

Sin embargo, alrededor de 2005, R. C. tuvo que hacer algunos ajustes en su cronograma. Había tenido una apoplejía. En realidad, le llevó algo de tiempo darse cuenta de que la había tenido y, después, incluso cuando parecía plenamente recuperado, hubo algunos efectos secundarios que perduraron. Antes de la apoplejía, de vez en cuando experimentaba algunos mareos. Sin embargo, a partir de 2005, empezó a sufrir mareos severos que podían terminar en vértigo. También experimentaba fatiga. Los familiares y los colegas de Ligonier empezaron a darse cuenta de que era necesario proteger el espacio y el tiempo físico de R. C. Por ejemplo, si la gente se le acercaba por la izquierda, eso podía disparar los mareos. En las conferencias de Ligonier, R. C. debía controlar el ritmo de la firma de libros, las sesiones de preguntas y respuestas y las conferencias, así como todas las reuniones detrás de bambalinas y los momentos como orador. Pocas personas se dieron cuenta del alcance de sus luchas físicas a partir de la mitad de la primera década de 2000 hasta el momento de su muerte. Siempre hizo que pareciera que no hacía ningún esfuerzo y, en el momento de hablar, el viejo atleta se concentraba en el juego. Todavía había mucho por hacer.

La 35.ª asamblea general

Mucho tiempo atrás, en 1982, el erudito del Nuevo Testamento James D. G. Dunn acuñó el término la «Nueva Perspectiva» de Pablo. A fines de la década de 1990 y en la primera década del siglo XXI, lo hizo popular N. T. Wright, que usaba el nombre de Tom Wright cuando publicaba libros populares. Invadió de forma rápida y repentina el evangelicalismo estadounidense, e incluso se metió en círculos reformados en Estados Unidos. La perspectiva «vieja» era la de Lutero y la Reforma. Una vez más, el tema en cuestión era la doctrina de la justificación por fe solamente. Muchos evangélicos se preguntaban cómo la nueva perspectiva, tan evidentemente equivocada, podía encontrarse con una recepción tan cálida y positiva. A R. C. no le extrañaba. Lo veía como un resultado directo de «Evangélicos y católicos unidos». La conexión es que ECT generaba la visión de que la justificación por fe solamente, y el tema de la imputación, no es algo esencial para la doctrina de la salvación. Esto tuvo el efecto de debilitar lo que antes se consideraba *shibboleth* o indicador de ser evangélico, alguien que cree en el evangelio y lo proclama.

Wright cambió la frase «la justicia de Dios» a «la fidelidad de Dios al pacto». Comparemos la RVR1960 con al traducción de Wright, *The New Testament for Everyone* [El Nuevo Testamento para todos], de 2 Corintios 5:21:

RVR1960: Al que no conoció pecado, por nosotros lo hizo pecado, para que nosotros fuésemos hechos justicia de Dios en él.

NTE: El Mesías no conocía pecado, pero Dios lo transformó en pecado por nosotros, para que en él pudiéramos personificar la fidelidad de Dios al pacto.

Aunque la Nueva Perspectiva de Pablo estaba rebotando por los círculos evangélicos, se manifestó como el movimiento de la Visión Federal en los círculos reformados. Había provocado una tempestad en la Iglesia Presbiteriana de América, la denominación de R. C. Se designó un comité de estudio, y sus hallazgos fueron llevados a la 35.ª Asamblea General para debatirlos. La Asamblea General se encontró del 12 al 14 de junio de 2007 en Memphis, Tennessee. R. C. asistió.

Cuando el moderador lo trajo a colación para debatir, varios ancianos dirigentes y maestros se alinearon en los micrófonos para hablar sobre la moción. Al rato, los que estaban en las líneas observaron que R. C. esperaba su turno. Salieron de la fila y regresaron a sus asientos, y R. C. se puso detrás del micrófono y dio su discurso:

Sí, R. C. Sproul, Presbiterio del centro de Florida, habla en contra de la moción. Creo que todos conocemos la evaluación de Lutero de la doctrina de la justificación, donde dice que es el elemento según el cual la iglesia se sostiene o cae. Calvino añade: «Es la bisagra sobre la que todo gira». Y en nuestra época, hemos tenido un ataque sin precedentes a la concepción de la Reforma de *Sola Fide,* en particular en el punto de la negación de la imputación, la cual, si se miran las declaraciones, se verá que está al frente de este informe. Y yo creo, padres y hermanos, que el reino de Dios no está en juego aquí, pero sí creo que lo está la pureza de la PCA, y no entiendo —no puedo concebir— la vacilación sobre este tema. Hay demasiado en juego; caballeros, estamos hablando del *evangelio*. Y si la Confesión de Westminster ya no nos da una exposición fiel del evangelio, ¿en qué podemos confiar en nuestra Confesión? Y me parece que añadir a estas personas al comité —las cuales nuestro comité anterior cumplió su función de examinar si sus perspectivas no se conformaban a nuestra confesión— es como pedir en un tribunal que el acusado se transforme en miembro del jurado. Sencillamente, no le encuentro el sentido.

Aplauso

Moderador: Caballeros.

R. C.: Vergüenza debería darles, padres y hermanos; no tienen permitido hacer lo que hicieron.

Moderador: Lo mismo que él dijo.

R. C.: Me disculpo por el arrebato de aplausos impropios, aunque justos.

Moderador: Bueno, me sobrepasaron en potencia con eso.

Y ese fue el fin de la discusión. Los presbiterianos siguen haciendo las cosas «decentemente y con orden»; en especial, en la Asamblea General. Pero R. C. les ayudó a todos aquellos allí reunidos a reconocer lo que estaba en juego. Como resultado del informe del comité de estudio, muchos en la Asamblea General, y del discurso de R. C. que generó aplausos, la PCA decretó que la Visión Federal y la Nueva Perspectiva de Pablo estaban fuera de lugar en la denominación.

Así como sucedió con ECT, la controversia alrededor de la Nueva Perspectiva de Pablo y la Visión Federal puso de relieve la importancia de la doctrina de la justificación por la fe y de la imputación. Sin *sola fide,* no hay evangelio. Sin la doctrina de la imputación de la justicia de Dios, no hay *sola fide*. R. C. diría que la imputación fue la «piedra de tropiezo» en la Reforma Protestante del siglo XVI, y lo sigue siendo en todos los siglos. «Si hubo alguna palabra que fuera la responsable, fue la palabra *imputación*», observó R. C. Él estuvo presente (y se aseguró de que se lo contara) en la controversia por esta palabra al final del siglo XX, en particular en ECT en 1994, y en la controversia al principio del siglo XX, la Nueva Perspectiva y la Visión Federal.[39]

A R. C. lo esperaba otra tempestad a fines de 2007. D. James Kennedy falleció el 5 de septiembre de 2007. No solo era el pastor de la Iglesia Presbiteriana de Coral Ridge, y el anfitrión del programa de radio *Truths That Transform* [Verdades que transforman]; también fundó el Seminario Teológico Knox en 1989. Knox se reunía y estaba bajo la cobertura (hasta 2013) de la Iglesia Presbiteriana de Coral Ridge. El Dr. Kennedy era el presidente. En un momento, intentó convencer a R. C. de que tomara la presidencia. Tenían mucho en común, y R. C. disfrutaba de pasar tiempo con él. En sus comienzos, Kennedy había sido instructor de baile en el salón de baile Arthur Murray. R. C. siempre podía contar con que Kennedy lo ayudara a refinar sus propios movimientos. Así que, cuando Kennedy le pidió que presidiera sobre Knox, R. C. lo consideró. Escribió una lista de pros y contras. Las contras ganaron. Además, Vesta estaba ayudando a R. C. a seguir tomando decisiones sabias y buenas sobre sus propias prioridades a la luz de todas las oportunidades que iban apareciendo.

Aunque rechazó la presidencia, R. C. enseñaba en Knox y servía en la junta directiva. Después de la muerte de Kennedy, R. C. fue director interino de la junta. En esa época, hizo erupción una controversia que se había estado gestando entre el profesorado. Cuando R. C. vio a Anne Kennedy, la viuda del Dr. Kennedy, en una reunión, parecía sumamente afectada por todo. Le dijo a R. C. que había llorado la muerte de su esposo; y ahora lloraba la muerte del seminario.

---

39 R. C. Sproul, *Counted Righteous in Christ*, Ligonier National Conference, 2008, Orlando, Florida.

La educación teológica había sido parte de la vida de R. C. desde 1960, tanto como alumno, como profesor, decano u orador visitante. La educación teológica a laicos era su pasión, pero la educación teológica formal no estaba demasiado lejos del centro. Desde aquellas visitas guiadas sobre la Reforma en Europa a principio de la década de 2000, R. C. no podía deshacerse de una idea recurrente. Era una idea que se materializaría en 2011.

10

UNA NUEVA REFORMA

Entre la influencia de los graduados de la pequeña
Universidad de Wittenberg y los graduados de la pequeña
Academia de Ginebra, el mundo cambió.

R. C. SPROUL

R. C. DECÍA: «Ni siquiera tengo que cerrar los ojos. Lo puedo ver». Tenía en mente un momento en Ginebra durante una de las visitas guiadas de Ligonier, cuando estaba parado frente al Muro de los Reformadores. De 100 metros de longitud, el centro de este monumento exhibe cuatro estatuas inmensas de Juan Calvino, William Farel, Theodore Beza y John Knox. Parece que estuvieran a punto de dar un paso al frente, y estos titanes están vestidos con túnicas clericales, con Biblia en mano. Murales y más estatuas flanquean a los cuatro Reformadores fieles a la derecha y la izquierda. El muro se construyó sobre el terraplén que sube hasta la antigua ciudad de Ginebra. Detrás de las altísimas figuras y el muro de la vieja ciudad, se ven las piedras que una vez formaron el edificio que era la Academia de Ginebra.

Calvino inauguró la Academia de Ginebra (ahora llamada Universidad de Ginebra) en 1559. Las raíces de la academia en Ginebra se remontan al tiempo de Calvino en Strasbourg. Martin Bucer predicaba en alemán en la catedral, mientras que Calvino pastoreaba dos congregaciones de refugiados de habla francesa. Calvino mismo era un refugiado, exiliado de Ginebra. Pero esa es otra historia. Mientras estaba en Strasbourg, Calvino ofrecía instrucción teológica en su casa. Los alumnos se juntaban mientras él enseñaba Biblia y teología; algo bastante parecido a las primeras épocas del centro de estudio en el Valle de Ligonier.

La ciudad de Ginebra invitó a Calvino a volver, y él regresó. Calvino se abocó a predicar y llevar a cabo una reforma educativa y moral. El establecimiento de la academia fue integral en su deseo no solo para los ginebreses sino también para sus aspiraciones y objetivos más grandes para la longevidad y la extensión de la influencia de la Reforma. La academia en Ginebra capacitó a un ejército de ministros que fueron a Francia y establecieron una red de iglesias subterráneas. Acudían estudiantes de toda Europa y de lugares orientales cercanos a Rusia. Eran capacitados por Calvino y se iban, llevando consigo la teología de la Reforma. Algunos se quedaron en Ginebra y consiguieron trabajo allí. Otros llenaron los púlpitos en las ciudades-estado de Suiza.

Eso era lo que veía R. C. en su mente. Ni siquiera hacía falta que cerrara los ojos para verlo.

Calvino no fue el único reformador comprometido con la educación teológica. Cuando Lutero fue a Wittenberg a asumir su posición como profesor en 1508, la Universidad de Wittenberg tenía tan solo seis años. Federico el Sabio, el fundador de la universidad, estaba decidido a transformar esta nueva universidad en una de las mejores de Alemania, y por qué no de Europa. Lutero era su erudito estrella. Esta fue la década antes de que Lutero publicara las 95 tesis, pero sus capacidades como erudito y comunicador eran evidentes, las de un verdadero maestro. Después de publicar las 95 tesis y de la Dieta de Worms, los alumnos iban en masa a Wittenberg desde todos los puntos cardinales. Lutero los capacitaba y los enviaba de regreso a sus ciudades y sus tierras, y ellos, al igual que los alumnos de Calvino, llevaban consigo la teología de la Reforma. Federico el Sabio la fundó, pero era la universidad de Lutero.

Las escuelas en Wittenberg y Ginebra eran como disparadores teológicos de la Reforma, y su influencia se extendió profundamente y hacia todas partes. Lutero y Calvino estaban interesados en reformar no solo sus ciudades respectivas de Wittenberg y Ginebra; les interesaba que el mensaje se extendiera.

De la misma manera, no se contentaron con que el evangelio se descubriera solo en su generación. Estaban igualmente preocupados por la próxima generación. Eran maestros que formaban la próxima generación de maestros. R. C. observó: «Entre la influencia de los graduados de la pequeña Universidad de Wittenberg y los graduados de la pequeña Academia de Ginebra, el mundo cambió».[1]

Cuando R. C. dijo que veía la academia en Ginebra, a eso se refería. Veía la visión de Calvino de un lugar para la educación teológica. También le impresionaba que ni la academia de Calvino ni la universidad de Lutero eran grandes ni tenían una gran cantidad de alumnos; en especial, en comparación con la multitud de estudiantes que hay en las universidades hoy en día. R. C. lo relacionaba con la diferencia de entrenar un grupo pequeño de fuerzas especiales de elite y el entrenamiento de un ejército más grande. También le gustaba ponerlo en el marco relacionado con uno de los cinematógrafos épicos de su infancia: «Este no es el "reparto de miles" de Cecil B. DeMille». Tenía la visión para una universidad pequeña e íntima que capacitara a los alumnos en la tradición clásica reformada. Envió una circular y convocó a una reunión con algunos miembros del personal de Ligonier. El resultado fue el Reformation Bible College [Universidad Bíblica de la Reforma] (RBC), que abrió sus puertas por primera vez en el otoño de 2011. Había 50 alumnos. En todo sentido, la universidad reflejaba a R. C., como se veía en su nombre, en el sello, el plan de estudios y hasta el tamaño.

---

1 R. C. Sproul, *Remarks on the Fifth Anniversary of Reformation Bible College*, 2 de septiembre de 2016, Sanford, Florida.

Reformation Bible College

Empezar una universidad bíblica no era ningún emprendimiento innovador en 2011. A R. C. se le había pasado el momento por un siglo aproximadamente. La primera universidad bíblica, aunque al principio era un instituto de uno y dos años, fue el Instituto Bíblico Moody en Chicago, fundado en 1886. A continuación, vino el Boston Missionary Training Institute [Instituto de Capacitación Misionera de Boston], fundado en 1889. Esa institución cambiaría de nombre a Gordon College, donde R. C. enseñó desde 1966 a 1968. Después de estos, surgieron muchísimos institutos bíblicos en todo Estados Unidos y Canadá.

En la década de 1950, muchas de estas instituciones se transformaron en universidades que otorgaban títulos de cuatro años, y cambiaron su nombre de instituto a universidad. A partir de la década de 1980, muchas también se transformaron en universidades artísticas liberales, reduciendo en gran manera la cantidad de créditos de Biblia y teología y quitando la palabra *Biblia* de sus nombres. La cantidad de universidades bíblicas ha declinado desde entonces.

Al principio, el ascenso del movimiento de institutos/universidades bíblicos coincidió con la extensión del dispensacionalismo. R. C. observó dos catalizadores significativos que contribuyeron a una expansión rápida del dispensacionalismo. Primero, estuvo la Biblia Scofield. R. C. observó que «cobró vuelo y se transformó en un básico de la educación para los cristianos evangélicos en Estados Unidos». El segundo catalizador fue la proliferación de los institutos bíblicos. Una vez más, R. C. observó: «En un breve período de tiempo, estas escuelas graduaron a suficientes personas con la suficiente influencia como para cambiar todo el panorama del evangelicalismo».[2]

Recordó: «Soñaba con que, de alguna manera, pudiéramos producir una Biblia de estudio de la Reforma».[3] Como ya mencionamos en el

---

2   Sproul, *Remarks on the Fifth Anniversary.*
3   Sproul, *Remarks on the Fifth Anniversary.*

capítulo 8, ese sueño se cumplió con la publicación de la *New Geneva Study Bible* en 1995. Pero, en realidad, todos sus esfuerzos en Ligonier apuntaban a diseminar la fe reformada no solo a través de la Biblia de estudio, sino también de todos los libros, las series didácticas, las transmisiones, las visitas guiadas y las conferencias. Al seguir reflexionando en todos estos esfuerzos, R. C. observó: «Para mí, la joya de la corona de esta visión era abrir una universidad bíblica». Y agregó: «Participé como decano fundador del seminario RTS aquí en Orlando, y Vesta y yo éramos miembros fundadores de la junta directiva de la Escuela de Ginebra (Orlando, Florida). Todo esto era parte de lo que queríamos lograr en general. Pero lo que más anhelábamos era abrir una universidad bíblica pequeña pero influyente».[4]

Que el Reformation Bible College fuera una universidad *bíblica* fue deliberado. Los créditos de Biblia y teología dominarían el plan de estudios. También era deliberado que fuera una *universidad*. R. C. enseñaba a estudiantes universitarios, licenciados y estudiantes de doctorado. Al parecer, los estudiantes universitarios eran sus favoritos. La experiencia le había enseñado que son más receptivos, tanto dentro como fuera del salón de clases. Su plan de estudios para su clase de teología contemporánea en Gordon en el semestre de otoño de 1967 incluía esta nota bajo las horas de oficina:

> El profesor está disponible para consultas respecto a problemas académicos. Además, siempre está disponible para pasar tiempo con el alumno en el ámbito personal por problemas espirituales o de otra índole. El alumno debe sentirse en absoluta libertad para concertar esta clase de citas con el profesor. Además, me gustaría invitar personalmente a cualquier alumno que lo desee a concertar una cita para visitarme en mi casa. Mi teléfono personal es 468-3458. Dirección: 14 Woodside Road, South Hamilton (cerca de Linden).

---

4 Sproul, *Remarks on the Fifth Anniversary.*

Después, informa cómo serían los debates en clase:

> Me gusta que haya una atmósfera informal en el salón de clases. Se anima al debate y las preguntas espontáneas. Se espera que ningún alumno vaya a vacilar a la hora de hacer preguntas en clase. Las preguntas del alumno son el único barómetro (además de los exámenes) mediante el cual el profesor puede medir el grado de comprensión que ha alcanzado la clase. Mi única petición es que los alumnos conserven la dignidad en todo momento y exhiban un alto grado de respeto dentro del salón de clases.

Por supuesto, a R. C. le importaba comunicar contenido, pero tal como lo demuestran estas declaraciones en el plan de estudios, quería garantizar que los alumnos entendieran lo que estaban aprendiendo y que conectaran el conocimiento con sus vidas. Se interesaba por ellos.

R. C. distinguía entre «alumnos» y «discípulos». Tanto los discípulos como los alumnos aprenden. Pero a diferencia de los alumnos, los discípulos obedecen. Están comprometidos con cumplir órdenes, las cuales primero tienen que aprender. R. C. recordó que cuando empezaron el centro de estudio en el Valle de Ligonier en 1971, él quería discípulos, no alumnos. Una vez, le dijo a un grupo reunido en Ligonier: «Ustedes no se gradúan. Son discípulos toda la vida». Añadió que los discípulos, una vez persuadidos de la verdad del cristianismo, obedecen y viven según las afirmaciones de verdad del cristianismo. Su objetivo al enseñar en Ligonier era producir cristianos informados y elocuentes, apasionados por la verdad y deseosos de ponerla en práctica. En última instancia, el discipulado llama a las personas a obedecer a Cristo. Al principio, Ligonier impartió esa enseñanza en un contexto de vida a vida en el centro de estudio. Muchos, aunque no todos, los que se presentaban en el centro de estudio eran estudiantes universitarios. A medida que el ministerio creció, la enseñanza y el discipulado adquirieron otras formas y medios. R. C. vio la oportunidad que presentaba el Reformation Bible

College para volver a las raíces de Ligonier.[5] *FaithTalk,* la revista de WTLN, la estación de radio cristiana en Orlando, sacó un artículo sobre la apertura de RBC. El artículo observa:

> Reformation Bible College comprende todo lo que Ministerios Ligonier y el Dr. R. C. Sproul han valorado y defendido los últimos 40 años. Es una consecuencia natural de las décadas que Ligonier lleva enseñando a los cristianos a pensar en forma profunda, crítica y obediente sobre cada aspecto de la fe.[6]

Cuando Ministerios Ligonier dejó el campus de Stahlstown, alguien se llevó un cartel de madera grabado del Centro de Estudio del Valle Ligonier, con una fuente típica de la década de 1970. Estuvo guardado durante años. Cuando la universidad abrió su primer edificio en 2011, ese cartel de madera se exhibió en forma prominente en el vestíbulo. Con RBC, Ligonier estaba invirtiendo una vez más en el discipulado vida a vida de estudiantes universitarios. Cuando fundó la universidad, R. C. quería que fuera un lugar de aprendizaje riguroso y de discipulado.

La última palabra para mirar en el nombre es la primera: *Reformation* [Reforma]. Probablemente ninguna otra persona presentó a Martín Lutero, las cinco *solas* y la Reforma a más gente que R. C. Lo que tanto admiraba y amaba de los Reformadores era todo el paquete de su contenido, sus convicciones y su valor. Y eran comunicadores. R. C. consideraba que la Reforma, desde el plano humano, había surgido de un puñado de teólogos «que habían redescubierto el evangelio y tenían una visión y un celo enérgicos por el evangelio».[7] Por supuesto, los líderes de este pequeño grupo eran Lutero y Calvino. R. C. continuó: «Ambos eran eruditos de primera categoría, pero además, tenían la insólita habilidad de llevar su argumento a las personas. Eran teólogos de

---

5   R. C. Sproul, *Disciple*, evento del Reformation Circle, 22 de octubre de 2016.

6   «What Is Reformation Bible College All About?», *FaithTalk* (Winter 2011): 18-19.

7   Sproul, *Remarks on the Fifth Anniversary.*

batalla, y entendían que estaban en una guerra espiritual. No solo instruían, sino que también movilizaban tropas para la batalla».[8] Cuando R. C. miraba a los Reformadores, veía ejemplos de personas que conocían la fe, la defendían y luchaban por ella. Eso era lo que R. C. quería para la universidad.

Post tenebras lux

En uno de los cuadernos privados de R. C., hay una larga lista de frases en latín. Entre ellas:

soli Deo gloria	la gloria solo a Dios
Deus pro nobis	Dios por nosotros
judex aeternus	juez eterno
ex lex	aparte de la ley
fides viva	fe viva
fides caritate formata	fe formada por amor
simul justis et peccator	justo y pecador a la vez
finitum non capax infiniti	lo finito no puede contener lo infinito

Y más. Él usaba estas frases y palabras en latín todo el tiempo. El latín fue el idioma de los teólogos hasta mediados del siglo XIX. A R. C. le encantaba la precisión que los términos latinos aportaban al debate teológico. También le gustaba el drama que contenían algunas de las frases. Esto es cierto de *post tenebras lux,* «después de la oscuridad, la luz». Es el lema de la ciudad de Ginebra. Se puede ver grabado por todas partes en la ciudad antigua. La idea de la luz como una metáfora para la salvación está tomada de las páginas de la misma Escritura. Como el lema de la Reforma, sirve para destacar la razón de la Reforma en primer lugar. La Iglesia Católica Romana se había ido a la deriva y

---

8 Sproul, *Remarks on the Fifth Anniversary.*

apostatado del verdadero *depositum fide,* la tradición del depósito de la fe, enseñada por Jesús a los apóstoles, inscrita en los Evangelios y las Epístolas y que comprende el Nuevo Testamento, y luego fue enseñada a una sucesión de hombres *fieles.* Con el correr de los siglos, la Iglesia Católica Romana (R. C. prefería llamarla la «Comunión Romana») se fue bifurcando continuamente de la tradición ortodoxa y oscureció el mismo evangelio que debía estar en el centro de la misión y la identidad cristianas.

En *¿Estamos juntos en verdad?: Un protestante analiza el catolicismo romano*, publicado en 2012, R. C. observa, volviendo al Concilio de Trento, que Roma afirmó que tanto la Escritura como la tradición eran la autoridad en la iglesia. Entonces, en el catolicismo romano, hay dos fuentes de autoridad.[9] Después de mirar el fundamento de la autoridad, R. C. se vuelve en su libro al tema de la justificación, la iglesia, los sacramentos, el papado y María. Roma se había alejado de la enseñanza bíblica sobre todas estas cosas en el siglo XVI. ¿El resultado? La iglesia no era un lugar de luz sino de oscuridad. La Reforma fue un redescubrimiento de la Palabra de Dios y, en consecuencia, un redescubrimiento del evangelio. *Post tenebras lux,* después de la oscuridad, la luz.

R. C. usó la frase para el sello y el logo original de RBC. El logo también incluía tres pilares o columnas. Los pilares evocaban la arquitectura clásica, reflejando el enfoque clásico del plan de estudios y el énfasis de la universidad en el teísmo clásico reformado. Los tres pilares representan los tres principios fundamentales de la historia, la verdad y la fe.

A propósito, este no fue el único logo que R. C. diseñó. Por supuesto, contribuyó a la idea para el logo de Ligonier. Además, mientras era miembro del consejo en Prison Fellowship, de Colson, R. C. sugirió la caña cascada de Isaías 42:3 para su logo.

---

9   R. C. Sproul, *Are We Together?: A Protestant Analyzes Roman Catholicism* (Sanford, FL: Reformation Trust, 2012), 24-28.

El plan de estudios de RBC fue diseñado por R. C. Sproul y refleja sus énfasis. Es una educación teológica rigurosa que se concentra en la Escritura en el contexto de la fe cristiana histórica, como fue expresada en los consensos de las confesiones reformadas. El plan de estudios ofrece un paquete completo de siete clases de teología sistemática, siete clases de evaluación bíblica y siete clases de las grandes obras. Las clases de teología bíblica, hermenéutica, historia de la iglesia y, por supuesto, apologética y filosofía, terminan de completar el plan de estudios. Mientras R. C. servía como canciller, recibía la programación didáctica de las distintas clases para dar su aprobación. Una de las clases a las que siempre le prestaba más atención era la de filosofía moderna. La consideraba una de las más importantes. Esto se entiende cuando miramos su libro *Las ideas tienen consecuencias,* publicado en el año 2000. El subtítulo de ese libro es *Entendiendo los conceptos que moldearon nuestro mundo.* R. C. consideraba ese libro como una de sus contribuciones más importantes. Examina a los grandes filósofos de la historia, desde los presocráticos, Platón y Aristóteles hasta los filósofos del siglo xx. Sumamente importante en el camino es el debate de las perspectivas desde Descartes hasta Kant. Las sombras de estos filósofos abarcan todos los aspectos de la vida moderna, incluida la ley, la ética, la religión, la ciencia, el conocimiento y la verdad. Esos pensadores y sus ideas tuvieron serias consecuencias, o para usar una de las palabras preferidas y descriptivas de R. C., tuvieron y siguen teniendo consecuencias abominables.

En una publicidad para la universidad, R. C. dijo: «Arraigar a los estudiantes universitarios en lo que es bueno, verdadero y hermoso en toda la Escritura es una de las maneras más eficaces en que podemos reclamar el territorio del mañana para Cristo». Esa cita resume el plan de estudios y los resultados educativos de su universidad.

No cabía duda de cuánto le importaba la universidad a R. C. Se esforzó por abrirla, cuando la sabiduría convencional habría dudado. Por supuesto, él no era de los que toman el camino más transitado. Estaba enseñando en las estaciones de radio cristianas sobre Aristóteles y las cuatro causas diferentes, y conectando eso directamente con el evangelio y la teología. El Centro de Estudio del Valle Ligonier era un caso aparte. Mientras que abrir una universidad puede haber sido algo poco convencional, sin duda no era algo extraño para R. C.

Además, la universidad le daba mucha alegría. Me invitó a hablar en la convocatoria de 2012 y, mientras se llevaba a cabo, nos sentamos juntos en el nártex de Saint Andrew's. Él miraba cómo el gaitero preparaba su «traje de guerra» y la gaita. Se inclinó y me dijo: «¿No es bueno que los llamen "gaiteros" y no "bolseros"?». Después, los alumnos se alinearon para la procesión formal. R. C. lucía resplandeciente al mirarlos. Parecía cobrar vida, una medida extra de energía, por el simple hecho de verlos. Lo que más lo entusiasmaba era el potencial de este pequeño grupo de cristianos informados y elocuentes.

El relato del declive

En su libro de 2014, *Todos somos teólogos,* R. C. recuerda que lo invitaron a una universidad cristiana conocida para dirigirse a la administración y el cuerpo docente en un discurso titulado: «¿Qué es una facultad o una universidad cristiana?». Antes de pronunciar su discurso, el decano lo llevó a recorrer el lugar. Al igual que el apóstol Pablo, quien observó una inscripción mientras caminaba por la ciudad de Atenas, R. C. observó «una inscripción sobre un grupo de puertas de oficina: "Departamento de religión"». Durante el discurso, le preguntó a los docentes si siempre se había llamado el «Departamento de religión». R. C. escribe: «Uno de los miembros más antiguos del cuerpo docente respondió que años atrás, se había llamado "Departamento de teología"».[10] R. C. procedió a explicar la diferencia, observando que la religión tradicionalmente se ha considerado dentro de la categoría más amplia de la sociología o la antropología en la universidad, mientras

---

10 R. C. Sproul, *Everyone's a Theologian: An Introduction to Systematic Theology* (Sanford: FL: Reformation Trust, 2014), 3.

que la teología es el estudio de Dios: «Hay una gran diferencia entre estudiar la capacidad de comprensión humana de la religión y estudiar la naturaleza y el carácter de Dios en sí. La primera tiene una orientación puramente natural. La segunda es sobrenatural, y aborda lo que yace por encima y más allá de las cosas de este mundo».[11]

Entonces, R. C. respondió la pregunta que le habían planteado:

Pregunta: ¿Qué es una facultad o una universidad cristiana?
Respuesta: Una verdadera facultad o universidad cristiana está comprometida con la premisa de que la verdad suprema es la verdad de Dios, y que Él es el fundamento y la fuente de toda otra verdad. Todo lo que aprendemos —economía, filosofía, biología, matemática— debe interpretarse a la luz de la realidad global del carácter de Dios.[12]

El «relato del declive» es la historia de la apostasía. Tristemente, la historia de la iglesia está plagada de relatos de declive; en particular, en las facultades y universidades. En general, lo que sucede en el ámbito académico, también se refleja en la iglesia y la cultura. Tal como declara el título del libro de R. C., las ideas tienen consecuencias.[13]

R. C. disfrutaba de estudiar la historia de la educación. Fundamentalmente, enseña una advertencia. Harvard, fundada en 1636, en dos generaciones se había alejado de su ancla, permitiendo el «latitudinarianismo». La latitud suponía suscribirse a la Confesión de Fe de Westminster (1647) y la Plataforma de Cambridge (1648). El reverendo Timothy Edwards, un exalumno de Harvard, decidió enviar a su hijo Jonathan a la recientemente establecida Yale (1703), en lugar de arriesgarse a enviarlo a Harvard. Para mediados de la década de 1700, Yale se había desviado, y Princeton emergió como un pilar de la ortodoxia. Con el tiempo, el estudio de la Deidad pasó de la Universidad de

11 Sproul, *Everyone's a Theologian*, 3.
12 Sproul, *Everyone's a Theologian*, 3-4.
13 R. C. Sproul, *Consequences of Ideas* (Wheaton, IL: Crossway, 2000).

Princeton al Seminario Teológico de Princeton, establecido en 1812. Tres generaciones más tarde, J. Gresham Machen dejó Princeton para fundar el Seminario Teológico de Westminster. El Seminario Teológico Occidental, que se transformó en el Seminario Teológico de Pittsburgh, fue un bastión de ortodoxia teológica en la década de 1880 y hasta las primeras décadas del siglo xx. Cuando R. C. llegó al campus del Seminario Teológico de Pittsburgh en 1961, era uno de los pocos estudiantes conservadores, un puñado de Danieles en un foso lleno de leones.

Este es el relato del declive. R. C. lo conocía demasiado bien.

También lo veía en práctica en las denominaciones, como en su propia PCUSA. Por eso le importaba tanto la precisión teológica en comparación con la «ambigüedad estudiada». La ambigüedad estudiada permite la latitud, da espacio para que las personas apliquen distintos significados a la misma palabra. R. C. vio esta dinámica en acción en ECT en 1994. La volvió a ver en la *Declaración de Manhattan: Un llamado a la conciencia cristiana*, en 2009. R. C. escribe lo siguiente sobre esta declaración:

La Declaración de Manhattan afirma: «Los cristianos son herederos de una tradición de 200 años de proclamar la Palabra de Dios». Pero ¿a qué cristianos se refiere? El documento se refiere a los «cristianos [griegos] ortodoxos, católicos y evangélicos». Es más, llama a los cristianos a unirse en «el evangelio», «el evangelio de una gracia costosa» y «el evangelio de nuestro Señor y Salvador Jesucristo», y afirma que nuestro deber es proclamar este evangelio «a tiempo y fuera de tiempo». Este documento confunde el evangelio y esconde la distinción entre quién es cristiano y quién no. No creo que la Iglesia Católica Romana y las iglesias ortodoxas estén predicando el mismo evangelio que predican los evangélicos.

Por estas razones, no pude firmar la Declaración de Manhattan.[14]

---

14 Sproul, *Are We Together?*, 5.

R. C. creó muchas protecciones, la mayor cantidad que pudo, para dificultarles mucho a las futuras administraciones y cuerpos docentes alejarse de las convicciones del Reformation Bible College. Oró profundamente. Escribió votos intensos para los docentes, administrativos y miembros de la junta directiva que debían firmarse y afirmarse en voz alta todos los años, y quería que la universidad permaneciera pequeña. Quería que fuera pequeña para que los alumnos se conocieran y pudieran ocuparse unos de otros. También quería que fuera pequeña para que hubiera un cuerpo docente acotado. R. C. había visto cómo los profesorados más grandes en otras universidades cristianas y seminarios daban pie a que se formaran facciones y esto llevaba a menos control y supervisión. Quería un cuerpo docente pequeño que estuviera comprometido con la teología, la visión y la misión. Deseaba la mayor cantidad de protecciones para evitar que su universidad cayera presa del relato del declive.

Mantener una universidad pequeña no quería decir que R. C. no tuviera grandes expectativas, porque sí las tenía. Entre los gigantes del pasado que habían influido a R. C., se encontraba J. Gresham Machen. Aunque él mencionaba a Aquino, a Lutero, a Calvino y a Edwards mucho más que a Machen, el impacto que este había tenido sobre él era profundo; en particular, en la universidad. Machen siempre estaba en el centro de la tormenta, defendiendo la verdad y la ortodoxia. Su biógrafo y colega, Ned Stonehouse, lo llamaba «Valiente para la verdad», del *Progreso del peregrino* de Bunyan. Cuando Machen dejó el Seminario Teológico de Princeton, solo un pequeño grupo de estudiantes lo acompañó. La primera clase en graduarse tenía poco más de doce alumnos. Sin embargo, aquella primera clase y las clases pequeñas de esas épocas tempranas tuvieron un impacto tremendo sobre la iglesia. R. C. dice que se sentó y escribió en un papel «100 personas que sé que fueron líderes de la fe reformada en Estados Unidos». De la lista de 100 nombres, R. C. «podía rastrear las raíces de 99 de ellos, de una u otra manera, al

Seminario Teológico de Westminster fundado por Machen».[15] Machen fue un teólogo de batalla que produjo una generación de teólogos de batalla. Sin duda, eso inspiró a R. C., quien se sintió honrado de recibir un doctorado honorario en Divinidades del Seminario Teológico de Westminster, conferido el 24 de mayo de 2012.

La declaración de propósito oficial de RBC encapsula las aspiraciones de R. C. para los que se graduaran de la universidad: «El propósito de Reformation Bible College es producir estudiantes informados y elocuentes que abracen a Dios en Su santidad, tal como se enseña en la tradición clásica reformada».

Un despertar

Mientras se esforzaba por fundar e inaugurar RBC entre 2011 y 2014, R. C. seguía predicando en Saint Andrew's, así como escribiendo, dando conferencias y liderando Ligonier. En el otoño de 2014, R. C. y Vesta hicieron un recorrido guiado de Ligonier que cubrió las raíces del cristianismo estadounidense. La visita empezó en Boston y pasó por Nueva Inglaterra, siguió hacia Princeton, con un momento especial donde se visitó la tumba de Jonathan Edwards, y después hacia Filadelfia. Uno de los lugares que visitaron en Nueva Inglaterra fue la Iglesia Old South, en Newburyport, Massachusetts. La iglesia fue establecida en 1740, cuando George Whitefield visitó la ciudad por primera vez. Una de las personas que se convirtió por la predicación de Whitefield fue Jonathan Parsons, ministro de la Primera Iglesia de Newburyport. Después de su conversión, su propia iglesia lo rechazó. Él, junto con otros que se convirtieron por la predicación de Whitefield, establecieron la Iglesia Old South. Construyeron un lugar de reuniones respetable en 1756; la campana fue fundida por Paul Revere & Son, de Boston.

Whitefield regresó en 1770. Predicó un sábado, el 29 de septiembre. Después de predicar, una multitud lo siguió a la casa donde se estaba

---

15 Sproul, *Remarks on the Fifth Anniversary.*

quedando. Todos insistieron en que les predicara. Él se paró en las escaleras y les predicó a todos los que llenaban la habitación y salían por la puerta hacia el jardín. Predicó hasta que la vela que sostenía se apagó. Después, se retiró a su cama. Falleció a las seis en punto de la mañana siguiente, el domingo 30 de septiembre de 1770. El funeral se realizó el 2 de octubre. Una multitud de unas 8000 personas desbordó el santuario y las calles adyacentes. En la vida y en la muerte, las personas acudían en masa a Whitefield. Lo enterraron debajo del púlpito de la Iglesia Old South.

No había ningún tiempo de oratoria programado durante la visita a la iglesia. Haríamos un recorrido del edificio, veríamos la tumba, subiríamos al autobús y pasaríamos al próximo lugar. Sin embargo, durante un momento, el grupo se sentó en los bancos y R. C. pasó al frente y subió al púlpito. Empezó a predicar un sermón improvisado. Empezó con una broma. Dijo que, según la leyenda, justo antes de que Whitefield se retirara aquella noche de donde estaba reunida la multitud, se volvió a ellos y dijo que algún día, desde Orlando, Florida, vendría un predicador a predicar allí, pero que remarcó con furia: «¡Sobre mi cadáver!».

En un rápido giro, R. C. citó Mateo 16:13-17 y empezó a predicar un sermón. Habló de Jonathan Edwards y de su sermón «Una luz divina y sobrenatural», sobre el mismo texto de Mateo. No se llega al conocimiento de quién es Dios, verdaderamente, y de lo que Cristo hizo, verdaderamente, a través de medios naturales, sino de medios sobrenaturales. Edwards había tenido una experiencia personal de despertar, y se esforzaba por predicar el evangelio de manera que otros despertaran también. R. C. después se refirió a la diferencia entre los grandes expositores o grandes maestros y los «predicadores ungidos». R. C. observó que tales predicadores ungidos son joyas inusuales de la historia de la iglesia. En esa categoría, incluía a Martyn Lloyd-Jones, Charles Haddon Spurgeon, Jonathan Edwards y George Whitefield. Había leído muchos sermones de cada uno de ellos. Observó que tenían un tema muy similar, e inquietudes prácticamente idénticas. Todos habían experimentado personalmente la misma visitación transformadora y sobrenatural. Eso era lo que predicaban. También observó que, aunque estuvieron solos en su propia época y lugar, no se desanimaron ni se vieron disuadidos. No les importaba ser políticamente correctos, sino teológicamente correctos; predicar para agradar a Dios y no al hombre. Todos adoptaron posturas que les costaron caro y fueron valientes en su defensa de un evangelio no adulterado. R. C. hablaba de estos hombres como si los conociera.

Esta «predicación ungida», según R. C., fue el impulso detrás del Gran Despertar. Decía que no había ninguna voz lo suficientemente poderosa como para despertar a los muertos. Ninguna voz humana. Pero una voz divina, escuchada a través de una predicación vehemente de la Palabra, podía despertar a los muertos. Todos estos hombres predicaban para la conversión, una «visitación monergista e inmediata del Espíritu Santo», la cual acompaña la predicación fiel del evangelio. Dios ha decretado que Su Palabra tenga el poder de sacar vida de la muerte, y de resucitar muertos.

R. C. siguió adelante, cobrando más fuerza con cada frase: «Cada generación tiene que recuperar nuevamente la Palabra de Dios y volver a confiar en su poder». Las personas necesitan el nuevo nacimiento. Precisan ver la luz del evangelio, y dejar de estar ciegas y en tinieblas. Las personas necesitan despertar.

Cuando R. C. terminó, se dirigió a las escaleras a un costado del púlpito y descendió. Durante unos momentos, nadie se movió.[16]

Después de eso, R. C. habló mucho sobre el despertar. Testificaba sobre cómo lo llevaba a predicar de otra manera, a ser más ferviente en su apelación a arrepentirse y creer. El tema de la Conferencia Nacional

---

16 R. C. Sproul, Iglesia Old South, Newburyport, Massachusetts, 26 de septiembre de 2014, de las notas tomadas por Stephen J. Nichols. En medio del sermón de R. C., Chris Larson y yo nos miramos y nos dimos cuenta de que quisiéramos haber grabado este sermón improvisado.

de Ligonier en 2015 fue: «Después de la oscuridad, la luz». R. C. ofreció esta frase para acompañar el tema: «El pueblo de Dios debe clamar por Su avivamiento y una restauración de la luz». Ese año, habló sobre Isaías 6: «Santo, santo, santo». Mencionó el sermón de Edwards, y procedió:

> Después, vino lo que se llamó en Nueva Inglaterra y la historia estadounidense: «El Gran Despertar», donde persona tras persona fue despertada por Dios el Espíritu Santo. Y ese despertar por Dios el Espíritu Santo los hizo pasar de la oscuridad a la luz mediante la luz divina y sobrenatural; no la luz de una bombilla incandescente, no la luz de una vela, ni del sol ni de la luna. Esas son luces naturales. Esta luz que trae un despertar es sobrenatural y es divina. Es impartida inmediatamente al alma.
>
> Saben, todos los días sin falta, oro por un despertar para Saint Andrew's donde pastoreo, para la iglesia de Estados Unidos y la iglesia en todo el mundo, porque una nueva oscuridad ha caído sobre el panorama de los países donde vivimos. Y esa sombra inmensa ha cubierto la iglesia de muchas maneras, y estamos volviendo a nuestro estado natural, que es la oscuridad.

Después, R. C. mostró la conexión con Isaías 6, el texto sobre el cual había predicado tantas veces:

> Odiamos por naturaleza; odiamos la luz y amamos las tinieblas porque nuestras obras son malas. Queremos vivir escondidos de Dios, aunque la gloria de Dios llena la tierra. Huimos de ella, nos escondemos y preferimos las sombras, donde estamos seguros de la luz que nos deja en evidencia y nos impulsa a decir: «¡Ay de mí!».
>
> Pero Isaías, en medio de su miseria y llorando por su boca inmunda, fue llevado a un arrepentimiento que tenía un costo. Dios se encargó de esa boca inmunda. Dirigió al ángel a ir al altar y tomar un carbón encendido y caliente, con unas tenazas del altar, y que lo llevara y se

lo colocara en los labios —una de las partes más sensibles del cuerpo humano— a Su profeta que estaba temblando debajo de Él.

No para torturarlo, no para destruirlo, no para castigarlo, sino para cauterizar sus labios, limpiarlos y sanarlos. Y mientras la carne de sus labios chisporrotea, escucha la voz de Adonai: «¿A quién enviaré, y quién irá por nosotros?».

Y observa que Isaías no dice: «Heme aquí», indicando su ubicación. No es: «Heme aquí», sino «Heme aquí, envíame a mí». Así es como responde una persona cuyos labios han sido purificados por un Dios santo. Así responde una persona cuando una luz divina y sobrenatural ha invadido su alma y lo ha llevado de la muerte espiritual a la vida espiritual.

Después, R. C. vuelve a entretejer a Edwards:

Ahora, cuando Edwards está predicando ese sermón sobre Mateo 16, intenta expandirse sobre la trascendencia de esa luz divina y sobrenatural, sobre lo que aporta a la vida de una persona. ¿Qué hace el Espíritu Santo cuando nos visita con esta luz sobrenatural e inmediata de Dios? Él dice que lo primero que hace la regeneración, o la estimulación, o la visitación del Espíritu Santo, es mostrarnos la verdad de la Palabra de Dios. [...] Y cuando la Palabra es proclamada, el Espíritu la toma y la usa para perforar tu corazón y tu alma, de manera que digas: «Lo veo. Lo entiendo».

Cuando recibes la visita de esa luz divina y sobrenatural, tus ojos son abiertos. Y sales de la oscuridad y ves la luz de la Palabra de Dios que ilumina a todo hombre que viene al mundo. Y la ves en toda su verdad.

Pero Edwards fue más allá de eso, y declaró que la luz divina y sobrenatural no es algo que sencillamente te convenza de la verdad. Te muestra dos cosas más sobre la verdad y sobre Dios. Esta obra sobrenatural e inmediata del Espíritu Santo sobre tu alma te muestra la belleza de la verdad. [...]

Esa verdad nos abruma con su belleza. Todas las palabras que salen de la boca de Dios, incluso aquellas que nos impulsan a decir: «¡Ay de mí!», son palabras llenas de belleza, porque vienen a nosotros desde el autor de la belleza.

Después, Edwards va incluso más allá en su análisis de la luz divina y sobrenatural cuando afirma que el Espíritu no solo nos despierta inmediatamente a la verdad de Dios y a Su Palabra, y a la belleza de Dios y de Su Palabra, sino que también nos persuade de la gloria de Dios, que proviene de la palabra hebrea que significa peso, sustancia, aquello que es magnífico, majestuoso, supremo y elevado. De las tinieblas, luz, la luz de la verdad, la luz de la belleza y la luz de la gloria de Dios, el cual es santo, santo, santo.[17]

El despertar lleva a conocer, adorar, venerar y al deseo de expresar la belleza, la santidad y la gloria de Dios en canción. Hay un precedente bíblico, los Salmos. También hay un precedente en la historia de la iglesia.

Gloria al Santo

Escribir himnos fue uno de los esfuerzos reformadores de Martín Lutero casi desde el principio. Escribió: «Después de la Palabra de Dios, la música merece el mayor elogio».[18] Lutero escribió su primer himno en 1523. Después de aquel primer himno, reconoció la necesidad de reformar el canto en la iglesia. La teología, la predicación y la liturgia de la iglesia; todas estas cosas necesitaban una reforma absoluta y exhaustiva. Lutero escribió una carta anunciando sus intenciones y pidiendo ayuda:

> Estoy planeando, según los ejemplos de los profetas y los padres antiguos, crear salmos vernáculos —es decir, himnos—, para la gente

---

17 R. C. Sproul, *Holy, Holy, Holy*, Conferencia Nacional de Ligonier, 2015, Orlando, Florida.

18 Martín Lutero, *Luther's Works*, vol. 53, *Liturgy and Hymns*, ed. Ulrich S. Leopold y Helmut T. Lehmann (Filadelfia: Rodale Press, 1984), 323.

común, de manera que la Palabra de Dios permanezca con ellos a través del canto. Por lo tanto, estamos en una búsqueda exhaustiva de poetas.[19]

En 1524, el primer himnario en alemán salió de la imprenta. Tenía ocho himnos; cuatro escritos por Lutero y dos de cada uno de los «poetas» adicionales que Lutero había encontrado. Para el final de su vida, Lutero había escrito 38 himnos; el más conocido es «Castillo fuerte», la meditación de Lutero sobre el Salmo 46. Lutero, un músico experimentado, escribió muchas melodías además de las letras para sus himnos. También colaboró con Johann Walter, el compositor de Federico el Sabio en Wittenberg y Torgau. El resultado de la colaboración transformó la adoración en Alemania y, más adelante, inspiró a Isaac Watts, en los años de 1700, y los himnos y la liturgia del mundo anglosajón.

R. C. escribió su primer himno en 1991, *Glory to the Holy One* [Gloria al Santo]. Apareció en la contraportada de la segunda edición de *La santidad de Dios,* publicada en 1998. El himno es una meditación sobre Isaías 6, y el estribillo se hace eco de las palabras del profeta:

«Santo, santo, santo»
Clamó de serafines multitud
Gloria al Santo
Uníos cantando en gratitud.[20]

R. C. escribió otro himno, tanto la letra como la melodía, «Come, Thou Savior, Spread Thy Table» [Ven, Salvador, despliega tu mesa], en 1992. Este himno celebra la Cena del Señor. En su prólogo a la obra de Keith Mathison, *Given for You: Reclaiming Calvin's Doctrine of the Lord's Supper* [Fue por ti: Reclamando la doctrina de Calvino sobre la

---

19 Martín Lutero: «December 1523», *The Annotated Luther.* vol. 4, *Pastoral Writings,* ed. Mary Jane Haemig (Minneapolis: Fortress, 2016), 153.

20 La letra original decía «Es un canto de gratitud» en la última línea. R. C. la cambió para pasar a un llamado a la acción: «Uníos cantando en gratitud».

Cena del Señor], R. C. escribió sobre la importancia de la Cena del Señor y observó: «Estoy convencido de que donde la Cena del Señor se toma a la ligera, el pueblo de Dios queda terriblemente empobrecido. Sin las dos cosas, la Palabra y el sacramento, nos exponemos a la hambruna espiritual».[21] R. C. decía que la Cena del Señor estaba eclipsada. Esperaba que el libro de Mathison arrojara luz sobre el tema. También tenía esperanzas similares para su himno. El primer verso del himno invoca a Cristo a venir a «alimentar a tus ovejas indefensas y hambrientas». Y el estribillo dice:

> Jesús, Jesús, te adoramos,
> Regalo de Pan del cielo;
> Jesús, Jesús, te adoramos,
> Sacia nuestro espíritu.

Otros himnos siguieron, incluidos *Clothed in Righteousness* [Vestido de justicia], el himno universitario para RBC. Después, en 2014, R. C. empezó una colaboración con Jeff Lippencott que es un compositor extremadamente talentoso y premiado, con varios premios de la American Society of Composers, Authors and Publishers [Sociedad Estadounidense de Compositores, Autores y Editores] (ASCAP) y Broadcast Music, Inc. (BMI), así como nominaciones al Emmy. Se sintió atraído a la teología de R. C. y le impresionó su capacidad lírica. Lippencott había musicalizado películas y programas de televisión, y tenía muchísimos proyectos en su currículum. Después de una sugerencia de Chris Larson, ambos decidieron trabajar juntos para ver qué saldría. El resultado fueron dos CDs de himnos: *Glory to the Holy One* [Gloria al Santo], que salió en 2015; y *Saints of Zion* [Santos de Sion], en 2017.

El procedimiento típico era que R. C. escribiera las letras y luego Lippencott se encargara de la música. Ese fue el caso, excepto con

---

21 R. C. Sproul, «Foreword», en Keith Mathison, *Given for You: Reclaiming Calvin's Doctrine of the Lord's Supper* (Phillipsburg, NJ: P&R, 2002), x.

Highland Hymn [Himno de tierras altas]. Jeff había escrito y compuesto la melodía y, en una visita a la casa de R. C., la tocó para él y para Vesta. R. C. fue a su estudio y, diez minutos más tarde, trajo una hoja de papel con toda la letra escrita. El principio del himno grabado presenta los sonidos distantes de las gaitas irlandesas que se elevan como una niebla sobre las Tierras Altas de Escocia. La canción es épica, como el tema de una película. La letra celebra la gran verdad de la visión beatífica hermosamente descrita en 1 Juan 3:1-3, uno de los pasajes bíblicos favoritos de R. C. y de Vesta. El himno va en *crescendo*: «En Aquel día, lo veremos cara a cara». Lippencott observó que este himno es el arco de la historia del proyecto como un todo. Vesta declaró: «Es nuestro preferido».

Siguiendo el ejemplo de Lutero con «Castillo fuerte» como una meditación del Salmo 46, R. C. escribió «El lugar secreto», basado en el Salmo 91. El 25 de agosto de 2014, Ligonier organizó un estreno privado para escuchar todo el proyecto grabado antes de que saliera al aire en 2015. Unas 20 personas se reunieron con los Sproul y los Lippencott. Después de cada himno, Jeff y R. C. ofrecieron sus comentarios, recordando cómo habían escrito el himno o algún momento de la grabación. Pero después de escuchar «El lugar secreto», nadie habló. Llena de imágenes, la canción describe la seguridad de habitar «a la sombra de nuestro poderoso Rey». Los tonos susurrantes del coro y la última nota del piano llevan este himno contemplativo a su final. La belleza queda flotando en el aire.

El CD salió a la venta en la Conferencia Nacional de Ligonier en 2015. El miércoles 18 de febrero de 2015, hubo un concierto de estreno en la Saint Andrew's Chapel. La noche anterior, un concierto formal con orquesta y coro completos se llevó a cabo en un santuario vacío, excepto por el equipo de video y sonido, y una pareja sentada al final del banco en el pasillo central, en la cuarta fila. Eran R. C. y Vesta. Cuando empezó el concierto, él la abrazó. Se sentaron en un silencio gozoso toda la función. Al ver esto, uno podría pensar que R. C. se tomó el trabajo de escribir y producir un álbum de himnos solo para poder llevar a su enamorada a una cita en un concierto privado. Tal vez lo hizo.

Poco después, R. C. sufrió otra apoplejía. Durante varios meses, no subió al púlpito ni visitó a diario Ligonier. Se recuperó, pero la apoplejía, junto con las anteriores y el EPOC, hicieron estragos. Pocos sabían cuánto le costaba a R. C. predicar o dar una conferencia. Sin embargo, siguió adelante. Todavía había trabajo para hacer.

R. C. estaba muy preocupado por la falta de precisión y la superficialidad de pensamiento sobre la persona y la obra de Cristo en la iglesia contemporánea. Quién es Cristo y lo que hizo constituyen el evangelio, y la proclamación del evangelio es central a la misión de la iglesia. Eso llevó a escribir y publicar *El verbo se hizo carne: La declaración de Ligonier sobre Cristología*. Toma tanto de los credos antiguos como de las contribuciones de los Reformadores para expresar la enseñanza bíblica sobre la persona y la obra de Cristo.

> Confesamos el misterio y el asombro
> de Dios hecho carne,
> y nos gozamos en nuestra gran salvación
> mediante Jesucristo nuestro Señor.

> Con el Padre y el Espíritu Santo,
> el Hijo creó todas las cosas,
> sustenta todas las cosas,
> y hace todas las cosas nuevas.
> Verdaderamente Dios,
> se hizo verdaderamente hombre,
> dos naturalezas en una persona.

> Nació de la Virgen María
> y vivió entre nosotros.
> Crucificado, muerto y sepultado,

se levantó al tercer día,
ascendió al cielo,
y vendrá de nuevo
en gloria y en juicio.

Por nosotros,
Él cumplió la Ley,
expió el pecado,
y satisfizo la ira de Dios.
Tomó nuestros trapos de inmundicia
y nos vistió
con Sus prendas de justicia.

Él es nuestro Profeta, Sacerdote y Rey,
quien edifica Su iglesia,
intercede por nosotros,
y reina sobre todo.

Jesucristo es Señor;
adoramos Su santo Nombre por siempre.
Amén.

La declaración fue escrita principalmente por R. C. Sproul y Stephen Nichols, con la colaboración de los docentes asociados en Ligonier y Chris Larson. También incluye 26 artículos de afirmación y negación. R. C. escribió muchos de ellos. Los docentes asociados de Ligonier también contribuyeron. Toda la serie de artículos fue editada y revisada por los doctores Keith Mathison y John Tweeddale de RBC y por el equipo editorial de Ministerios Ligonier.

Este proyecto tenía algo de poesía. Al principio del ministerio público de R. C., él había sido un catalizador y uno de los principales contribuyentes en la escritura de la Declaración de Chicago sobre la Inerrancia Bíblica, así como el escritor principal de los artículos de afirmación y negación que la acompañaban. En el ocaso de su ministerio, R. C.

estuvo ahí para servir a la iglesia como el catalizador de la Declaración sobre Cristología.[22]

Cuando Jeff Lippencott vio por primera vez la declaración, se puso de inmediato a trabajar en una composición, que terminó en: *The Word Made Flesh: A Christology Hymn* [El Verbo hecho carne: Un himno de Cristología]. Saldría en el segundo proyecto colaborativo de himnos entre R. C. y Lippencott, *Saints of Zion*. El proyecto también incluye *Psalm of the Shepherd* [El salmo del Pastor], sobre el Salmo 23. Mientras R. C. lidiaba con sus dolencias, hallaba un gran consuelo a diario al leer y orar el Salmo 23. En la Conferencia Nacional de Ligonier de 2016, dijo:

> Hace un par de semanas, alguien me preguntó sobre algunas cuestiones de salud que tuve que enfrentar este último año, y contesté que estoy terminando mis oraciones recitando y orando el Salmo 23. Es decir, ¿no es algo básico? Es elemental. «Jehová es mi pastor; nada me faltará». Y desde allí, vas a los delicados pastos y las aguas de reposo, y eres conducido por sendas de justicia por amor de Su nombre. Transitas ese salmo glorioso y lo que significa, tanto en lo existencial como lo personal, en cuanto a que todo cristiano tiene un Salvador que compró para nosotros vida eterna... Es algo imposible de mejorar, ¿no?[23]

Transiciones

Desde que R. C. cumplió 60 años de edad, en 1999, la junta directiva empezó a planificar quién sería su sucesor en Ministerios Ligonier. La primera decisión a tomar fue si Ligonier estaba vinculado exclusivamente a R. C. o a la enseñanza y la teología que él impartía y defendía.

---

22 Ver Stephen Nichols y R. C. Sproul, *The Word Made Flesh: The Ligonier Statement on Christology*, Conferencia Nacional de Ligonier de 2016, Orlando, Florida, para una conversación entre nosotros dos sobre la escritura, el contenido y las esperanzas para la declaración.

23 Nichols y Sproul, *The Word Made Flesh*.

¿Se terminaría Ligonier cuando R. C. falleciera? ¿O, Dios mediante, continuaría? La junta determinó que, aunque la personalidad de R. C. era una parte importantísima del ministerio, Ministerios Ligonier estaba comprometido con el cuerpo de enseñanza que R. C. comunicaba con tanto fervor. La junta estaba comprometida con seguir adelante con la misión y llevar esa enseñanza a las generaciones siguientes, Dios mediante. Una vez que resolvieron esa pregunta, la próxima a abordar era: ¿cómo?, o más precisamente, ¿quién? ¿Quién sería el sucesor de R. C.?

Cuando el Centro de Estudio del Valle Ligonier abrió sus puertas por primera vez, era una comunidad de enseñanza. R. C. era el centro de la rueda, pero no estaba solo. Había otros maestros. La junta decidió reevaluar ese modelo. Chris Larson, presidente de Ligonier, también señala que «la junta sabía que sería imposible encontrar a un hombre al cual se le pudiera pasar la antorcha. La realidad es que el Dr. Sproul es un regalo único de parte del Señor».[24] Esto llevó a la junta a buscar «hombres que fueran dignos de confianza, hábiles y sabios».[25] Se anunciaron cuatro docentes asociados de Ligonier como los Drs. Robert Godfrey, Sinclair Ferguson, Steven Lawson y R. C. Sproul Jr. Larson añadió: «Estos cuatro hombres servirán como consejeros para el Dr. Sproul, la junta y el liderazgo sénior, y serán maestros activos en todos los ministerios de Ligonier».[26] En mayo de 2013, se añadió al Dr. Stephen J. Nichols como docente adjunto. En noviembre de 2015, se sumaron los doctores R. Albert Mohler Jr. y Derek W. H. Thomas. En marzo de 2017, se añadió al Dr. Burk Parsons.

Cuando se añadieron los primeros profesores adjuntos, la cabecera del sitio web de Ligonier cambió de «El ministerio de enseñanza de

---

24 Chris Larson, *The New Teaching Fellows of Ligonier Ministries*, 12 de mayo de 2010, https://www.ligonier.org/blog/new-teaching-fellows-ligonier-ministries/.

25 Larson, *New Teaching Fellows of Ligonier.*

26 Larson, *New Teaching Fellows of Ligonier.*

R. C. Sproul» a «La comunidad de enseñanza de R. C. Sproul». Los profesores adjuntos fueron los compañeros de trinchera de R. C. en los últimos años de su vida. Respetaba mucho los dones y la valentía de cada uno de ellos. Los había conocido en forma personal y conocía también el ministerio de cada uno. Apreciaba su trasfondo de fidelidad e integridad. También le importaba profundamente que estuvieran comprometidos con la fe reformada, que estuvieran dispuestos a defenderla y tuvieran el valor para pelear por ella. Quería «teólogos de batalla» y comunicadores, todas las cualidades que también admiraba en sus amados reformadores.

Abstenerse de nombrar a un solo sucesor fue una movida osada. Pocos ministerios u organizaciones cristianas se han atrevido a esto. Fue prácticamente sin precedentes. La comunidad de enseñanza era parte del plan de sucesión. En Ligonier, Chris Larson servía como presidente, y en los años previos a morir, R. C. fue pasándole el manejo cotidiano del ministerio. También le dio su propio título, director general, a Larson. Sí retuvo su posición como jefe de la junta directiva. En Reformation Bible College, la junta designó a Stephen Nichols para servir como el segundo presidente en 2014, mientras R. C. era nombrado canciller y mantenía su asiento en la junta. En Saint Andrew's, R. C. y los ancianos colocaron a Burk Parsons como copastor. Antes de que R. C. falleciera, la sesión, con la plena bendición de R. C., anunció que, cuando R. C. partiera, el Dr. Parsons sería instaurado como el ministro principal.

El plan de sucesión, que empezó a principios de la década de 2000, se fue materializando a través de la década de 2010. Vesta sigue participando activamente del ministerio, como lo hizo toda su vida. Tiene el título de cofundadora. Va a la oficina todos los días, con lapicera roja (a veces, azul, y a veces, un lápiz) y repasa cada palabra impresa que sale de Ligonier. La hija de R. C., Sherrie Sproul Dorotiak, sirve en Ligonier como funcionaria sénior de desarrollo. Como creció con *Tabletalk,* conoce muy bien la teología de su padre, y también se las arregló para adquirir su sentido del humor, su risa y su amor por las personas.

El 12 de diciembre de 2016, Ligonier emitió la siguiente declaración: «El viernes pasado, la junta de directores de Ministerios Ligonier y Reformation Bible College recibió y afirmó la renuncia del Dr. R. C. Sproul Jr. Él dejará sus tareas en el ministerio y la universidad por razones personales».[27]

Estas fueron las transiciones que ocurrieron en la década de 2010, y que prepararon el camino para lo que sería el último año de R. C., 2017, el quingentésimo aniversario de la Reforma.

El legado de Lutero

La primera publicación de R. C. fue el artículo sobre Lutero en el *Gordon Review,* en 1968. Uno de los últimos proyectos en los cuales trabajó fue un libro de ensayos sobre Martín Lutero, publicado por Reformation Trust, de Ligonier. R. C. tuvo la última palabra en el libro de ensayos. Tituló su capítulo: «Lutero y la vida del pastor-teólogo». R. C. señaló cómo las 95 tesis, aunque apuntaban a un debate académico, fueron provocadas por inquietudes pastorales. La venta de indulgencias de Tetzel resultó en una «farsa de falso perdón» que «obligó a Lutero no solo a cuestionar el tema de las indulgencias, sino también todo el sistema salvífico de la iglesia».[28] Después, vienen las 95 tesis. Como lo expresa R. C.: «La Reforma estaba en marcha».[29]

Lutero tenía 33 años cuando publicó las 95 tesis. Viviría otros 29, y fallecería a los 62 años de edad. En el siglo XVI, la expectativa de vida era poco menos de 40 años. Los que sobrevivían hasta los 60 solían tener gota, parásitos intestinales, pérdida de audición y visión, artritis y otras dolencias. Lutero padeció todas estas cosas. Un mes antes de morir, le escribió a un amigo: «Te escribo como un anciano decrépito,

---

27 *A Statement Concerning Dr. R. C. Sproul Jr.*, 12 de diciembre de 2016, https://www.ligonier.org /updates/rc-sproul-jr/.

28 R. C. Sproul, «Luther and the Life of the Pastor-Theologian», en *The Legacy of Luther*, ed. R. C. Sproul y Stephen J. Nichols (Sanford, FL: Reformation Trust, 2016), 280-281.

29 Sproul, «Luther and the Life of the Pastor-Theologian», 281.

lento, cansado, con frío y ahora con un solo ojo».[30] Lutero sentía la tensión de los años y las luchas.

Cuando empezó 2017, R. C. también sentía la tensión de los años. Su enfermedad pulmonar obstructiva crónica (EPOC) estaba haciendo estragos. El EPOC le afectaba el sueño, lo cual a su vez le afectaba la salud. El invierno y la primavera fueron difíciles. En la Conferencia Nacional de Ligonier en marzo de 2017, con el tema «Los próximos 500 años», R. C. participó en una sesión de preguntas y respuestas el primer día. Quedó muy fatigado y no pudo dar su conferencia, que estaba programada para el sábado como el cierre del evento. El espíritu estaba dispuesto, pero el cuerpo era débil. Sin embargo, cuando llegó el verano, R. C. cobró fuerzas y su salud mejoró. Empezó a jugar al golf otra vez, por primera vez en años. Los que lo conocían bien comentaron que parecía estar mejor de salud durante el último verano y principios de otoño de 2017 de lo que había estado los últimos años. En esa época, no dejó de predicar ni un domingo. En medio de una entrevista, sonó su teléfono. Era la tienda de deportes del club de campo, para avisarle que había llegado su conductor.

Todo esto condujo a octubre de 2017, el mes dentro del año que vio el quingentésimo aniversario del mismo día en que Martín Lutero publicó sus 95 tesis. R. C. tenía la misma expectativa que un niño en Navidad.

A medida que se acercaba octubre de 2017, R. C. estaba entusiasmadísimo por la celebración que se llevaría a cabo a fin de mes. El 31 de octubre de 2017 marcó el quingentésimo aniversario de la publicación de Lutero de sus 95 tesis. Se hizo un gran énfasis sobre la Reforma, un tema que había sido muy querido para R. C. durante cinco décadas. Cuando R. C. publicó *La santidad de Dios* en 1985, se lo dedicó a los dos nietos que tenía en ese momento:

---

30 Martín Lutero a Jacob Probst, 17 de enero de 1546, en *Luther's Works*, vol. 50, *Letters 3*, ed. Gottfried G. Knodel y Helmut T. Lehmann (Filadelfia: Rodale Press, 1975), 284.

A Kaki y a Ryan,
y a toda su generación,
que puedan vivir durante
una nueva reforma

R. C. esperaba que un redescubrimiento de la centralidad de la santidad de Dios llevara a una nueva Reforma. Lo anhelaba. Nunca estudió el pasado como quien visitaría un museo. El pasado no era una curiosidad histórica. Para él, servía para catapultarlo al futuro. Estudiaba la Reforma y los despertares del pasado porque anhelaba ver una nueva Reforma y un nuevo despertar. Mientras Ligonier planeaba la conferencia nacional de 2017, que se realizó a principios de marzo, R. C. se aseguró de que no se tratara solamente de mirar atrás. El tema de la conferencia era «Los próximos 500 años». Se trataba de mirar adelante. El quingentésimo aniversario era el momento de celebrar el pasado, pero también de planear y orar por el futuro.

Lo que no sabían los que lo rodeaban era que octubre y noviembre serían sus últimos meses de vida. Contendrían su último evento de Círculo de la Reforma, un momento que él siempre valoraba. Su amigo Max Maclean contó en forma dramática los primeros pasos de Lutero. R. C. habló de los momentos fundamentales que llevaron a la Dieta de Worms. En el mismo hotel, Ravi Zacharias estaba organizando un evento para su ministerio. Los dos apologistas y amigos pudieron compartir algo de tiempo juntos.

Un mendigo que encontró pan

Octubre también fue el mes de la última conferencia de Ligonier de R. C., la celebración de los 500 años de la Reforma. Se llevó a cabo en la Saint Andrew's Chapel y se transmitió en vivo. R. C. habló sobre el tema: «¿Qué es el evangelio?». Empezó llamando la atención a los aspectos del evangelio: el contenido objetivo del evangelio y la apropiación subjetiva del evangelio. En cuanto al contenido objetivo, R. C. dijo:

El objetivo del evangelio es, sencillamente, Jesús. Quién es Él y lo que hizo. Su vida de perfecta obediencia, Su ausencia de pecado, Su expiación sustitutiva, Su resurrección, Su ascensión al cielo, Su promesa de regresar.[31]

La controversia del siglo XVI se centraba en la cuestión de la apropiación subjetiva del evangelio. La pregunta era: ¿Cómo nos apropiamos de la vida de obediencia de Cristo y de la obra de la muerte de Cristo y sus beneficios? R. C. lo expresó de manera más aguda: «En el corazón mismo de la disputa del siglo XVI estaba esta pregunta: ¿Cuál es la causa instrumental de nuestra justificación? ¿Cuál es el medio mediante el cual ocurre nuestra salvación y justificación?». Siguió diciendo: «Roma era muy clara en su definición de lo que era la causa instrumental de la justificación. Encontraban la causa instrumental de la justificación en los sacramentos; entre ellos, dos más importantes: el sacramento del bautismo y el sacramento de la penitencia».[32]

Después, R. C. explicó la respuesta de la Reforma:

Cuando Lutero llegó a entender la justificación por fe sola, la afirmación de los Reformadores fue la siguiente: que la causa instrumental de la justificación no se encuentra en los sacramentos; se encuentra en la fe. La fe es el instrumento; por cierto, el único instrumento, mediante el cual las personas son justificadas. Y esa era la batalla. Esa era la lucha entre Roma y los Reformadores.[33]

R. C. añadió: «La justificación por fe sencillamente significa que el instrumento de justificación es que con la fe, por la fe y a través de la fe, somos unidos a Jesús, de manera que todo lo que Él es y lo que ha

---

31 R. C. Sproul, *What Is the Gospel?*, 30 de octubre de 2017, Celebración de los 500 años de la Reforma, Sanford, Florida.

32 Sproul, *What Is the Gospel?*

33 Sproul, *What Is the Gospel?*

hecho nos es dado a nosotros. La justificación es por Cristo solamente. *Solus Christus*».[34]

Esa conferencia también fue la última sesión de preguntas y respuestas de R. C. Estas sesiones eran legendarias entre las conferencias de Ligonier y las favoritas de los asistentes. Chris Larson moderó la sesión, la cual incluyó a los profesores adjuntos de Ligonier, y R. C. Larson preguntó: «Según tu opinión, ¿qué cualidad o característica personal hacía que Lutero fuera un instrumento tan eficaz en manos de Dios para reformar la iglesia». R. C. contestó:

Él era un mendigo que encontró un lugar donde conseguir pan. Y se lo contaba a todo el que quisiera escuchar. ¿Cómo puede un solo hombre hacerle frente al mundo como él lo hizo? La única manera de entenderlo es volver a su lucha personal con la falta de seguridad de su propia salvación, a su búsqueda violenta de justificación en la presencia de un Dios santo, y a su absoluta desesperación. Verás, Lutero entendía quién era Lutero. Y ese es nuestro problema. No entendemos quién es Dios y no entendemos quiénes somos nosotros. Es como Isaías, en el capítulo 6, cuando vio al Señor «sentado sobre un trono alto y sublime». De repente, dice: «Un momento. ¡Estoy condenado! Tengo una boca sucia, y no estoy solo. Vivo con todo un pueblo de labios impuros». Así que ese fue un despertar a su pecado. Nadie tuvo que enseñarle a Lutero que era un pecador. Era un estudiante destacado de la jurisprudencia, de la ley. Leía la ley de Dios. Se examinaba a la luz de la ley de Dios, y entendía que era incapaz de salvarse a sí mismo. Y cuando probó el evangelio, su alma se incendió. Y dijo: «Nada en el mundo podría hacerme abandonar esto. He probado el fruto del evangelio. Y si todos los demonios del infierno se me oponen, les diré: "Esta es mi postura y de aquí no me muevo"».[35]

---

34 Sproul, *What Is the Gospel?*

35 R. C. Sproul, de la sesión de preguntas y respuestas, Celebración por los 500 años de la Reforma, 30 de octubre de 2017, Sanford, Florida.

En aquel día

Después de aquel evento y ese mes, R. C. esperaba con ansias lo que vendría a continuación. La universidad estaba ocupada en un proyecto de edificación que albergaría una biblioteca, oficinas para el cuerpo docente, una cafetería para estudiantes y un auditorio principal espacioso. R. C. estaba pensando en la conferencia nacional de 2018, cuyo tema era: «Despertar». Él mismo lo había seleccionado. Estaba pensando en la conferencia que daría. Estaba pensando en los libros que quería escribir. Estaba hablando con cualquiera que escuchara sobre la importancia de la doctrina de Dios y algunos de los debates actuales que giraban alrededor del tema.

Predicó todos los domingos de noviembre. Se hizo tiempo para jugar al golf y algunos proyectos de escritura. Estaba ocupado estudiando Hebreos, el libro de la Biblia sobre el cual estaba predicando, y leyendo biografías. Estaba trabajando en un rompecabezas. Cuando terminó noviembre, R. C. pescó un resfriado. Del miércoles para el jueves, empeoró. El sábado 2 de diciembre, lo llevaron al hospital. Mientras estaba allí, los médicos no pudieron lograr que respirara bien por su cuenta.

El 14 de diciembre, Vesta, Sherrie y su esposo Dennis, junto con algunos nietos, se reunieron alrededor de su cama en la habitación. Estaban escuchando el CD *Glory to the Holy One* [Gloria al Santo]. Entonces, empezó a sonar el Himno de las Tierras Altas. R. C. no podía hablar ni apretarle la mano a los que sostenían las de él. Sin embargo, sus familiares podían ver pequeños movimientos, como si R. C. estuviera allí escuchando pero sin poder responder. El himno llegó a su verso final:

La visión de la gloria beatífica
Que ahora nuestras almas anhelan ver
Nos harán a una como nuevos
Y como Él para siempre seremos.

Después el estribillo una vez más:

Los laúdes cantarán
Los flautistas tocarán
Cuando lo veamos cara a cara
En aquel día.

Con esa nota final, R. C. exhaló su último aliento.

11

DOXOLOGÍA

La teología lleva a Dios.
TOMÁS DE AQUINO

LOS ÚLTIMOS SUCESOS de la vida de R. C. parecen haber seguido un libreto. Su última conferencia de Ligonier fue sobre Lutero y la Reforma. Su última sesión de preguntas y respuestas terminó con una respuesta que incluyó a Lutero, el evangelio, Isaías 6, la santidad de Dios y las palabras: «Esta es mi postura». Sus últimos dos sermones se explayan sobre la gloria de Cristo y la grandeza de la salvación (ver apéndice 1). La última frase de su último sermón llama a un despertar. Su último aliento escapó cuando llegó a su fin el himno de las Tierras Altas, en el reproductor de CD de la sala del hospital. Pura poesía.

Esta insólita cualidad definitiva se extendió al día después de que murió y al episodio emitido en *Renewing Your Mind* el 15 de diciembre de 2017. Esa semana, *Renewing Your Mind* estaba sacando los últimos cinco episodios didácticos de la serie épica *Foundations* [Cimientos]. El último episodio, el número 60, es «El descanso final del creyente». Así presentó el episodio Lee Webb, anfitrión de *Renewing Your Mind*:

> Por la providencia de Dios, salimos hoy al aire con «El descanso final del creyente». Hace meses que tenemos este episodio en nuestra

agenda de emisión. Y cuando lo programamos, no teníamos idea de que compartiríamos con ustedes la triste noticia de que nuestro fundador y querido amigo, el Dr. R. C. Sproul, partió con el Señor. [...] Aquí en Ligonier estamos llorando su pérdida, pero qué consuelo es saber que el Dr. Sproul está hoy, ahora mismo, disfrutando de la presencia de Cristo. Cara a cara. Está disfrutando de la realidad misma que enseña en esta lección.[1]

Muchos se entristecieron al enterarse de la muerte de R. C. Estaban llorando la pérdida de su maestro. Pero incluso en su muerte, él les enseñó a sus amados alumnos de Ligonier, les enseñó a reaccionar y a responder a su propia muerte.

En el transcurso del episodio, R. C. cita 1 Juan 3:1-3:

Mirad cuál amor nos ha dado el Padre, para que seamos llamados hijos de Dios; por esto el mundo no nos conoce, porque no le conoció a él. Amados, ahora somos hijos de Dios, y aún no se ha manifestado lo que hemos de ser; pero sabemos que cuando él se manifieste, seremos semejantes a él, porque le veremos tal como él es. Y todo aquel que tiene esta esperanza en él, se purifica a sí mismo, así como él es puro.

Después, R. C. expone:

Creo que este es uno de los textos escatológicos más importantes, si no el más importante de todos, en el Nuevo Testamento, porque lo que le promete al creyente es el cénit de la felicidad que disfrutaremos en el cielo, que se encuentra en lo que la tecnología llama de manera técnica la «visio Dei», o la visión beatífica. La primera frase, «visio Dei», sencillamente significa: «la visión de Dios», o la visión beatífica.

1   Lee Webb, introducción, «The Believer's Final Rest», programa de radio *Renewing Your Mind*, 15 de diciembre de 2017.

¿Por qué? Bueno, tal vez no te resulte conocido el término «beatífico», pero sí conozcas el término «bienaventuranza». Las bienaventuranzas son los dichos registrados en el Sermón del Monte, cuando Jesús empieza cada uno con el oráculo profético de la bendición. «Bienaventurados los pobres en espíritu. Bienaventurados los pacificadores, los que tienen hambre y sed de justicia, etc.». Es una promesa de bendición, de un grado de felicidad que trasciende cualquier placer o felicidad terrenal; cuando Dios da una bienaventuranza al alma de una persona, ese es el gozo y la satisfacción supremos que cualquier criatura pueda recibir jamás. Y esta bienaventuranza es lo que está en vista aquí, cuando hablamos de la visión beatífica: una visión tan maravillosa, tan satisfactoria, que la visión en sí trae la plenitud de la bendición.[2]

R .C. anhelaba este «deleite de nuestras almas», como lo expresaba Jonathan Edwards. Veremos a Dios «resplandeciente con un brillo pleno y descubierto».[3] R. C. terminó con estas palabras:

En la eternidad, Dios ha establecido este lugar, que es el final y el destino para todo Su pueblo. No hay nada mejor que eso y, una vez más, toda aspiración, toda esperanza, todo gozo que esperamos estará allí, y mucho más, en este maravilloso lugar. Nuestro momento más grandioso será el momento en que entremos por la puerta y dejemos atrás este mundo de lágrimas y angustias, este valle de muerte, y entremos a la presencia del Cordero.

El día antes de que esto saliera al aire, R. C. traspasó la puerta del aquí y ahora a la eternidad, y entró a su descanso. El maestro había muerto; larga vida a la enseñanza. Eso es en la tierra. En el cielo, R. C. se unió a los serafines en adoración a Aquel sentado en el trono y al Cordero sobre el mar de vidrio. Sigue proclamando la santidad de Dios.

2   «The Believer's Final Rest».
3   «The Believer's Final Rest».

«Oh excepcional»

En la tumba de Ben Johnson (1572-1637), en la Abadía de West-minster, está grabado sencillamente: «O Rare» [Oh excepcional]. Lo mismo podría decirse de R. C. John MacArthur ensalzó a R. C. como amigo, defensor de la fe y «el reformador más grande de esta era».[4] En las páginas de la revista *World*, Joel Belz observó:

> R. C. era un erudito-comunicador con dones magníficos, cuyo enfoque acrisolado nos llevó a todos a un compromiso más profundo con la verdad del evangelio. ¿Quién no puede deleitarse en la magnífica comprensión de Sproul de la Escritura, así como en su estilo persuasivo de enseñanza? Estaba cuidadosamente confinado a la Escritura, como cualquier predicador que la mayoría de nosotros haya escuchado, aunque, dentro de esos límites, también era un hombre plenamente liberado del Renacimiento. Es una combinación que no creo volver a ver mientras viva.[5]

R. C. también recibió una elegía en *USA Today*, el *Washington Post*, y su amado *Pittsburgh Post-Gazette* de su ciudad natal. En todos los medios de noticias, revistas y blogs cristianos, le rindieron honores. Crossway, la casa editora de varios de sus libros, pidió a las personas que completaran la siguiente frase: «Doy gracias por R. C. Sproul porque…». En pocos días, había más de 17 000 respuestas de todo el mundo. El 19 de diciembre de 2017, publicaron 50 en su sitio web.[6] Aquí hay algunas:

«Desmitificó la teología y me ayudó a entenderla». De alguien en Ghana

---

4 John MacArthur, *Eulogy*, servicio conmemorativo para R. C. Sproul, 20 de diciembre de 2017, Sanford, Florida.

5 Joel Belz, «Sensible Teacher», revista *World*, 20 de enero de 2018, 4.

6 *50 reasons We're Thankful for R. C. Sproul*, 19 de diciembre de 2017, Crossway, https://www.crossway.org/articles/50-reasons-were-thankful-for-r-c-sproul/.

«Me ayudó a tener una visión más bíblica de Dios». De alguien en Ohio

«Su ministerio me enseñó cómo amar a Dios». De alguien en Nuevo México

«Su búsqueda incansable para predicar la Biblia inerrante y las doctrinas de la gracia…». De alguien en China

«Su claridad. ¡Incluso en las cosas difíciles! ¡Increíble!». De alguien en el norte de Irlanda

«Fue fiel hasta el final». De alguien en Escocia

R. C. escribió más de 100 libros, produjo cientos de horas de series didácticas y dejó atrás una bóveda de sermones. Se lo cita al final de una película de vampiros donde actúa Christopher Walken (*Adicción*, 1995). La cita: «No somos pecadores por haber pecado; pecamos porque somos pecadores». Una de sus citas apareció en *Bartlett's Familiar Quotations* [Citas conocidas de Bartlett]: «El pecado es traición cósmica».[7] Otra de sus citas tendría que haber sido: «No hay ninguna molécula disidente».

Se le agradece en las notas de la cubierta de un álbum de Van Halen. También lo mencionó Alice Cooper, en un concierto de 2010 de *Good Morning America* en las calles de la ciudad de Nueva York, como una de las influencias y maestros de Cooper. «Vince», tal como R. C. lo llamaba por su verdadero nombre, había leído los libros de R. C. y asistido a una conferencia de Ligonier en San Diego. Después de la conferencia, Cooper vio que R. C. estaba esperando para empezar una ronda de golf, al igual que él. No tenían programado jugar juntos, pero Cooper le preguntó si quería jugar con él. El cantante de *rock* pesado y el teólogo jugando al golf.

Esa manera de combinar las cosas que tenía R. C. lo hacía único. Su manera de combinar ideas complejas con una enseñanza clara. Su

---

7 En *Bartlett's Familiar Quotations: A Collection of Passages, Phrases, and Proverbs Traced to Their Sources in Ancient and Modern Literature*, 17ma ed. (Boston: Little, Brown, 2002).

manera de combinar filosofía con teología. La forma en que podía entretejer a Aristóteles en la presentación del evangelio. En una reunión de Navidad de Ligonier, dio una lección sobre la historia de la ciencia que terminó llevando la atención de todos al pequeño encarnado que yacía en el pesebre. Combinaba un sentido del humor travieso con una visión seria de Dios. Sabía lo que era temblar y regocijarse. Su círculo de amigos incluía la plataforma de oradores del mundo reformado y evangélico y, según la descripción del mismo R. C., los «paganos» con los que jugaba al golf y almorzaba en el club de golf. Ambos grupos de amigos hablaron del «abismo» que había dejado R. C. al morir.

«Oh excepcional», así era.

Las personas se sentían atraídas a la enseñanza. R. C. quería que tuvieran una visión de quién es Dios. No quería que tuvieran una visión de quién era R. C. Sin embargo, el hombre detrás de la enseñanza es importante. Al considerar su legado, primero consideramos al hombre.

El hombre

Para conocer a R. C. como persona, es necesario entender el rol de la familia en su vida, su sentido del humor y su amor por la risa, su pasión, su compasión y su naturaleza empática, y sus pasatiempos. Desde que era pequeño y esperaba en la parte más alta de la calle McClellan para saludar a los parientes que llegaban a cenar o a alguna fiesta, R. C. amaba a su familia. En el Centro de Estudio del Valle Ligonier, R. C. no solo invitaba a los alumnos al salón de clases; los invitaba a su familia, a su mesa. Es más, incluso el «salón de clases», en esas primeras épocas, era su sala de estar. Él amaba a su familia y era generoso y amable. Vesta decía que, a través de los años, muchos le dieron gracias por compartir a R. C. con ellos. Para ella, la familia nunca sintió que lo estuvieran compartiendo. Cuando ella o los niños lo necesitaban, él estaba ahí. Por supuesto, su programa de viajes implicaba perderse cumpleaños y algunos hitos en la vida de un niño. Sherrie, la hija de

R. C., lo expresa con sencillez: «Tuve un papá bondadoso, divertido y amoroso, que me amaba con todo su corazón».[8]

El sentido del humor de R. C. es legendario. A Al Mohler le encantaba hablar en conferencias con R. C. No solo disfrutaba de escucharlo y de ponerse al día con su amigo; Mohler sabía que la presencia de R. C. en la cena de oradores significaba que el tiempo juntos sería mucho más agradable, con una cantidad mucho mayor de bromas y risas. Steven Lawson lo llamaba «el rey de los comentarios ingeniosos». Otros intentaban mantenerle el paso pero no podían. Su sentido del humor no solo era conocido en el círculo de amigos y asociados, sino también entre todos los estudiantes que lo miraban a través de los años. Hacía chistes y le encantaba escuchar chistes. Bromeaba con otros y le encantaba que bromearan con él. R. C. quería que los demás entendieran la razón teológica. Solo una persona cuyos pecados han sido perdonados y ha escapado de la ira de Dios puede conocer el verdadero gozo en la vida.

Igual de evidente que el sentido del humor de R. C. era su pasión. Ya fuera su pasión por Dios y por la santidad, por su obra o su familia, R. C. era como Lutero, a toda máquina. Al igual que el antiguo marinero de Samuel Taylor Coleridge, que se sentía impulsado a tomar por el brazo a los invitados de la boda y contarles su historia, R. C. también se sentía impulsado a contar la historia de la santidad de Dios y el regalo de la justicia de Cristo. Esa pasión y motivación lo impulsaban, incluso hasta llegar cerca de los 80 años de edad, a medida que su cuerpo se debilitaba. R. C. lo expresó así: «Le debo a todo ser humano que conozco el hacer todo lo que pueda para comunicarle el evangelio».

También había compasión. Vesta observó: «Le gustaban las personas. Pensaba que eran interesantes, y sabía que podía aprender de ellas. En particular, me gustaba que podía hablar con un obrero de la construcción o con el presidente de una empresa de la Fortune 500, y estaba cómodo en las dos situaciones. Pero él seguía siendo auténtico.

8 Sherrie Sproul Dorotiak, «A Unique Perspective», *Tabletalk*, edición especial, 2018, 13.

No cambiaba entre dos personalidades con respecto a su manera de abordar a la gente».[9] Guy Rizzo, uno de esos «paganos» de su club de golf que fue llevado a Cristo por R. C., lo conoció 25 años. Dijo que, en el transcurso de esos años, R. C. «nunca actuó con un aire de superioridad».[10] Los que trabajaban en Ligonier o pudieron trabajar con R. C. en proyectos expresarían lo bueno que fue el Señor al permitirles pasar tiempo con él.

Por último, para entender al hombre en cuanto a la importancia de la familia, su sentido del humor, su pasión y su compasión, considerar sus pasatiempos completa la imagen. Los deportes, la pintura y el dibujo, leer biografías, mirar películas clásicas y contemporáneas, la música (escucharla y tocarla, el piano y el violín) y armar rompecabezas. Estos eran los pasatiempos de R. C. Ni hablar de las dietas. Cualquier dieta de moda captaba su atención. La dieta Scarsdale dio paso a la de Atkins. Después estuvo la dieta sin trigo. Y probablemente una de las preferidas de R. C.: el tocino de pavo.

Sin embargo, el pasatiempo que más me viene a la mente cuando pienso en R. C. es el deporte. Tal vez sea incorrecto referirse a los deportes como un pasatiempo para R. C. En los primeros 18 años de su vida, los deportes fueron algo dominante. Eran sus amados Pirates y los Steelers en negro y dorado. Nunca se olvidó de la vez que vio su primer partido de béisbol. Los Pirates 5, los Reds 3. Jugaban al béisbol en Mowry Park o al hockey en la «pista de hielo» en la reserva. Todo pasaba por los deportes. El golf empezó en el seminario y no paró hasta noviembre de 2017; 55 años en el campo de golf. Los momentos destacados incluyen su hoyo en uno, que fue un hoyo en tres. Se preparó para un hoyo sobre un obstáculo de agua. Se balanceó y la pelota terminó en el lago. Primer golpe. Aceptó la sanción y volvió a

9   Vesta Sproul, en Dorotiak, «A Unique Perspective», 13.
10 Guy Rizzo, *Eulogy*, servicio conmemorativo para R. C. Sproul, 20 de diciembre de 2017, Sanford, Florida.

prepararse. Segundo golpe. Desde el *tee*, se balanceó y la pelota fue al *green* y entró en el hoyo. Tercer golpe. Así se hace un hoyo en uno, que fue un hoyo en tres. R. C. dijo que uno de los mejores días de su vida fue en 1985, en el Día del Gator Golf, un evento de la Universidad de Florida que junta a un cuarteto de golfistas con un profesional. Ese día, R. C. jugó con su amigo de toda la vida, Wally Armstrong. Su equipo ganó, y R. C. jugó mejor que todos, incluso los profesionales. Cuando R. C. jugaba al golf, competía contra el campo, o eso decía.

De muchas maneras, los deportes eran más que un pasatiempo. Transfirió el empeño y la determinación del deportista a su trabajo como teólogo. Cuando hablaba desde el frente, era la hora del juego, y estaba listo. Era la clase de jugador que «dejaba todo en la cancha». Lo mismo sucedía con su enseñanza y su predicación.

El arte fue un pasatiempo temporal. Le gustaba, pero no disfrutaba de la parte de la limpieza. Cuando por fin dejó atrás la pintura, Vesta dijo que no fue porque le faltara tiempo o inclinación, sino porque le faltaba un lavabo.[11]

Esta muestra de sus pasatiempos y rasgos de personalidad apunta a R. C. como una persona real. George Grant lo explicó bien: «Su carácter centrado, humilde y ferviente adornaban su genio con una gracia peculiar».[12] Grant observa que esa era la primera impresión. Añade: «En los 35 años que lo conocí, esa primera impresión se reforzó 100 veces».[13]

Esta medida del hombre también nos informa sobre su método.

El método

R. C. valoraba la precisión, una comunicación clara, el valor y la convicción, y un enfoque para la gente. Cualquiera que haya llevado en automóvil a R. C. sabe que valoraba la precisión. Ni siquiera tenía que

---

11   Stephen Nichols con Vesta Sproul, entrevista personal, 29 de octubre de 2018.

12   George Grant, *R. C. Sproul, 1939-2017*, blog de Grantian Florilegium, 15 de diciembre de 2017.

13   Grant, *R. C. Sproul, 1939-2017*.

mirar el velocímetro; sabía cuándo alguien estaba conduciendo incluso apenas por encima del límite de velocidad. Tal vez R. C. aprendió la precisión de su padre contador o de su meticulosa madre mecanógrafa. La aprendió de la precisión perfectamente sincronizada de los ancianos que pasaban al frente para la Cena del Señor en Pleasant Hills. Allí no aprendió precisión teológica. Eso lo aprendió de Gerstner, y de sus maestros del pasado, Agustín, Aquino, Calvino, Turretin, Edwards, Hodge y Warfield. Estos eran teólogos científicos. Tenían que ser precisos. Lo opuesto de la precisión es la chapucería. En lo que se refiere al conocimiento de Dios y Su evangelio, sencillamente no hay espacio para la chapucería. Otro opuesto de la precisión es la más sutil «ambigüedad estudiada», contra la cual R. C. luchó toda su vida. Tal vez la ambigüedad estudiada era una amenaza mucho mayor que el error evidente. En el caso de la primera, la gente podía bajar la guardia, y un goteo sutil se transforma en una cascada con el tiempo. R. C. valoraba la precisión.

También valoraba la comunicación clara. Tomaba lo complejo y lo hacía claro y comprensible, sin distorsionarlo. Lo hacía convincente. Era una persona persuasiva.

Además, valoraba la convicción y el valor. Tenía una tarjeta en su escritorio que decía: «Predica y enseña lo que la Biblia dice que es cierto, no lo que tú quieres que diga que es cierto». Esa era la fuente de su valentía. Como un profeta de antaño o un reformador del siglo XVI, R. C. tenía valentía porque estas eran las palabras de Dios, Sus enseñanzas. Proclamaba «aquella palabra sobre todo poder terrenal»[14]. John MacArthur, su antiguo compañero de trinchera, dijo: «La pasión que motivaba a R. C. era su amor por el evangelio y su celo por garantizar que el mensaje se proclamara sin concesión ni confusión».[15] Michael Horton manifestó: «R. C. no tenía demasiado tiempo para los cobardes

---

14 Nota de la traductora: Esta frase hace referencia al himno «Mighty Fortress», pero en su versión en español, «Castillo fuerte», no aparece de esta manera.

15 John MacArthur, «Comrades in Arms», *Tabletalk*, edición especial, 2018, 52.

en cuestiones de grandes momentos. La película *Tombstone* era una reproducción obligada para sus amigos».[16] Era consistente en su valor y su convicción. Dicen que es posible saber lo que dirá un gran líder sobre determinado tema, porque tiene un historial de consistencia tenaz. Esto era cierto de R. C. Sostuvo sus convicciones con integridad toda su vida, incluso si se encontraba en medio de un tiroteo estilo lejano oeste.

Por último, era de la gente. Podía inclinarse sobre el atril o el púlpito y, con una sonrisa amplia y cálida, mirarte a los ojos, incluso si estabas en medio de una multitud de miles de personas. Te miraba a ti, te hablaba y te enseñaba a ti. Podía hacer lo mismo a través de la cámara de video en una serie didáctica o por la radio, en una transmisión de *Renewing Your Mind.* Creaba una conexión. Esto explica por qué tantos sintieron que habían perdido un amigo cuando se enteraron de la muerte de R. C. Nunca lo conocieron en persona, pero sentían como si lo hubieran hecho. R. C. le llevaba su mensaje a las personas porque eso fue lo que hicieron los reformadores.

Andrew Pettegree hace esta observación sobre Lutero el reformador:

Lutero fue un escritor teológico culto y resuelto. Escribía en un excelente latín, y sus obras en latín estaban a la altura de las de sus adversarios. Pero sus escritos en alemán fueron lo que redefinió el debate teológico y moldeó a su audiencia. Como ya vimos, la decisión de elaborar un argumento en contra de las indulgencias con el *Sermón sobre la indulgencia y la gracia* fue trascendental; y probó ser apenas la primera de varios cientos de composiciones originales en alemán, muchas como esta: breves, concisas y expresadas con una franqueza y claridad que fueron una revelación en sí mismas. [...]

Lutero llamó al pueblo alemán a abordar cuestiones serias como la salvación y la responsabilidad cristiana, y los alemanes respondieron en masa. A la hora de captar su interés, el medio —la elección de

---

16 Michael Horton, «R. C. Sproul: In Memoriam», blog *White Horse Inn*, 14 de diciembre de 2017, https://www.whitehorseinn.org/2017/12/r-c-sproul-in-memoriam/.

palabras y el estilo de Lutero, la accesibilidad de esas ideas expresadas en forma concisa, las señales visuales de panfletos con una homogeneidad de diseño cada vez mayor— fue en muchos aspectos tan importante como el mensaje.[17]

Lutero llevaba el mensaje a la gente. No la subestimaba, sino que le comunicaba los conceptos con claridad y sin tecnicismos. Sabía que necesitaban escuchar la verdad bien expresada. Cuando R. C. admiraba a Lutero por ser un reformador para la gente, esto era exactamente lo que admiraba. Estos elementos también se pueden encontrar en la obra del mismo R. C. Él también conocía el poder de las palabras y las frases. Hacía que las ideas serias fueran accesibles para las personas. Era un escritor teológico educado y podía defender ideas en el ámbito académico. Pero iba directo a las personas.

Estas verdades sobre la doctrina de Dios y las doctrinas de la gracia sacan luz de las tinieblas, vida de la muerte. Su precisión, claridad, convicción y mensaje para la gente eran el método. El contenido puede verse en sus contribuciones.

Las contribuciones

Según cuándo mires la vida de R. C., tal vez tengas una respuesta distinta a cuál fue su contribución a la iglesia y la tradición cristiana. Si miraras 1978, dirías que su mayor contribución fue a la lucha por la inerrancia. Si miraras 1994, o la Declaración sobre Cristología de 2016, dirías que fue la justificación por fe sola. Otros dirían que fue la apologética. Algunos dirían que él fue uno de los pocos reformados que consideraban que Tomás de Aquino era provechoso. Otros dirían que nadie más podía hablar de la idea de Aristóteles de la causa en un sermón titulado: «¿Qué es el evangelio?». Cuando otros escuchan que la gente dice que la contribución de R. C. fue la filosofía o la inerrancia,

17 Andrew Pettegree, *Brand Luther: 1517, Printing, and the Making of the Reformation* (Nueva York: Penguin, 2015), 333-34.

sencillamente no entienden. Dirían que le recordó a la iglesia que Dios es santo. Todas estas cuestiones reflejan aspectos del legado de R. C.

Sus contribuciones incluyen todas las siguientes:

LA INERRANCIA

R. C. plantó la semilla para el Concilio Internacional de Inerrancia Bíblica. Fue el primer presidente del ICBI y un escritor de mucho material para el mismo. Antes y después de la Declaración de Chicago sobre la Inerrancia Bíblica, R. C. nunca flaqueó en la doctrina de la autoridad intransigente de la Escritura expresada en la inspiración, la inerrancia y la infalibilidad de la Escritura.

LA APOLOGÉTICA CLÁSICA:

En el ejemplar de R. C. del primer volumen de *Instituciones de teología electante,* anotó:

> Que Él es
> Qué es Él
> Quién es Él

Saber «que Él es» se refiere a la observación de Turrentin: «Primero podemos saber que Él es (con respecto a la existencia) contra el ateo».[18] La creencia en Dios es racional y demostrable. Como escribe Turretin en la próxima página: «La naturaleza prueba la existencia de Dios».[19] Turretin lo aprendió de Aquino, el cual lo aprendió de Aristóteles. Aquino y Turretin se lo transmitieron a Edwards, Edwards a Hodge y Warfield, Hodge y Warfield a Gerstner, y Gerstner a R. C. La teología natural era esencial para la apologética de R. C. En su conclusión de *Las ideas tienen consecuencias,* escribió:

---

18 Francis Turretin, *Institutes of Elenctic Theology*, vol. 1, trad. Charles Musgrave Giger, ed. James T. Dennison Jr. (Phillipsburg, NJ: P&R, 1992), 169.

19 Turretin, *Institutes of Elenctic Theology*, 170.

Al entrar en el ocaso de mi vida, estoy convencido de que [...] tenemos que reconstruir la síntesis clásica mediante la cual la teología natural cierra la brecha entre la revelación especial de la Escritura y la revelación general de la naturaleza. Esta reconstrucción podría terminar la guerra entre la ciencia y la teología. La persona pensante podría abrazar la naturaleza sin abrazar el naturalismo. Toda la vida, en su unidad y diversidad, podría vivirse *coram Deo,* ante el rostro de Dios, bajo Su autoridad y para Su gloria.[20]

Los presuposicionalistas y el fideísmo rechazan de manera rotunda la teología natural. R. C. consideraba a ambos peligrosos, no solo para la apologética sino también para la expresión clásica reformada de la doctrina de Dios. Les reprochaba a los presuposicionalistas haber cedido tanto terreno. R. C. era del ámbito tenaz de los apologistas. Si alguien decía que hay contradicciones en la Biblia, él se sentaba con esa persona y resolvía cada uno de sus planteos. A veces, cuando el otro se quedaba sin objeciones, él mismo les mostraba otras supuestas contradicciones y las resolvía.

LA SANTIDAD Y LA SOBERANÍA DE DIOS

Se podría considerar que los dos clásicos de R. C., publicados de manera seguida —*La santidad de Dios* (1985) y *Escogidos por Dios* (1986)— presentan los dos atributos de la santidad y la soberanía. Por un lado, es así. Ambos estaban eclipsados, y R. C. los alumbró en forma consistente a través de las décadas. Pero son más que tan solo dos atributos de Dios en una lista de muchos otros. Para R. C., eran maneras de expresar fundamentalmente y de manera palpable el ser de Dios. Podemos volver a Turretin, «Qué es Dios», con respecto a Su naturaleza. Hablaremos más sobre el tema abajo. Pero estos dos libros y estos dos temas que resuenan en todas las obras de R. C. son una

---

20 R. C. Sproul, *The Consequences of Ideas: Understanding the Concepts That Shaped Our World* (Wheaton, IL: Crossway, 2000), 203.

contribución singular y necesaria. A Dios se lo toma en forma demasiado liviana. El título del libro de Edward Welch lo expresa en forma conmovedora: *Cuando la gente es grande y Dios es pequeño.*[21] Conocer a Dios en Su santidad y soberanía es el correctivo, y revierte adecuadamente el orden.

LA JUSTIFICACIÓN POR FE SOLA Y LA IMPUTACIÓN

Aunque las contribuciones claves de R. C. sobre la justificación por fe sola y la imputación se vinculan con la controversia de «Evangélicos y católicos unidos» (ECT) en 1994, el énfasis sobre esta doctrina se puede ver en todas las décadas de la obra de R. C. Él comentó que ECT fue «la parte más dolorosa de toda su carrera».[22] ECT causó división entre amigos, pero para R. C., había demasiado en juego para transigir o ceder.

En el monólogo de apertura, «1517», del CD *Glory to the Holy One,* R. C. recuerda la defensa valiente de Lutero de la justificación por fe sola y la imputación. Después, declara: «En cada generación, el evangelio debe publicarse nuevamente con la misma audacia, la misma claridad y la misma urgencia que se expresó en la Reforma del siglo XVI». Este problema con ECT tenía que ver directamente con la claridad del evangelio. Para R. C., ECT promovía una ambigüedad estudiada, su vieja némesis. En cuanto al evangelio, la ambigüedad no sirve. Solo la claridad funciona. Erwin Lutzer testificó: «No puedo pensar en [R. C.] sin también pensar en la justicia de Cristo».[23] Al pensar en el impacto de R. C. Sproul en su propia vida y ministerio, John Piper conecta las doctrinas de la justificación y la de Dios:

---

21 Edward Welch, *When People Are Big and God Is Small: Overcoming Peer Pressure, Codependency, and the Fear of Man* (Phillipsburg, NJ: P&R, 1997).

22 R. C. Sproul, en Joel Belz, «Sensible Teacher», revista *World*, 20 de enero de 2018, 4.

23 Erwin Lutzer, *In Loving Memory of R. C. Sproul: A Tribute*, Moody Church Media, 15 de diciembre de 2017.

Para mí, su fidelidad a los textos bíblicos y su visión elevada de la soberanía y la santidad de Dios fue lo que hizo que la lucha de R. C. por la imputación de la justicia de Cristo fuera tan creíble y convincente. Cuanto más grande, central, soberano y santo es Dios a nuestros ojos, con mayor claridad vemos nuestra necesidad desesperada de justificación por fe sola.[24]

Todas estas contribuciones vuelven a lo que él decía claramente sobre sí mismo, al identificarse como un teísta clásico reformado. Creía que la teología es para la vida. Creía que la teología es fundamentalmente doxología. Conocer a Dios es adorar a Dios. Creía que Dios es santo. Nosotros somos pecadores. Jesucristo es nuestro sacrificio perfecto, el cual nos viste con Su manto justo. Él creía todas estas cosas, y lo apasionaban todas estas cosas. Esa es la suma de las ambiciones y la obra de su vida.

Si recordamos su tesis de grado en Westminster College, R. C. tituló su columna «El ahora cuenta para siempre» publicada en el ejemplar de agosto de 2011 de *Tabletalk* «La búsqueda impía de Dios en Moby Dick». Empieza ensalzando el lugar de la novela: «Herman Melville escribió la gran novela estadounidense hace más de 100 años. Esta novela, que ninguna otra ha podido sobrepasar, es *Moby Dick*». R. C. declara que la grandeza de la novela se encuentra en su «simbolismo teológico sin paralelos». Es una excelente novela porque habla de la épica más grande de todas, la historia de Dios y el hombre. R. C. cree que «la búsqueda de Ahab de la ballena no es una búsqueda justa de Dios, sino el intento fútil del hombre natural, en su odio hacia Dios, de destruir la Deidad omnipotente». Después, termina el artículo contrastando la búsqueda impía del Santo y la búsqueda sagrada, que solo es posible si uno «experimenta la dulzura de la grandeza reconciliadora». Los últimos párrafos de R. C. dicen:

---

24 John Piper, «An Unashamed Herald», *Tabletalk*, edición especial, 2018, 64.

Creo que el mejor capítulo escrito en inglés es el capítulo de Moby Dick titulado «La blancura de la ballena». Aquí podemos obtener una perspectiva clara del profundo simbolismo que emplea Melville en su novela. [...] En este capítulo, Melville escribe: «Pero todavía no hemos explicado el encantamiento de esta blancura, ni hemos descubierto por qué apela con tal poder al alma: más extraño y mucho más portentoso... por qué, como hemos visto, es a la vez el más significativo símbolo de las cosas espirituales, e incluso el mismísimo velo de la Deidad cristiana, y, sin embargo, que tenga que ser, como es, el factor intensificador en las cosas que más horrorizan a la humanidad. [...] ¿Les asombra entonces la ferocidad de la caza?».

Si la ballena personifica todo lo que simboliza la blancura —todo lo aterrador, todo lo puro, todo lo excelente, todo lo horrible y abominable, todo lo misterioso e incomprensible—, ¿no simboliza acaso los rasgos que se encuentran en la plenitud de las perfecciones del mismo Dios?

¿Quién puede sobrevivir a la persecución de un ser semejante, si esa búsqueda está impulsada por la hostilidad? Solo aquellos que han experimentado la dulzura de la gracia reconciliadora pueden mirar el poder, la soberanía y la inmutabilidad abrumadores de un Dios trascendente y encontrar allí paz en lugar de un impulso de venganza.[25]

Moby Dick cuenta en ficción lo que Isaías 6 y la historia de Uza registran como hechos; hechos inspirados, inerrantes, infalibles y divinamente revelados.

Cuando R. C. escribió esta columna para *Tabletalk,* habían pasado 40 años de su tesis de grado. Desde 1961 —se podría ir más atrás a 1957 a su primera conversión, y a 1958 a su «segunda» conversión— hasta 2011, hubo una consistencia tenaz en el tema

---

25 R. C. Sproul, «The Unholy Pursuit of God in Moby Dick», *Tabletalk*, agosto de 2011.

que era central para R. C. Y desde 2011 hasta su muerte en 2017, no amainó. Desde su primera lectura del Antiguo Testamento, en septiembre, octubre, noviembre y diciembre de 1957, habló del «Dios que juega para ganar». Ese era el Dios que él estudiaba, al cual anhelaba conocer, el Dios que les proclamó a sus compañeros y a su novia Vesta. Era el Dios al cual servía, amaba y adoraba. En los meses de septiembre, octubre, noviembre y diciembre de 2017, todavía estaba estudiando y anhelando conocer más a Dios, proclamarlo, servirlo, amarlo y adorarlo.

R. C. cambió de opinión sobre varias cosas en el transcurso de su vida. Una vez bromeó que, en uno u otro momento, sostuvo todas las visiones escatológicas posibles. Cambió de opinión sobre el significado de «día» en Génesis 1. Pero en cuanto a la doctrina de Dios, nunca se movió, nunca «repensó» su postura, nunca capituló. Durante casi 60 años, dijo una sola cosa: lo más importante es la doctrina de Dios. Y lo que es necesario entender aquí es que no era tan solo la doctrina de Dios, sino que era la doctrina de Dios según se enseñaba y sostenía en la fe cristiana histórica y ortodoxa, lo cual es también sinónimo de tradición clásica reformada. Lo importante aquí es «la cualidad divina de Dios». No la visión superficial, informal y baja de Dios; eso no alcanza. Y tampoco es simplemente una visión alta de Dios; es la visión más alta posible de Dios. Anselmo empezó su *Proslogion* con la palabra *humuncio,* «hombrecito». A continuación, llamó a Dios «aquello que es más grande de lo que se puede concebir». Concibe algo grandioso; Dios es más grande aún. Cuando Agustín escribió sus magistrales *Confesiones,* la primera palabra que usó fue *Magnus,* «Grande eres, Dios».

Esto va al centro de la teología de R. C. y al centro de su legado y contribución. Para verlo, necesitamos un contraste. Esto viene en el ahora famoso análisis sociológico de Christian Smith y Melinda Lundquist Denton, el libro de 2009 de Oxford University Press, *Soul Searching: The Religious and Spiritual Lives of America's Teenagers*

[Introspección: Las vidas religiosas y espirituales de los adolescentes en Estados Unidos]. Después de evaluar toneladas de estudios, llegaron a la conclusión de que la visión de Dios que tienen los adolescentes norteamericanos podría resumirse como «deísmo terapéutico moralista», donde Dios es una cruza entre «un mayordomo divino y un terapeuta cósmico». Esta es precisamente la visión superficial de Dios que llevó a la caída de Ahab. Sin embargo, no es exclusivo de la visión de los adolescentes en Estados Unidos. Es una visión que comparten los adultos en Estados Unidos y otros lugares, dentro y fuera de la iglesia. Contra esto luchaba R. C. todas esas décadas. Su enseñanza era el antídoto para el deísmo terapéutico moralista, o para cualquier otra visión que no corresponda con la representación bíblica de su autor; un fuego consumidor, un torbellino encendido de gloria, que ciega con pureza y santidad. Como observó John Piper: «Este era el objetivo de R. C.: un corazón abrumado y humillado y cautivado por la grandeza y la pureza trascendentes de Dios».[26]

Jared Wilson habla de la influencia de *La santidad de Dios:*

Leí este libro influyente por primera vez cuando estaba en la universidad. Sproul me llevó a Rudolf Otto, y aprendí sobre la experiencia *mysterium tremendum,* que me ayudó a darle forma a todo mi «temor y temblor» adolescente. El libro *La santidad de Dios* parecía tener la llave para desentrañar lo que hacía que Sproul fuera tan benditamente distinto de incluso los «predicadores estrella» más elocuentes. Evidentemente, era un hombre que caminaba en la órbita misericordiosa y perturbadora de lo verdaderamente numinoso.[27]

Wilson nos señala un aspecto significativo del legado de Sproul, su impacto sobre el movimiento de *Young, Restless and Reformed* [Jóvenes,

---

26 John Piper, «An Unashamed Herald», 64.

27 Jared Wilson, *The Numinous and R. C. Sproul,* Coalición por el evangelio, 15 de diciembre de 2017, https://www.thegospelcoalition.org/blogs/jared-c-wilson/numinous-r-c-sproul/.

inquietos y reformados]. Collin Hansen acuñó este término para una nota de tapa de *Christianity Today,* el 22 de septiembre de 2006, y más adelante desarrolló la historia en su libro *Young, Restless, and Reformed: A Journalist's Journey with the New Calvinists [Jóvenes, inquietos y reformados: La travesía de un periodista con los nuevos calvinistas].* La travesía del mismo Hansen incluye a R. C. Menciona cómo, mientras estaba en la universidad, «un estudiante mayor me llevó a escuchar a R. C. Sproul. No fui buscando teología reformada. Pero la teología reformada me encontró».[28] Hansen dice que los adolescentes crecen escuchando sobre nuestro «amigo Jesús», y necesitan escuchar sobre «Dios Padre». Y eso hicieron de parte de R. C. Matthew Barret habla de esa constelación de personas que produjeron y asesoraron a los Jóvenes, inquietos y reformados: MacArthur, Mohler, Packer, Piper y Sproul, y añade: «Fue Sproul el que los sentó a la mesa a que se deleitaran de un banquete teológico». Y continúa: «Fuera la santidad de Dios, las doctrinas de la gracia o *sola fide,* R. C. era la prueba de que, si no empezamos a pensar en forma teológica, nuestro cristianismo no será más que un globo lleno de aire caliente. Y era la prueba de que esto era posible no solo en el ámbito académico, sino también en los bancos de la iglesia».[29] El movimiento de Jóvenes, inquietos y reformados fue el resultado de todo el trabajo de R. C. y otros. Durante décadas, él plantó fielmente las semillas de la doctrina de Dios y las doctrinas de la gracia.

R. C. leyó el Antiguo y el Nuevo Testamento. Sus fieles maestros lo guiaron a Agustín, Aquino, Calvino, Turretin y Edwards. Lo que encontró en este Monte Everest de la historia cristiana fue que todos ellos «estaban embriagados de la grandeza de Dios». Cuando ganó el

---

28 Collin Hansen, *Young, Restless, and Reformed: A Journalist's Journey with the New Calvinists* (Wheaton, IL: Crossway, 2008), 25.

29 Matthew Barrett, «We Are Theologians Because of R. C. Sproul», revista *Credo,* 14 de diciembre de 2017, https://credomag.com/2017/12/we-are-theologians-because-of-r-c-sproul-matthew-barrett/.

premio Jordon en 2007 por toda una vida de publicaciones, R. C. declaró: «Quería ayudar a las personas a recuperar los gigantes del pasado». Descubrió que todos tenían «una sustancia en común», es decir, «un compromiso abrumador, apasionado y que saturaba el alma con la majestad trascendente de Dios. Ese fue el mensaje que me cautivó. Eso fue lo que más he querido comunicar a través de mi enseñanza y de mis escritos».[30]

Era el mensaje que encontró en los Reformadores. Esto fue lo que Roland Bainton dijo de Lutero, uniendo la ira de Dios y la obra de Cristo:

En el Señor de la vida, que nació en la suciedad de un establo de vacas y murió como un malhechor abandonado y ridiculizado por los hombres, que clamó a Dios y recibió por respuesta solo el temblor de la tierra y un eclipse solar, fue abandonado incluso por Dios y cargó sobre sí en aquella hora nuestra iniquidad para exterminarla, pisoteó las huestes del infierno y reveló dentro de la ira del absolutamente Terrible el amor que no nos soltará. Lutero ya no temblaba ante el murmullo de una hoja soplada por el viento, y en vez de invocar a Santa Ana, declaró que podía reírse de los truenos y los relámpagos de la tormenta. Esto fue lo que le permitió pronunciar palabras como estas: «Esta es mi postura. No puedo hacer otra cosa. Que Dios me ayude. Amén».[31]

Por si olvidábamos al reformador genovés en la Conferencia Nacional de Ligonier en 2009, un año que marcó el quingentésimo aniversario del nacimiento de Calvino, R. C. hizo hincapié en la observación de Calvino de que solemos mantener los ojos puestos

---

30 R. C. Sproul, video preparado para el premio Jordon por reconocimiento de trayectoria en 2007, de la Evangelical Christian Publishers Association [Asociación Cristiana Evangélica de Editores] (ECPA).

31 Roland Bainton, *Here I Stand: A Life of Martin Luther* (Nueva York: Abingdon-Cokesbury Press, 1950), 386.

en la tierra, en lo horizontal. Pero ¿y si levantáramos la mirada al cielo?[32] Eso era lo que pregonaba R. C.: levanta la mirada al cielo. Piensa en quién es Dios. El cuadro de más abajo muestra las corrientes de influencia de R. C. La manera particular en que expresaba la «cualidad divina de Dios» era la santidad. Era algo que faltaba en la cultura deísta terapéutica y moralista. Era algo que faltaba en muchos sermones. La santidad también fue un golpe brillante porque llevaba de inmediato a la santificación. Debemos ser santos como Dios es santo. Nosotros que hemos venido ante el Dios tres veces santo, «Sanctus, Sanctus, Sanctus», debemos buscar una santificación plena. A R. C. le importaba lo que sabías, pero quería que lo que sabías transformara tu manera de vivir. En última instancia, quería que transformara vidas.

La santidad de Dios es la historia principal de la historia de R. C. Es el blanco al que se dispararon todas las flechas de su vida.[33] El cuadro de más abajo ofrece algunas expresiones claves de la doctrina de Dios que R. C. aprendió, enseñó y vivió mientras proclamaba la santidad de Dios.

La cualidad divina de Dios

Fundamento bíblico
> *YHWH,* Yo Soy, el Señor
> *Sanctus, sanctus, sanctus*
> Santificado sea Tu nombre

Tradición clásica reformada
> *Aliquod primum principium,* primer principio necesario en sí mismo
> *Ens perfectissimus,* el ser más perfecto
> *In se est,* Existir en sí mismo (aseidad)

---

32 R. C. Sproul, *I Am The Lord, There Is No Other,* Conferencia Nacional de Ligonier de 2009, Orlando, Florida.

33 Cuando le pregunté por primera vez a R. C., el 10 de marzo de 2013, si le parecía bien que escribiera esta biografía, él accedió, y de inmediato dijo: «Mi amor por la santidad de Dios empezó en la universidad». Me quedó en claro que él quería que la santidad de Dios fuera la historia principal de su historia.

Mysterium tremendum, misterio trascendente que inspira asombro
Tremendum, estremecimiento; temblor
Jonathan Edwards
    El Ser con el Ser supremo
Herman Melville
    La blancura de la ballena (metafóricamente)
Espiritual negro
    Tremble, Tremble, Tremble [Temblar, temblar, temblar]
Rudolf Otto
    Lo numinoso (la pureza y un poder abrumador y absoluto)
R. C. Sproul
    Santidad

Esta teología, el conocimiento de Dios, lleva a la doxología, la adoración de Dios. R. C. dijo que aprendió que la teología es doxología del Dr. G. C. Berkouwer que lo aprendió de Aquino. Según Aquino, la teología es enseñada por Dios, enseña sobre Dios y conduce a Dios. Del estudio sobre Dios, pasamos a adorarlo. La belleza, la majestad y el esplendor de Dios exigen nuestra adoración. El Salmo 27:4 declara:

Una cosa he demandado a Jehová,
    ésta buscaré;
Que esté yo en la casa de Jehová
    todos los días de mi vida,
Para contemplar la hermosura de Jehová,
    y para inquirir en su templo.

R. C. quería asegurarse de que no pasáramos por alto la palabra *belleza*. Una vez, dijo: «La belleza me conmueve. El orden, la coherencia y la excelencia me conmueven. Creo que Dios debe ser exquisitamente hermoso».[34] Nos unimos a la multitud de serafines y declaramos: «Santo, santo, santo». Es la contribución singular de R. C. Sproul que lo llevó a múltiples contribuciones en los campos de batalla de la inerrancia

---

34 R. C. Sproul, entrevista, *The Wittenburg Door*, vol. 79, junio-julio 1984, 13.

en la década de 1970, de la apologética en medio de un secularismo desenfrenado en la década de 1980, y la justificación por fe sola y la imputación en la década de 1990. John MacArthur dijo: «Donde había una batalla, R. C. estaba ahí».[35] Estaba ahí porque, al igual que sus héroes, lo cautivaba la majestad trascendente de Dios.

Los libros

Como ya mencionamos, en julio de 2007, la Evangelical Christian Publishers Association le entregó a R. C. el premio Jordon de reconocimiento a la trayectoria. James Dobson remarcó cómo los libros de R. C. mantenían «viva la llama de la ortodoxia», y añadió que sus escritos revelan y fomentan un «compromiso con la fe cristiana histórica».[36] Joni Eareckson Tada decía que R. C. podía hacer que los temas teológicos complicados no solo fueran comprensibles, sino que también cobraran vida. Varios líderes cristianos hablaron de la influencia de sus libros, y es interesante que hablaron de la influencia de los libros de R. C. sobre ellos en forma personal.

De sus más de 100 libros, R. C. identificaba unos pocos que esperaba que fueran útiles para la iglesia, por la gracia y la voluntad de Dios, en las décadas que vendrían. Estaban sus dos textos clásicos, *La santidad de Dios* (1985) y *Escogidos por Dios* (1986). Además, R. C. distinguía *Not a Chance* [Ninguna casualidad] (1994); *Classical Apologetics* [Apologética clásica] (1984); *Truths We Confess* [Verdades que confesamos] (publicado en tres volúmenes en 2006 y 2007, y revisado y publicado como una edición de un volumen de manera póstuma en 2019); *Las ideas tienen consecuencias* (2000); y *Cómo estudiar e interpretar la Biblia* (1977). Mencionó este último porque se trataba sobre enseñar a las personas a leer la Biblia, lo cual destacaba su importancia.[37]

35 John MacArthur, *Eulogy*.
36 James Dobson, comentarios al entregar el premio Jordon de la ECPA por reconocimiento de trayectoria a R. C. Sproul, julio de 2007.
37 Stephen Nichols con R. C. y Vesta Sproul, entrevista personal, 26 de septiembre de 2013.

Vesta tiene un lugar especial para sus libros para niños. Explica por qué:

R. C. siempre decía: «Si no entiendes profundamente lo que estás enseñando, no puedes simplificarlo sin distorsionarlo». Cuanto más pensaba en esto, más se dio cuenta de que quería escribir libros para niños. Por supuesto, tener nietos también influyó en el asunto. También esperaba que los padres que leyeran sus libros para niños entendieran mejor la Biblia.[38]

Escribir fue una parte significativa de la vida profesional de R. C. desde que publicó su primer libro, *The Symbol*, en 1973. Llenaba páginas y páginas de blocs amarillos que después su secretaria mecanografiaba y enviaba a distintos editores. Muchos de estos manuscritos tienen capítulos escritos de una sola vez, sin cambios, frases tachadas ni comienzos en falso. Cuando la Sra. Buchman envió el manuscrito de *One Holy Passion* [Una pasión santa] a Bruce Nygren, el editor de R. C. en Thomas Nelson, escribió en la carta de presentación: «Este es un día memorable para mí, al enviarle el manuscrito del Dr. Sproul de *One Holy Passion*. Espero que todos los que lo lean se beneficien tanto como yo al tipearlo, leerlo y releerlo».[39]

Incluso después de la muerte de R. C., se han seguido y se seguirán publicando libros de él, ya que hay series didácticas y material de sermones que probablemente sigan transformándose en libros. Los escritos de R. C. eran sencillamente una extensión de su enseñanza. El objetivo de su enseñanza era que las personas entendieran la Biblia mejor y, en consecuencia, tuvieran una mejor comprensión de quién es Dios. Ese era el objetivo de todos sus libros, que en última instancia, al leerlos —ya sea que el tema fuera la teología, la apologética, los estudios bíblicos o la vida cristiana—, la gente saliera con un entendimiento

---

38 Vesta Sproul, «A Unique Perspective», 15.
39 Maureen Buchman a Bruce Nygren, 17 de julio de 1986.

mejor y más profundo de la Palabra de Dios, y una pasión más intensa por ella y un deseo de obedecerla. Muchos llegaron a conocer a R. C. a través de dos vías principales: al escucharlo en el programa *Renewing Your Mind* o al leer uno de sus más de 100 libros. Cuando conocían a R. C., él deseaba que se encontraran y conocieran a Dios.

Las instituciones

Además de ser conocido por sus libros, R. C. es conocido como el fundador de Ligonier. Hoy, Ministerios Ligonier es un ministerio internacional de enseñanza (con juntas directivas en Estados Unidos, Canadá y Reino Unido), que produce materiales didácticos en una variedad de formatos, en diversos idiomas y que se distribuyen a través de una variedad de medios. R. C. empezó Ligonier con un presupuesto de 85 000 dólares y un personal reducido en 1971. En 2021, el año del quincuagésimo aniversario de Ligonier, el personal sumaba unos 125 empleados. Las contribuciones específicas de R. C. a través de Ligonier incluyen series didácticas y los episodios didácticos largos, la revista *Tabletalk,* el programa de radio *Renewing Your Mind,* la *Biblia de estudio de la Reforma,* y las conferencias.

R. C. era un maestro, y en el centro de su obra están las muchas, muchas series didácticas que produjo. Muchos de sus libros, aunque no todos, surgen de material directo o indirecto de su enseñanza. Sus comentarios, tomados de la serie de sermones de Saint Andrew's, son una excepción notable. Los episodios de *Renewing Your Mind* son series didácticas. Desde el principio, Ligonier usó nuevas tecnologías para registrar y distribuir las series didácticas. Se le prestaba mucha atención a la calidad. R. C. creía que la forma debía reflejar el contenido. También creía que la forma no debía distraer de la enseñanza. Se hacía énfasis en el video y el sonido de la máxima calidad; después de todo, era necesario escuchar las líneas definidas que se iban formando en la pizarra.

El otro elemento de la enseñanza de R. C. es que, con algunas excepciones, él enseñaba verdades atemporales. Evitaba la «perspectiva de moda» sobre el tema actual. Creía que lo atemporal era lo más oportuno, lo clásico era lo más urgente del momento. Eso significa que gran parte de su enseñanza soportará el paso del tiempo. Por supuesto, el video es anticuado, en especial el cabello, pero también los estilos de vestimenta. Si quitamos eso, el contenido es actual. Esto se transformó en un distintivo de la enseñanza de Ligonier como un todo. Rara vez, Ligonier se aventura en temas actuales o adopta el papel de periodismo teológico. R. C. creía que la teología reformada clásica siempre tiene algo significativo para decir para cualquier situación que haya que abordar. Las series didácticas eran el corazón y el alma de la productividad de R. C.

Tabletalk empezó como un boletín mensual de 8 páginas el 7 de mayo de 1977. En realidad, eran 4 hojas de 11 × 17 pulgadas (28 × 43 cm) dobladas al medio y abrochadas en el centro. Al principio, se producía en forma mensual; después, de 1980 a 1988, se publicó en forma bimestral, aunque con mucho más contenido en cada ejemplar. En 1989, cambió el formato; se mantuvieron los artículos y los anuncios de materiales y conferencias de Ligonier, pero agregaron devocionales diarios, los cuales terminaban con una aplicación breve, a la cual llamaban «Coram Deo», o cómo vivir ante Dios. En el camino, *Tabletalk* cambió a un formato más pequeño y en papel brillante a todo color. Muchos lectores enmarcaban las tapas, ya que algunas tienen obras de arte preciosas. Entre ellos, se encontraba una obra de arte encargada a Lisel Jane Ashlock para la edición de agosto de 2011: una pintura de Moby Dick. La artista pintó una edición mucho más grande que se colgó detrás del escritorio de R. C. en su oficina en Ligonier. R. C. mantuvo su columna «El ahora cuenta para siempre» a través de las décadas. Su primera columna, en el primer volumen del 7 de mayo de 1977, fue «La generación Pepsi». La última fue «El problema del perdón», publicado después de su muerte, en el ejemplar de febrero de 2018.

Renewing Your Mind salió al aire en 1994. La tercera fue la vencida en cuanto a R. C. y los programas de radio. Su primera transmisión había salido al aire en el oeste de Pensilvania, desde el Centro de Estudio del Valle Ligonier. Se llamaba: *The R. C. Sproul Study Hour* [Hora de estudiar con R. C. Sproul]. La segunda se llamaba: *Ask R. C.* [Pregúntale a R. C.], y salió al aire en 1986. Hoy en día, *Renewing Your Mind* se escucha en radios terrestres en estaciones de todo Estados Unidos y el mundo, y se puede escuchar por Internet. A Ligonier, llegan testimonios de toda clase de gente y lugar sobre el impacto del programa. Augustus Nicodemus Lopes fue uno de ellos. Durante una década, sirvió como canciller de la Universidad Presbiteriana Mackenzie en San Pablo, una universidad con más de 35 000 alumnos. Vivía a 16 millas (26 km) de la universidad, y todos los días viajaba en su Harley Davidson, escuchando a R. C. por los auriculares en su casco: «El Dr. Sproul era mi compañero de motocicleta todos los días».[40]

A R. C. lo añadieron al Salón de la Fama de National Religious Broadcasters [Emisoras Religiosas Nacionales] (NRB) en 2016. Al año siguiente, habló en una de las sesiones inaugurales en Proclaim 17 [Proclama 17], la Convención Internacional de Medios de NRB de 2017, realizada en su ciudad en Orlando, Florida. Por supuesto, R. C. habló sobre Lutero, la Escritura y la justificación, haciendo énfasis en que la singularidad de los Reformadores fue destacar como enseñanza esencial la *sola Scriptura* y *sola fide,* la Escritura *sola* y la justificación por fe *sola;* y R. C. enfatizó el *sola.* Lo presentó Bob Lepine, de FamilyLife. En su presentación, Lepine recordó la primera vez que había escuchado a R. C. en la radio enseñar sobre la santidad de Dios. También observó que enseñaba sobre los grandes temas de la Reforma, el suceso que todo el mundo estaba celebrando en 2017. Lepine notó que, al destacar estos temas de la Reforma por más de cinco décadas de ministerio, R. C.

---

40 Augustus Nicodemus Lopes, «My Motorcycle Companion», *Tabletalk*, edición especial, 2018, 49.

«prácticamente sin ayuda de nadie, volvió a introducirlos a la iglesia en nuestra generación».[41] En 2018, una edición en español, con José (Pepe) Mendoza como traductor, salió al aire como *Renovando tu mente,* la insignia del ministerio en español de Ligonier.

R. C. consideraba la *Biblia de estudio de la Reforma* una de las iniciativas claves de Ligonier. Primero se publicó en inglés como la *New Geneva Study Bible,* en 1995. En 2005, salió como la *Reformation Study Bible,* en inglés. Una edición completamente nueva salió en 2015. Esta nueva edición tenía introducciones a los libros significativamente más extensas y rescritas, notas textuales revisadas y una cantidad importante de notas añadidas. Los artículos teológicos de la edición anterior se reemplazaron por nuevo material de R. C. También había catorce artículos extensos al final, escritos por una constelación de eruditos reformados. Además, hay una porción importante dedicada a los credos, las confesiones y el catecismo de la iglesia primitiva y de la Reforma. Tiene más de 2500 páginas. R. C. estuvo al frente del proyecto de principio a fin.

Le gustaba decir que, aunque la Biblia se llamaba *Biblia de estudio de la Reforma,* su esperanza era que sirviera como catalizador para una reforma en el estudio de la Biblia. De sus cuadernos de 1960 a principios de la década de 1970, R. C. tiene varios bosquejos y notas de enseñanza para diversos cursos de estudio bíblico. En muchos de ellos, empieza con esta frase: «No alcanza con leer la Biblia; debemos estudiar la Biblia». La *RSB: Condensed Edition* [BSR: Edición sucinta] se produjo en 2017. Como parte de los esfuerzos de alcance internacional de Ligonier, la edición en alemán de la RSB se publicó en 2017; la edición en coreano, en 2017; y la edición en español, en 2020. Están en proceso las ediciones en portugués y árabe.

Después de mirar brevemente las series didácticas, *Tabletalk, Renewing Your Mind* y la *Biblia de estudio de la Reforma,* nos quedan

41   Bob Lepine, *Introduction of R. C. Sproul,* Proclaim 17, National Religious Broadcasters Convention, 2 de marzo de 2017, Orlando, Florida.

las conferencias como la última contribución específica de R. C. a la iglesia a través de su trabajo en Ministerios Ligonier. Las conferencias fueron parte de Ligonier desde los días del viejo centro de estudio.

También eran parte del ministerio de R. C. incluso antes de que empezara Ligonier. El fin de semana del Día del Trabajo de 1965, R. C. habló en la Conferencia Informativa de la Universidad, realizada en el Centro de Campamentos y Conferencias de Ligonier, a solo 12 millas (19 km) de la futura sede del Centro de Estudio del Valle Ligonier. La conferencia se llevó a cabo para reforzar a los estudiantes en lo teológico y lo espiritual antes de que regresaran, en su mayoría, a universidades seculares. Allí, R. C. conoció a Tim Couch. Más adelante, Couch se uniría al equipo de Ligonier con R. C. De allí en más, fueron amigos. Ya observamos cuán significativa fue la enseñanza de R. C. en la conferencia de Young Life en Saranac, Nueva York. Las conferencias eran más que simplemente hablar a las multitudes reunidas. Se transformaron en una especie de reuniones familiares para R. C. y Vesta, ya que se encontraban con viejos amigos y forjaban nuevas relaciones. R. C. también creía que los tiempos concentrados de instrucción de confianza podían preparar y animar significativamente a los creyentes, para enviarlos de regreso a sus iglesias a servir. R. C. quería que las conferencias se desarrollaran sin problemas, y garantizar que la enseñanza y los demás momentos de la plataforma estuvieran libres de distracciones. Una vez más, R. C. creía que la forma debía reflejar el contenido. Detrás de escena, en Ligonier, hay mucha preparación antes y durante una conferencia, de manera que los «estudiantes», como R. C. quería llamarlos, pudieran concentrarse en la enseñanza.

R. C. también disfrutaba de pasar tiempo con los distintos oradores que venían a las conferencias. Las comidas y los momentos juntos eran tiempos memorables, llenos de risas y bromas. Una vez, cuando los oradores se habían reunido a cenar, todos estallaron en risas cuando Sinclair Ferguson recordó un momento gracioso de un evento anterior.

Mientras comían, Ferguson recordó una vez que estaba bastante cansado cuando fue a hablar en una conferencia. En medio de su fatiga, mezcló las historias de la parábola del buen samaritano con la parábola del hijo pródigo. Una vez que empezó a enredar los detalles de ambos relatos, no pudo detenerse. Mientras Ferguson recordaba aquel sermón desastroso y el momento de vergüenza que había pasado, R. C. no podía parar de reír a carcajadas. Al rato, le dolía el costado. Steven Lawson estaba allí, y llamó a su hermano, que era médico y pudo llegar al lugar de inmediato. R. C. se había reído tan fuerte que se había fisurado una costilla.

Había muchas risas. Pero también había mucha oración y ánimo. Joni Eareckson Tada, una oradora habitual en Ligonier, recuerda un momento de bondad de R. C. para con su esposo, Ken:

> Mientras me encontraba luchando contra el cáncer de grado 3 en 2010, R. C. y Vesta oraron fervientemente por mí y por mi esposo. Durante un tratamiento con quimioterapia, R. C. quiso animar a Ken en medio de sus rutinas interminables para cuidarme. Como sabía que era un ávido pescador, R. C. le envió a mi agotado esposo una caña de pescar último modelo. Era la mejor del mercado. Tendrías que haber visto cómo se le agrandaron los ojos a Ken del placer y el asombro cuando abrió su regalo. Siempre atesoraré el detalle de R. C. con ese hermosísimo regalo. Fue algo «muy de hombres»; evidentemente, sabía que eso levantaría el corazón de mi esposo.[42]

Los cruceros de estudio eran otro atractivo. A R. C. le encantaba estar en los destinos de los cruceros y caminar en las huellas de sus héroes. También disfrutaba de pasar tiempo con la gente mientras comía o mientras iban en los autobuses. R. C. alcanzaba a miles y miles de personas con sus libros, sus transmisiones y sus series didácticas. En las visitas guiadas y las conferencias, podía ver a los alumnos cara a cara.

---

42 Joni Eareckson Tada, «A Sacrifice of Praise», *Tabletalk*, edición especial, 2018, 67.

Además de Ligonier, R. C. fundó dos instituciones más: Saint Andrew's Chapel y Reformation Bible College. Saint Andrew's Chapel sigue fielmente la obra que empezó R. C. Sproul y aquel pequeño grupo de familias. La iglesia tiene una variedad de ministerios que sirven a la congregación, al centro de Florida y más allá, a través de esfuerzos misioneros. Reformation Bible College ofrece una licenciatura en teología, con importantes estudios teológicos e historia del pensamiento cristiano; un diplomado en teología; un programa de finalización de grado y el programa Foundation Year que termina con un certificado.

Una noche de verano

R. C. podía mirar por la ventana de su oficina en Ligonier y ver Saint Andrew's Chapel a la izquierda y Reformation Bible College a la derecha. Le encantaba eso. Estas eran instituciones que Dios había fundado a través de R. C.; instituciones que R. C. esperaba que fueran fieles y que, Dios mediante, siguieran sirviendo a la iglesia; instituciones que proclamaran, defendieran y pelearan por el evangelio. Las tres —Ligonier, Saint Andrew's y RBC— rodean una laguna. La zona central de Florida está llena de lagunas y lagos. Muchos, incluso los grandes, no son profundos, y proveen un hogar perfecto para la población reptil salvaje de Florida y para aves exóticas. Robles de cientos de años cubiertos de musgo español llenan el campus, así como magnolias y palmeras que se extienden hacia el cielo soleado. Setos y cercos de podocarpus y filodendros, palmitas rojas e hibiscus completan el ambiente tropical.

El centro de Florida es plano y soleado, muy diferente de las ondulantes montañas Allegheny del oeste de Pensilvania. Allí arriba, hay mucha nieve para palear. Pero a R. C. le gustaba «palear el sol» (prefería los lugares soleados sin nieve). Bromeaba acerca del césped en Florida, diciendo que tenía que gastar dinero allí para que creciera lo que solía matar en el oeste de Pensilvania. Siempre que los Sproul iban al norte, disfrutaban de pisar césped de verdad.

R. C. y Vesta vivieron poco tiempo en distintos lugares. Boston, Bussum en los Países Bajos, Filadelfia, Cincinnati. Pero sus dos hogares principales estaban en el centro de Florida y el oeste de Pensilvania. R. C. no extrañaba los inviernos de Pensilvania. Cuando se ponía (relativamente) frío en Florida, declaraba: «Si esto sigue así, me mudo a Florida». Sin embargo, es difícil competir con aquellas noches frescas de verano en el Valle de Ligonier.

Arces, robles, pinos altos, castaños, cedros y manzanos silvestres rodean el centro de estudio, como protegiéndolo. La brisa fresca flota desde la cúpula formada por los árboles que se eleva por encima de Pine Lodge. Hay una laguna, una red de vóleibol en una cancha de césped y un campo de softball. El sol de verano baja despacito sobre Stone House.

Ha sido un día lleno de conferencias y clases, conversaciones y comidas. Después de la cena, cuando el sol se pone, la gente se dirige al campo de softball. J. Alec Motyer está allí, estuvo hablando sobre Isaías. Un erudito bíblico irlandés, exvicario en St. Luke's, Hampstead y Christ Church en Westbourne, es el director de Trinity College, en Bristol. Pero esta noche, tiene puesta una camiseta blanca impecable y juega en el jardín sobre una colina en el oeste de Pensilvania. La mente le trabaja a toda velocidad, pero no en una frase del hebreo, sino para transferir las habilidades del criquet al softball. También hay un erudito del Nuevo Testamento allí. Puede hacer exégesis con los mejores, pero no es una gran amenaza en el campo de juego. Los espectadores se preguntan si sabrá si la bola de softball está rellena o inflada. Miembros del personal de Ligonier y algunos alumnos completan los equipos. Los niños se quedan mirando un rato, pero después sus propios juegos les resultan mucho más interesantes. Es la clase de velada que crees que no terminará nunca, y esperas que no termine.

R. C. juega de campocorto. Les pone sobrenombres a los demás, bromeando: «Eduardo, el Dardo, ¡se te pasó esa pelota!». Bromea y juguetea con una sonrisa traviesa y enorme, todo mientras va haciendo jugadas. Se trabaja, se enseña, se discipula, se cuida, se ama, se ora, se juega, se bromea y se ríe. Un día más en Ligonier.

Sin embargo, ahora está en la cancha. Con la mirada, examina a los espectadores sentados en sus sillas de patio. Cuando divisa a Vesta, le guiña el ojo.

Apéndice 1

LOS ÚLTIMOS DOS SERMONES DE R. C. SPROUL

«Un Salvador glorioso» y «Una salvación tan grande»

Oro con todo mi corazón para que Dios nos despierte a cada uno de nosotros a la dulzura, el atractivo, la gloria del evangelio declarado por Cristo.

R. C. SPROUL, 26 DE NOVIEMBRE DE 2017

EN OTOÑO DE 2017, el Dr. Sproul empezó una serie de sermones sobre Hebreos. A mediados de noviembre, predicó el tercer sermón de la serie sobre Hebreos 1:6-14. Predicó el cuarto sermón, sobre Hebreos 2:1-4, el 26 de noviembre. Fue su último sermón.

Hebreos 1:6-14 entreteje varias citas del Antiguo Testamento, sacadas en su mayor parte del libro de los Salmos. Observando cómo estos textos señalan la supremacía de Cristo, R. C. se lanzó a un debate sobre el carácter eterno y la inmutabilidad del Dios trino. En este sermón, R. C. señala la gloria de Cristo en refulgente esplendor.

En su último sermón, sobre Hebreos 2:1-4, R. C. pasó de la persona de Cristo a la obra de Cristo. Presentó la salvación en toda su sencillez y hermosura, y utilizó todo el drama que caracterizaba sus sermones para hacerlo, incluso trayendo a colación una ilustración extensa de su segunda novela preferida. Pintó el panorama de nuestra situación nefasta al estar bajo la ira de Dios. No hay escape posible, excepto a través de la salvación en Cristo solamente. R. C. llamó a sus oyentes a no descuidar una salvación tan grande. En su última frase, R. C. convocó a un despertar.

Después de predicar su último sermón el 26 de noviembre, Vesta le dijo, bromeando: «Ya puedes morir, mi amor. Ese fue el mejor sermón que predicaste». Sin duda, ella querría que el lector sepa que ellos bromeaban así a menudo. Era su manera de expresar cómo ese sermón, sobre Hebreos 2:1-4, encapsulaba tanto de lo que R. C. había enseñado y vivido toda su vida y su ministerio. Era la apelación de su vida.

Frente a las grandes puertas de roble bajo un arco gótico a la entrada de Saint Andrew's, hay un cementerio. R. C. siempre pensó que una iglesia debe tener un cementerio. Creía que era una fuerte lección para la congregación, al entrar y salir de la iglesia. R. C. está enterrado en aquel cementerio. Hay un lugar para Vesta junto a él. En su lápida, la familia grabó:

R. C. Sproul
13 feb. 1939
14 dic. 2017
Fue un hombre amable
Redimido por un Salvador aún más amable

Ese fue el mensaje que proclamó en vida, el mensaje de redención por un Salvador amable y glorioso. Ese fue el mensaje que proclamó en estos dos sermones finales.[1]

---

1 Estos sermones fueron editados levemente para publicarlos aquí, con el consentimiento de la familia Sproul.

Un Salvador glorioso

Y otra vez, cuando introduce al Primogénito en el mundo, dice:
Adórenle todos los ángeles de Dios.

Ciertamente de los ángeles dice:
El que hace a sus ángeles espíritus,
Y a sus ministros llama de fuego.

Mas del Hijo dice:
Tu trono, oh Dios, por el siglo del siglo;
Cetro de equidad es el cetro de tu reino.
Has amado la justicia, y aborrecido la maldad,
Por lo cual te ungió Dios, el Dios tuyo,
Con óleo de alegría más que a tus compañeros.

Y:
Tú, oh Señor, en el principio fundaste la tierra,
Y los cielos son obra de tus manos.
Ellos perecerán, mas tú permaneces;
Y todos ellos se envejecerán como una vestidura,
Y como un vestido los envolverás,
y serán mudados;
Pero tú eres el mismo,
Y tus años no acabarán.

Pues, ¿a cuál de los ángeles dijo Dios jamás:
Siéntate a mi diestra,
Hasta que ponga a tus enemigos por estrado de tus pies?

¿No son todos espíritus ministradores, enviados para servicio a favor de los que serán herederos de la salvación? (Hebreos 1:6-14)

Oremos: *Una vez más, Padre nuestro y Dios nuestro, nos abruma nuestra fragilidad, nuestra flaqueza y nuestra incapacidad de sondear las profundidades y las riquezas de esta, tu Palabra. Necesitamos ayuda no solo para predicarla, sino también para escucharla. Necesitamos la ayuda de tu Espíritu Santo, el Espíritu de verdad, para que arroje luz sobre este texto para nuestra comprensión. Lo pedimos en el nombre de Jesús. Amén.*

Me encanta la Biblia, toda la Biblia. Pero este pasaje en particular es sencillamente glorioso. El mensaje esencial de Hebreos es la supremacía absoluta de Cristo, y eso puede verse con toda claridad en este texto. El versículo 6 declara: «Y otra vez, cuando introduce al Primogénito en el mundo, dice: Adórenle todos los ángeles de Dios». Probablemente, esta sea una referencia a la natividad, cuando el cielo explotó con la gloria de Dios y todo un ejército de ángeles estaban allí con vigor. Las huestes celestiales estaban ahí para recibir el nacimiento del Salvador. Los ángeles no solo fueron enviados a anunciar Su nacimiento, sino también a dirigir la adoración al Hijo de Dios. Dios no llama a las personas a adorar a los ángeles, pero sí llama a los ángeles a adorar a Su Hijo. El primer capítulo de Hebreos presenta una serie de siete testimonios sobre la supremacía de Jesús sobre los ángeles, cinco de los cuales están tomados de los Salmos, y dos de otras partes del Antiguo Testamento.

En el versículo 7, el autor de Hebreos ofrece el primer testimonio, al citar el Salmo 104: «El que hace a sus ángeles espíritus, y a sus ministros llama de fuego». Dios usa las fuerzas y los poderes elementales de la creación como Sus mensajeros. Utiliza el viento. Usa el fuego para dar testimonio de sí mismo y traer verdad a Su pueblo. En el Antiguo Testamento, el fuego se usa de muchas maneras para demostrar la presencia de Dios. Moisés ve una zarza que arde pero no se consume. Ese fuego indica la teofanía, la presencia misma de Dios. Después de que Dios llama a Moisés desde el fuego, Moisés guía a Su pueblo en el acto más grande de redención del Antiguo Testamento, el éxodo. A continuación, Moisés guía a la multitud por el desierto, y lo hace mediante un pilar de nube de día y una columna de fuego durante la noche. Entonces, en un momento lleno de drama, Dios llama a Moisés a Su monte santo y le dice que consagre al pueblo y les indique cómo realizar rituales de purificación. Que nadie se atreva a tocar esa montaña, a menos que quiera morir. Después, la montaña se llena de humo y de fuego. La montaña en sí tembló cuando Moisés volvió a subir, y se dice que los ángeles fueron mediadores de la ley que se le entregó a Moisés. En estos momentos épicos, el fuego es el mensajero de Dios.

Más adelante en el Antiguo Testamento, nos encontramos con el profeta Elías, que provocó a ira a Jezabel. El libro de 1 Reyes capítulo 19 cuenta la historia. Esta reina malvada estaba buscando a Elías para destruirlo. El profeta huyó y se refugió al esconderse en una cueva. Mientras estaba escondido, se deprimió y clamó: «Oh Señor, han destruido tu templo. Han derribado tus altares. Han quebrantado el pacto». Después, sucumbió a lo que se conoce como el «síndrome de Elías». Pensó que estaba solo en su devoción a Dios y no pudo soportarlo más. Fue hasta la entrada de la cueva, se paró allí y esperó que Dios hablara. ¿Qué pasó a continuación? Primero, vino un viento recio, pero Dios no estaba en el viento. Después, el Señor envió un terremoto. Pero tampoco estaba en el terremoto. A continuación, Dios envió Su mensajero de fuego, pero Dios no estaba en el fuego. En cambio, en esta ocasión, el Señor le habló a Su profeta, Elías, con una voz suave y apacible. Lo reprendió declarando: «He reservado para mí a 7000 hombres, Elías, que no han doblado la rodilla ante Baal. Déjate de tonterías, de llorar y quejarte y pensar que estás solo y abandonado». Elías salió de su cueva y volvió a servir como profeta de Dios. Cuando su tarea en la tierra se completó, Dios lo llevó al cielo en carrozas de fuego arrastradas por caballos de fuego, montados sobre un torbellino (2 Rey. 2:11). El viento y el fuego eran mensajeros de Dios.

Cuando el Señor destruyó la tierra con agua en la época de Noé, puso Su arco en el cielo e hizo un pacto, diciendo: «Cada vez que vean un arcoíris, recuerden que es mi señal que he puesto en el cielo y que nunca más destruiré la tierra con agua». Hace unas semanas, casi dudamos de esa promesa, con el viento y el agua que arrasaron el centro de Florida. Por más poderosos que sean los vientos del huracán Irma y los otros que han sacudido Florida, estos vientos vinieron y se fueron. El viento se calmó y, al final, el agua retrocedió.

Hay otro fenómeno de la naturaleza que experimentamos aquí en el centro de Florida. Los expertos nos dicen que es el lugar donde caen más rayos en la tierra que en el resto de los Estados Unidos continentales combinados. Cada vez que ves un relámpago en el cielo, puedes recordar este fuego que Dios despliega para comunicar Su soberanía, Su majestad y Su omnipotencia. En vez de tener miedo cuando rugen los truenos y se desatan los relámpagos, debemos recordar que nuestro Dios es fuego consumidor. Todas las fuerzas y poderes atmosféricos de la creación son mensajeros divinos.

Y le sigue diciendo a Cristo (que es más alto que el viento y que el fuego): «Tu trono, oh Dios» (Heb. 1:8). Dios nunca llama a los ángeles con el nombre de Dios, pero aquí se refiere de manera anticipada a la entronización del Rey mesiánico. Cristo es el tema de este versículo. El autor de Hebreos usa el Salmo 45, que dice sobre el Hijo: «Tu trono, oh Dios, es eterno y para siempre; cetro de justicia es el cetro de tu reino». En el mundo antiguo, había símbolos de la realeza y la monarquía. Algunos monarcas tenían túnicas preciosas. Otros usaban coronas de oro. Uno de los símbolos característicos de la realeza era el cetro, un báculo que el rey sostenía en su mano. Cuando alguien veía que el rey levantaba el cetro, debía caer de rodillas e inclinarse ante su autoridad y su majestad. Ahora, Dios habla del cetro de Su Rey, el símbolo del reino de Cristo. «Tu cetro es cetro de justicia».

¿Cuántos monarcas podrían jactarse de tener un cetro de justicia? La historia de los reyes de Israel en el Antiguo Testamento parece una galería de corruptos y criminales. A través de los siglos, la historia de los reyes, las reinas y los emperadores está repleta de historias de derramamiento de sangre y opresión y corrupción. El cetro del Rey de reyes es uno de justicia. ¿Por qué tiene este cetro? El salmista nos da la razón. La razón por la cual Jesús tiene este símbolo, este cetro de justicia, es porque ha amado la justicia y detestado la maldad. Ningún gobernante en la historia del mundo demostró jamás la predilección por la justicia que muestra nuestro Rey Jesús. Él ama la justicia y detesta el mal y la maldad. «Por lo cual te ungió Dios, el Dios tuyo, con óleo de alegría más que a tus compañeros» (Heb. 1:9). Muchos comentaristas creen que esta es una referencia al ascenso de Cristo a la gloria, la gloria *Shekinah*, al cielo, donde sería ungido como rey con el óleo de alegría porque Dios estaba tan contento y encantado de consagrar a Su Hijo, Su unigénito, como nuestro Rey.

Siguiendo con esta serie de testimonios, el autor de Hebreos emplea el Salmo 102, que celebra la obra de Dios de la creación: «Tú, oh Señor, en el principio fundaste la tierra, y los cielos son obra de tus manos. Ellos perecerán, mas tú permaneces» (Heb. 1:10-11a). Estas obras increíbles y asombrosas de la naturaleza que Dios ha llamado a la existencia no permanecerán para siempre. Todas las cosas creadas, las criaturas grandes y pequeñas, pasan por un proceso de generación y deterioro. Somos criaturas que nacen, viven, cambian, sufren deterioro a medida que envejecen y van sumando flaquezas. «Ellos [el cielo y la tierra] perecerán, mas tú permaneces; y todos ellos se envejecerán como una vestidura». Tengo un par de zapatos que tienen más de 30 años, y me maravillo cada vez que los miro. Casi nunca los uso, pero los miro y digo: «Vaya. Todavía se ven buenos». La mayoría de mis zapatos se han ido gastando, e incluso ese par que duró 30 años no durará eternamente. Nuestra ropa se gasta. Se deteriora. No siempre nos queda como solía hacerlo, y la descartamos. Así describe Dios todo el universo. Se gastará como nuestros zapatos y nuestra ropa.

Estamos llegando a mi parte favorita de toda esta sección, porque el texto habla del ser eterno, infinito e inmutable de Dios. Todo se gasta. Pero esto es lo que aprendemos sobre el Hijo: «tú eres el mismo, y tus años no acabarán» (Heb. 1:12).

Hace muchos, muchos años que soy estudiante y profesor de teología. Me encanta estudiar teología. He leído muchísimos libros al respecto. Tengo que decirles que uno de los mejores libros que leí en mi vida es uno que leí apenas hace unos meses, llamado *All That Is in God* [Todo lo que hay en Dios], de James Dolezal. Aunque es un libro académico y a algunos podría resultarles un tanto difícil de leer, sondea las profundidades mismas de la naturaleza y el carácter de Dios. El profesor Dolezal aborda una crisis que pocas personas anticiparon que llegaría en nuestra época. Que no solo entre los eruditos evangélicos, sino también entre eruditos reformados respetables, hay una negociación de la inmutabilidad de Dios. Dicen que Dios es inmutable en cierto sentido, pero que, apenas creó a los seres humanos, empezó a tener una relación con Su pueblo que exige que cambie. Dicen que Dios es inmutable pero que también cambia. Es una contradicción. Están equivocados. Es idolatría. Permítanme explicar.

El pecado fundamental y primordial de la raza humana, según declara el apóstol Pablo en el primer capítulo de Romanos, es la idolatría. ¿Qué es la idolatría? Es el intercambio de la verdad de Dios por una mentira, intercambiar la gloria de Dios por una mentira, servir y adorar a la criatura en lugar de al Creador, adorar seres que se arrastran, adorar tótems, adorar el sol, adorar alguna forma de estatua hecha por hombres. Cuando pensamos en la idolatría, ¿qué nos viene a la mente? Pensamos en algo burdo y tosco, como estatuas inestables y tambaleantes, hechas por manos humanas, ante las cuales la gente se inclina, ora y les habla. Vemos esas cosas y pensamos: ¡qué tontería! Amados, la idolatría puede volverse extremadamente sofisticada cuando nuestras concepciones de Dios se ven ligeramente matizadas y disminuidas de la pureza de Su ser. Pensémoslo un momento: en Su esencia, Dios es un *ser* puro, absoluto e inalterable. Afirmar cualquier otra cosa es idolatría.

Los filósofos antiguos exploraron la realidad suprema muy de cerca y de manera profunda. Llegaron a la conclusión de que la diferencia fundamental entre la realidad suprema y la realidad creada es una diferencia entre ser y transformarse. ¿Qué significa eso? Transformarse implica cambiar. Todo en este universo, como ya mencionamos, está sometido a cambios. Se está transformando. Incluso el Peñón de Gibraltar, si lo examinas con cuidado, en forma microscópica, verás que está sujeto a elementos minúsculos de erosión. No hay nada en todo este universo creado que no esté cambiando. Todo está en un estado de transformación. Ahora, ¿qué sucede si alteras tu concepto de Dios y dices que hay un poquito de transformación en Él? ¿O si dices que, en ciertos sentidos casi imperceptibles, Dios cambia? Esta fue la intrusión de la filosofía del proceso, que llegó al ámbito académico y a la cultura en el último siglo. Esta idea de que Dios se está transformando también se infiltró en los círculos evangélicos hace algunos años a través de la visión llamada teísmo abierto. Tanto en la filosofía del proceso como en el teísmo abierto, Dios es propenso a cambiar. Pero ahora, en la actualidad, esta manera de pensar errante sobre Dios se ha metido incluso en la comunidad reformada. La enseñanza es que Dios cambia de maneras leves, y no es algo tan descarado como la filosofía del proceso o el teísmo abierto. Sin embargo, amados, si añadimos apenas una pizca de transformación a nuestro concepto del Dios Todopoderoso, transformamos a Dios en criatura. No importa cuán sofisticada sea esta manera de pensar; en última instancia, es idolatría. Es una idolatría que llega a la médula de lo que significa ser cristiano. Llega a la médula de por qué incluso estamos aquí reunidos para adorar en este día del Señor.

Entonces, ¿por qué estamos aquí este domingo por la mañana? Se supone que venimos a la iglesia porque queremos adorar juntos a Dios. La razón por la cual queremos adorar a Dios es que Él es digno de nuestra adoración. Solo Él es digno de nuestra adoración, porque solo Él es eterno. Solo Él es infinito. Todos los demás, todo lo demás, es finito. Todo lo demás depende, deriva y muta, pero Dios es desde el siglo y hasta el siglo. No hay sombra de variación en Él. No tenemos por qué preguntarnos si siquiera un elemento de Sus promesas fallará. Dios es seguro y certero. La diferencia infinita entre yo y un árbol o el sol y Dios no es tan solo que soy un ser humano y Él es el ser supremo, o que pertenece a un orden superior del ser. No, Él es ser, puramente Ser. Nada de transformación. Nada de cambio. Sus vestiduras no se gastan.

¿No nos alegra que las vestiduras justas de nuestro Rey jamás estén sujetas a la corrupción y el deterioro? ¿No nos alegra que la túnica justa que usamos, la cual nos dio nuestro Salvador, dure para siempre? El mismo Dios eterno e inmutable nos ha dado Su manto. ¿Te preguntas entonces por qué me entusiasma tanto este pasaje? Me da escalofríos. Casi todos los días, mancho la camisa que tengo en uso. Vesta tiene un sobrenombre para mí: Manchita. La ropa de nuestro Salvador es inmaculada. Nunca necesitarás arremangarla o desecharla.

El autor de Hebreos termina esta serie de testimonios con una cita del Salmo 110: «¿A cuál de los ángeles dijo Dios jamás: Siéntate a mi diestra, hasta que ponga a tus enemigos por estrado de tus pies?» (Heb. 1:13). Sabemos que Dios no tiene diestra. Dios es espíritu. Cuando la Escritura habla de Cristo sentado a la diestra del Padre, se refiere a un lugar de prominencia. La invitación de Cristo de sentarse a la diestra del Padre es otra declaración de la supremacía de Cristo sobre los ángeles. Los ángeles son seres majestuosos que sirven ante el trono de Dios. Los serafines cantan en la presencia de Dios el *Trisagion*: «Santo, santo, santo, Jehová de los ejércitos». El querubín y el serafín se postran ante Él. Los ángeles sirven ante el mismo trono de Dios. Jesús ocupa el trono de Dios. El Salmo 110 se cita más veces en el Nuevo Testamento que cualquier otro pasaje del Antiguo Testamento, y con razón: el salmista espera con ansias el ascenso supremo de Cristo y que se siente a la diestra de Dios. Ningún ángel escuchó jamás estas palabras de la boca de Dios: «Siéntate a mi diestra, hasta que ponga a tus enemigos por estrado de tus pies». Una vez más, vemos que Jesús es supremo. El autor de Hebreos ha dejado ante nosotros este testimonio de la absoluta supremacía de Jesús, nuestro Salvador y Rey.

Ahora llegamos al último versículo del capítulo 1, la pregunta retórica respecto a los ángeles: «¿No son todos espíritus ministradores, enviados para servicio a favor de los que serán herederos de la salvación?» (Heb. 1:14). Los ángeles no solo sirven a Dios. No solo ministraron a Cristo. Los ángeles nos ministran a nosotros y a nuestro pueblo.

Oremos: *Gracias, Señor, por este increíble testimonio, por la superioridad de Cristo sobre los ángeles, por tu inmutabilidad, nuestro Dios, que eres desde el siglo y hasta el siglo, que no cambias bajo la influencia de nada, y que eres absolutamente digno de nuestra adoración ahora y siempre. Amén.*

Una salvación tan grande

Por tanto, es necesario que con más diligencia atendamos a las cosas que hemos oído, no sea que nos deslicemos. Porque si la palabra dicha por medio de los ángeles fue firme, y toda transgresión y desobediencia recibió justa retribución, ¿cómo escaparemos nosotros, si descuidamos una salvación tan grande? La cual, habiendo sido anunciada primeramente por el Señor, nos fue confirmada por los que oyeron, testificando Dios juntamente con ellos, con señales y prodigios y diversos milagros y repartimientos del Espíritu Santo según su voluntad (Heb. 2:1-4).

¿Notaron el «Por tanto» con el que empieza este texto? El autor está apuntando al matrimonio perfecto entre la doctrina y la práctica. Si creemos las cosas que declaró en el primer capítulo, eso tiene repercusiones radicales en nuestra manera de vivir. Está empezando a mostrarnos esto cuando dice: «Por tanto, es necesario que con más diligencia atendamos». En inglés, hay un pequeño problema gramatical en las palabras de esa traducción en particular. La tensión de estas palabras se debe a que, en cuanto a la gramática, no se sabe si el autor usa un comparativo o un superlativo. Así que preferiría que simplemente dijera que por lo tanto, es necesario que atendamos con la mayor diligencia posible a las cosas que hemos oído, no sea que nos deslicemos.

Piensa en esa imagen de deslizarse. Algunas personas van a pescar en barcos, y no arrojan un ancla. Permiten que el barco se mueva con la corriente, y se van deslizando. Puede ser un problema el lugar donde terminen. La Escritura usa esta clase de lenguaje figurativo en otras partes cuando habla del ancla de nuestra alma, que es la esperanza que tenemos en Cristo. Aquí esta diciendo: «No se permitan deslizarse a la deriva y alejarse de lo que escucharon». Una vez más, está hablando de esta maravillosa comparación que dio en el capítulo 1 sobre la superioridad de Jesús sobre los ángeles y todas las cosas creadas. Ya escuchaste eso. No te deslices de ello; en cambio, presta la mayor atención posible. El versículo dos dice: «Porque si la palabra dicha por medio de los ángeles…». El autor se refiere una vez más al Antiguo Testamento y a la idea a la que se alude en Deuteronomio 33, de la ley mediada por los ángeles. Cuando Moisés recibió la ley de Dios, había millares y millares de ángeles presentes para la ocasión.

Entonces, declara: «Porque si la palabra dicha por medio de los ángeles fue firme, y toda transgresión y desobediencia recibió justa retribución…». Una vez más, sigue la comparación. Si el pueblo ignoró la ley que vino de los ángeles en el Antiguo Testamento y recibió una justa retribución, un castigo, ¿cuánto más responsables somos respecto a lo que recibimos directamente de Cristo? Ahora, amados, el tema central de este capítulo, o al menos esta porción del capítulo, es el tema del escape. Cuando pensamos en un escape, imaginamos alguna clase de liberación de una situación nefasta o amenazadora, como escapar de un secuestrador. O pensamos en los soldados rodeados en medio de la batalla, intentando encontrar la manera de retirarse a salvo. Eso es un escape. Pero la idea más común que asociamos con el escape es la de la prisión; no solo cualquier cárcel, sino esas prisiones que son notablemente insoslayables, como la antigua Alcatraz en este país, o la Isla del Diablo, o tal vez la prisión francesa más espantosa, el Château d'If.

Recuerdan la historia; es mi segunda novela favorita. A Edmond Dantes lo acusan falsa e injustamente de un crimen. Lo envían a la prisión más temible de todas, Château d'If. Allí, sufre durante años en confinamiento solitario, hasta que un día, conoce a otro prisionero, un sacerdote anciano que ha estado allí por décadas y ha pasado mucho tiempo intentando cavar un túnel para escapar. Sin embargo, como no hizo bien los cálculos, termina cavando hasta la celda de Dantes. Allí, los dos se conocen y pasan tiempo juntos. El sacerdote se transforma en el mentor y consejero de Dantes, le enseña ciencia, filosofía y teología. También le cuenta a Dantes sobre un mapa que conduce a un inmenso tesoro, escondido debajo de las aguas del mar. El sacerdote muere en la prisión. A través de una serie extraordinaria de circunstancias, la muerte del sacerdote le da la posibilidad a Dantes de escaparse de Château d'If. Encuentra el vasto tesoro que financia el resto de su vida y adopta el *nom de plume* de Conde de Monte Cristo.

¡Vaya historia de escape! Pero por más nefasta y terrible que haya sido la situación en Château d'If., existe un cautiverio más grande y terrible. El autor de Hebreos habla de un escape de este cautiverio cuando hace la pregunta: «¿Cómo escaparemos nosotros, si descuidamos una salvación tan grande?». Amados, es una pregunta retórica. La respuesta es bien sencilla. ¿Cómo escaparemos nosotros, si descuidamos una salvación tan grande? La respuesta es: no podemos. Había alguna posibilidad de escaparse de Alcatraz, de la Isla del Diablo, o incluso de Château d'If. Pero la única prisión de la cual nadie se escapa jamás es el infierno. No hay una ruta de escape. No se puede cavar por debajo. No se puede saltar. No hay ningún guardia al cual sobornar. La sentencia no se puede mejorar ni reducir. Entonces, lo que el autor de Hebreos está diciendo es: «¿Se dan cuenta de que la Palabra del mismo Dios nos ha revelado una gran salvación?». Usamos la palabra *salvación* constantemente en la iglesia. ¿Qué significa?

Cuando alguien me dice: «¿Eres salvo?», mi primer instinto es responder: «¿Salvo de qué?». La salvación sugiere la idea de alguna clase de escape o liberación de una circunstancia nefasta. El verbo griego *sodzo* en el Nuevo Testamento se usa de diversas maneras. Si eres salvo de una enfermedad amenazadora, como lo eran las personas en el Nuevo Testamento ante el toque de Jesús, el Señor a veces comentaba: «Tu fe te ha salvado». No se refería a la salvación eterna. Estaba hablando del rescate de una enfermedad espantosa. En el Antiguo Testamento, se usaba cuando el pueblo de Israel iba a la batalla y Dios intervenía a favor de Su pueblo y lo salvaba. Lo salvaba de una derrota militar. Era un rescate de un peligro claro y presente. El verbo «salvar» se usa de toda clase de maneras. En casi todos los tiempos verbales del verbo en griego, hay un sentido en el cual fuiste salvo, estabas siendo salvo, has sido salvo, eres salvo, estás siendo salvo y serás salvo. La salvación adquiere todos estos distintos tiempos verbales.

Hay una salvación en el sentido general que tiene muchas aplicaciones. Pero cuando la Biblia habla de la salvación en el sentido supremo, se refiere al escape final de la condición humana más terrible de todas. ¿Qué significa ser salvo? Según las Escrituras, significa ser rescatado de la ira venidera. La ira de Dios, según se nos dice en Romanos, le es revelada a todo el mundo. Pero en Sion, estamos a salvo. No tenemos miedo de Su ira, porque se nos ha dicho una y otra vez que Dios no está enojado, no está airado. No tenemos de qué preocuparnos con Dios. Él salvará a todos. Lo único que necesitas para llegar al cielo es morir. Quisiera que todos los que mueren fueran al cielo, pero la Biblia deja bien en claro que ese no es el caso, y que allí nos espera un juicio. La peor calamidad es ser sentenciado al infierno. El Château d'If es un hotel de lujo en comparación con el infierno.

El autor plantea esta pregunta: «¿Cómo escaparemos?». Si descuidamos esa salvación, amados, no hay escape. La pregunta es: ¿a quién le está hablando el autor de Hebreos? Él dice: «¿Cómo escaparemos *nosotros*, si descuidamos una salvación tan grande?». No está hablando del pagano común y corriente que va por la vida, que no solo descuida el evangelio de salvación, sino que tampoco tiene ningún interés en él, y que incluso tal vez lo trate con hostilidad abierta. Hay una multitud de personas en este país y en todo el mundo que desprecian el evangelio; no solo lo descuidan. El autor de Hebreos no les está hablando a ellas. Usa la palabra *nosotros*. Eso nos incluye. ¿Cómo escaparemos nosotros, si descuidamos una salvación tan grande? Una vez más, la respuesta a la pregunta retórica es que no podemos y no lo haremos.

¿Prestaste atención al principio de la canción que cantaron las niñas del coro esta mañana? Permíteme refrescarte la memoria. Escucha lo que cantaron: «Oh Dios, eres mi Dios y te anhelo. Todo mi ser te desea. Como tierra seca, mi alma tiene sed de ti. Déjame verte en tu santuario, y te adoraré. Estaré satisfecho mientras viva». Cuando escuchas estas palabras, ¿te parece que provienen de alguien que descuida el evangelio? ¿Qué significa descuidar? Descuidar algo es ignorarlo, tomarlo a la ligera y no dedicarse de todo corazón a eso. Hace un par de semanas, alguien me hizo una pregunta. Estábamos hablando de distintas congregaciones, y yo dije cuánto amo la congregación de Saint Andrew's. Declaré: «Es una congregación fantástica». Y me respondieron: «¿Cuántas personas crees que son realmente cristianas allí?». «No lo sé —contesté—. No puedo leer el corazón de las personas. Solo Dios puede hacerlo, pero sé que cada miembro de la iglesia ha hecho una profesión externa de fe. Así que el 100 % de nuestra gente ha profesado la fe».

Después, me preguntó: «Pero ¿cuánta gente cree que lo dijo de verdad?». Respondí que no lo sabía… el 70 %, el 80 %. Tal vez esté haciendo una estimación exagerada, o una estimación insuficiente. Algo de lo que sí estoy seguro es que no todos en la congregación son cristianos. ¿Cómo sabes si lo eres? ¿Puedes cantar las palabras de esta canción? «Oh Dios, eres mi Dios y te anhelo. Todo mi ser te desea». ¿Cómo puedes ser cristiano y descuidar una salvación tan grande? ¿Acaso la salvación no es suficiente? Tal vez crees que está muy bien. Es algo bueno, pero no excelente. ¿La descuidas? No puedo contestar esa pregunta. Si la descuidas y la tratas a la ligera, probablemente significa que nunca te convertiste, que Dios nunca despertó tu alma de la muerte espiritual. Esta salvación es increíble. Merece nuestra diligencia, que la busquemos con energía. Sin duda, no merece negligencia.

Quizás el autor de Hebreos tenía en mente lo que sucedió en el Antiguo Testamento, cuando el pueblo tuvo su mayor momento de salvación en el éxodo. Eran esclavos. Faraón no les daba paja para los ladrillos, los tenía prácticamente prisioneros y los hacía golpear brutalmente.

Ellos lloraban, gemían y oraban. Dios escuchó el clamor de Su pueblo, y envió a Moisés al faraón para decir: «¡Deja ir a mi pueblo!». El pueblo de Dios salió, una multitud que huía del cautiverio. Llegaron a Migdol, donde tenían el mar al frente y los carros de Egipto por detrás. No había escape. Todo parecía estar perdido. Después, el viento sopló y abrió un camino seco a través del mar Rojo, e Israel escapó.

Pero los carros del faraón no escaparon. El caballo y el jinete fueron arrojados al mar. Esa fue una salvación grande. Apenas el pueblo de Dios fue salvo de esa tiranía, empezó a quejarse por el maná que el Señor les proporcionaba. «Ojalá estuviéramos de nuevo en Egipto. Tal vez éramos esclavos, pero teníamos ajo, puerros y cebollas para comer». Traicionaron su libertad. El autor de Hebreos está pensando en cómo el pueblo de Israel en el Antiguo Testamento descuidó su salvación y fue ingrato. Pocos llegaron a la tierra prometida. Ahí es donde estamos ahora. Hemos escuchado la Palabra de Dios. Es una buena noticia; no solo buena, una noticia excelente; no solo excelente, sino la noticia más maravillosa posible, que anuncia que todos los que creen en Cristo serán salvos de la ira venidera. ¿Cómo se la puede descuidar en primer lugar? Pero esa no es la pregunta que el autor hace cuando dice: «¿Cómo escaparemos nosotros?».

Su preocupación es cómo podríamos descuidar una salvación tan grande, «la cual, habiendo sido anunciada primeramente por el Señor, nos fue confirmada por los que oyeron, testificando Dios juntamente con ellos, con señales y prodigios y diversos milagros y repartimientos del Espíritu Santo según su voluntad» (Heb. 2:3-4). Dios no nos pide que creamos en Su evangelio dando un salto de fe a la oscuridad, con la esperanza de que Jesús nos atrape. Nicodemo fue a ver a Jesús de noche y le dijo: «Rabí, sabemos que has venido de Dios como maestro; porque nadie puede hacer estas señales que tú haces, si no está Dios con él» (Juan 3:2). La teología de Nicodemo era sólida. No intentamos probar la existencia de Dios mediante los milagros. No podría haber milagros si primero no entendieras que Dios existe. El propósito de los milagros no es probar la existencia de Dios. El propósito de los milagros es probar y avalar la verdad de aquellos que declaran en el evangelio. Dios certificó a Moisés con milagros. Certificó a Jesús con milagros. Certificó a Sus apóstoles con milagros, poder, señales y maravillas e incluso los dones espirituales que fueron dados a la iglesia, para mostrar la gran salvación que Dios anunciaba al mundo. Esta es la buena noticia.

Jesús nos la declaró, no solo los ángeles. Si descuidas lo que Jesús dice, y descuidas lo que Dios prueba, entonces volvemos al mismo tema. No hay escape. Amado, si vienes a la iglesia todos los domingos, cada domingo de tu vida, y vas a la escuela dominical todas las semanas de tu vida, igualmente puedes estar descuidando esta salvación tan grande. ¿Lo estás haciendo de corazón? Eso es lo que te estoy preguntando. No puedo responder en tu lugar. Tú sabes si estás descuidando tu salvación. No hace falta que te lo diga. Tan solo tengo que decirte cuáles son las consecuencias si sigues descuidándola. Entonces, oro con todo mi corazón para que Dios despierte a cada uno de nosotros a la dulzura, el atractivo, la gloria del evangelio declarado por Cristo.

Oremos: *Te damos gracias, Jesús, porque eres para nosotros el gran escape.*

Damos gracias porque, debido a ti y a lo que hiciste por nosotros, no tenemos nada que temer de la ira que vendrá. Pero te pedimos, Señor, que alimentes nuestras almas, que nos lleves a tener hambre y sed de ti, como el ciervo jadea por el arroyo de la montaña. Enciende una llama en nuestro corazón para que no te descuidemos, si no que te busquemos con todo nuestro ser. Lo pedimos en el nombre de Jesús. Amén.

LÍNEA DEL TIEMPO
DE R. C. SPROUL

13 de febrero de 1939. Nace de Robert Cecil y Mayre Ann (Yardis) Sproul en Pleasant Hills, Pensilvania.

1945. Conoce al amor de su vida, Vesta Ann Voorhis, mientras está en primer grado y ella en segundo.

1957. Entra a Westminster College, New Wilmington, Pensilvania, con una beca deportiva.

Septiembre de 1957. Se convierte durante su primer año de estudios.

1958. Tiene su «segunda» conversión a la santidad de Dios.

11 de junio, 1960. Se casa con Vesta Ann (Voorhis) Sproul.

1961. Se gradúa como licenciado en filosofía.

1961-1964. Entra al Seminario Teológico de Pittsburgh, en Pittsburgh, Pensilvania; estudia bajo John Gerstner.

1964. Se gradúa como licenciado en Divinidades.

1964-1965. Empieza sus estudios doctorales con G. C. Berkouwer en la Universidad Free, en Ámsterdam.

18 de julio, 1965. Lo ordenan en la Iglesia Presbiteriana de la Comunidad de Pleasant Hills (UPUSA), en Pleasant Hills, Pensilvania.

1965-1966. Enseña filosofía y teología en su *alma mater*, Westminster College.

1966-1968. Enseña como profesor adjunto de estudios teológicos en Gordon College, Wenham, Massachusetts.

1968-1969. Enseña como profesor adjunto de teología filosófica en Conwell School of Theology (Filadelfia); enseña en la escuela dominical para adultos en la Iglesia Presbiteriana de Oreland, en Oreland, Pensilvania, encendiendo la visión de lo que sería el Centro de Estudio del Valle Ligonier.

Junio de 1969. Recibe su doctorado en la Universidad Free, en Ámsterdam.

1969-1971. Sirve como pastor asociado de evangelismo, misión y teología en la Iglesia Presbiteriana de College Hill (UPUSA), en Cincinnati, Ohio. Verano de 1970. Habla en una conferencia de Young Life sobre la santidad de Dios, durante la cual tiene una conversación con Dora Hillman sobre un posible centro de estudio en la zona de Pittsburgh.

1 de agosto, 1971. Abre el Centro de Estudio del Valle Ligonier en Stahlstown, Pensilvania.

1973. Publica su primer libro, *The Symbol: An Exposition of the Apostles' Creed* [El símbolo: Una exposición del Credo de los Apóstoles].

1974. Produce la primera serie didáctica para videocasete, *How to Study the Bible* [Cómo estudiar la Biblia]; realiza una conferencia sobre la inerrancia y publica la Declaración de Ligonier sobre la Inerrancia.

1975. Transfiere credencial ministerial a la Iglesia Presbiteriana en América (PCA).

1976. Recibe doctorado honorario del Geneva College, Beaver Falls, Pensilvania.

6 de mayo, 1977. Publica primera edición de *Tabletalk,* un boletín de ocho páginas y «herramienta educativa».

1978. Juega un papel fundamental en la Declaración de Chicago sobre la Inerrancia Bíblica; sirve como presidente del Concilio Internacional sobre la Inerrancia Bíblica.

1980-1995. Sirve como profesor en el Seminario Teológico Reformado, en los campus de Jackson, Mississippi, y en Orlando, Florida.

1984. Traslada Ministerios Ligonier a Orlando, Florida; publica *Classical Apologetics* [Apologética clásica].

1985. Publica *La santidad de Dios.*

1986. Publica *Escogidos por Dios.*

1988. Organiza la primera conferencia nacional de Ligonier sobre el tema «Cómo amar a un Dios santo».

1993. Recibe doctorado honorario del Grove City College, Grove City, Pensilvania.

1994. Pelea contra «Evangélicos y católicos unidos»

3 de octubre, 1994. Sale al aire el primer episodio del programa de radio *Renewing Your Mind* [Renueva tu mente].

1996. Publica su primer libro para niños, *The King without a Shadow* [El Rey sin sombra].

20 de julio, 1997. Tiene el primer servicio de la Saint Andrew's Chapel en los estudios Ligonier.

Junio de 2007. Habla en contra de la Visión Federal en la 35.ª Asamblea General de la PCA.

Julio de 2007. Recibe el premio Jordon por reconocimiento de trayectoria por parte de la Evangelical Christian Publishers' Association (ECPA).

2011. Funda el Reformation Bible College, Sanford, Florida.

2011-2014. Sirve como el primer presidente del Reformation Bible College.

2012. Recibe un doctorado honorario del Seminario Teológico de Westminster, Glenside, Pensilvania.

2015. Saca su primer CD, *Glory to the Holy One* [Gloria al Santo], en colaboración con Jeff Lippencott.

2016. Lo añaden al Salón de la Fama de National Religious Broadcasters.

30 de octubre, 2017. Habla en la celebración por los 500 años de la Reforma, en Ligonier. 26 de noviembre, 2017. Predica su último sermón en Saint Andrew's sobre Hebreos 2:1-4.

14 de diciembre, 2017. Muere en Altamonte Springs, Florida.

20 de diciembre, 2017. Servicio conmemorativo en Saint Andrew's Chapel.

LIBROS DE R. C. SPROUL

1–2 Peter: An Expositional Commentary [1–2 Pedro: Un comentario expositivo]. Orlando, FL: Reformation Trust, 2019.

Comentario versículo por versículo de las epístolas de Pedro. Publicado anteriormente en 2011 como *1–2: St. Andrew's Expositional Commentary* (Crossway).

El aborto: Una mirada racional a un tema emocional. Medley, FL: Editorial Unilit, 1993.

Proporciona respuestas consideradas y compasivas a las preguntas difíciles referidas a la interrupción del embarazo; provee un enfoque basado en hechos y bien razonado, informado por erudición bíblica. Anteriormente publicado en 1990 (NavPress).

Acts: An Expositional Commentary [Hechos: Un comentario expositivo]. Orlando, FL: Reformation Trust, 2019.

Explora términos y temas teológicos importantes y aporta aplicación práctica. Publicado anteriormente en 2010 como *Acts: St. Andrew's Expositional Commentary* (Crossway).

¿Estamos juntos en verdad?: Un protestante analiza el catolicismo romano. Graham, NC: Publicaciones Faro de Gracia, 2019.

Una defensa de las doctrinas cardinales del protestantismo en oposición a las enseñanzas de la Iglesia Católica Romana. El libro es el resultado de décadas de estudio que se remontan a las clases de seminario de R. C. Sproul.

Barber Who Wanted to Pray, The [El peluquero que quería orar]. (Wheaton, IL: Crossway, 2011.

Basado en una historia real de un peluquero y su famoso cliente, Martín Lutero. Uno de los libros para niños de R. C., este enseña a los niños a orar según la Biblia.

Basic Training [Entrenamiento básico]. Grand Rapids, MI: Zondervan, 1982.

Una visión general de la doctrina al ofrecer una exposición del Credo de los Apóstoles. Anteriormente publicado como *The Symbol* (1973) y más adelante *Renewing Your Mind* (1998) y *What We Believe* (2015).

Before the Face of God: Book 1 [Ante el rostro de Dios: Libro 1]. Grand Rapids, MI: Baker, 1992.

Adaptado de los devocionales de 1989 de *Tabletalk,* abarca el libro de Romanos versículo por versículo, con 233 estudios diarios y sugerencias prácticas para vivir la fe.

Before the Face of God: Book 2 [Ante el rostro de Dios: Libro 2]. Grand Rapids, MI: Baker, 1993.

Adaptado de los devocionales de 1990 de *Tabletalk,* abarca el libro de Lucas versículo por versículo, con 260 estudios diarios y sugerencias prácticas; explora la vida de Cristo y Su buena noticia.

Before the Face of God: Book 3 [Ante el rostro de Dios: Libro 3]. Grand Rapids, MI: Baker, 1994.

Adaptado de los devocionales de 1991 de *Tabletalk;* examina el Antiguo Testamento, con más de 260 estudios diarios y consejos prácticos para la vida cristiana; explora la historia del pueblo de Dios y la obra de Dios.

Before the Face of God: Book 4 [Ante el rostro de Dios: Libro 4]. Grand Rapids, MI: Baker, 1996.

Adaptado de los devocionales de *Tabletalk;* abarca los libros de Efesios, Hebreos y Santiago versículo por versículo.

Can I Trust the Bible? [¿Puedo confiar en la Biblia?] Sanford, FL: Reformation Trust, 2017.

Comentario sobre la Declaración de Chicago sobre la Inerrancia Bíblica. Incluye el comentario y el texto de la Declaración de Chicago. Publicado anteriormente en 2009; y en 1980, 1996 como *Explaining Inerrancy: A Commentary* (ICBI).

Character of God, The [El carácter de Dios]. Ventura, CA: Regal, 2003.

La búsqueda del creyente para conocer a Dios el Padre es la base de este estudio sobre los atributos y características de Dios revelados en la Biblia. Publicado anteriormente en 1995 (Servant) y en 1987 como *One Holy Passion* (Thomas Nelson).

Choosing My Religion [Escogiendo mi religión]. Phillipsburg, NJ: P&R, 2005.

Dirigido a adolescentes, este breve libro busca responder si hay muchos caminos a Dios o solo uno. Anteriormente publicado en 1996 (Baker).

Escogidos por Dios. Graham, NC: Publicaciones Faro de Gracia, 2014.

La doctrina reformada clásica sobre la gracia de Dios que elige se trata en su contexto bíblico y filosófico.

Classical Apologetics [Apologética clásica]. Con Arthur Lindsley y John Gerstner. Grand Rapids, MI: Zondervan, 1984.

Al definir la apologética como la defensa racional de la fe cristiana, este libro ofrece una presentación exhaustiva de la visión de la apologética clásica y una crítica extensa de la visión de la apologética presuposicional.

Las ideas tienen consecuencias: Entendiendo los conceptos que moldearon nuestro mundo. Salem, OR: Publicaciones Kerigma, 2000.

Una introducción a las ideas que han tenido una influencia duradera; ofrece un análisis de la historia de la filosofía desde los filósofos presocráticos hasta Darwin, Freud y Sartre. Estos libros ofrecen un tratamiento acumulativo de gran parte de la enseñanza de R. C. y el estudio de la historia de la filosofía.

El lado oscuro del islam. Miami, FL: Editorial Patmos, 2004.

Entrevista con un exmusulmán que explica aspectos poco conocidos del islam. Publicado anteriormente en 2003.

Cómo defender su fe: Una introducción a la apologética. Grand Rapids, MI: Editorial Portavoz, 2006.

Una introducción a la apologética, la ciencia de la defensa de la fe cristiana. Se apoya en el material que R. C. Sproul aportó en *Classical Apologetics.*

Discovering the God Who Is [Descubre al Dios que es]. Ventura, CA: Regal, 2008.

La búsqueda del creyente para conocer a Dios el Padre es la base de este estudio sobre los atributos y características de Dios revelados en la Biblia. Publicado anteriormente como *One Holy Passion* (1987) y *The Character of God* (2003).

Discovering the Intimate Marriage [Descubre el matrimonio íntimo]. Minneapolis: Bethany Fellowship, 1975.

Una comprensión cristiana del matrimonio, con énfasis especial en el significado de la intimidad.

El burrito que cargó a un rey. Nashville, TN: B&H Publishing Group, 2021.

Este libro para niños ofrece una perspectiva única sobre los sucesos de la semana de la Pasión de Cristo, y llama a todos los creyentes, jóvenes y viejos, a seguir las huellas del Siervo Sufriente para la gloria de Dios.

Doubt and Assurance [Dudas y seguridad]. Editado por R. C. Sproul Grand Rapids, MI: Baker, 1993.

Adaptado de artículos de *Tabletalk,* examina cómo nos acosan las dudas sobre la fe y cómo nos levanta la verdadera seguridad. Entre los colaboradores, se encuentran Steve Brown, John Gerstner, Roger Nicole, Os Guinness, y otros.

Effective Prayer [La oración eficaz]. Wheaton, IL: Tyndale, 1984.

Una breve introducción a la doctrina bíblica de la oración: su propósito, práctica y poder.

Essential Truths of the Christian Faith [Verdades esenciales sobre la fe cristiana]. Wheaton, IL: Tyndale House, 1992.

Más de cien términos teológicos claves se definen aquí en exposiciones breves que simplifican debates teológicos complejos. Prepara el terreno para un estudio teológico más profundo.

Ethics and the Christian [La ética y el cristiano]. Wheaton, IL: Tyndale, 1983. Una breve introducción al tema de la ética cristiana.

Todos somos teólogos. El Paso, TX: Editorial Mundo Hispano, 2016.

Examina las verdades básicas de la fe cristiana en un lenguaje no técnico.

Explaining Inerrancy [La inerrancia explicada]. Orlando, FL: Ligonier, 1996.

Comentario de R. C. Sproul sobre la Declaración de Chicago sobre la Inerrancia Bíblica. Incluye el texto de la Declaración de Chicago. Publicado anteriormente como *Explaining Inerrancy: A Commentary* (1980).

Faith Alone: The Evangelical Doctrine of Justification [Fe solamente: La doctrina evangélica de la justificación]. Grand Rapids, MI: Baker, 2016.

Explora la doctrina de la justificación por fe sola; la respuesta de R. C. Sproul que abarca todo un libro a «Evangélicos y católicos unidos» (1994). Este libro ofrece un tratamiento acumulativo de la enseñanza de R. C. sobre la teología de la Reforma y las *solas*. Publicado anteriormente en 1995.

Five Things Every Christian Needs to Grow, Revised and Expanded [Cinco cosas en las cuales todo cristiano necesita crecer, revisado y expandido]. Orlando, FL: Reformation Trust, 2008.

Identifica cinco de los «nutrientes» cruciales que fomentan el crecimiento espiritual: el estudio bíblico, la oración, la adoración, el servicio y la mayordomía. Publicado anteriormente en 2002 (W Publishing Group).

Following Christ [Seguir a Cristo]. Wheaton, IL: Tyndale, 1991.

Provee respuestas de parte de nuestro fundamento firme, Jesucristo. Publicado anteriormente como cuatro libros más pequeños: *Who Is Jesus?* [¿Quién es Jesús?]; *Effective Prayer* [La oración eficaz]; *God's Will and The Christian* [La voluntad de Dios y el cristiano]; y *Ethics and the Christian* [La ética y el cristiano] (1983-1984).

Getting the Gospel Right: The Tie That Binds Evangelicals Together [Entender bien el evangelio: El vínculo que mantiene unidos a los evangélicos]. Grand Rapids, MI: Baker, 1999.

La respuesta y el comentario de R. C. Sproul sobre los documentos *The Gift of Salvation* [El don de la salvación] (1998) y *The Gospel of Jesus Christ: An Evangelical Celebration* [El evangelio de Jesucristo: Una celebración evangélica] (1999).

Glory of Christ, The [La gloria de Cristo]. Phillipsburg, NJ: P&R, 2003.

Aunque humillado como hombre, la gloria de Cristo deslumbró en momentos estratégicos de la vida de Cristo. Desde la canción de los ángeles de «gloria al Rey recién nacido» hasta la promesa de Su regreso en nubes de gloria, Cristo nos deja asombrados y en adoración. Anteriormente publicado en 1990 (Tyndale).

God Is Holy and We're Not [Dios es santo y nosotros no]. Orlando, FL: Ligonier, 2014.

Versión abreviada de *La santidad de Dios,* creada para la evangelización en la Copa Mundial en Brasil en 2014.

God's Inerrant Word: An International Symposium on the Trustworthiness of Scripture [La Palabra inerrante de Dios: Un simposio internacional sobre la confiabilidad de la Escritura]. Editado por John Warwick Montgomery. Minneapolis: Bethany Fellowship, 1975.

La publicación de artículos presentados en la conferencia de Ligonier sobre la inerrancia. R. C. Sproul fue tanto el convocante de la conferencia como uno de los contribuyentes.

God's Love [El amor de Dios]. Colorado Springs, CO: David C. Cook, 2012.

Explora el amor de Dios, que encuentra su expresión máxima en Su Hijo. Examina diversas paradojas, como la de un Dios de amor y el odio divino, y cómo el amor coexiste con la soberanía de Dios.

God's Will and the Christian [La voluntad de Dios y el cristiano]. Wheaton, IL: Tyndale, 1984.

Un libro breve para aquellos que buscan descubrir la voluntad de Dios, con un foco específico en las decisiones personales, como la carrera y el matrimonio.

Gospel of God, The: An Exposition of Romans [El evangelio de Dios: Una exposición de Romanos]. Fearn, Ross-shire, Scotland: Christian Focus, 1999.

Un comentario exhaustivo y versículo por versículo de la epístola de Pablo a la iglesia de Roma. Publicado anteriormente en 1994 como *Romans* (Christian Focus).

Grace Unknown: The Heart of Reformed Theology [Gracia desconocida: El corazón de la teología reformada]. Grand Rapids, MI: Baker, 1997.

Muestra que la teología de los Reformadores protestantes del siglo XVI es sencillamente un resumen preciso y sistemático de las enseñanzas de la Biblia.

Growing in Holiness: Understanding God's Role and Yours [Crecer en santidad: Entiende la función de Dios y la tuya]. Grand Rapids, MI: Baker, 2000.

Publicado en forma póstuma, este libro consta de conferencias de R. C. Sproul sobre la doctrina de la santificación.

Holiness of God, The: Revised and Expanded [La santidad de Dios: Edición revisada y expandida]. Wheaton, IL: Tyndale, 1998.

La explicación del atributo quizás más importante pero menos comprendido de Dios: la santidad. Publicado anteriormente en 1985.

How Then Shall We Worship? [Entonces ¿cómo adoraremos?] Colorado Springs, CO: David C. Cook, 2013.

Examina los principios bíblicos básicos de la adoración; llama a la iglesia moderna a alejarse de la superficialidad para pasar a una reverencia al Dios vivo. Publicado anteriormente como *A Taste of Heaven* (2006).

Hunger for Significance, The [Un hambre de trascendencia]. Phillipsburg, NJ: P&R, 2001.

Explora el significado y la importancia de la dignidad humana. Publicado anteriormente en 1983, 1991 como *In Search of Dignity* (Regal).

If There's a God, Why Are There Atheists?: Why Atheists Believe in Unbelief [Si existe un Dios, ¿por qué hay ateos?: Por qué los ateos creen en la incredulidad].

Fearn, Ross-shire, Scotland: Christian Focus, 2018.

Un análisis de por qué los hombres rechazan al Dios de la Biblia en favor de deidades menores. Publicado anteriormente en 1997 (Ligonier); en 1974 y 1988 como *The Psychology of Atheism* (Bethany Fellowship).

In the Presence of God [En la presencia de Dios]. Nashville, TN Word, 1999.

Lecturas devocionales basadas en quince atributos de Dios.

In Search of Dignity [En busca de dignidad]. Ventura, CA: Regal, 1983.

Explora el significado y la importancia de la dignidad en la vida de las personas.

Intimate Marriage, The [El matrimonio íntimo]. Phillipsburg, NJ: P&R, 2003.

Una comprensión cristiana del matrimonio, con énfasis especial en el significado de la intimidad. Publicado anteriormente en 1975, 1986 como *Discovering the Intimate Marriage* (Tyndale).

Invisible Hand, The: Do All Things Really Work for Good? [La mano invisible: ¿Realmente todas las cosas obran para bien?] Phillipsburg, NJ: P&R, 2003.

Examina la doctrina de la providencia; demuestra que los cristianos pueden poner su absoluta confianza en Dios, el cual obra todas las cosas para el bien de aquellos que lo aman. Publicado anteriormente en 1996 (Word).

John: An Expositional Commentary [Juan: un comentario expositivo]. Orlando, FL: Reformation Trust, 2019.

Comentario versículo por versículo del Evangelio de Juan. Publicado anteriormente en 2009.

Johnny Come Home [Johnny vuelve a casa]. Ventura, CA: Regal, 1984.

Una novela que presenta a dos hombres que eligen caminos drásticamente distintos en sus vidas. Ganó el premio Angel en 1984.

King without a Shadow, The [El rey sin sombra]. Phillipsburg, NJ: P&R, 2001.

Un libro para niños que destaca la santidad de Dios, a través de una historia sencilla de un niño y su perro. El primer libro para niños de R. C. Sproul. Publicado anteriormente en 1996 (Chariot).

Knight's Map, The [El mapa del caballero]. Orlando, FL: Reformation Trust, 2016.

Un cuento alegórico que enseña la confiabilidad de la Biblia al contar la historia de la búsqueda valiente de un caballero para encontrar la perla de gran precio, guiado por un mapa antiguo.

Cómo estudiar e interpretar la Biblia. Miami, FL: Spanish House, 1996.

Una guía básica a la hermenéutica, el arte y la ciencia de la interpretación. Publicado anteriormente en 1978.

Last Days according to Jesus, The [Los últimos días según Jesús]. Grand Rapids, MI: Baker, 2015.

Una respuesta a la acusación de los escépticos del error en las profecías de Cristo. Publicado anteriormente en 1998.

Legacy of Luther, The [El legado de Lutero]. Coeditado por Stephen J. Nichols. Orlando, FL: Reformation Trust, 2016.

Una visión general de la vida, el pensamiento y el legado del gran reformador, en conmemoración del quingentésimo aniversario de la publicación de las 95 tesis y con las contribuciones de un distinguido grupo de eruditos y pastores.

Lifeviews [Visiones de vida]. Grand Rapids, MI: Revell, 1986.

Una guía para entender las actitudes y las ideas predominantes que forman nuestra cultura.

Las lucecitas. Nashville, TN: B&H Publishing Group, 2021.

Un cuento alegórico para niños que capta la esencia de la historia bíblica de la redención. Una carrera de pequeños seres conocidos como «lucecitas» presenta una imagen de la humanidad, a medida que pasan por todas las etapas del drama bíblico.

Loved by God [Amados por Dios]. Nashville, TN W Publishing Group, 2001. Un estudio de los muchos aspectos del amor de Dios por Su pueblo.

Making a Difference: Impacting Society as a Christian [Marcar una diferencia: Impactando a la sociedad como cristiano]. Grand Rapids, MI: Baker, 2019.

Publicado anteriormente como *Lifeviews* (1986).

Mark: An Expositional Commentary [Marcos: Un comentario expositivo]. Nashville, TN: Reformation Trust, 2019.

Comentario expositivo versículo por versículo del Evangelio de Marcos. Publicado anteriormente en 2011 como *Mark: St. Andrew's Expositional Commentary* (Crossway).

Matthew: An Expositional Commentary [Mateo: Un comentario expositivo]. Orlando, FL: Reformation Trust, 2019.

Comentario expositivo versículo por versículo del Evangelio de Mateo. Publicado anteriormente en 2013 como *Matthew: St. Andrew's Expositional Commentary* (Crossway).

Mighty Christ: Touching Glory [Poderoso Cristo: Una gloria que transforma]. Fearn, Ross-shire, Scotland: Christian Focus, 1995.

Una explicación de nivel introductorio de lo que enseña la Biblia respecto a la persona y la obra de Jesucristo.

Moses and the Burning Bush [Moisés y la zarza ardiente]. Orlando, FL: Reformation Trust, 2018. Adaptado de la serie didáctica del mismo nombre; presenta la doctrina de Dios desde la perspectiva del encuentro de Moisés.

Mystery of the Holy Spirit, The [El misterio del Espíritu Santo]. Edición del vigésimo quinto aniversario, Orlando, FL: Reformation Trust, 2015.

Se concentra en la obra regeneradora escondida e invisible del Espíritu Santo en la vida del creyente. Publicado anteriormente en 1990 (Tyndale); y en 2009 (Christian Focus).

New Geneva Study Bible [Nueva Biblia de estudio de Ginebra]. Nashville, TN Thomas Nelson, 1995.

Primera Biblia de estudio reformada desde la Biblia de Ginebra original de 1560; provee ayudas de estudio que incluyen notas textuales, introducciones a capítulos y anotaciones teológicas al margen. R. C. fue el editor general del proyecto y escribió las notas para el libro de Santiago.

Not A Chance: God, Science, and the Revolt against Reason [Ninguna casualidad: Dios, la ciencia y la rebelión contra la razón]. Grand Rapids, MI: Baker, 2014.

Expone la teoría de la casualidad sobre el origen del universo como un absurdo lógico y una imposibilidad científica. Ayuda a defender la fe razonable contra las alternativas irrazonables. Anteriormente publicado en 1994 (Baker).

¡Qué buena pregunta! Wheaton, IL: Tyndale, 2010.

Adaptado de transcripciones del programa de radio *Ask R. C.,* proporciona respuestas sucintas a más de 300 preguntas comunes.

Objections Answered [Objeciones respondidas]. Ventura, CA: Gospel Light-Regal, 1978.

Respuesta a objeciones comunes al cristianismo, recopiladas por Evangelismo Explosivo. Publicado también como *Reason to Believe* (1978).

Una pasión santa: Los atributos de Dios. Miami, FL: Spanish House, 2003.

La búsqueda del creyente para conocer a Dios el Padre es la base de este estudio sobre los atributos y características de Dios revelados en la Biblia.

Agradar a Dios. Graham, NC: Publicaciones Faro de Gracia, 2020.

Una mirada en profundidad al plan de Dios y el camino a la madurez espiritual. El llamado del libro a vivir la vida cristiana se construye sobre la premisa de que conocer a Dios nos lleva a obedecer y a desear agradarle. Anteriormente publicado en 1988 (Tyndale).

La oración del Señor. El Paso, TX: Editorial Mundo Hispano, 2019.

Muestra que la oración modelo que Jesús les dio a Sus discípulos es un tesoro escondido de principios para una disciplina espiritual a menudo descuidada y malentendida; muestra a quién deben orar los creyentes, y explica cómo tenemos que orar y qué debemos pedir en oración.

El sacerdote de los ropajes sucios. Nashville, TN: B&H Publishing Group, 2020.

El segundo libro para niños de R. C. Sproul cuenta la historia de un sacerdote cubierto de lodo que solo puede ser limpio por el Gran Príncipe. El libro enseña la doctrina de la imputación de manera que un niño puede entenderla. Publicado anteriormente en 1997 (Tommy Nelson).

La copa envenenada del príncipe. Nashville, TN: B&H Publishing Group, 2020.

Parte de una serie de libros diseñados para presentar verdades bíblicas a niños. Esta obra se concentra en la expiación, mostrando que Jesús tuvo que sufrir la maldición del pecado para redimir a Su pueblo de la muerte espiritual.

Las promesas de Dios. Graham, NC: Publicaciones Faro de Gracia, 2013.

Explora el significado del pacto y mira los pactos específicos en el Antiguo y el Nuevo Testamento, mostrando cómo Dios cumple Su plan de redención en y a través de Su pueblo.

Psychology of Atheism, The [La psicología del ateísmo]. Minneapolis: Bethany Fellowship, 1974. Un análisis de por qué los hombres rechazan al Dios de la Biblia en favor de deidades menores.

Purpose of God, The: An Exposition of Ephesians [El propósito de Dios: Una exposición de Efesios]. Fearn, Ross-shire, Scotland: Christian Focus, 2002.

Un comentario versículo a versículo de las cuestiones tratadas por Pablo al lidiar con la iglesia de Éfeso. Explora el poderoso mensaje de la decisión soberana de Dios y la importancia de la iglesia para el creyente. Anteriormente publicado en 1994 como *Ephesians* (Christian Focus).

Race of Faith, The [La carrera de la fe]. Orlando, FL: Reformation Trust, 2016.

Adaptación de la serie didáctica *Basic Training* [Entrenamiento básico], creada para la evangelización en las Olimpiadas de verano en Río de Janeiro en 2016.

Reason to Believe [Razón para creer]. Grand Rapids, MI: Zondervan, 2016.

Respuesta a objeciones comunes al cristianismo. Publicado anteriormente en 1982; y en 1978 como *Objeciones Answered* (Regal).

La Biblia de Estudio de la Reforma (LBLA). Orlando, FL: Ministerios Ligonier, 2020.

Esta primera Biblia de estudio reformada desde la Biblia de Ginebra original de 1560 provee ayudas de estudio que incluyen notas textuales, introducciones a capítulos, anotaciones teológicas al margen y más. El Dr. Sproul sirvió como editor general del proyecto y escribió las notas para el libro de Santiago. Publicado anteriormente en 2005.

Reformation Study Bible [La Biblia de Estudio de la Reforma] (NKJV). Orlando, FL: Ligonier, 2016.

Edición actualizada, revisada y expandida de la *Reformation Study Bible* en la versión New King James. Publicada anteriormente en

1998 (Thomas Nelson) y en 1995 como *New Geneva Study Bible* (Thomas Nelson).

Renewing Your Mind [Renueva tu mente]. Grand Rapids, MI: Baker, 1998.

Exposición del Credo de los Apóstoles. Publicado anteriormente como *The Symbol* (1973) y *Basic Training* (1982).

Right Now Counts Forever [El ahora cuenta para siempre]. 4 vols. Orlando, FL: Reformation Trust, 2021.

Estos cuatro volúmenes reproducen las columnas *Tabletalk* de R. C. Sproul que se desarrollaron en 41 años, desde 1977 a 2018.

Romans: An Expositional Commentary [Romanos: Un comentario expositivo]. Orlando, FL: Reformation Trust, 2019.

Los 60 sermones de R. C. Sproul sobre Romanos, que predicó desde 2005 hasta 2007 en Saint Andrew's. Publicado anteriormente en 2009 como *Romans: St. Andrew's Expositional Commentary* (Crossway).

Running the Race [Correr la carrera]. Grand Rapids, MI: Baker, 2003. Diseñado para ayudar a graduados recientes a enfrentar los problemas que pronto encontrarán. Actualmente, edición agotada.

¿Salvado de qué? Grand Rapids, MI: Editorial Portavoz, 2008.

Explica la gran salvación proporcionada a través de la vida, la muerte y la resurrección de Cristo para todos los que creen. Pregunta de qué somos salvos, para qué somos salvos y por quién somos salvos.

Scripture Alone: The Evangelical Doctrine [Solo la Escritura: La doctrina evangélica]. Phillipsburg, NJ: P&R, 2005.

Una declaración de la doctrina protestante de la Escritura, que consta de los artículos más importantes de R. C. sobre el tema y su comentario sobre la Declaración de Chicago sobre la Inerrancia Bíblica.

Soli Deo Gloria: Essays in Reformed Theology [*Soli Deo Gloria:* Ensayos sobre teología reformada]. Editado por R. C. Sproul. Phillipsburg, NJ: Presbyterian & Reformed, 1976.

Festschrift para John H. Gerstner. Incluye artículos de Sproul, Cornelius Van Til, J. I. Packer, John Murray, John Warwick Montgomery, Roger Nicole y otros.

Soul's Quest for God, The [La búsqueda de Dios del alma]. Phillipsburg, NJ: P&R, 2003.

Toma de retratos bíblicos y la historia de la iglesia para rastrear los comienzos de la búsqueda en la regeneración hasta su cumplimiento en el cielo. Anteriormente publicado en 1993 (Tyndale).

Stronger than Steel: The Wayne Alderson Story [Más fuerte que el acero: La historia de Wayne Alderson]. San Francisco, CA: Harper & Row, 1980.

La historia de la vida y la obra de Wayne Alderson, el hombre que disipó una huelga potencialmente explosiva en una planta siderúrgica de Pensilvania, proporcionando un modelo para futuras negociaciones de paz entre obreros y administrativos.

Sorprendido por el sufrimiento. Edición del vigésimo quinto aniversario, Orlando, FL: Edit Mundo, 2017.

La obra soberana de Dios en la vida de los creyentes que sufren se considera en esta mirada compasiva al problema del dolor. Publicado anteriormente en 1989 (Tyndale) y 2009 (Reformation Trust).

Symbol, The: An Exposition of the Apostles' Creed [El símbolo: Una exposición del Credo de los Apóstoles]. Phillipsburg, NJ: Presbyterian & Reformed, 1973.

El primer libro de R. C. Ofrece un debate sobre la doctrina mediante una exposición del Credo de los Apóstoles. Designado por *Christianity Today* como uno de los libros significativos publicados ese año.

Taste of Heaven, A [Un atisbo del cielo]. Orlando, FL: Reformation Trust, 2006.

Examina los componentes fundamentales de la oración, la alabanza y los sacrificios que Dios le dio a Su pueblo en el Antiguo Testamento, y muestra cómo los principios bíblicos pueden guiar a los adoradores de hoy.

Thy Brother's Keeper [El guardián de tu hermano]. Dallas: Word, 1992. Una novela que presenta a dos hombres que eligen caminos drásticamente distintos en sus vidas. Ganó el premio Angel en 1984. Publicado anteriormente como *Johnny Come Home* (1984; 1988).

Truth of the Cross, The [La verdad de la cruz]. Orlando, FL: Reformation Trust, 2007. Una introducción exhaustiva a la expiación de Cristo.

Truths We Confess: A Layman's Guide to the Westminster Confession of Faith [Verdades que confesamos: La guía para laicos a la Confesión de Fe de Westminster].

Vol. 1, *The Triune God* [El Dios trino]. Phillipsburg, NJ: P&R, 2006.

Cubre los capítulos 1–8 de la Confesión de Fe de Westminster; trae a los lectores a una comprensión más profunda y un amor más grande por las doctrinas de la gracia establecidas en la Palabra de Dios. Incluye la Santa Escritura, Dios y la Trinidad, Su decreto, la creación, la providencia, la caída en pecado, el pacto de Dios y Cristo el mediador.

Truths We Confess: A Layman's Guide to the Westminster Confession of Faith.

Vol. 2, *Salvation and the Christian Life* [La salvación y la vida cristiana]. Phillipsburg, NJ: P&R, 2007.

Cubre los capítulos 9–22 de la Confesión de Fe de Westminster; explica las doctrinas del libre albedrío, el llamamiento eficaz, la justificación, la adopción, la santificación, la fe, el arrepentimiento, las buenas obras, la perseverancia, la seguridad, la ley de Dios, la libertad cristiana, el sábat y los juramentos.

Truths We Confess: A Layman's Guide to the Westminster Confession of Faith.

Vol. 3, *The State, the Family, the Church, and Last Times* [El Estado, la familia, la iglesia y los últimos tiempos]. Phillipsburg, NJ: P&R, 2007.

Cubre los capítulos 23–33 de la Confesión de Fe de Westminster;
trata el magistrado civil, el matrimonio y el divorcio, la iglesia y la
comunión de los santos, el bautismo y la Cena del Señor, el gobierno
en la iglesia y el juicio final y la vida después de la muerte. También
se incluyen índices para los tres volúmenes.

*Truths We Confess: A Systematic Exposition of the Westminster Confession
of Faith.* Edición revisada, Orlando FL: Reformation Trust, 2019.

Una revisión en un solo volumen de los tres volúmenes de *Truths
We Confess: A Layman's Guide to the Westminster Confession of Faith*,
publicados entre 2006 y 2007.

Ultimate Issues [Cuestiones importantes]. Phillipsburg, NJ: P&R,
2005.

Aborda los desafíos que enfrentan los adultos jóvenes. Anteriormente
publicado en 1996 (Baker).

Unexpected Jesus, The [El Jesús inesperado]. Edición revisada. Fearn,
Ross-shire, Scotland: Christian Focus, 2011.

Una explicación de nivel introductorio de lo que enseña la Biblia
respecto a la persona y la obra de Jesucristo. Publicado anteriormente
en 2005; publicado anteriormente como *Mighty Christ: Touching
Glory* (1995).

Realidades invisibles: El cielo, el infierno, ángeles y demonios. Miami, FL:
Editorial Unilit, 2017.

Una perspectiva bíblica del cielo, el infierno, los ángeles y los demonios, y el impacto que las cuatro realidades tienen sobre la vida
cotidiana.

Walk with God, A: An Exposition of Luke [Un caminar con Dios: Una
exposición de Lucas]. Fearn, Ross-shire, Scotland: Christian Focus,
1999.

Estudios devocionales sobre Cristo basados en el libro de Lucas.

What Is Reformed Theology? [¿Qué es la teología reformada?] Grand
Rapids, MI: Baker, 2005.

Muestra que la teología de los Reformadores protestantes del siglo xvi es sencillamente un resumen preciso y sistemático de las enseñanzas de la Biblia. Publicado anteriormente en 1997 como *Grace Unknown* (Baker).

What We Believe [Lo que creemos]. Grand Rapids, MI: Baker, 2015. Publicado anteriormente como *The Symbol* (1973); *Basic Training* (1982) y *Renewing Your Mind* (1998).

What's in the Bible: The Story of God through Time and Eternity [Qué hay en la Biblia: La historia de Dios a través del tiempo y la eternidad]. Con Robert Wolgemuth. Nashville, TN: Word, 2001. Muestra cómo las historias emocionantes de la Biblia encajan en un relato cohesivo, ayudando al laico a leer toda la Biblia con mayor satisfacción.

When Worlds Collide [Cuando los mundos colisionan]. Wheaton, IL: Crossway, 2002. Aborda la presencia de Dios en medio de la tragedia y explora cómo Él ha obrado providencialmente en la historia respecto a los temas del sufrimiento, la guerra y la paz.

¿Quién es Jesús? Envigado, Colombia: Publicaciones Poiema, 2020. Un examen breve de lo que enseña la Biblia respecto a la persona de Jesucristo. Esta nueva edición presenta contenido extraído de *Todos somos teólogos.* Publicado anteriormente en 1983 (Tyndale); en 1991, como parte de *Following Christ* (1991); en 2009 (Reformation Trust).

Willing to Believe: Understanding the Role of the Human Will in Salvation [Dispuestos a creer: Entiende la función de la voluntad humana en la salvación]. Grand Rapids, MI: Baker, 2018. Argumenta a favor del regreso a la doctrina bíblica de la soberanía de Dios respecto a la salvación, dando razones históricas, bíblicas y lógicas para rechazar la postura del «libre albedrío» comúnmente sostenida hoy. Anteriormente publicado en 1997 (Baker).

La obra de Cristo. Graham, NC: Publicaciones Faro de Gracia, 2020. Explica la trascendencia teológica de los eventos cruciales en la vida y el ministerio de Jesús, desde Su nacimiento y bautismo hasta Su ascensión y segunda venida. Publicado anteriormente en 2012.

Apéndice 4

SERIE DE LIBRITOS
DE PREGUNTAS CRUCIALES,
POR R. C. SPROUL

Are People Basically Good? [¿Las personas son buenas en esencia?]

¿Estamos en los últimos días?

¿Puedo estar seguro de que soy salvo?

¿Puedo tener gozo en mi vida?

¿Puedo conocer la voluntad de Dios?

¿Se puede perder la salvación?

¿Puedo confiar en la Biblia?

¿Controla Dios todas las cosas?

Does God Exist? [¿Existe Dios?]

¿Puede la oración cambiar las cosas?

How Can I Be Blessed? [¿Cómo puedo ser bendecido?]

How Can I Be Right with God? [¿Como puedo estar a cuentas con Dios?]

¿Cómo puedo desarrollar una conciencia cristiana?

How Does God's Law Apply to Me? [¿Cómo se aplica la ley de Dios a mi vida?]

¿Cómo debo vivir en este mundo?

How Should I Think about Money? [¿Qué debo pensar sobre el dinero?]

¿Qué puedo hacer con mi culpa?

What Can We Know about God? [¿Qué se puede saber sobre Dios?]

What Do Jesus' Parables Mean? [¿Qué significan las parábolas de Jesús?]

¿Qué significa nacer de nuevo?

¿Qué es el bautismo?

¿Qué es la fe?

What Is Predestination? [¿Qué es la predestinación?]

¿Qué es el arrepentimiento?

¿Qué es la iglesia?

¿Qué es la Gran Comisión?

¿Qué es la Cena del Señor?

¿Cuál es la relación entre la iglesia y el estado?

¿Qué es la Trinidad?

¿Quién es Jesús?

¿Quién es el Espíritu Santo?

Why Should I Join a Church? [¿Por qué debo unirme a una iglesia?]

TEMAS DE LA CONFERENCIA NACIONAL DE LIGONIER Y TÍTULOS DE CONFERENCIAS DE R. C. SPROUL

Fecha de la conferencia	Título de la conferencia y lecciones de Sproul
1988	Amar a un Dios santo
1989	Una pasión santa
1994	El cristiano y la sociedad: Guerra de mundos «¿Quién es nuestro Comandante?» «¿Cuál es nuestra orden?»
1995	Cómo defender la fe en un mundo carente de fe «Una razón para creer» «Una razón para ser» «Una razón para la humildad»
1996	La soberanía de Dios «Que haya: La soberanía de Dios sobre la nada» «Si el Padre no le trajere: La soberanía de Dios sobre el alma»
1997	Verdades esenciales sobre la fe cristiana «El bautismo de bebés» «El pacto» «Soli Deo Gloria»

Fecha de la conferencia	Título de la conferencia y lecciones de Sproul
1998	Un amor sublime «Dios es amor» «Un amor sublime»
1999	¿El final? Cómo encontrar esperanza en el laberinto del milenio «El estado intermedio, el cielo y el infierno»
2000	Conmover al mundo «Cristo crucificado» «Conmover al mundo» «El banquete celestial»
2001	La santidad «El Padre como profeta, sacerdote y rey» «Una visión santa» «Cómo adorar a un Dios santo»
2002	La guerra a la Palabra «Una caña cascada» «¡Esto significa la guerra!» «El pacto»
2003	El poder y la gloria «La gloria de Dios» «La gloria de Dios a través del hombre» «Contemplar Su gloria»
2004	Un retrato de Dios «Antes del principio: La aseidad de Dios» «Ayer, hoy y mañana: La inmutabilidad de Dios»
2005	5 claves para el crecimiento espiritual «Cómo estudiar la Biblia» «Cómo ser un buen mayordomo»
2006	Comprado por precio «Desafíos para un matrimonio íntimo» «Una iglesia santa, católica y apostólica» «El destino de la iglesia»
2007	Defender la verdad «La tarea de la apologética» «La resurrección de Cristo»
2008	La evangelización según Jesús «Sola Fide» «Considerados justos en Cristo»

Fecha de la conferencia	Título de la conferencia y lecciones de Sproul
2009	La santidad de Dios «Yo soy el Señor, y no hay otro» «Un fuego consumidor»
2010	Preguntas difíciles que enfrentan los cristianos «¿Qué es el mal y de dónde salió?» «¿Podemos disfrutar del cielo sabiendo que nuestros seres queridos están en el infierno?»
2011	Luz y calor: Una pasión por la santidad de Dios «Cómo defender la fe» «Vestidos de justicia»
2012	La mente cristiana «¿Has perdido la cabeza?» «Ama al Señor tu Dios con toda tu mente»
2013	Sin transgresiones «Los elementos según los cuales la iglesia permanece o cae» «Sin transgresión, sin rendirse»
2014	Vencer al mundo «El final y el propósito del mundo»
2015	Después de la oscuridad, la luz «Santo, santo, santo»
2016	El evangelio «*El Verbo hecho carne:* La Declaración de Ligonier sobre Cristología» «El poder transformador del evangelio»
2017	Los próximos 500 años (sin poder hablar debido a una enfermedad)

SERIE DE ENSEÑANZA REPRESENTATIVA DE R. C. SPROUL

Título	Año
La santidad de Dios	1975
Los títulos de Dios	1975
Entender la ética	1975
Temas de Efesios	1978
Temas en la apologética	1980
La doctrina del pecado	1980
La teoría contemporánea	1980
La economía	1983
Cómo desarrollar un carácter cristiano	1983
Temas de Génesis	1983
Temas de Romanos	1985
Una cosmovisión cristiana	1985
El Dios que adoramos	1985
Entrenamiento básico	1985
Silenciar al diablo	1985
Cómo tomar decisiones morales difíciles	1985
La apologética clásica	1985
Escogidos por Dios	1985

Título	Año
Temas de Hebreos	1986
Temas de Santiago	1986
El Espíritu Santo	1986
Cómo crear una conciencia cristiana	1986
Tu Cristo es demasiado pequeño	1986
Cómo elegir mi religión	1987
Objeciones respondidas	1987
La santidad de Dios	1987
Objeciones respondidas	1987
Grandes hombres y mujeres de la Biblia	1987
Nacidos de nuevo	1988
Sorprendido por el sufrimiento	1988
Cómo agradar a Dios	1989
La cruz de Cristo	1989
Una imagen destrozada	1989
El matrimonio íntimo	1990
La autoridad de la Escritura	1990
La majestad de Cristo	1990
¿Conque Dios os ha dicho?	1990
El aborto	1990
Apologética básica	1990
La providencia de Dios	1990
Un modelo de pensamiento	1992
La batalla por nuestras mentes	1992
La comunión de los santos	1992
Cuestiones fundamentales	1994
Cara a cara con Jesús	1995
Colección clásica	1996
¿Creación o caos?	1996
¿Qué es la teología reformada?	1997
Del polvo a la gloria	1997
Las ideas tienen consecuencias	1998
Los últimos días según Jesús	1998
Cómo lidiar con problemas difíciles	1999
Dispuestos a creer	1999

Título	Año
El fundamento: Una teología sistemática	1999
La oración	1999
El Salmo 51	2000
Temor y temblor	2000
Simplemente guerra	2000
Los predicadores y la predicación	2001
El festín del reino	2001
Cuando los mundos colisionan	2001
Cómo defender tu fe	2001
Amados por Dios	2001
El misterio de la Trinidad	2002
Solo Dios	2002
La cruz y la luna creciente	2002
Ángeles y demonios	2002
Conocer a Cristo: Los dichos de Yo Soy de Jesús	2002
Seguridad de la salvación	2002
El que cumple las promesas	2003
Cómo recuperar la belleza de las artes	2003
¿Qué hizo Jesús?: Cómo entender la obra de Cristo	2010
Lutero y la Reforma	2011
Moisés y la zarza ardiente	2011
Las parábolas de Jesús	2012
Justificados por fe solamente	2015

Apéndice 7

SERIE DE SERMONES SELECTOS PREDICADOS POR R. C. SPROUL EN SAINT ANDREW'S CHAPEL

Título de la serie	Cantidad de sermones
El Evangelio de Marcos	62
El Evangelio de Mateo	129
El libro de Romanos	59
1 y 2 Pedro	34
1 y 2 Samuel	68
El Evangelio de Juan	57
El libro de Hechos	63
Los nombres de Dios	6
Filipenses	¿?
Lucas	113
Efesios	19
Gálatas	¿?
Hebreos 1:1–2:4	4

UNA NOTA SOBRE
LAS FUENTES

PRÁCTICAMENTE, SE PODRÍA ESCRIBIR UNA biografía del Dr. R. C. Sproul con las historias personales que él cuenta en sus más de 100 libros. He utilizado bastante de ese material. Además, tuve varias entrevistas con él dedicadas exclusivamente a la biografía. Estas se llevaron a cabo en su hogar en Sanford en las siguientes fechas de 2017: 24 de marzo, 7 de abril, 12 de mayo, 26 de mayo, 23 de junio, 8 de septiembre, 13 de octubre, 20 de octubre. También pude entrevistar al Dr. Sproul sobre los libros que fueron de influencia para él en el *podcast* de *Open Book,* que salió al aire en 2018. Se grabaron todos en 2017, en las siguientes fechas: 13 de enero (3 episodios), 30 de junio (3 episodios), 13 de octubre (4 episodios). También entrevisté a Vesta Sproul para la biografía en las siguientes fechas de 2018: 1 de mayo, 5 de septiembre, 19 de septiembre y 29 de octubre. Vesta fue tan amable como para proveer fotografías, cartas y recuerdos. Además, pasé muchos momentos con los Sproul en eventos de Ligonier, conferencias y visitas guiadas, y compartí con ellos muchos almuerzos y cenas. Tengo archivos llenos de programas de conferencias, menús de papel de banquetes, servilletas y una gran cantidad de anotadores de hotel; todos llenos de notas con anécdotas que R. C. compartía e historias que contaba. Todos estos son recuerdos valiosos.

También me apoyé en ediciones tempranas de *Tabletalk,* repletas con detalles sobre la vida y las épocas de las personas y el lugar del Centro de Estudio del Valle Ligonier. Como me crié a 20 millas (32 km) del centro de estudio, hablo el mismo idioma, incluso el dialecto, del oeste de Pensilvania.

Tuve acceso a la biblioteca personal del Dr. Sproul, y pude repasar sus pasos por las fuentes que fueron de influencia para él y disfruté de leer las notas al margen. También tuve acceso a personas que lo conocieron durante décadas y que lo conocían mejor. Tuve acceso a sus cuadernos personales de la década de 1960 y principios de la década de 1970. Me propuse escuchar no todo lo que dijo alguna vez, pero sí una gran cantidad. También usé material de las sesiones de memorias que grabó Ministerios Ligonier, diez en total, desde 2010 hasta 2015.

Doy gracias a Vesta, a Sherrie Sproul Dorotiak, a Maureen Buchman y a Chris Larson por proveer información y sus recuerdos personales. Otra fuente fue el amigo de toda la vida de R. C., Archie Parrish. Entrevisté a Archie en su casa en Atlanta, el 11 de julio de 2019. Archie se unió a su amigo y a la hueste celestial tres meses después. Al final de nuestro tiempo juntos, Archie, un guerrero de oración, preguntó si podía orar por el libro. Ahora que se publicó, ofrezco su oración por el libro aquí. Ante ustedes, el lector y amigo de R. C.:

Padre:
Mirar atrás y reflexionar en algunas de tus obras maravillosas a través de tu siervo R. C. Sproul es una experiencia agridulce. Es dulce por todas las cosas increíbles que nos permitiste hacer juntos, y lo que me permitiste observar cómo él hacía. En lo personal, es un poco agrio, porque ya no está aquí. No lo haría volver de la gloria por nada del mundo.

Nos has dejado bien en claro que nuestra mente ni puede empezar a imaginar cómo es la vida en la gloria. Pero sabemos que es glorioso; es a tu lado. Y sabemos que es lo que está experimentando ahora mismo. Mi oración es que, mientras Stephen trabaja en este libro, guíes su mano, su mente, cada frase y cada palabra.

Usa este libro como una herramienta para inspirar a otros a ser osados, a anticiparse, a confiar en Ti para que hagas cosas a través de ellos que no pueden hacer por su cuenta. Vivimos en una época desesperada. Necesitamos un derramamiento nuevo de tu Espíritu Santo y un despertar. Utiliza este libro como una herramienta para ello, para la gloria de Cristo.

Amén

Archie Parrish, 11 de julio de 2019

«Esta mirada teológicamente rica, cálida y personal a un siervo singular del Señor es una obra maestra. Habrá otras biografías de R. C., pero no puedo imaginar ninguna que se acerque a esta».

JOHN MACARTHUR

Pastor, Iglesia Grace Community, Sun Valley, California; canciller emérito, The Master's University and Seminary

«Este libro merece tu tiempo, porque celebra a un hombre que vale la pena recordar. Gracias, Stephen Nichols, por ayudar al lector a enamorarse de este león de hombre, mi amigo, el buen doctor Sproul».

JONI EARECKSON TADA

fundadora, Joni and Friends International Disability Center

«No podía soltar este libro, porque no solo cuenta la fascinante historia de una vida bien vivida; te lleva por la travesía misma de R. C. Mi oración es que el Señor lo use para inspirar a más reformadores fieles, más personas que teman a Dios y defiendan y proclamen la fe, más como R. C. Sproul».

MICHAEL REEVES

presidente y profesor de teología, Union School of Theology

«Stephen Nichols nos ha dado un regalo con este libro. Cualquiera cuya vida haya sido marcada, como la mía, por la vida y el ministerio de Sproul, valorará poder conocerlo mejor en estas páginas».

BOB LEPINE

coanfitrión, *FamilyLife Today*; pastor de enseñanza, Redeemer Community Church, Little Rock, Arkansas

«Doy gracias por esta biografía accesible de R. C. Sproul por Stephen Nichols. Su manera clara y sencilla de escribir es sin duda adecuada en la biografía de un hombre que siempre buscó comunicar la teología gloriosa de la Escritura de una manera clara y sencilla».

BURK PARSONS

pastor principal, Saint Andrew's Chapel, Sanford, Florida; editor, *Tabletalk*